中华人民共和国海船船员适任考试培训教材

船舶动力装置

（未满 750 kW 船舶）

中国海事服务中心组织编写
中华人民共和国海事局审定

图书在版编目(CIP)数据

船舶动力装置:未满 750 kW 船舶 / 何璇,戴金玲主编 .—大连 : 大连海事大学出版社;北京:人民交通出版社, 2013. 4
中华人民共和国海船船员适任考试培训教材
ISBN 978-7-5632-2854-6

Ⅰ. ①船…　Ⅱ. ①何… ②戴…　Ⅲ. ①船舶机械—动力装置—职业培训—教材
Ⅳ. ①U664. 1

中国版本图书馆 CIP 数据核字(2013)第 080823 号

大连海事大学出版社出版

地址:大连市凌海路1号　邮编:116026　电话:0411-84728394　传真:0411-84727996
http://www. dmupress. com　E-mail:cbs@ dmupress. com

大连住友彩色印刷有限公司印装　大连海事大学出版社发行

2013 年 4 月第 1 版　2013 年 4 月第 1 次印刷
幅面尺寸:185 mm×260 mm　印张:14. 25
字数:322 千　印数:1 ~2000 册

出版人:徐华东

责任编辑:苏炳魁　版式设计:海　大
封面设计:王　艳　责任校对:阮琳涵

ISBN 978-7-5632-2854-6　定价:43. 00 元

前言

《中华人民共和国海船船员适任考试和发证规则》(简称11规则)已于2012年3月1日起生效,新的《中华人民共和国海船船员适任考试大纲》也于2012年7月1日开始实施。为了更好地指导帮助船员进行适任考试前的培训,进一步提高船员适任水平,在交通运输部海事局领导下,中国海事服务中心组织全国有丰富教学、培训经验和航海实际经验的专家共同编写了与《中华人民共和国海船船员适任考试大纲》相适应的培训教材。本教材编写依据《STCW公约》马尼拉修正案,采用图文并茂的形式,改变了长期以来以文字为主的教材编写方式。本教材的创新模式对今后的船员适任培训具有重要的指导意义。

本套教材知识点紧扣考试大纲,具有权威、准确、系统、实用的特点,重点突出船员适任考前培训和航海实践需掌握的知识,旨在培养船员具备在实践中应用知识的能力,并可作为工具书帮助船员上船工作使用。

本套教材是未满500总吨和750 kW船舶船员培训教材,由《船舶操纵与避碰》、《航海学》、《船舶结构与货运》、《船舶管理(驾驶)》,《船舶动力装置》、《主推进动力装置》、《船舶辅机》、《船舶电气与自动化》、《船舶管理(轮机)》组成。

本套教材在编写、出版工作中,得到了各直属海事局、各航海院校、海员培训机构、航运企业、人民交通出版社、大连海事大学出版社等单位的关心和大力支持,特致谢意。

中国海事服务中心
2012年12月

编者的话

《船舶动力装置》(未满750 kW船舶)是我国船员考试的培训系列教材之一,根据中华人民共和国海事局制定的《中华人民共和国海船船员适任考试大纲》编写的,适用于未满750 kW船舶的轮机长适任证书考试培训使用,也可供海事管理机构和船员培训机构人员学习参考。

在编写教材前,对未满750 kW海船管理现状进行了调研。在准确把握海船船员应具备的业务素质的前提下,以应知应会知识为基础,理论与实际相结合为原则,并强调了船员对相关法律、法规的学习掌握。

本书由中海国际船舶管理公司广州培训中心何璇、青岛海运职业学校戴金玲共同主编(主编排名不分先后),广东海事局付子文、中国海事服务中心黄党和主审。

在教材编写过程中得到了交通运输部海事局领导和专家的关心和指导,相关海事部门和船公司对教材编写也提供了大力的帮助和支持,在此一并表示衷心感谢!

由于编写水平有限,书中难免存在错误和疏漏,希望广大读者和专家批评指正。

编　者

2012年4月

目 录

第一章 船舶动力装置概述

第一节　船舶动力装置的组成、类型和发展

船舶发展的历史悠久漫长。以前，船舶航行的动力都来自人力和风力，直到1807年以往复式蒸汽机作为动力的船舶建成下水，才开始了船舶以机械作为推进动力的新纪元。随着造船工业的发展与进步，同时也是为适应船舶的各种作业和人员生活以及保障人员和财产安全的需要，不但对推进设备进行了逐步的完善，而且还增设了诸如船舶电站、系泊设备、转舵机械、起货机械、冷藏和空调装置、制淡水装置，以及饮水、蒸汽、压缩空气、压载、舱底、消防等系统。

“装置”即为了达到某一目的所设置的所有机器、设备及系统的总称，以具有完成某种规定的功能为特征。平常所说的“船舶动力装置”的基本含义和“轮机”是基本相同的，它的更确切含义应是为满足船舶航行、各种作业、人员的生活和安全等方面的需要而设置的全部机械、设备和系统的总称，它是船舶的心脏。它的任务是多方面的，可概括为：向船舶提供各种形式的能量（机械能、电能、热能），并转化和使用这些能量。通常把保证推进力的原动机称“主机”，把保证供电的原动机称“副机”，把保证供汽的锅炉称“辅锅炉”（内燃机船），把船上甲板机械及其他机械称“辅机”。因此船舶动力装置也被普遍认为是船舶的心脏，船舶动力装置任务是产生能量，转换并使用能量。

一、船舶动力装置组成

船舶动力装置按各种机械设备、系统所起的作用及处所不同可划分为以下几个部分：

（一）船舶推进装置

推进装置即推动船舶航行的装置，包括主机、传动设备、轴系和推进器。主机发出动力，通过传动设备及轴系驱动推进器产生推力，使船舶克服阻力以某一航速航行。

（二）船舶辅助装置

除供给推进船舶的能量外，用以产生船上需要的其他各种能量的设备都称为辅助装置。一般包括：

1. 船舶电站

供给辅助机械及全船所需要的电能。它由发电机组、配电板及其各种保护装备组成。

2. 船舶辅助锅炉装置

提供低压蒸汽，以满足加热、取暖及其他生活需要。它由辅助锅炉及为其服务的燃油、给水、鼓风、供汽设备及管路、阀件等组成。

3. 船舶压缩空气系统

提供符合要求的压缩空气供起动、气笛、控制等使用。它由空气压缩机、空气瓶、管路、阀件等组成。

4. 船舶液压泵站

提供液压能供液压机械使用，它由液压泵、管路、阀件等组成。

（三）船舶管路系统

管路系统由各种阀件、管路、泵、滤器和热交换器等组成。用以输送各种液体工质，以维持船舶的各种机械正常运转。按管路系统的用途不同，可分为动力系统和辅助系统两大类：

1. 动力系统

为推进装置和辅助装置服务的管路系统。它包括燃油系统、滑油系统、海淡水冷却系统、蒸汽系统和压缩空气系统等。

2. 辅助系统

为船舶平衡、稳性、人员生活和安全服务的管路系统，也称为船舶系统。它包括压载系统、舱底水系统、日用海水系统及淡水系统、通风系统、空调系统、冷藏系统和消防系统等。

（四）船舶甲板机械

为保证船舶航向、停泊及装卸货物及起落重物所设置的机械设备。它包括：

1. 锚泊机械设备

包括锚机、绞缆机等。

2. 操舵机械设备

包括舵机及其操纵、执行机构等。

3. 起重机械设备

包括起货机、吊艇机、吊杆、舷梯升降机等。

4. 特殊机械设备

包括艉门艉跳系统、艏门艏跳系统、侧推器、防摇鳍等。

（五）船舶防污染设备

用来处理船上含油污水、生活污水及各种垃圾的设备。它包括油水分离装置（附设有排油监控设备）、生活污水处理装置及焚烧炉等。

（六）船舶应急设备

应急设备包括为弃船救生或救助生命设置的设备、为机舱失去电力时设置的设备、为避免“瘫船”设置的设备等。这些设备有救生艇、救助艇、应急发电机、应急消防泵、应急舵机和应急空压机等。

（七）船舶自动化设备

自动化设备是为改善船员的工作条件、减轻劳动强度和降低维护工作量、提高工作效率以及减少人为操作失误所设置的设备。它主要由主、辅机的遥控单元，温度、压力、液位的自动调节单元，机舱各设备的工况监视、报警和打印等设备组成。

船舶动力装置的组成情况大体如上所述，但也不能一概而论。随着船舶的大小、种类、用途、航线等情况不同将会有所变化，甚至是较大的变化。例如滚装客船，不设起货机械，而必须设有艉门、艉跳装置；客船、短途集装箱船等频繁靠离码头的船舶往往设有侧推器；挖泥船、打桩船、海底布缆船等工程船舶，根据其任务的不同，装设的机械设备也更各具特色。

影响动力装置组成的因素主要有：

（1）船舶大小。

（2）船舶种类。

（3）船舶用途。

（4）航线等。

二、船舶动力装置的类型

在船舶动力装置各组成部分中，无论从重要程度、制造成本来看，还是从营运费用、日常维护管理所投入的费用和工作量来看，推进装置都处于最显著的地位。因此，船舶动力装置往往以推进装置的类型进行分类。

（一）蒸汽动力装置

根据运动方式的不同，蒸汽动力装置有往复式蒸汽机和旋转式汽轮机两种。往复式蒸汽机最早应用于海船，由于它具有机构简单、运转可靠、管理方便及噪声小等优点，在20世纪初期很长的一段时间内占据着主导地位。但由于其经济性差、体积和重量大，现在已经退出了船舶动力机械领域。汽轮机自装船使用以来，由于受到柴油机的挑战，一直发展比较慢。

主汽轮机虽然单机功率大，运转平稳，摩擦、磨损小，振动轻、噪声小，但其装置的热效率低，要配置重量和尺寸都较大的锅炉、冷凝器、减速齿轮装置以及其他辅助机械，因此装置的总重量和体积均较大，这就限制了它在中、小船舶上的使用。然而近几十年来，由于汽轮机和锅炉效率的提高，制造上的系列化、通用化和简单化，降低了装置的造价，以及采用多级加热、中间再热和余热回收利用系统，采用低螺旋桨转速等措施，大幅度降低了装置的燃油消耗率，使它的应用范围有所扩大。

（二）燃气轮机动力装置

燃气轮机是近几十年来发展起来的一种新型发动机。它的基本工作原理与汽轮机大致相似，只是做功的工质有所不同。燃气轮机一般由三部分组成：压气机——用来压缩进入燃烧室的空气；燃烧室——燃料在其中燃烧成燃气；燃气轮机——将燃气的热能转变为推动轴系的机械功。燃气轮机具有单位重量和尺寸小（单位重量可达0.65 ~4 kg/kW），单机功率大（约6×10^4 kW），良好的机动性（冷起动至全负荷只需1 ~5 min），操纵管理简便，便于实现自动化等优点。但它存在着经济性差，工作时进排气流量大，需较大的进排气管道,舱内布置困难;主机无反转性,需设置专门的倒车设备,低负荷运转性能差;叶片及燃气发生器均在高温高压下工作,可靠性差,寿命短等缺点。故这种动力装置一般仅用于军用舰艇。

(三)柴油机动力装置

自 1904 年首次采用柴油机作为船舶推进装置,至今已过去一个多世纪。由于柴油机具有其他发动机所不能比拟的优点,因此到 20 世纪的 50~60 年代,就已经占据了船舶推进装置的主导地位,时至今日,在航和在造的中、小型船舶几乎全部采用的是柴油机动力装置,即使是大型、超大型舰船,柴油机动力装置的比例也占到 98% 以上。从作为船舶发电原动机来说,柴油机所占的比例就更大了。柴油机被如此普及应用,是依赖于其具有热效率最高、起动迅速可靠、机动性强、部分负荷运转性能好、可靠性高、单位功率重量较轻、功率覆盖范围大(从几千瓦至几万千瓦)等一系列优点。在大、中型商船上所使用的推进柴油机有大型低速和大功率中速两大类,在小型船舶、巡逻艇、拖船和小型军事舰艇上一般采用小功率中速柴油机和高速柴油机作为船舶主机。

1. 低速柴油机动力装置

大型低速柴油机动力装置自 20 世纪 60 年代起发展得特别迅速,一方面是由于当时的船舶向大型化、高速化发展,需要大功率的发动机;另一方面是由于废气涡轮增压技术的进步,为大型低速机的发展提供了条件。

2. 中速柴油机动力装置

大功率中速柴油机动力装置的重量尺寸较小(高度只有同功率低速机的 40%,机器本身的重量也只有低速机的 30%~40%,同功率动力装置的重量只有低速机的 60%~70%),是低速机的有力竞争者。在中速机装置中,可通过配置合适的减速齿轮箱,使桨转速最佳,从而提高推进装置效率。单缸功率的提高和单机功率的增大,以及可用多台(2~4 台)柴油机通过减速器驱动一个螺旋桨,都给中速机的发展创造了有利条件。特别是在机舱尺寸要求严格的滚装船、客船和小型集装箱船上,中速机的应用就更为广泛了。目前中速机的耗油率虽然有显著下降,但仍然略高于低速机,运转中噪声也比较大,维护管理也不如低速机方便。

3. 高速柴油机动力装置

高速柴油机具有单位功率体积小、重量轻的优点,通过配置合适的减速齿轮箱,特别适用于机舱矮小的小型舰船配套使用。近些年来,各知名制造厂生产的小型高速柴油机,不但具有维修周期长、维护工作量少的优点,而且其工作的可靠性也有了较大的提高,这些关键性的改进都增加了小型高速机在小型舰船方面的竞争能力。

纵览船舶市场,柴油机动力装置占绝对优势的状况已存在多年,在今后一个相当长的时期内还将继续下去。目前,柴油机本身的热效率已提高到 52% 以上,进一步提高的发展空间已很小,但通过对整个动力装置进行优化配套、加大余热利用的广度和深度,以进一步提高整个动力装置的经济性还是大有潜力的。目前对柴油机动力装置发展的要求是减少柴油机的排放污染,实现绿色船舶。随着材料科学的进步和设计、制造工艺的改进,柴油机动力装置的可靠性已经有了较大的提高;主要部件的维修周期,相比 20 世纪 80 年代几乎延长了一倍。例如,一些知名机型的柴油机常规吊缸检修周期已达 12 000 h。

（四）核动力装置

核动力装置是以原子核裂变反应所产生的巨大热能，通过工质推动汽轮机工作的一种装置。

三、柴油机动力装置发展趋势及管理重心的变化

（一）船舶动力装置发展的趋势

进入21世纪以来，随着世界海运市场的发展，造船市场火爆异常，而大型油船、大型集装箱船、大型豪华旅游船及LNG、LPG船舶形成了造船市场的新亮点。另一方面，高新科技的发展对环境保护的要求也影响着船舶动力装置的发展趋势。

目前船舶动力装置的发展趋势主要体现在以下几个方面：

1. 柴油机动力装置继续占主导地位，并在不断发展

现代柴油机发展的基本目标：无论是低速机还是中速机，近年来继续向高强化、低油耗、提高可靠性及降低排放污染方向发展，即低油耗已非设计、制造者追逐的主要目标，而提高可靠性和降低排放污染已经成为当今柴油机研究领域的热点课题。另外，随着人们对不污染水域和大气的“绿色船舶”的期望，世界上众多的科研部门正在进行努力，以期减少柴油机动力装置的排放污染。

（1）大型低速机向两极开发，即开发多缸、大缸径和少缸、小缸径的机型，以适应大型、超大型船舶和小型船舶需要。近年来，在研发小缸径低速柴油机方面也取得了进展，例如MAN B&W公司研发的S26MC/MCE型机，气缸数可以设计到5个缸甚至是4个缸，以适应小型商船和某些工程船舶使用。

（2）大功率中速柴油机仍然是大型客船、滚装客船、滚装船的推进装置的首选。由于大功率中速机具有单位功率重量轻、尺寸小的特点，随着单机功率的增大，可靠性的提高，油耗进一步的降低，近年来在客船、滚装船、滚装客船、集装箱船及工程作业船等船舶上获得了广泛的应用，其势头将继续下去。

为适应造船市场的需要，世界各国的中速机生产厂家一直在研发更新换代产品，例如法国热机研究协会、瓦锡兰公司、MAK柴油机厂、MAN B&W公司、日本的YANMAR、DAIHATSU等柴油机制造厂，近年来都有新的机型研发生产、投放市场。

（3）船舶柴油机的控制技术向电子化、智能化方向发展

所谓电子化、智能化柴油机，就是将电子设备和软件应用于船用柴油机并成为其基本组成部分的一种新型柴油机。

（4）双燃料发动机用于特种船舶推进装置的前景可观

LNG船的动力装置基本上是蒸汽轮机，蒸汽轮机输出功率大、排放废气少、维护量小、可靠性高，但是蒸汽轮机的热效率低、燃油消耗率高。近年来，各种替代方案应运而生，例如天然气-燃油的双燃料二冲程和四冲程发动机的诞生等。与常规动力装置相比，双燃料发动机最大限度地利用了气体燃料，大大降低燃油的消耗（节约燃料20%～30%）。同时，双燃料发动机的NO排放量只相当于普通柴油机的1/10，CO排放也相当低，双燃料发动机是LNG船主机的首选。

2. 船舶电力推进系统的发展

进入 21 世纪以来，世界经济出现持续的增长势头，为了满足世界旅游市场的需要，新建了大批的豪华游船。现代豪华游船航速高，为了提高操纵性，便于停靠码头，除安装了侧推器外，选择电力推进系统也是一个行之有效的措施。另外，海峡渡轮也具有频繁靠、离码头，需要较高的机动性和操纵性的特点，因此，选择电力推进系统的船舶已经日益增多。

船舶电力推进系统是通过电子变频技术，采用简单的交流电动机带动定螺距螺旋桨，根据需要从零到满负荷自由选择转速，以满足机动性和操纵性的要求。

船舶电力推进系统的优点如下：

①可省去中间轴及轴承，机舱布置灵活。

②可选用中高速柴油机，可使螺旋桨的转速得到均匀、大范围的调节。

③倒车功率大，操纵容易，倒航迅速，船舶机动性提高。

④主电机对外界负荷变化适应性好，甚至可短时堵转。

3. 推进装置一改以往单一供货方式而向成套供货方式发展

船舶推进装置除了主机外，还需其他传动设备（如联轴节、齿轮箱、离合器、轴带发电机等）、轴系、艉轴密封装置、螺旋桨、自动控制设备等，由一个供应商完成设计、制造、配套并交货，易于做到动力装置配套合理，尤其更方便安装、调试及售后服务工作，对船厂和船舶所有人均有好处，所以广为船厂和船舶所有人接受。

4. 环境保护要求更安全、更低排放的船舶动力装置

（1）安全要求动力装置的冗余配置

除将化学品船、液化气体船、油船等设计成双壳船体外，还应采用冗余配置推进装置及舵系，或设置应急动力装置，可保证主推进一旦失效，船舶仍能在恶劣的海况下以 6 kn 航速前进。最常见的方式是轴带发电机，当需要时主机与齿轮箱脱开，轴带发电机转为电动机，以发电机的电力带动螺旋桨实现船舶应急推进。更进一步的发展，是双套主推进系统。

（2）低排放的船舶动力装置

人类对保护环境质量要求的日益严格，使船用柴油机废气排放对大气污染的影响亦受到了密切的关注。根据《MARPOL 73/78 公约》附则Ⅵ对功率大于 130 kW 柴油机 NO_X 的排放的规定，现今的智能柴油机通过控制燃烧，能够同时满足低排放和经济性的要求，此外，燃烧良好还可减少颗粒物排放。在低排放方面，电力推进及燃气轮机更有其优势。

（二）轮机管理重心的变化

随着造船市场和船型的变化，船舶动力向多样化发展，如智能柴油机、双燃料内燃机、燃气轮机、电力推进系统等。随着科技的进步与发展，轮机设备的自动化程度也大幅度地提高，自动控制广泛地用在主机遥控、机舱设备检测报警、电站管理、锅炉控制、分油机控制、温度和压力的自动调整上，等等。计算机技术在船舶上的普及与应用，使得船机设备的维护管理、备件及物料的管理等都得到了长足的进步。

由于船舶自动化程度大幅度提高，计算机技术迅速发展，对比 20 世纪，轮机管理工作的重心发生了根本性的改变，因此，也对轮机管理人员提出了更高的要求，其重点体现在

以下方面:

1. 知识结构及技能方面

(1)对船机设备的检修方面,由于对船机设备的工况检测仪器、仪表、故障诊断方法的日益完善,设备的维护、检修将从定时、定期模式向视情模式发展。

(2)对船机设备的使用管理方面,由于船机设备的自动控制、自动故障监测的深度采用,设备的使用管理已由传统的"管机为主"、"管电为辅"向"机电综合管理"方向发展。

(3)轮机长技术管理的重心必须向新技术的应用方面转化,应注重轮机人员消化、吸收和应用新设备、新技术的能力,尤其是计算机应用技术。如今不懂计算机技术将很难胜任轮机管理工作,特别是当系统出现故障时,很难判别是计算机系统故障还是机械系统故障。

(4)对轮机人员的再培训方面,要建立良好的人事管理体制,加强轮机人员的业务培训工作,使轮机人员尽快掌握船机的新技术。

(5)对机电设备故障远程诊断方面,由于船舶航行于大海之中,一旦出现较复杂的故障,只靠船舶现场人员,有时不能得到及时的解决,因此要采用专家诊断系统和与设备制造商建立紧密的联系,利用岸上人员的技术优势,通过他们的协助迅速查明故障的原因,排除故障。

2. 建立良好的管理体系和与其相适应的激励机制,特别强调提高轮机人员的综合素质

(1)强调以人为本的管理理念和安全意识。国外的行为科学,我国的思想教育方法,强调人的因素,激发工作动机,调动人的积极性,开发、应用航海心理学的研究成果都是进行船舶轮机劳动组织和管理的有益途径。

(2)加强轮机人员的职业道德素质的养成,增加全体人员的敬业精神、服务意识和服从意识,树立"货主至上、旅客为先"的思想观念。

(3)按严格的岗位责任制实施各项工作,重点是抓好轮机人员的专业技术素质养成,特别是现代科学技术知识的掌握、训练和提高。能熟练地使用、维护现代化船舶各种关键设备,并进行应急处理和故障排除。

(4)各级人员在履行岗位职责时应赋予责、权、利三者统一,这样才有利于船舶和轮机的安全管理,做到政令通行。

(三)树立船舶管理的经济意识

适应我国改革开放和市场机制发展的需要,轮机长必须具备经济管理的理念,树立经营船舶的经济意识,逐步形成进行船舶营运经济核算、动力装置经济性分析和部门内部经济杠杆调节的能力,提高动力装置和船舶的经济效益。

(四)加强法律意识和法制观念,提高运用法律管理的能力

了解和掌握 IMO 关于船舶安全航行、防止海洋和大气污染及船员培训、发证和值班标准的基本要求,政府主管机关对 SMS 验证及各类营运船舶轮机证书签发和有效性认可的相应规定,船检部门对造船、修船、验船的各种规范和要求,以及船舶保险、船舶保修和索赔的基本知识。

第二节 船舶动力装置的要求及性能指标

一、对船舶动力装置的要求

对船舶动力装置的要求,包括可靠性、经济性、机动性、机舱的重量和尺度、续航力、生命力等。

(一)船舶可靠性

可靠性对于船舶动力装置来说具有特别重要的意义。按国家标准的定义,可靠性就是“产品在规定条件下和规定时间内,完成规定功能的能力”。在可靠性的定义中,包含以下因素:

1. 可靠性对象

可靠性问题的研究对象是产品,它是泛指的,可定义为“单独研究和分别试验的任何元件、器件和系统”。如果是一个系统,也应把操作系统的人的因素包括在内。

2. 可靠性规定条件

是指对象的工作条件,包括外界环境条件、使用工况、使用方法及维护条件等。这些因素对产品可靠性有很大影响,在研究可靠性时应严格限定。

3. 可靠性规定时间

与可靠性关系非常密切的是关于使用期限的规定,因为可靠度是一个有时间性的定义,对时间性的要求一定要明确。它可用时间的累积值表示,也可用距离、次数表示。

4. 可靠性规定功能

“规定功能”是指产品在工作参数处于规定范围内完成的给定工作。“完成规定功能”是指在规定的使用条件下能维持所规定的正常工作而不失效,它与不发生故障是等同的。

5. 可靠度

产品完成规定功能所持续的时间,对一个产品来说是个预先不能确定的随机量,随机量具有统计上的规律性,即可用概率来说明随机量出现的可能性大小。产品在规定条件下和规定时间内,完成规定功能的概率称为可靠度。

可靠度将可靠性具体化、定量化,它是可靠性的定量定义。在可靠性技术中,经常不把两者严格区分开来,而把可靠度也称为可靠性。

船舶航行中长期离开陆地,在发生故障时不可能及时得到陆地人员的支援。若影响航行的重要部件发生故障,在复杂航行环境和严峻的气象条件下,有可能导致海损和严重的海洋污染。

影响可靠性因素主要有三个方面:即设计、工艺、使用。使用对可靠性的影响表现在以下三个方面:船员按规范监造是取得可靠性的先决条件;备件数量和固定方式是提高可靠性的重要措施;管理人员的业务水平是取得可靠性的有力保证。

(二)船舶经济性

船舶营运的经济性对航运企业的经济效益起决定性的作用。所谓船舶营运经济性,

是指航运企业运转过程中的收益与资金投入的关系。一方面要计算船舶的运输能力，求得每年的收益；另一方面要研究船舶建造和营运过程中的社会消耗，计算建造和营运成本。对于单船而言，其收益主要受船舶年运输能力的影响，而投入则包括船舶建造和营运过程中的社会消耗。单船的经济核算有利于分清各船之间的经济效益和经营管理的好坏。以下各项都是评价船舶经济性的重要经济指标。

船舶在营运中，动力装置的维护费用占船舶总费用的比例很大，现在已超过50%，为了提高船舶的营运效益，必须尽量提高动力装置的经济性。长期以来，特别是20世纪70年代燃油大幅度提价后，动力装置的设计、制造和使用部门，都在努力提高动力装置的经济性。对于动力装置的经济性，不能只从主机一项指标去衡量，要对整个动力装置进行综合分析。

影响船舶经济性的主要因素有：

①设计时船体和动力装置的造价。

②投入使用后航运部门对船舶的合理应用。

主要体现在以下方面：

①燃油、滑油消耗。

②折旧费。

③维修费。

④船员工资。

⑤经济航速等。

提高船舶经济性的主要途径：

①提高主、副机及锅炉的热效率。

②余热利用。

③使用低质燃料。

④提高船员的管理水平。

（三）船舶机动性

现在，船舶机动性指的是改变船舶运动状态的灵敏性（主要改变航速和方向），它是船舶安全航行的重要保证。船舶起航、变速、倒航和回转性能是船舶机动性的主要体现，而船舶的机动性取决于动力装置的机动性，动力装置的机动性主要由以下几个指标来说明。

1. 备车所需的时间

从接到起航命令开始，经过暖机、起动各系统、转车和冲试车，使主机达到随时可用状态的时间。这段时间越短，机动性越好。这段时间的长短要与为主机服务的各油水系统温度上升速度有关，这就要求辅助锅炉有合适的蒸发量和蒸汽压力，以保证暖机时提供足够的蒸汽。许多船上主、副淡水系统互相连接，停泊时柴油发电机的冷却水流经主机气缸冷却空间，既节约了能源又简化了暖机工作。一般来说主机滑油循环柜储油较多，它又处在易散热的双层底位置，在暖机时滑油温度上升比较缓慢。若船舶停航时间较短，完车后不停滑油分油机，也是一项缩短起航时间的良好措施。

对货船来说，开船时间往往知道得较早，所以对起航时间没必要要求太短。大、中型船舶的推进柴油机在冬季暖机时间一般都在 2 h 以上。但对一些需要执行紧急任务的船舶,如消防、救生、缉私船等就需要具有很短的起航时间。

2. 动力装置由起动开始至达到全功率所需要的时间

这是动力装置加速性能指标,它的长短直接影响到船舶加速的快慢,所以希望它短一些。这段时间的长短主要取决于发动机的形式、船体形状、螺旋桨的形式等。影响发动机加速的因素是它的运动部件的质量惯性和受热部件的热惯性,热惯性影响更为突出,在这方面中速机优于低速机。船舶本身的阻力大小对发动机的加速性能也有很大影响,由于调距桨对外界条件有很好的适应性,它的加速性能明显优于定距桨。

3. 发动机换向所需的时间和可能的起动次数

发动机换向所需的时间是指主机在最低稳定转速时,由发出换向命令到主机以相反方向开始工作时间。换向时间越短机动性越好。柴油机起动和换向都很迅速,明显优于其他形式发动机。按规范规定主机换向时间不得大于 15 s。起动次数取决于空气瓶的容积和主机起动性能,连续起动次数越多越好。规范规定:供主机起动用的空气瓶至少应有 2 个,其容量在不补充空气的情况下,对每台可换向的主机能在冷机条件下连续起动不少于 12 次,试验时应正倒车交替进行。对每台不能换向的主机能在冷机条件下连续起动不少于 6 次。

4. 船舶由全速前进变为倒航所需要的时间(或滑行的距离)

这是体现主机紧急倒车性能的指标。由于船舶惯性大,由全速前进变为后退所需的时间,总是大大超过发动机换向所需要的时间。船舶开始倒航前滑行的距离主要取决于船舶的载重量、航速、主机的起动换向性能、空气瓶空气压力和主机倒车功率。滑行距离不能太大,对于货船一般要求不得大于船体长度的 6 倍,而客船不得超过 4 倍。

5. 船舶发动机的最低稳定转速和转速限制区域

发动机的最低稳定转速直接影响船舶微速航行性能。船舶在进出港机动操纵时往往需要很低的速度,主机最低稳定转速低可得到较低的船速,因此主机的最低稳定转速应尽量低些。一般低速柴油机的最低稳定转速不高于标定转速的 30%,中速机不高于标定转速的 40%,高速机不高于标定转速的 45%。在主机使用转速范围内如存在引起船体或轴系共振的临界转速,则应规定为转速禁区,在主机操纵台上设告示牌并在主机转速表以红色区域标明。在主机使用转速范围内,转速禁区越少越好。

(四)船舶重量和尺度

为了提高船舶的经济效益,应力求减少动力装置的重量和尺度。但装置重量和尺度的减少往往和发动机的寿命相矛盾,采用轴带发电机,可减少柴油发电机的数量,有利于整个动力装置重量的减少。采用新型结构材料和新工艺,有可能减少机械设备零部件的重量,但这需要考虑能否满足经济性和可靠性。

发动机的长度和安装位置可决定机舱的长度和位置,从而影响货舱的总容积。机舱宽度一般仅取决于船舶宽度,和发动机宽度无关。一些水平装货的船舶,如滚装船和渡船,对机舱高度有一定要求,采用低速机往往难以满足,一般采用中速机。

(五)船舶续航力

船舶续航力是指船舶不需要补充任何物资(燃油、滑油、淡水等,但一般主要指燃油)

所能航行的最大距离或最长时间。它是根据船舶的用途和航区确定的。续航力不但和动力装置经济性、物资储备量有关,也和航速有很大关系。为了满足船舶续航力的要求,船上必须设有足够大的油、水舱柜。

(六)船舶生命力

船舶生命力是指船舶在船机发生故障的情况下最大限度地维持工作的能力。除了以上要求外,还要求动力装置寿命长,便于维护管理,有一定的自动化程度,振动要轻、噪声要小,并能满足造船和验船规范。

(七)故障率曲线

(1)故障的特点:随机,但有一定的规律。

(2)故障率曲线:大量产品的故障率随时间变化的规律的曲线,这条曲线因其像浴盆又称“浴盆曲线”。

(3)故障率曲线分析:

故障率曲线的三个阶段:早期故障阶段、偶然故障阶段、耗损故障阶段。对不同的产品各段长短不一样,主要取决于:设计、制造质量、维修制度。

1. 早期故障阶段(又称早期故障)

发生时间:在使用的早期。原因:一般是设计、制造上的缺陷和使用中磨合不当产生的。

特点:故障率虽然比较高,但随时间推移而减少。

措施:通过制造时的质量控制、使用初期的良好磨合而缩短。船舶柴油机磨合期一般在半年。

2. 偶然故障阶段(又称偶然故障)

发生时间:在早期故障阶段后与耗损故障阶段前的一段时间内。

特点:是产品的最佳状态,故障发生是偶然的,故障率基本不变,也无法预测。

原因:一般是工作环境和使用管理中偶然因素造成的。

措施:可以通过合理的维护修理来延长,使产品使用寿命增加。

3. 耗损故障阶段(又称耗损故障)

原因:疲劳、磨损和老化。

特点:是故障率明显增高的时期。

4. 故障率和平均无故障时间

可根据实际使用中故障统计资料求得。

二、船舶基本性能指标

各种船舶的动力装置虽然存在着类型、传动方式及航区等条件的不同,但对它们的一些基本特性指标却有着共同的要求。动力装置的基本特性指标是指技术指标、经济指标和性能指标。这些指标是我们对船舶进行选型、设计和判断性能优劣的重要依据。

(一)船舶有效功率 P_R

1. 基本概念

船舶有效功率指的是船舶航行时,克服水、风对船体阻力所消耗的功率。船舶阻力和船舶线型、吃水、尺度、航速、海况及航道状况有关。动力装置的做功能力是按船舶的最大航速并考虑一定的储备后确定的。若船舶航行速度为 V_s(m/s),在此航速下的运动阻力为 R(N),则船舶有效功率表达方式

$$P_R = R(\mathrm{N}) \times V_s(\mathrm{m/s}) \times 10^{-3} \quad \mathrm{kW}$$

由于在主机发出的有效功率变为船舶有效功率的过程中,存在着能量转换和传递损失,因此船舶有效功率仅是主机有效功率 P_e 的一部分。功率传递的变化:船舶有效功率 P_R,螺旋桨推力做功 P_T,螺旋桨吸收功率 P_p,主机有效功率 P_e 之间关系

$$P_R < P_T < P_p < P_e$$

2. 影响 P_R 的主要因素

(1)主要是船舶阻力,而影响船舶阻力的因素:线型、吃水、尺度、海况、航道状况。

(2)能量在转换和传动过程中的损失。

3. 确定新船 P_R

要留有储备:主机功率选择是船舶以最大航速航行所需功率 P_R 再加一定的储备。

4. 推进系数 C

这是考虑主机有效功率转换为船舶有效功率时,能量在转换和传动过程中的损失,用推进系数表示

$$C = P_R/P_e$$

式中,C——推进系数,其范围单桨船为 0.70 ~ 0.80;双桨船为 0.60 ~ 0.70。

5. 相对功率

对于排水量相同的船舶,由于其性质、任务不同,动力装置所要求的功率相差很大。为便于比较,通常用相对功率来表示。所谓相对功率,就是对应于船舶每吨排水量所需的主机有效功率。

(二)重量指标

重量指标通常是相对于主机功率或船舶排水量而言的。在一定的排水量下,为了保证船舶具有足够的载重量,要求动力装置的重量轻些为好。但对于排水量相同的船舶,由于彼此的航速不同,所需的总功率也不同,从而动力装置的重量相差也很大。

装置的重量指标,常采用主机的单位重量 g_m、动力装置的单位重量 g_z、主机的相对重量 a_m 和动力装置的相对重量 a_z 来表示。

1. 主机的单位重量 g_m

主机的单位重量 g_m 是指主机单位有效功率的重量,表达式为

$$g_m = \frac{G_m}{P_e} \quad \mathrm{kg/kW}$$

式中,G_m——主机重量,kg;

P_e——主机有效功率,kW。

2. 动力装置的单位重量 g_z

动力装置的单位重量 g_z 是指主机单位有效功率所需动力装置的重量，表达式为

$$g_z = \frac{G_z}{P_e} \quad \mathrm{kg/kW}$$

式中，G_z——主机重量，kg；

P_e——主机有效功率，kW。

3. 主机的相对重量 a_m

主机的相对重量 a_m 是指主机重量 G_m 与船舶满载排水量 D 之比

$$a_m = \frac{G_m}{D} \quad \mathrm{kg/t}$$

式中，G_m——主机重量，kg；

D——船舶满载排水量，t。

4. 动力装置的相对重量 a_z

动力装置的相对重量 a_z 是指动力装置重量 G_z 与船舶满载排水量 D 之比

$$a_z = \frac{G_z}{D} \quad \mathrm{kg/t}$$

式中，G_z——主机重量，kg；

D——船舶满载排水量，t。

（三）机舱饱和度

动力装置的机械设备，绝大多数布置在机舱内。机舱的大小应当能够把这些机械设备合理地安排其中，并便于维修管理。从这点出发机舱应宽敞些为好。但从增加船舶有效装载容积角度考虑，又要求机舱小些为好。对于不同船舶，机舱尺寸要求也不统一，为了表征机舱的面积和容积利用率，特引用面积饱和度和容积饱和度两个指标。

1. 面积饱和度 K_S

面积饱和度是指每平方米机舱面积所分配的主机有效功率。

2. 容积饱和度 K_V

容积饱和度是指每立方米机舱容积所分配的主机有效功率。

（四）船舶动力装置的经济性指标

船舶动力装置的经济指标常用以下指标表示。

1. 动力装置的总效率

船舶动力装置的总效率主要由推进装置的热效率、柴油发电机组的热效率和燃油辅助锅炉的热效率组成。对有焚烧炉的船舶应包括焚烧炉的热效率；对有废气余热利用设备的动力装置，应计及所回收的余热对动力装置的总效率的影响。

（1）推进装置的热效率 η_T

推进装置的热效率是指推进装置所产生的有效功的热当量与主机所消耗热量之比，表达式为

$$\eta_T = \frac{3\,600 \cdot P_P}{G_e \cdot H_u}$$

而

$$P_P = P_e \cdot \eta_S$$

式中,P_e——主机的有效功率,kW;

P_P——考虑轴系损失后桨的吸收功率,kW;

G_e——主机每小时的燃油消耗量,kg/h;

η_S——轴系传动效率;

H_u——燃料的低热值,kJ/kg。

(2)柴油发电机组的热效率 η_g

柴油发电机组的热效率是指柴油发电机组电功率的热当量与其所消耗热量之比,表达式为

$$\eta_g = \frac{3\,600 \cdot P_g}{G_g \cdot H_u}$$

式中,P_g——柴油发电机组运行时的额定功率,kW;

G_g——柴油发电机组每小时的燃油消耗量,kg/h;

H_u——燃料的低热值,kJ/kg。

(3)燃油辅助锅炉的热效率 η_b

燃油辅助锅炉的热效率是指燃油辅助锅炉有效利用的热量与其所消耗热量之比,表达式为

$$\eta_b = \frac{Q_b}{G_b \cdot H_u}$$

而

$$Q_b = G_{bs}(I_{bs} - I_{bg})$$

式中,Q_b——锅炉有效利用的热量,kJ/h;

G_b——锅炉每小时的燃油消耗量,kg/h;

H_u——燃料的低热值,kJ/kg;

G_{bs}——锅炉蒸汽产量,kg/h;

I_b——湿饱和蒸汽热焓,kJ/kg;

I_{bg}——锅炉给水的热焓,kJ/kg。

2.柴油机的燃油消耗率 g_e

柴油机的燃油消耗率是指在单位时间内柴油机额定功率所消耗的燃油量,表达式为

$$g_e = \frac{G_e}{P_e} \quad \text{kg/(kW} \cdot \text{h)}$$

式中,G_e——柴油机每小时燃油消耗量,kg/h;

P_e——主机有效功率,kW。

3.船舶主机日耗油量 G_{de}

船舶主机日耗油量是指主机在24 h内的燃油消耗量,表达式为

$$G_{de} = P_{ds} \cdot g_e \times 24 \times 10^{-3} \ \text{t/d}$$

式中,P_{ds}——主机服务工况下常用功率,kW;

g_e——主机相应的燃油消耗率,kg/(kW·h)。

4.船舶日耗油量 G_d

船舶日耗油量是指每24 h全船主机、副机、辅助锅炉所消耗的燃油总量,有时也称为船舶日耗油率(Daily Fuel Consumption),表达式为

$$G_d = G_{de} + G_{dg} + G_{db} \quad t/d$$

式中,G_{de}——船舶主机日耗油量,t/d;

G_{dg}——船舶发电柴油机日耗油量,t/d;

G_{db}——船舶燃油辅助锅炉日耗油量,t/d。

5.船舶每海里燃油消耗率 g_n

船舶每海里燃油消耗率是指船舶航行每海里所消耗的燃油总量,表达式为

$$g_n = \frac{G_T}{V_S} = \frac{G_{Te} + G_{Tg} + G_{Tb} + G_{To}}{V_S} \times 10^{-30} \quad t/n\ mile$$

式中,G_T——船舶每小时燃油消耗量,t/h;

V_S——航速,kn;

G_{Te}、G_{Tg}、G_{Tb}、G_{To}——分别表示主机、发电柴油机、燃油辅助锅炉及焚烧炉等其他耗油设备每小时的耗油量,kg/h。

6.船舶经济航速

经济航速是指船舶营运时能取得某种经济效果的航速,常用的经济航速有以下几种:节能航速、最低营运费用航速和最大盈利航速。

(1)节能航速

节能航速是指每小时燃油消耗量最低时的静水航速,它常由主机按推进特性运行时能维持正常工作的最低稳定转速所决定。营运船舶在实现减速航行时,主机所输出的功率大大减少,其每海里燃油消耗率大幅度降低。但航速降低后,营运时间被延长,运输的周转量也少了,故当船舶须实现减速航行时,应联系企业的货源、运力及完成运输周转量的情况综合考虑后再决策。

(2)最低营运费用航速

船舶航行1天的费用,主要由其固定费用(折旧费、修理费、船员工资、港口使费、管理费、利息、税金以及船舶停泊期间燃、润油费等)和船舶航行时燃、润油费用构成。最低营运费用航速是指船舶每航行1 n mile上述固定费用及航行费用最低时的航速,可供船舶及其动力装置的性能评价及选型用。在满足完成运输周转量的前提下,船舶按最低营运费用航速航行,其成本费用最省,但它并未考虑停港时间及营运收入的影响,故不够全面。

(3)最大盈利航速

最大盈利航速是指每天(或船舶在营运期间)能获得最大利益的航速。此航速的大小,往往与每海里(或公里)运费收入、停港天数及船舶每天付出的固定费用有关。一般在运费收入低,停港时间长,运距短,油价高的情况下,其最大盈利航速相对较小。

第三节　船舶动力装置的可靠性

一、船舶的特殊性

船舶动力装置的可靠性与船舶的特殊性密切相关,船舶的特殊性主要表现在:

1. 船用机械制造台数少

有的船舶发动机机型只造出几台即改造转型,母型机不能得到充分试验。由于船舶机械的需要量相对较少,且造价高,一直都是采取先订货,后生产的模式,有时某一机型研发出来后,并没有经过充分的试验,即装船使用,这就使得其可靠性不能得到保证。

2. 主机机型更新换代快

由于造船市场、燃油价格、钢材价格等因素的影响,各大船用柴油机制造厂都以对其产品进行更新换代来满足市场的需求,以 MAN B&W 和 NEW SULZER 公司为例,基本上是3~4年便更新一代产品。由于更新换代快,有些产品在开发过程中,存在着设计、选材、制造等方面的缺陷,得不到及时的纠正,致使可靠性不能得到保证。

3. 设备使用环境十分苛刻

船在大海中航行时,横摇和纵摇以及颠簸是不可避免的,这就大大增加了结构部件和运动部件的附加应力、附加弯矩和冲击负荷,磨损也随之增大,对运动部件的润滑也十分不利,使得可靠性降低。

4. 在发生故障时需要船员自行处理,技术、工具、备件、材料等受限

当船舶在航行中发生故障时,由于远离陆地,得不到岸基人员的及时现场支援,并且工具、备件、材料等都只限于随船所带,故对船舶动力装置可靠性的要求高于陆地同类型的动力机械。

5. 发生故障时,由于客观环境复杂,可能会导致严重后果

船舶在航行期间,经常会遭遇大风、大浪的恶劣天气,动力装置又是船舶的心脏,如果动力装置的可靠性不高,在严酷的航海条件下发生故障,将会导致十分严重的后果。

机器部件和元件以及它们的质量和功能各异,所需知识面较广。

现场数据主要由船员整理和提供。

二、可靠性在船舶动力装置中的应用

船舶的特殊性,不仅体现出动力装置可靠性的重要性,而且也说明动力装置的可靠性是个复杂的课题。它既与各组成设备的可靠性、维修性有关,也涉及到参与管理的人的因素,因此它和人机工程学,劳动管理学,心理学等领域交错在一起,使问题难以解决。

可靠性在动力装置质量指标中占有特殊的地位,因为它是落实其他指标的前提,直接影响其他指标的优劣。

1. 船舶动力装置可靠性

船舶动力装置工作在颠簸、振动、高温、腐蚀、磨损等严酷的条件下,在规定的使用时间内完成船舶在海上安全运行的能力。

2. 影响船舶动力装置可靠性的因素

影响船舶动力装置可靠性的因素有很多,但总的归纳起来,可分为设计、选材、制造加工、安装、调试、使用管理与维修等几个方面。作为设计部门、制造厂家和使用管理者,都应该对动力装置的可靠性给以足够的重视,将可靠性的概念贯穿于各项工作的始终。

3. 船舶在航行中的“故障”对不同的事件有不同的定义

(1)在航行中不允许在停车或减速修理的情况下发生故障,此故障是“使船舶达不到正常航速的事件”。

(2)在大风浪中,为保证船舶安全,要求船舶至少能保持一定的最低航速,如果在这种情况下发生故障,则此故障定义为“使船舶不能维持最低航速事件”。

(3)在靠、离码头及狭窄水道机动航行时,应把船舶作为一个不可修复的系统看待,因此对动力装置的要求应是保证起动、停车、正车、倒车及变速等操纵性能。如果此时发生故障,则此故障可定义为“使船舶失去操纵性事件”。

(4)目前统计的船舶动力装置在港区操作时的可靠性:低速机可靠性为0.988;中速机可靠性为0.991。

三、船舶各种机械的故障比例

根据世界四大柴油机制造公司统计,动力装置发生故障由多到少的次序是:主机、柴油发电机、机舱辅助设备、甲板机械、管路与阀门、电动机。主机故障原因的种类:材料问题、安装问题、操作问题、自然磨损、腐蚀、污损、振动及管理问题等。主机故障占所有故障的38%。主机是动力装置中最重要的,但也是可靠性最薄弱的环节。在主机发生故障的原因中,约一半是由于材料质量不良和机件污损,前者是制造阶段的原因,后者是使用阶段的原因。所以从设计者到管理者,对主机可靠性都要给予足够的重视。柴油机部件故障的比例,根据日本船级社对船舶主机故障的统计:气缸活塞组件为47.8%;曲轴组件为42.5%;增压器为4.7%;凸轮轴为3.1%。

第四节 保持和提高动力装置可靠性的途径

要保证和提高船舶动力装置的可靠性,首先在设计时就应满足可靠性的要求,然后在制造时尽可能达到设计时规定的可靠度。只有这样,在使用中才能体现出装置是否可靠。船舶动力装置的可靠性问题贯穿于整个设计、制造阶段以及全部运转期间。

一、提高船舶轮机管理人员的管理水平

产品工作是否可靠,决定于出厂质量和使用中管理维护的情况。轮机管理人员的业务水平,对于保证船舶可靠性具有极其重要的意义。统计表明,船舶机械的故障多数都是由于船员采取了不正确的决策或违反技术操作规程所造成的。随着船舶机械的日趋复杂,对船员业务水平、熟练程度、操作技能、发现和判断、排除故障等的能力要求也越来越高。业务水平高的船员,能够正确地执行操作规程,充分地做好设备起动前的准备工作,可以正确操纵和使用机械设备,能够保证对机械设备的维修保养及时、到位,能够正确地

判断设备的技术状态,能够及时地发现故障苗头,当发生故障时,能够迅速地判明和排除故障。如果船员业务水平不高,则不论是使用还是检修机械设备,都会增加出现人为失误的几率,从而导致故障次数的增加。国内外的故障统计资料表明,船机设备的人为故障比例越来越突出。平均超过 71%,甚至达到 80% 以上。根据对船舶全损事故的统计表明,在船舶全损事故中有 80% 与人为因素有关,其中全损船舶有 90% 以上是老龄船。在人为原因的故障中属于责任心不强(工作不仔细、检查不及时和违章操作等)造成的事故与属于管理水平低(保养维修不良、指挥命令不当、判断错误、操作错误等)所造成的事故几乎各占一半,而且低职船员的人为事故所占比例高于高职船员。以上事实说明提高船员的管理水平对于正确地使用和维护动力装置及辅助机械是非常重要的,另外还说明,对于船员的培训、知识更新,不单单只注重专业技能方面,也要注重思想教育方面。

二、提高维修质量

1. 提高维修性

从可靠性的角度出发,不仅要使产品不发生或少发生故障,而且即使一旦发生故障也要能很快修复,这就要求提高产品的维修性。维修性包括:易拆卸性、可达性(设备可被修理的难易程度)、可还原性、通用性、可互换性、适检性等。为此应着重考虑以下几个方面:

(1)尽量消除妨碍人体感官(视、听、味、嗅觉等)功能发挥的各种因素,例如开关、仪表、阀件及各种元件,在安装、布置、色彩、识别、照明、读数、接近性等方面,都应给人员的观察、操作、判断等创造良好的环境,以利于发挥管理人员的作用。

(2)系统的布置要适合人的身体特征,即应考虑人的身高、腕力和其他部位的能力。

(3)在操作和维修环境非常严酷的情况下,应考虑适当的保护措施。

(4)维修作业应力求简易,对作业人员的能力和熟练程度的要求应适当。

(5)要有良好的可达性。可达性是指在维修作业中对产品内部进行修理操作、插入工具以及更换零件等的难易程度,可达性越差,维修性越不好。为了缩短维修时间,故障率越高的零件必须有越好的可达性,而且还应安排在易于目视检查、没有高温高压和高电压危险的地方。动力装置的维修性所考虑的问题很多,容易疏忽和遗漏,为此可建立维修性检查表,以便考虑问题时参照。

2. 以可靠性为中心的维修

以可靠性为中心的维修简称 RCM,是目前国际上通用的、用以确定机械设备预防性维修需求、优化维修制度的一种系统工程方法。它的基本思路是对系统进行功能与故障分析,明确系统内各故障的后果,用规范化的逻辑决断方法,确定出各故障后果的预防性对策。通过现场故障数据统计、专家评估、确定量化建模等手段在保证安全和完好性的前提下,以维修停机损失最小为目标优化系统的维修策略。RCM 最初应用于飞机及其航空设备,后应用于军用系统与设备,现已广泛用于其他各个行业,如核电企业、电力公司、汽车制造厂等,逐渐扩展到企业的生产设备与民用设施。RCM 有下述突出特点。

(1)RCM 对安全性与环境性后果更加重视

故障后果的严重程度影响着采取预防性维修工作的决策,即如果故障有严重后果,就

应尽全力设法防止其发生。RCM 过程把故障后果分成下列 4 种：

①隐蔽性故障后果。隐蔽性故障没有直接的影响，但它有可能导致严重的、经常是灾难性的多重故障后果。

②安全性和环境性后果。如果故障会造成人员伤亡，就具有安全性后果；如果由于故障导致企业违反了行业、地方、国家或国际的环境标准，则故障具有环境性后果。

③使用性后果。如果故障影响生产（产量、产品质量、售后服务或除直接维修费用以外的运行费用），就认为具有使用性后果。

④非使用性后果。划分到这一类的是明显功能故障，它们既不影响安全也不影响生产，它只涉及直接维修费用。

环境性后果已成为预防性维修决策的重要因素之一。

（2）RCM 预防性维修工作更科学

RCM 把预防性维修工作定义为预防故障后果，而不仅仅是故障本身的一种维修工作，这样的定义使预防性维修的范畴大大扩展。预防性维修分为两大类：

①主动性工作。是为了防止产品达到故障状态，而在故障发生前所采取的工作。它们包括传统的预计性维修和预防性维修，还包括定期恢复、定期报废和视情维修等。

②非主动性工作。当不可能选择有效的主动性工作时，选择非主动性对策处理故障后的状态，它包括故障检查、重新设计和故障后修理。RCM 的效益及应用前景展望：通过 RCM 分析所得到的"维修计划"具有很强的针对性，避免了"多维修、多保养、多多益善"和"故障后再维修"的传统维修思想的影响，使维修工作更具科学性。实践证明，如果 RCM 被正确运用到现行的维修系统中，在保证生产安全性和设备可靠性的条件下，可将日常维修工作量降低 40% ~70%，大大提高了设备的使用效率。

随着自动化程度的不断提高，维修在现代企业中的地位也日益重要。另外，环境保护与安全生产的立法越来越严格，故障控制与预防必然成为现代企业管理所面临的重要课题，而 RCM 正是解决这一课题的关键手段之一。

3.提高维修质量

作为船舶轮机管理人员，要从提高维修质量方面来保持和提高船机设备的可靠性，维持船舶的安全营运，主要应做好以下几项工作：

（1）在有条件的情况下，对设备进行自修

船员自修对摸清设备的技术状况、熟悉设备结构、及时消除隐患、保证船舶安全以及提高船员技能都有着重要的作用，特别是因为自修自用，修理质量能够得到保证。

（2）在厂修时要做好监修工作

在由修船厂站对设备进行修理时，船方要由设备主管人员或指派的监修人员在现场监修，如认为承修单位的工艺、材料和修理质量不妥时，要及时进行交涉，不得迁就。当厂修主机、轴系、螺旋桨和舵机、舵系等重要设备时，轮机长和大管轮至少有一人在现场监修。

（3）备件的准备

备件的充足与否和质量好坏也直接关系到维修质量，因此，平时要保管好备件，耗用后要及时补充，对更换下的可循环使用的备件要及时修复。

(4)对设备的维修要及时

在使用中要重视发现故障苗头,要及时查找原因,及时消除故障隐患,越早发现问题,越早处理,维修质量也就越能得到保证。

三、充分利用技术管理指导性文件

设备供应厂、造船厂、造机厂提供的技术资料有使用说明书、维修手册、备件手册以及试验报告和各种测量数据等,这些资料和船舶主管部门的要求以及有关规范,都是做好管理工作的指导性文件,应充分利用。上述这些技术文件,在轮机管理中可供管理人员完成下列工作:

1. 制定操作规程

遵照技术文件制定的操作规程可以使操作人员避免或减少误操作,减少事故和延长设备的使用寿命。

2. 判断设备的技术状态

对照技术文件中的原始数据,例如柴油机的排烟温度、扫气压力、增压器转速等,特别是主机的推进特性曲线和发电柴油机的负荷特性曲线,都是衡量柴油机工作状态好坏的标准,依据它们可以尽早地发现故障苗头,及时采取有效的措施。

3. 制订维修计划

依据技术文件制订出的设备维护、检修计划,可以使系统和设备保持在最佳的技术状态。对复杂的、重要的、技术维护所用平均年劳动量高的设备,若采用事后维修则会造成较大的经济损失、可靠性损失(质量损失)和安全事故。因此,应该依靠平时的检查和维修,使系统和设备保持在最佳状态,防止事故的发生,这就是预防性维修。为了做好这项工作,必须按指导性文件的要求,结合设备的具体状态,对作业的内容、时间、判断缺陷的方法和缺陷特征、应达到的标准等,进行周密计划并付诸实施。例如现在许多船公司所实行的 PMS,就是根据设备的使用维护说明书,来确定具体的检修周期和检修项目以及检修步骤。

4. 指导对设备的检修

在检修设备时,可根据技术文件中提供的数据、拆装步骤、安全注意事项和检修操作注意事项等,对设备进行正确的检修,以达到检修的目的。

四、做好可靠性数据的收集和管理

可靠性数据的收集和管理是开展可靠性活动的基础工作和主要内容。通过对可靠性数据的收集、整理、分类、统计和分析,可达到两个目的:

(1)了解整个动力装置、装置中各种机械设备和各种零部件的可靠性状况,为新型船舶的开发设计、对有关设备和部件的改进,提供可靠的依据,促进造船事业的发展。

(2)通过故障发生时间、产生原因、维护及修护和修理工作量的统计分析,正确制定和使用维修标准及规范,从而改进维修管理工作,提高管理水平。

做好可靠性工作不能只靠少数人,要靠设计部门、造机造船及修船厂、船检部门、海运管理部门和在生产第一线的广大船员通力合作。在对可靠性的研究中,船舶是可靠性信

息源,船员应真实地、按一定格式,写出能满足可靠性要求的故障报告和可靠性报告。上级主管部门(例如公司船技处)对这些报告进行搜集、归纳整理、统计分析和某些计算,从中得出规律性、有指导意义的意见,把这些意见及时地反馈到船上去指导实践,反映给船舶设计建造部门,作为建造新船时改进的依据。这就是可靠性情报的双向传递和横向交换。只有这样才能发挥可靠性情报的作用,并推动可靠性研究向前发展,使船舶动力装置的可靠性进一步提高。

在填写"可靠性数据收集表"时要特别注意写清故障发生时的工况、故障的表现形式、导致故障的原因和故障排除的方法等,以便从中找出规律性的东西,指导以后的维修工作。

在可靠性数据收集和整理方面做得比较早的有丹麦的 B&W(即现在的 MAN B&W 公司前身之一)船用柴油机公司,从 20 世纪 60 年代开始,该公司就对其生产的柴油机的使用管理情况进行跟踪,并将船舶所有人及船员反映的问题和服务工程师现场进行的调查、测量、故障分析、结构改进、操作管理要注意的问题等,以服务信函的形式不定期地向船舶所有人通报,以进行必要的改进工作。

现在世界上的许多船用柴油机公司都有类似的服务信函不定期地向船舶所有人发放,作为轮机管理者,不但要应用这些服务信函来指导和改进工作,也有义务做好可靠性数据的收集工作。

第五节　船舶动力装置的余热利用

一、船舶动力装置的余热利用方案

(一)船舶动力装置热平衡方程式

柴油机船舶动力装置的动力设备主要是主柴油机、柴油发电机组和辅助锅炉等。它们都以液体燃料为能源。船舶航行工况下所需要的总热量为

$$Q = Q_m + Q_g + Q_b$$

式中,Q_m,Q_g,Q_b 分别为主机、柴油发电机组和辅助锅炉所消耗的热量,kJ/h。

船舶动力装置热平衡方程式为

$$x + y + z = 1$$

式中,$x = Q_m/Q$,$y = Q_g/Q$,$z = Q_b/Q$——分别为主机、柴油发电机组、辅助锅炉消耗热量的百分比。

动力装置的能量平衡各成分值 x、y、z 与船舶用途和动力装置的类型有关。表 1-1 列出各种类型船舶在主机额定工况下的 x、y、z 的大概分配范围。

在进行船舶动力装置设计时,必须考虑整个船舶的能量平衡和各个耗能设备的热平衡,以便找出能量综合利用的途径,决定所采用能量综合利用的的装置和方案,从而提高动力装置能量平衡中有效利用热量的比例,以达到节约燃料的目的。

表 1-1 柴油机船舶能量平衡的组成

船舶类型		机械能 x	电能 y	热能 z
海船	干货船	83~92	4~10	4~8
	石油运输船	60~82	3~8	10~32
	冷藏船	57~76	20~36	4~8
河船	货船和拖船	94~96	2~4	1~2
	石油运输船	82~87	2~4	10~15
	客货船	75~80	7~10	10~15

(二)船舶动力装置余热利用方案

从船舶动力装置热平衡方程式和表 1-1 可以看出,主机产生的能量所占比例最大,其余热利用价值也最高,柴油发电机组、辅助锅炉消耗热量所占比例较小,它们产生的余热几乎得不到利用。

燃料在主柴油机中燃烧所发出的全部热量,只有部分转变为机械功,其余部分则分别通过排气、冷却介质和机器表面散热等而损失掉,这些部分损失的热量统称为柴油机的余热。

根据柴油机的热平衡,能量转换的数值范围如下(不同机型其数值上是有差异的):

(1)转变为机械功的热为 35%~50%。

(2)排气带走的热 27%~40%。

(3)冷却介质(缸套冷却水、增压空气冷却水、润滑油等)带走的热 15%~30%。

(4)其他热损失(辐射热、摩擦损失热)2%~8%。

由上可知,50%~60%的能量是被排气余热和冷却水带走,白白浪费了。充分利用这几部分余热的能量,代替(或部分代替)动力装置中柴油发电机组和辅锅炉所消耗的能量(占总能量的 10%~30%),从而改善动力装置经济性是完全可能的,也正是柴油机余热利用的意义。

余热利用是提高船舶动力装置经济性的措施之一。余热利用的方法是按余热特点进行的。主机排气余热温度高,可利用的单位热量大;而冷却水的温度较低、量大,可利用的热量也不少。不同类型船舶的余热利用形式是很多的,这里不作一一介绍。

图 1-1 是船舶上应用最广泛的一种形式。废气锅炉 1 利用主机排气的余热,产生蒸汽,蒸汽的热量仅用于船舶供热系统。主机冷却水的余热没有利用,它通过淡水冷却器 4 内的海水带到舷外,扫气空气的余热也没有被利用。

利用余热产生蒸汽和热水,可以减少副机和辅锅炉的耗油,提高装置经济性。然而,装置上是否被采用以及如何采用,必须结合船舶动力装置的具体情况加以综合平衡,尤其要对下列三个方面问题进行仔细分析研究后才能作出决定。

1. 区别船舶类型和装置功率范围

航行期间,余热的供应与船舶种类有关。远洋货船其主机经常处于接近额定功率工作,它的余热供应比较稳定。而沿海港口间的客船、港内拖船和航道复杂的内河船等,它们的主机工况多变,余热供应不稳定,可能利用的余热量就少。因此,船舶种类是决定余

热利用与否的因素之一。至于余热利用的方式,也要看装置功率的大小。装置功率比较小、设备比较简单的小型船舶,如750 kW(约1 000 HP)以下沿海及内河船,一般只采用简单的设备,利用主机排气产生热水,供生活用;对于4 500 ~6 000 kW(6 000 ~8 000 HP)以下中型客、货船等,则常常利用排气余热产生蒸汽,供生活及燃油加热、制淡等使用。对于6 000 ~7 500 kW(8 000 ~10 000 HP)以上的大型万吨级远洋船舶,才有条件利用排气余热产生蒸汽作动力用。

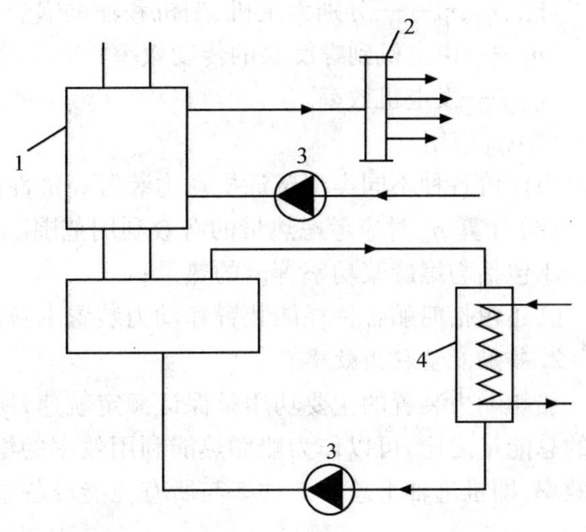

图1-1 船用余热利用方案简图

1—废气锅炉;2—换热器;3—水泵;4—淡水冷却器

2. 要有专门措施保证余热供应和余热消耗两者的平衡

余热利用系统是由余热供应和余热消耗两方面联合组成的有机整体。要求在任何工况下余热的供应和消耗都应处于平衡状态。由于前者是独立地随发动机负荷而变化的,后者是独立地根据系统的负载(消耗)而变化的,这两方面的变化,实际上彼此无一定关系。若无专门措施,系统必然常常处于不平衡状态,不是供过于求就是供不应求,这样的余热利用系统显然得不到好的经济效果,也往往是不可取的。

3. 余热利用一定要综合考虑经济性

余热利用的目的是节省燃料,提高经济效益,因此,为了利用余热而增加的设备,无论在投资、增加质量和占用空间等方面必须作出详细的计算和比较,余热利用在经济上的收益必须达到乐于接受的程度才能被采用。

二、船舶动力装置的效率

为评定和比较柴油机船舶动力装置的经济性,应计算整个动力装置的效率。目前较常用的计算方法有下列几种:

1. 柴油机船舶动力装置的总效率 η_{zh}

(1)在评价不同形式船舶柴油机动力装置的余热利用效率时,先要明确热量有效利用的范围不仅包括与螺旋桨功率等值的热量,还包括全船各种耗能装置和动力装置本身需要的热量。在这种情况下,评价船舶柴油机动力装置的经济性标准就是总效率。总效率为所有耗能设备的有效热之和与所消耗总热能之比。若发动机与锅炉所用燃料的热值相同,则装置的总效率为

$$\eta_{zh} = \frac{B_m \eta_m^y \eta_c + B_g \eta_g^y \eta_d + B_b \eta_b^y}{B}$$

式中,B_m、B_g、B_b——分别为主机、副机及辅锅炉的燃料消耗量,kg/h;

$B = B_m + B_g + B_b$——装置的总燃料消耗量,kg/h;

η_m^y、η_g^y、η_b^y——分别为主机、副机和辅助锅炉的效率；

η_c——由主机到螺旋桨的传动效率；

η_d——发电机效率。

(2)η_{zh}应用

当评价各种不同类型柴油机动力装置经济性标准时应该用总效率。

(3)计算 η_{zh}时应考虑热量的有效利用范围

①包括与螺旋桨功率等值的热量；

②还包括船舶各种耗能装置和动力装置本身需要的热量。

2. 船舶能量利用效率

船舶动力装置的主要功用是保证额定航速,所以相当于螺旋桨功率的能量与船舶消耗的总能量之比,可以作为船舶热能利用效率的综合性标准。这个比值称为船舶能量利用效率,即推进轴上总有效功率与所有耗能设备总消耗热能之比。

$$\eta_{ch} = \frac{3\,600\,P_P}{B \cdot H_u}$$

即

$$\eta_{ch} = \frac{3\,600T \cdot v_s}{B \cdot H_u}$$

式中,P_p——螺旋桨吸收的功率,kW;

T——螺旋桨的有效推力,N;

v_s——船舶航速,m/s;

H_u——燃油的低发热值。

上式可用来比较同类型船舶不同类型动力装置的经济性。船舶能量利用效率不仅反映动力装置本身的热工完善程度,而且还表征综合推进装置的工作效率。例如,在动力装置处于正常技术状态下,因船舶吃水、船体状态、螺旋桨、舵综合体以及航行条件等的不同,船舶能量利用效率也会相差很大。

3. 推进装置的推进效率

现代大功率柴油机船舶动力装置本身(滑油泵、燃油泵、冷却水泵、分油机、热交换器、通风机等)需要消耗大量的能量,因此推进轴上总有效功率与推进装置消耗的热量之比可用来评定各类船舶动力装置的经济性,即

$$\eta_t = \frac{3\,600\,P_P}{B_t \cdot H_u}$$

式中,B_t——推进装置,包括为它服务的辅助机械所消耗的燃料量,kg/h。

因为它仅考虑推进装置的燃料消耗,故可评定各类船舶动力装置的经济性,而不能评定利用余热的经济性。

第二章 柴油机动力装置主要零件的检修

本章以柴油机中的重要零件、组件和易损件作为对象，对其常见的损坏形式、检验和修理方法等一一进行介绍，以作为轮机员在船上自修或进厂修理时的参考。

第一节　气缸盖的检修

气缸盖是柴油机的固定件之一，是燃烧室的组成部分。通常，气缸盖上安装有喷油器、起动空气阀、安全阀和示功阀等，筒状活塞式柴油机缸盖上还装有进、排气阀，但也有个别类型柴油机气缸盖上安装有不同的零件。此外，气缸盖的内部具有各种气道和冷却水腔。船用柴油机气缸盖的结构形式繁多，随机型而异，但其共同结构特点是结构复杂、孔道较多、壁厚不均。

气缸盖的工作条件极其恶劣。气缸盖底面为触火面，直接与高温、高压燃气接触，承受较高的周期性变化的机械负荷与热负荷、燃气的腐蚀与冲刷，产生很大的机械应力与热应力。冷却面承受着机械应力与腐蚀作用。气缸盖螺栓的预紧力使气缸盖受到压应力，在气缸盖截面变化处还会产生应力集中。气缸盖常见的损坏形式有底面和冷却侧表面的裂纹、腐蚀（包括烧蚀）、气阀阀座和导套的磨损等。

一、气缸盖裂纹的检修

1. 气缸盖底面裂纹

裂纹一般产生在气缸盖底面阀孔的边缘过渡圆角处和阀孔之间，即有应力集中的部位。具体的裂纹部位将随机型、气缸盖结构形式和材料的不同而不同。

船用四冲程柴油机气缸盖结构更为复杂，底面上分布着进、排气阀孔、喷油器孔和示功阀孔等，气缸盖的强度被严重削弱，且由于孔洞及转角各处壁厚不等、温度不均，以致在底面上各孔之间，阀座面上容易产生径向裂纹，裂纹大多自中央的喷油器孔向周围其他孔扩展，如图 2-1 所示。

大多柴油机容易产生以喷油器孔为中心向外呈放射状的裂纹、起动阀孔和安全阀孔周围的过渡圆角处，且沿径向扩展；在气缸盖底面上也会产生圆周向裂纹。裂纹往往从触

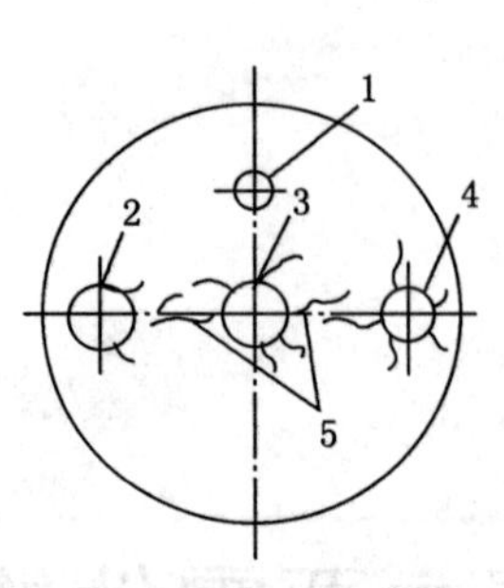

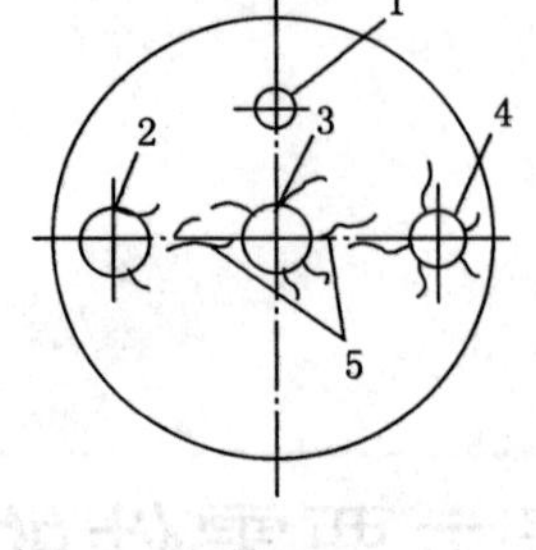

(a) RD、RND型柴油机气缸盖裂纹

(b) 四冲程柴油机气缸盖裂纹

图2-1　气缸盖底面裂纹

1—示功阀;2—安全阀孔;3—喷油器孔;4—起动阀孔;5—裂纹

火面阀孔开始,向冷却水腔方向发展。目前,较大功率的新型柴油机气缸盖多采用薄壁强背的冷却结构,冷却效果较好,一般较少产生裂纹。

2. 气缸盖裂纹的检验

气缸盖裂纹通常检查方法如下:

(1)观察法。

(2)液压试验法(如图2-2所示)。

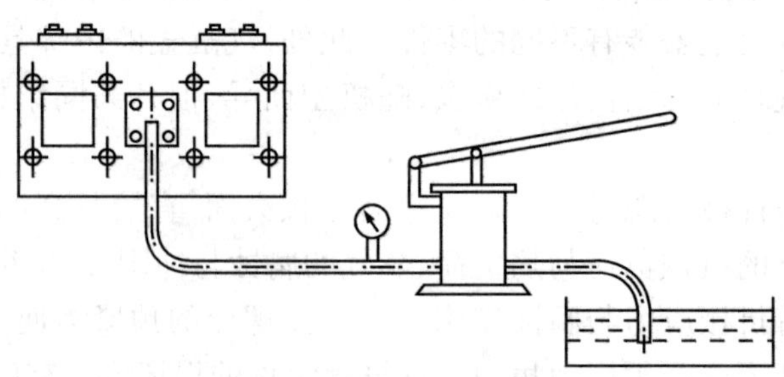

图2-2　水压试验示意图

将气缸盖外周清洁干净,进水孔用水塞或钢板堵塞,将缸盖侧立,灌满水,将出水口接头接到水压机的水管出口接头上,再将水压机压至0.7 MPa,保持压力5 min左右,看压力是否下降,同时检查各部位是否有水漏出,如有渗漏,说明有裂纹,不能使用,如表2-1所示。

表2-1　气缸盖液压试验

试验部位	试验压力(MPa)	保持时间(min)	要求
燃烧室底面	$1.5p_z$	5	不得渗漏
空气通道	$1.5p_z$	5	不得渗漏
冷却水空间	0.7	5	不得渗漏

注:p_z 最大工作压力。

(3)渗透探伤法。一种是煤油白粉法,另一种是着色法。

这种方法简便易行，是目前船舶常采用的方法。另外，在日常航行中可根据下列现象判断燃烧室组成零件有无穿透性裂纹：

①柴油机运转中，轮机员可根据气缸或活塞冷却水压力表指针随转速频率波动或膨胀水柜水位上下波动判断零件有无穿透性裂纹。因为当气缸盖或气缸套有穿透性裂纹时，燃烧室中的高压燃气就会沿裂缝进入冷却水腔，使冷却水系统的压力升高，压力表指针的读数增大和膨胀水柜水位升高；当气缸排气后压力低于冷却水压力，冷却水自裂缝进入气缸，造成冷却水大量漏泄，造成冷却水压力急剧降低，压力表指针的读数和膨胀水柜水位则迅速降低。此外，还可从冷却水温升高，淡水消耗增加，扫气箱有水流出，膨胀水柜的透气管有气泡冒出和冷却水中有油星等现象进一步判断。至于是燃烧室中哪个组成零件裂穿则需做进一步检查。

②起动前进行转车和冲车时，轮机员应打开示功阀观察有无水气或水珠喷出。如有水气或水珠喷出，表明燃烧室零件有穿透性裂纹或喷油器冷却水漏泄。此种情况应进一步检查和处理；否则缸内积水较多直接起动就会造成水击事故。

③曲柄箱（或循环油柜）中滑油量不正常增多或滑油中水分明显增加，或滑油迅速乳化变质，均表明由于燃烧室组成零件有穿透性裂纹使冷却水大量漏入。

④吊缸检修时，轮机员应认真仔细观察各个零件，如发现活塞、气缸套或气缸盖工作表面有锈痕，或活塞顶部积水等，说明燃烧室组成零件有穿透性裂纹。

3. 气缸盖裂纹的修理

气缸盖上的穿透性裂纹和关键部位的严重裂纹都必须采用换新办法处置。如果船上无备件则只能采用封缸办法，实行减缸航行的应急措施。当裂纹还不严重时，或为了应急处理可采用下述修理方法：

（1）钳工打磨。裂纹微小时采用锉刀、油石和风砂轮等工具打磨裂纹处予以消除，经无损探伤或水压试验检验合格后继续使用；否则，继续打磨、检验。若裂纹较深达壁厚的3%以上时，应停止打磨改用其他方法修理或报废换新。

（2）金属扣合。气缸盖底面和其他部位的裂纹采用金属扣合法修理，不仅保证零件的强度要求，还可满足密封性要求。

（3）焊补。当裂纹较小时先铲去裂纹再焊补。为了获得良好的焊补质量，应制订严格的焊补工艺和选用合适的焊补方法。尤其是铸铁缸盖焊补更应特别小心，如焊前的预热、焊后的退火处理及焊条的选择等。因为稍有不当就会在短期使用后因热应力而再次产生裂纹。

（4）镶套修理。对孔壁上的裂纹，如气缸盖上的进、排气阀孔壁和喷油器孔壁的裂纹采用镶套修理，如图 2-3 所示。此法效果好，可使零件继续使用 2 年以上的时间。衬套的材料一般为不锈钢或青铜，衬套端部与阀孔底部间垫以紫铜垫片以增强密封性。

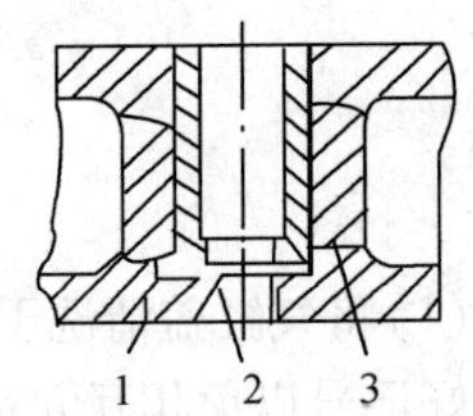

图 2-3　缸盖裂纹镶套修理

1—衬套；2—紫铜垫；3—裂纹

（5）胶黏剂修理。对于气缸盖、气缸套上的裂纹或铸造缺陷（砂眼），依其部位和工作条件选用有机或无机胶黏剂进行修理。如气缸套底面裂纹可采用磷酸——氧化铜无机黏结剂黏补。此种黏结剂能够耐高温,可在 500 ℃高温下长时间工作。

(6)覆板修理。气缸盖外表面裂纹可采用覆板修理。修理时,先在裂纹两端钻止裂孔,涂胶黏剂(如环氧树脂)后将钢板覆盖其上,用螺钉将钢板固紧在气缸盖上。修理后,应进行 0.7 MPa 压力的液压试验以确认修理质量。缸盖表面检查如表 2-2 的要求。

表 2-2　气缸盖允许缺陷范围

缺陷所在部位	允许存在的限度
燃烧表面	在燃烧室表面存在的孔眼,每个直径≯3 mm,深度≯1.5 mm,总数不多于 5 个,相邻孔眼间距≮15 mm,孔眼距工作阀孔(口)边缘的距离≮15 mm
工作阀孔内壁	工作阀孔内单个孔眼,直径≯3 mm,深度≯1.5 mm,各个孔内的孔眼总数均不多于 3 个,相邻孔眼间距≮15 mm,孔眼距工作阀边缘的距离≮15 mm

二、气缸盖气阀座面的检修

柴油机在工作时,进、排气阀与阀座不仅要承受冲击负荷,还要受到高温、高压燃气的冲刷和腐蚀作用。气阀机构在检修中可能会发现以下缺陷:气阀和阀座密封面上产生凹陷,局部剥落、烧伤、斑点和积炭;气阀座严重磨损,密封带过宽;阀杆磨损和弯曲变形,阀杆和气阀导套间隙过大,超出极限;气阀弹簧折断、扭曲变形、弹力消失等。

1. 气阀座面磨损的检修

检修柴油机时,通常应对阀和阀座磨损和烧蚀情况进行检查,常用方法是:根据主管人员的经验,判定阀和阀座磨损和烧蚀情况。如磨损、烧蚀不严重,则可以直接研磨后再次使用。气阀和阀座的研磨具体操作(中、小型柴油机)如图 2-4 所示。

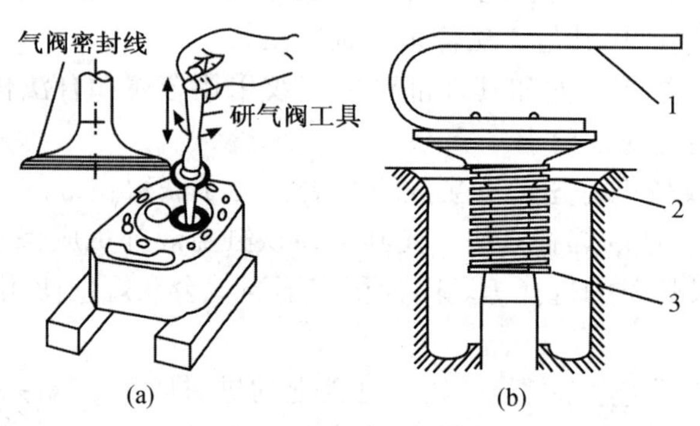

图 2-4　气阀的研磨

1—手柄;2—弹簧;3—垫片

(1)将气缸盖清洗干净,特别是排气通道、气阀导套、阀座处的积炭清洗干净。气阀应作好记号以免相互弄错。

(2)将气缸盖倒置用垫木垫起,在阀孔上放软弹簧。

(3)在气阀锥面上均匀涂上一层薄薄的研磨砂,在阀杆上涂清洁的机油插入阀孔内。

(4)在气阀顶面装上研磨工具,手握工具稍微旋转使研磨砂在气阀上分布均匀,然后轻轻提起气阀作往复敲击旋转研磨,每研磨几下换一个研磨位置,并及时更换研磨砂,直到形成一条连续的、光滑的暗灰色密封环带。

(5)研磨时,先用粗砂研磨以尽快将阀和阀座的缺陷磨掉,然后再用细砂研磨以提高研磨质量,最后用机油研磨使阀和阀座之间更好地贴合。研磨完毕后,应将气阀、气阀座、气阀导套及进、排气道里的研磨砂吹洗干净。

(6)研磨时应注意不要将研磨砂弄进阀杆和导套之间,以免造成阀杆和导套研磨,破坏正常工作间隙。

(7)研磨时应注意用力不能过大,以免过度撞击而造成密封面磨宽或磨成凹形。研磨后的密封带宽度:进气阀应在1.5~2.0 mm内,排气阀应为2.0~3.0 mm。密封带过宽则密封性不好,过窄则工作寿命降低。

气阀研磨好后,应检查气阀的密封性,检查方法有以下几种:

(1)在气阀锥面上用铅笔每隔3~5 mm画一条线,然后将阀装入阀座,将阀盘用力敲向阀座,取下气阀观察其上的铅笔线,若全部被印在阀盘上,表明密封性良好,研磨质量高。

(2)将气阀装入阀座,手动使之起落数次敲击阀座,若座面上呈现一连续光环,表明气阀与阀座密封性良好。

(3)将气阀装入阀座,在阀座坑内阀盘底面上倒入煤油,5 min后擦净阀盘及坑内的煤油并迅速提起气阀,观察配合面上有无渗入煤油,没有煤油渗漏,表明密封性良好。

2. 气阀座面烧伤、腐蚀的检修

烧伤和腐蚀大多发生在排气阀座面上,主要是由于座面的变形、磨损、积炭和座面裂纹等引起气阀关闭不严,高温燃气漏泄使阀座过热和金属元素烧损;或因阀座过热和燃用重油发生高温钒腐蚀,阀座面产生麻点、凹坑,甚至局部烧穿。对于阀盘锥面上的腐蚀和烧伤的麻点、凹坑可先用车床进行光车消除,然后与原阀座进行互研,或采用堆焊、喷焊工艺修复。阀座面的腐蚀、烧伤也可用机加工或手工铰削(如图2-5所示)修复,大型柴油机的排气阀座面也可采用堆焊、喷焊修复。损伤严重时应更换座圈。修复后,气阀与阀座配合面上的阀线宽度应符合表2-3规定。

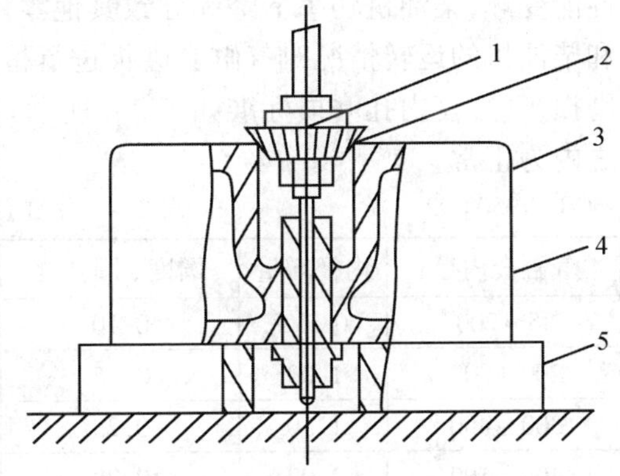

图2-5　铰削阀座示意图

1—铰刀;2—阀座;3—气缸盖;4—心杆;5—垫木

CB/T3503-93　　表2-3　阀线宽度　　(mm)

阀盘端面直径	<50	50~75	75~125	125~175	175~250	>250
阀线宽度	2.0	2.5	3.0	4.0	4.0	4.0~6.0

第二节 气缸套的检修

气缸套是柴油机重要而又易于损坏的零件。气缸套上部内表面是燃烧室的组成部分,直接受到燃气的高温、高压和腐蚀作用,与活塞组件的相对运动使其承受侧推力和强烈地摩擦,燃油燃烧的残留物加剧了磨料磨损,气缸套外圆表面与气缸体内壁组成冷却水腔,受到穴蚀和电化学腐蚀作用。

气缸套常见的损坏形式有:内圆表面的磨损、腐蚀、裂纹和拉缸;外圆表面的裂纹和穴蚀。根据中国船级社对营运船舶保持船级的特别检验要求,对船舶主、副柴油机气缸套要进行打开检验;按柴油机说明书、维修大纲要求 8 000 ~ 12 000 h 对气缸套进行一次检修,此外每当吊缸时均应检查气缸套的磨损情况。

一、气缸套磨损的检修

新造气缸套内圆表面具有一定的尺寸精度、几何形状精度和粗糙度等级。一般几何形状的加工误差,如圆度误差和圆柱度误差应在 0. 015 ~ 0. 045 mm 以内,粗糙度在 Ra 0.4 ~ 1.6 μm之内。气缸套安装到气缸体上后几何形状误差增大,圆度误差和圆柱度误差应控制在 0.05 mm 以内。柴油机运转时,活塞运动部件在缸套内作往复运动使缸套内圆表面产生不均匀磨损,壁厚减薄,圆度误差和圆柱度误差大大增加。通常,当缸套磨损量超过(0.4 ~ 0.8)D(D 为缸径)时,燃烧室就失去密封性。气缸套过度磨损会使其工作性能变坏,柴油机功率下降和导致其他零件的损坏。轮机员应依照柴油机说明书的要求和柴油机的运转情况对气缸套磨损进行检测,掌握和控制气缸套磨损状况,防止发生过度磨损,气缸套内孔磨损标准如表 2-4 所示。镀铬气缸套磨损率在 0.01 ~ 0.03 mm/kh 范围之内为正常。

CB/ T3503-92　　表 2-4　气缸套内圆磨损标准　　(mm)

气缸套内径	内径增量	圆度、圆柱度	气缸套内径	内径增量	圆度、圆柱度
85 ~ 200	0 .60	0. 10	600 ~ 700	4 .00	0. 45
200 ~ 300	1.00	0. 15	700 ~ 800	5. 00	0. 60
300 ~ 400	1.50	0. 23	800 ~ 900	5. 70	0. 65
400 ~ 500	2. 00	0. 28	900 ~ 1 000	6. 40	0. 70
500 ~ 600	3. 00	0. 35	1 000 ~ 1100	6. 80	0. 75

(一)气缸套内圆表面磨损的测量

目前,无论是在船上还是在船厂检测气缸套内圆表面的磨损情况均是利用内径千分尺、内径百分表或随机专用内径百分表、定位样板。通过测量缸径计算圆度误差、圆柱度误差或内径增量、磨损率并与说明书或有关标准进行比较,最后作出能否继续使用的判断(具体参阅表 2-5 气缸内表面允许存在的缺陷;表 2-6 气缸套液压试验;表 2-7 气缸套内壁磨损极限表;表 2-8 镀铬厚度表)。

表 2-5　气缸套内表面允许存在的缺陷

缺陷所在部位	允许存在的限度
气缸套内壁，活塞行程以内的工作表面上	1. 距离承肩 1/3 缸套长度内的单个孔眼；缸径≤200 mm 者，直径≯1 mm，深度≯0.5 mm；缸径 200～400 mm 者，直径≯2 mm，深度≯1 mm；缸径＞400 mm 者，直径≯3 mm，深度≯1.5 mm；总数均不多于 3 个，相邻孔眼间距≯15 mm。 2. 其余部位单个孔眼，直径≯3 mm，深度≯1.5 mm，总数不多于 5 个，相邻孔眼间距≮15 mm，距气口边缘不小于 15 mm
气缸套其余加工表面	1. 缸径≤200 mm 者，单个孔眼直径≯3 mm，深度≯2 mm，各个面上总数均不多于 3 个，相邻孔眼间距≮15 mm。 2. 缸径＞200 mm 者，单个孔眼直径≯5 mm，深度≯2 mm，各个面上总数均不多于 3 个

表 2-6　气缸套液压试验

缸径（mm）	试验部位	试验压力（MPa）	保持时间（m）	要求
≤200	气缸套全长	0.4～0.6	5	无渗漏
	距支承肩 1/3 缸套长内		5	无渗漏
＞200	气缸套全长	0.7	5	无渗漏
	距支承肩 1/3 缸套长内	$1.5p_z$	5	无渗漏

表 2-7　气缸套内壁磨损极限表

缸径（mm）	$n>750$ r/min 筒状活塞		$n=500\sim750$ r/min 筒状活塞		$n=150\sim500$ r/min 筒状活塞	
	最大圆度	最大磨损量	最大圆度	最大磨损量	最大圆度	最大磨损量
100	0.10	0.40	0.15	0.50		
100～150	0.15	0.50	0.20	0.60		
150～200	0.20	0.60	0.25	0.70		
200～250	0.25	0.70	0.30	0.80		
250～300	0.30	0.80	0.35	0.90	0.40	1.20
300～350			0.40	1.00	0.45	1.60
350～400			0.45	1.10	0.50	1.80
400～450			0.50	1.20	0.55	2.00
450～500					0.60	2.20
500～550					0.65	2.50
					0.70	2.80

表 2-8　镀铬厚度表

缸径 (mm)	镀铬厚度(每边 mm)	
	$n>500$ r/min	$n\leqslant 500$ r/min
100 100 ~ 200 200 ~ 300	<0.15 0.15 ~ 0.20 0.20 ~ 0.25	0.18 ~ 0.23 0.23 ~ 0.26

1. 测量部位

测量气缸套内径是在沿气缸套纵向几个确定的测量点的横截面上测首尾方向（y—y，即平行于曲轴方向）和左右方向（x—x，即垂直于曲轴方向）的气缸直径，如图 2-6 所示。中、小型四冲程筒形活塞式柴油机如无测量用的定位样板又缺少说明书等资料时，可参考以下 4 个位置进行缸套磨损测量：

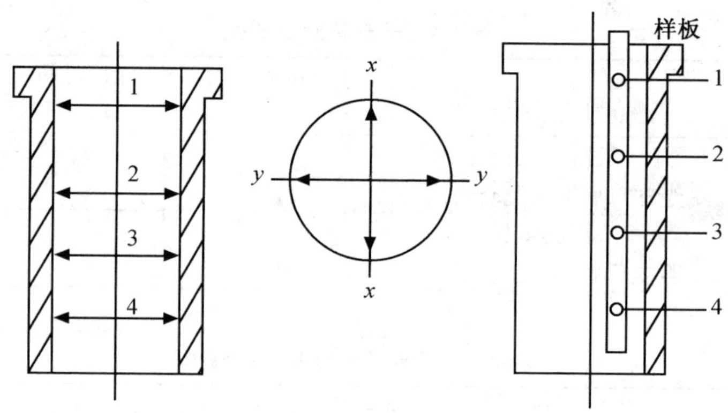

图 2-6　缸套测量样板尺定位

（1）当活塞位于上止点时，第一活塞环对应的缸壁位置。

（2）当活塞位于行程中点时，第一道活塞环对应的缸壁位置。

（3）当活塞位于行程中点时，末道刮油环对应的缸壁位置。

（4）当活塞位于下止点时，末道刮油环对应的缸壁位置。

还可以根据气缸套磨损规律在以下部位测量缸径：

（1）活塞位于上止点时，第一道活塞环对应的缸壁位置。

（2）第一道环分别在活塞行程的 10%、50% 和 100% 的位置。

（3）第一道环在距气缸套下端 5 ~ 10 mm 的位置。

除上述规定点外，还可依气缸套长短和要求，在气缸套上适当部位增加测量点。大型柴油机气缸套磨损测量部位一般在柴油机说明书中有明确规定，并有随机测量用的定位样板。测量时，只需将样板分别安放在气缸套的首尾方向和左右方向的位置上，依样板上的定位孔确定的各测量截面，测量其相互垂直的两个缸径。

2. 测量、记录与计算(如表2-9所示)

表2-9　缸套内径测量记录表　测量日期:(或工作小时)

测位＼缸号	1		2		3		4	
	前后	左右	前后	左右	前后	左右	前后	左右
1								
2								
3								
4								
圆度误差								
圆柱度误差								
内径增量								

注:(1)每缸各行的前后和左右相减除以2,取值最大的那组得到圆度误差。

(2)每缸各列前后或左右取最大值减去最小值除以2,取两列中最大值为圆柱度误差;测量时应准确记录各测量点的数据,依此数据计算出各横截面的圆度并求出最大圆度;计算出首尾、左右两个纵截面的圆柱度并找出最大圆柱度;计算出内径增量;与上一次测量比较确定两次测量的间隔时间以便计算出这一段时间内缸套的磨损率。将计算出的最大圆度、最大圆柱度误差或最大内径增量与柴油机说明书或标准比较,以确定磨损程度和修理方案。

(二)气缸套磨损的修复

1. 轮机员自修

当气缸套磨损后各项指标均未超过说明书或标准的要求,只是气缸套内圆表面有轻微拉痕或擦伤时,可在船上由轮机员自修。

(1)气缸套出现磨台时,应小心的手工修锉研磨或用风砂轮进行打磨,使之消除。

(2)轻微纵向拉痕(宽$\not>0.2\%D$、深$\not>0.05\%D$、数量$\not>3$条,D为缸径)可用砂纸或油石打磨,使拉痕表面光滑后继续使用。当气缸套内圆表面纵向拉痕超过上述规定时,则应送厂采用机加工方法予以消除或减轻。

(3)较轻擦伤(深度<0.5 mm)时可采用油石、锉刀或风砂轮等手工消除,使表面光滑后继续使用。在人工打磨拉痕或擦伤时一定要沿圆周方向,切忌竖向打磨。

2. 船厂修复

气缸套产生较大拉痕、擦伤、磨台和过度磨损时应拆下气缸套送船厂修复,主要方法有:

(1)镗缸修复:气缸套内圆表面产生较大拉痕、擦伤和磨台,或者气缸套的圆度、圆柱度超过标准,但内径增量尚符合标准时,采用机械加工(即镗缸)方法消除表面损伤和几何形状误差,但镗缸后的内径增量仍应在标准之内。

(2)修理尺寸法:当气缸套内径增量超过标准时,在保证气缸套壁厚强度的前提下进行镗缸,消除气缸套内圆表面的几何形状误差和拉痕、擦伤、磨台等损伤,再依镗缸后的缸径配制新的活塞组件,以恢复气缸套与活塞之间的配合间隙。

(3)恢复原尺寸法:当气缸套内径增量超标时,先镗缸消除气缸套内圆表面的几何形状误差和表面损伤,再根据气缸套壁厚要求增加的厚度可选用镀铬、镀铁或镀铁加镀铬的工艺,也可采用喷涂工艺,恢复气缸套原有的直径和与活塞之间的配合间隙。

气缸套修复后装机正常运转前必须进行磨合运转,磨合按说明书要求或视修理状况进行。

二、气缸套裂纹的检修

柴油机气缸套裂纹损坏虽然比气缸套过度磨损的数量少,但在大缸径、强载荷的中、低速柴油机的气缸套中却也是常见的损坏形式。气缸套裂纹大多是热疲劳、机械疲劳或冷却不良等因素引起的破坏。产生疲劳裂纹的原因与气缸套的结构、材料、毛坯缺陷及维护管理等因素有关。在船上工作条件下,维护不良、管理不当往往是产生裂纹的直接原因。一般来说,气缸套裂纹总是发生在结构设计不合理、强度较差和有应力集中的部位。常见的气缸套裂纹部位主要有:

1. 气缸套冷却侧裂纹

在气缸套外表面上部支承凸缘的根部多发生周向裂纹,严重时扩展到气缸套内表面,即裂穿,甚至整个圆周上裂纹连通,造成支承凸缘以下部分气缸套脱落的严重事故,如图 2-7(a)所示。产生这种裂纹的原因多为设计不合理,支承力点布置不当,致使气缸套受力后在其支承凸缘根部产生过大的弯曲应力。并且缘根部过渡圆角太小引起应力集中,在气缸套凸缘根部必然产生裂纹。后经过改进,即改变支承力点位置,减小或消除弯曲应力、增大凸缘根部圆角半径和控制气缸盖螺栓预紧力等措施,使气缸套产生此种裂纹的情况得到改善。气缸套冷却侧因冷却水道设计结构不良使冷却水流速过高,局部过度冷却引起过大的热应力,再加上冷却水道根部处如有应力集中,在气缸套冷却侧就会产生裂纹,并向内圆表面扩展,造成气缸套内圆表面上部产生纵向裂纹,如图 2-7(b)所示。

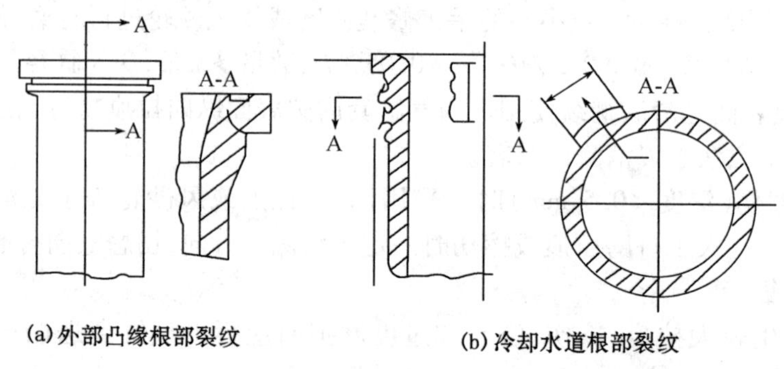

图 2-7　气缸套外表面裂纹

此外,当柴油机气缸套有内铸冷却水管时,会产生纵向裂纹,甚至会裂至内圆表面。这里由于气缸套铸造时,内铸冷却水管与气缸套之间熔合不良或因冷却水压力波动,也可能由冷却水处理不当发生腐蚀等所致。柴油机起动时冷却水温过低,负荷突增也是造成缸套裂纹的原因之一。

目前,新式柴油机的气缸套均向薄壁强背冷却形式发展,冷却效果好,热应力很小,能有效地防止裂纹的产生。

2. 气缸套内圆表面裂纹

柴油机气缸套内圆表面上部纵向裂纹或龟裂严重时会扩展到冷却侧。这是由于冷却

水侧结垢较厚或有死水区时，使气缸套局部过热产生裂纹，或者由于过大的交变热应力引起热疲劳裂纹。裂纹始于气缸套内圆表面，经过较长时间后裂穿。此外，如果燃油黏度过高或喷射压力较大，使燃油喷射距离加长，炽热的火焰侵袭气缸套内圆表面造成局部过热时，也会使气缸套内圆表面上部产生裂纹，如图 2-8(a)所示。

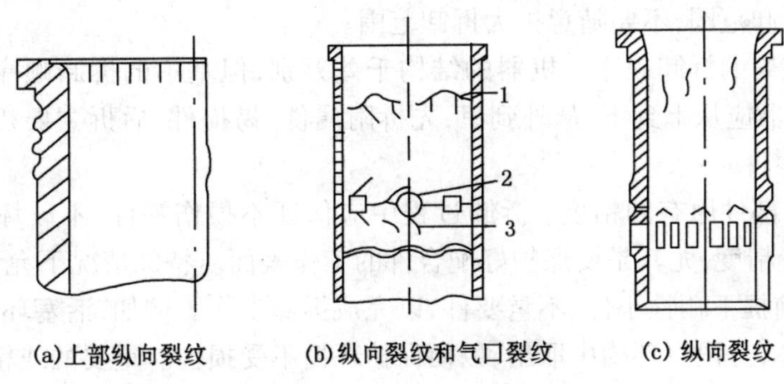

图 2-8　气缸套内表面裂纹

1—布油槽；2—观察孔；3—裂纹

3. 气缸套裂纹的修理

航行中气缸套内表面产生有一定间隔的少量纵向裂纹时，可采用波浪键和密封螺栓扣合法修理效果较好。例如，某船主柴油机 2 号缸的气缸套内圆表面产生 2 条长约 260 mm的纵向裂纹，采用此法修理后使用了 2 年以上。当裂纹较严重或已裂穿时，则应换新气缸套。航行中气缸套裂纹严重又无备件时，可采用封缸措施实行减缸航行。

第三节　柴油机吊缸检修

吊缸就是把柴油机的缸盖取下吊出活塞，对活塞、缸盖和缸套、连杆、连杆大端轴承等部件进行检查、测量和修理。除厂修外，营运中的船舶进行吊缸检查取决于以下两种情况：不正常的事故性吊缸；周期性的计划吊缸。

周期性的计划吊缸是根据发动机使用说明书和视情而定的。在运转一定时间后(一般发电机吊缸周期为 5 000 ~ 6 000 h、新型柴油机为 8 000 ~ 10 000 h)。即使没有发生异常情况，也要进行常规吊缸检修。显然，周期性的吊缸检修是避免发动机出现事故的预防维修措施，可以早期发现不正常现象，能及时采取措施，防止事故扩展。吊缸检修是轮机人员经常遇到的一项检修工作，为进行好这一工作，应注意以下几个方面：

一、吊缸的准备和注意事项

船舶机械修理前拆卸和检验是维修过程的开始阶段，也是修理前的重要准备工作，直接关系到修理质量、修理时间和修理费用。通过拆卸和拆卸中的检验、测量，摸清故障的部位、程度，找出故障的原因。所以，不论是自修还是厂修，对任何损坏的机器修理，均应做好修前的拆卸及检验工作。

(一)拆卸

任何一台机器修理时首先进行的就是拆卸，把机器进行局部或全部解体。拆卸过程是一个对工件技术状况和存在故障的调查研究的过程。零部件表面的油污、积炭、水迹等均是发现研究故障的线索。例如,燃烧室组成零件的积炭情况有助于了解燃烧情况和相关零部件的故障,如喷油器、喷油定时的故障情况等。正确的拆卸过程应遵循一些重要的原则:

(1)确定拆卸范围,不要随意扩大拆卸范围。

(2)按照正确的拆卸顺序。机器的结构千差万别,但基本的拆卸顺序大致相同。一般来说,拆卸机器应从上到下、从外到里,先拆附属件、易损件,后拆主要机件,先拆部件,再将部件拆成零件。

(3)保证零部件原有的精度。拆卸过程中应保证不损伤零件,不破坏零件的尺寸精度、形状与位置精度,尤其是要保护好配合件的工作表面。特殊情况下允许在保护大件、重要件精度的前提下牺牲小件、不重要件,以完成拆卸工作。例如,活塞环黏着在环槽中,可将活塞环损坏,分段自环槽中取出,以便保护环槽不受损伤。重要的或精密的部件不要在现场拆解,应系上标签,送专门工作室或车间解体修复。

(4)保证正确装复机器。机器拆卸前应考虑到拆后的装复,所以,首先应对所拆卸的机器结构有充分的了解,通过拆卸过程中细心观察和分析、做记号、系标签、画图、照相和必要的文字记录等的帮助,以便顺利、正确地进行装配,并恢复机器的正常运转。

(二)拆卸的准备工作

为了方便、顺利地拆卸机器,首先应熟悉技术资料,熟读说明书关于吊缸的技术要求,并摘录有关技术数据以备随时查阅;还应做好拆卸前的准备工作,主要包括工具、起重设备和物料等的准备。

1. 工具的准备

在船上检修时需要的工具包括:通用和专用工具、通用和专用量具、各种随机辅助设备等。对所用工具和量具的品种、规格、使用性能或精度进行检查,以方便拆卸和测量使用。

2. 起重设备的准备

拆卸过程中,一些大而重的零部件可用机舱行车或手拉葫芦吊运;或采用撬杠、钢缆绳索、连接螺栓和千斤顶等设备协助。根据零部件的重量选用相应规格的葫芦与钢缆。

3. 其他备件、物料准备

提前备妥所需的更换的备件,以防由于备件不全延误机器装复的现象出现;为了支垫重要零件和包扎管口等,需准备枕木、木板、厚纸板、垫料和填料、布或塑料布、木塞等。此外还需各种消耗品,如棉纱、油料等。

4. 待拆机上的准备

(1)关闭主起动阀和空气瓶的截止阀并放掉管路里的空气。

(2)关闭通冷却水系统进出口阀、并放掉机内的存水。

(3)在吊缸检修的全过程中,打开所有示功器旋塞。

(4)合上盘车机,并把手柄锁住或打开离合器,与螺旋桨轴脱开。

(5)在操纵台上挂上“正在检修,不准动车”的警示牌子。

(三)拆卸技术

为了保证船机检修工作的顺利完成,首先必须正确、顺利地拆卸机器,为此应掌握以下几项常遇到的技术措施:

1. 做记号和系标签

拆卸过程中,对拆下的零件系标签,注明其所属、次序等,以免混淆或丢失,做好各零部件之间相对位置的记号。做记号和系标签是一项简单而易被忽视的工作,往往因此而造成机器不能正确装复。给零件做记号时应注意以下几点:

(1)做标记前,先检查在零部件的相对位置处有无记号,这对于旧机器来说多数做过记号,如果重复做记号将造成混淆,如记号不清晰则应重新打上。

(2)可采用油漆、点冲或号码冲在零件连接处做记号,但不要打在零件的精加工面上,也不可随意乱打。

(3)对不熟悉的机器可采用画图、拍照片等方法显示零部件的装配关系。

(4)检修过程较长时,应妥善保管拆下的零件和保护好记号。

2. 拆下的零件和机器拆开部位的保护

从机器上拆下的仪表、管子、附件和零部件等应系标签,分门别类地妥善放置与保管,不可乱丢乱放。仪表、精密零件和零件配合表面尤其应慎重放置与保护。机器拆卸后,固定件上的孔口、管系的管口裸露,为了防止异物落入造成损伤和后患,应用木板、纸板、布或塑料膜等将孔口、管口堵塞或包扎。例如,柴油机的油底壳油孔、轴上的油孔。

3. 过盈配合件的拆卸

机器上具有过盈配合的配合件,例如齿轮与轴,柴油机上的气阀导管与导管孔,活塞销与销座等。拆卸时应使用随机专用工具、专用工具或采用适当加热、冷却配合件等方法以便顺利拆卸不损伤零件,切勿硬打硬砸,以免损伤零件。

4. 螺栓的拆卸

机器拆卸时,将会拆卸大量的螺母、螺栓、销子和垫圈等。一般来说,螺母、螺栓的拆卸并不困难,但应注意以下问题:

(1)柴油机气缸盖螺栓、主轴承螺栓等一般采用双头螺栓,螺栓的一端旋入机件。拆卸时,不需将双头螺栓从机件上拆下。

(2)拆下的螺母、螺栓等应尽量套装于原位,以防丢失错位造成安装时的麻烦。

(3)对于生锈螺母无法旋出时,可采用以下方法,或先将螺母上紧 1/4 圈,一旦活动可再反向旋出;轻轻敲击振动生锈螺母周边,在螺母和螺栓之间灌入煤油或喷松动剂,浸泡 20 ~ 30 min 后旋出;用喷灯均匀加热螺母,使之受热膨胀后旋出;以上诸方法均不能奏效时,可再考虑破坏性取下。

(4)螺栓断于螺纹孔中可采用以下方法将断头螺栓取出:在露出的断头螺栓顶面锯出小槽,用螺丝刀旋出;锉平露出的断头螺栓两侧面,用扳手拧出; 在断头螺栓上焊一折角钢杆或螺母,将断头螺栓旋出;在断头螺栓顶面钻孔插入倒丝攻(反向螺纹),拧出螺钉将断头螺栓带出;选用直径小于断头螺栓齿根圆直径 0.5 ~ 1.0 mm 的钻头,将螺栓钻掉,再用与原尺寸的丝锥将螺纹孔中残存的断头螺栓除去,但应不破坏原螺纹孔的精度。

5. 拆卸安全

拆卸过程中的安全操作对于保证人身和机器的安全至关重要。所以,在拆卸中应注意以下问题:

(1)选用工具要恰当,其种类与规格应适于工作场合的需要。拧紧螺栓时,不可任意加长扳手,以免扭断螺栓。应遵守操作规程,防止人身事故和损坏零件。

(2)注意吊运安全。严格遵守吊运安全规则,严禁超重吊运,吊运时捆绑要牢靠且不损伤机器零件和仪表,防止吊运时发生人身事故。

(3)防止事故和损伤。拆不下的机件,不可硬拆,以免损伤机器;检修过程较长时,应采取措施防止拆下的零件变形和生锈;吊运器材(如钢缆、绳索等)规格必须适当和可靠,防止吊运中途发生事故。

(4)需使用液压工具拆卸的螺栓一定要注意拆卸压力。

(四)拆卸中的检测

船机拆卸前、拆卸过程中的检验和测量是对机器的故障查找、分析和诊断的重要措施,是制订修理方案的重要依据。

1. 运转中的观察

通过拆卸前的航行勘验了解主机工况、各项性能指标和对缺陷进行检验。检查主柴油机的运转中是否存在振动,起动、换向是否灵敏,有无水、气、油的漏泄现象等。通过对船机的日常运转管理,观察了解其故障信息和现象,必要时再测定温度、压力等参数,以确定船机运转状况和机器性能变化,从而帮助确定存在的问题。

2. 拆卸中的检测

船机拆卸过程中,对拆开的配合件工作表面进行观察,从配合件表面的氧化、变色、拉毛、擦伤、腐蚀、变形和裂纹等现象判断故障的部位、范围和程度。测量零件的绝对尺寸,从而了解磨损量、几何形状误差和配合间隙等,判断零件的磨损、腐蚀或变形程度。例如,测量曲轴外径和计算磨损量、圆度与圆柱度误差,测量桥规值和臂距差等。在拆卸过程中,必要时对重要的零件进行无损检测,以查明零件内部存在的损伤。如发电柴油机修理时,对连杆螺栓进行着色探伤或磁粉探伤,检查连杆螺栓表面有无疲劳裂纹,并且测量其长度,以检查有无变形。

二、吊缸检修的主要内容

1. 气缸盖的拆卸与检查

拆卸缸盖之前,要确认与之相连的管子、阀件皆已拆卸,凡是向上的管口、油孔都要用布包扎,以免杂物落入管内。对所有的缸盖螺栓、零件和垫床都要卸开并妥善放好,以免混淆和丢失,给装复造成困难。对尚未松动的缸盖不可用起吊工具(如图 2-9 所示)硬拉;可借用撬棒、楔子、液压千斤顶或先把缸盖一侧相邻的两个螺栓上紧,使缸盖稍有倾斜而松动。缸盖吊起后应作如下检查:

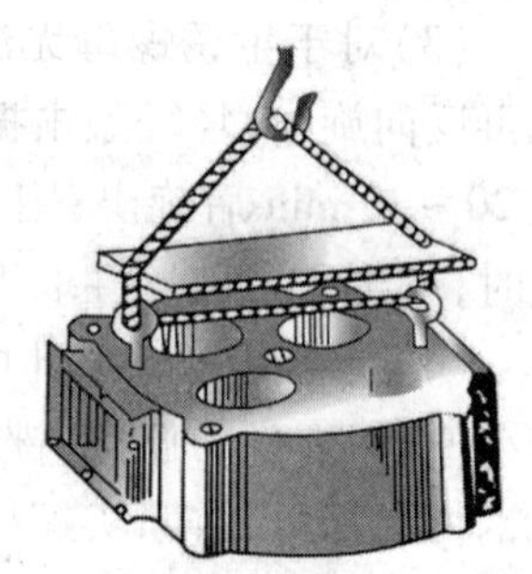
图 2-9 吊运缸盖的专用吊具

(1)缸盖解体,进排气阀拆下清洁检查、研磨(详见第八节);冷却水腔盖板拆下检查腔内情况、清除腔内水垢并换新垫床。

(2)检查冷却水空间的情况,通过缸盖上的进、出水口检查水道内有无油迹和水垢。在使用防锈油的情况下,可能由于混合不当,防锈油在水柜中被分离出来,污染了冷却空间。油迹、水垢附在传热面上会大大降低冷却效果,可能使缸头裂纹。当水垢和水锈的厚度达 2 mm 以上时,缸套的冷却水空间必须进行机械的或化学除垢。发现油迹,必须查明原因,及时消除。

(3)检查缸盖下部结合面是否平整,对于柴油机运行中发生过漏气的缸盖(特别是几次上紧缸盖螺母仍未消除漏气时),更应注意检查密封平面的平直度以及有无其他缺陷。

(4)气缸盖有无裂纹,要特别注意检查喷油器孔、起动阀孔、安全阀孔和示功阀孔以及缸盖拱形腔至密封平面过渡处是否有裂纹(在这些应力集中的地方最容易发生须状裂纹)。这样的缺陷在未对缸盖进行清洁之前容易发现。

2. 活塞和活塞环的检查

在起吊活塞(如图 2-10 所示)之前,应详细观察气缸套上端是否有台阶(由于活塞环未磨到而形成的凸台),若有应先磨去,避免在起吊活塞时拉动缸套。对活塞顶、气缸套上缘和起吊活塞的吊环螺孔除碳清洁,螺孔用丝攻清理,装上吊环挂上吊钩;盘车,把活塞盘到上死点(因机型而异,即方便松开连杆大端螺栓的位置)。松开连杆大端螺栓,取出下瓦并把螺栓穿上(该螺栓不允许错位)。将活塞吊起少许,用布条绑住上瓦以免受振脱落。吊出活塞并将其放在工作架上。然后用专用拆装工具的钳口装入活塞环搭口两端借助丝杠的力量,或用布条挂住搭口两端用臂力拉开使环的内径略大于活塞直径并逐根取下活塞环,如图 2-11 所示。对活塞顶、活塞头和环槽清洁除碳,因柴油机在工作中,活塞同时受热、受力、受磨损等多方面的影响,因此活塞经常出现活塞顶的烧蚀、龟裂、单侧磨损以及活塞环卡死和折断等故障。为此,应特别注意活塞头部和裙部有无上述损伤,活塞环槽的积炭是造成活塞环断裂和卡住的重要原因之一,所以应当仔细地对活塞环槽进行清洁,活塞裙部的减磨环有时会发生偏磨,严重时可能会单面被磨平。只要活塞裙部没有明显的拉缸现象(有拉缸现象时应校中心),可不考虑更新减磨环。因为减磨环的主要作用是为了柴油机在磨合阶段靠其导向而设。新型机无减磨环。对于拆出的旧活塞环如果发现有异常情况,应对其清洁检查并做搭口、平面间隙测量以便分析故

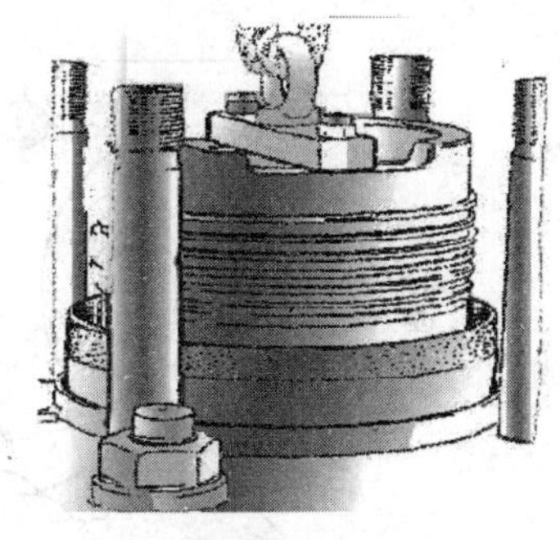

图 2-10　吊活塞

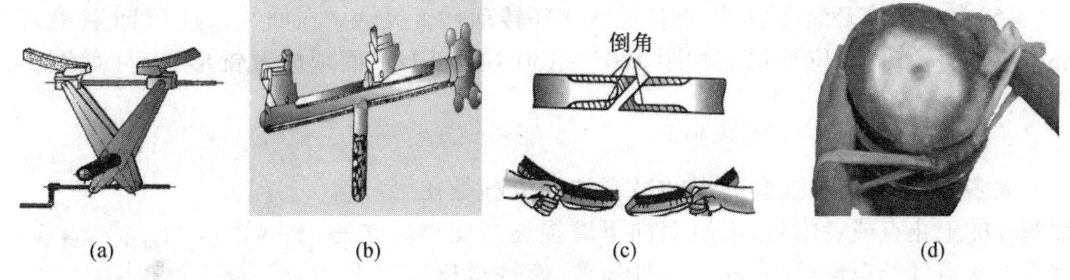

图 2-11　活塞环拆装专用工具及手工拆装

障；否则可以作为废品存放。仅将待换活塞环逐号逐根平放入该相应缸套的磨损最小的位置，活塞环搭口处两端面的距离即为搭口间隙，用塞尺逐根测量并记录该间隙数值，如图 2-12 所示；或将各道环搭口放在上下一致的位置，用一张白纸盖住搭口并用手指按压，白纸可印上各道搭口的形状，然后用游标尺测量搭口的宽度并记录即可。对照检查搭口间隙、环的自由开口以及往缸套内推动环时的摩擦力来分析弹性是否正常。然后，把环从缸套内取出，再逐号把环装入活塞环槽内，测量每道环上平面与环槽的间隙即平面间隙，船上多称天地间隙，如 2-13 所示。

在更新活塞环时还要注意以下几点：

（1）各道活塞环多有不同，不要装错，要对号入座，注意近搭口处上端面有否记号。

（2）为防止环被气口挂断和划伤缸套，环端要进行倒角，但现代新型机不能倒角。

（3）测量活塞环厚度是否符合标准，以备查验测量环的磨损量。

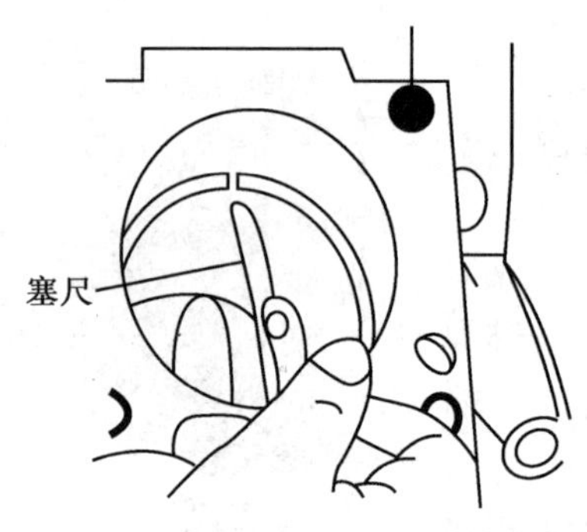

图 2-12　测活塞环搭口间隙

图 2-13　测活塞环天地间隙图

（4）还需要测量活塞环径向厚度（环槽深度减去活塞环径向厚度；环厚要稍小于环槽的深度）。

（5）各道活塞环装妥后，检查各道活塞环转动是否灵活。在回装入缸套前，注意环与环槽涂油、检查搭口位置每道相距 120° ~ 180°、缸套上平面须放置锥形导套（如图 2-14 所示）。

3. 气缸套的检查

大多数柴油机中，缸套磨损的最剧烈的位置是在第一道活塞环的上止点或者附近，沿缸套向下磨损逐渐变小。这是因为上止点处的温度最高，润滑条件最差，腐蚀也比较严重。另一方面，气缸上部滑油裂化现象较为严重，生成的炭粒等杂质混入滑油缸壁上部便受到腐蚀磨损和磨料磨损的联合作用，所以缸套上端磨损也就最快。缸套磨损较重时，会产生严重的圆柱度及圆度误差，吊缸中应予检查（测量部位详见第二节）。在吊缸检查中有时会发现下述缺陷：

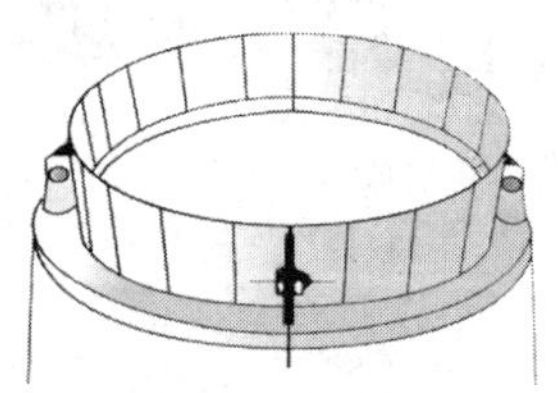

图 2-14　锥形导套

（1）缸套内表面有纵向刮痕和擦伤，甚至发生裂纹。

（2）有拉缸征兆—活塞单面靠缸壁，在吊缸检查中应当十分注意缸套有无此项缺陷，

并酌情加以修正。另外,在认为必要时应测量缸套的变形和磨损程度。缸套严重损坏、无法修复时应予换新。

(3)对于缸套与气缸盖之间未设垫床的柴油机,一定要注意缸套连接端面的清洁,必要时要用专用工具研磨,以保障其气密性。

4. 吊缸装复注意事项

(1)在将活塞吊入缸套之前,应注意在活塞环与缸套的工作面上涂油。

(2)所有拆下的紫铜垫床在装复前应予回火,以恢复其塑性(新机型未设垫床),损坏的垫床应予以换新。

(3)活塞在吊入之前,首先在缸套上放置活塞环锥形导套(简称导套)来引导活塞环进入气缸,确认曲柄销已盘至上死点附近并已清洁涂油。

(4)装复缸盖之前,要查看活塞顶面是否落入异物、遗留的工具等。然后,再盖上缸盖并按装配缸盖的工艺要求上紧螺母。

全部装复后,把在吊缸过程中开关过的所有油、水阀门全部恢复原位,而后充水驱气并对高压油泵及喷油器进行泵油驱气,检查各处有无漏水、漏油等现象。最后再进行吊缸后的试车。

(5)装复后的试车与磨合。

①检查油、水、气系统,调整好各参数。

②空载运行 1 ~2 h,清晰滑油滤器,打开道门检查栏杆温度。

③低负荷(20% ~30%)运行 4 ~8 h,打开道门检查连杆瓦与主轴瓦温度。

④50%以上负荷运行 50 h,打开道门检查连杆瓦和主轴承温度,并检查连杆螺栓松紧度,必要时打开全部螺栓,重新收紧。

三、液压工具的使用

在船机维修过程中,往往使用到诸多液压工具,它们都是运用液体静压传递原理达到省力的目的,如液压千斤顶、液压拉马、液压拉伸器、液压钢丝闸刀等。它们也必然存在着液压设备过热、热漏加颤动的通病,不过因在船上应用时间短感觉并不明显。为了达到零部件的检修要求,应尽可能使用随机配备的各种专用工具。液压拉伸器是目前船上广泛使用的一种能较为准确地控制预紧力和省力的螺栓上紧与松脱的装置。船上中、低速柴油机的气缸盖螺栓、连杆大端轴承螺栓、主轴承螺栓和底脚螺栓等均普遍采用。

液压拉伸工具由手动或气动高压油泵、液压拉伸器、高压软管、分配器和压力表组成。

(一)液压拉伸器的结构和原理

液压拉伸器是由液压油缸、液压活塞、间隔环等构成的。间隔环放在螺母的外围,高于螺母;液压油缸紧贴在间隔环上;活塞紧贴在油缸内并与螺栓拧在一起;利用液体静压传递原理把高压油充入活塞与油缸之间,用油压顶动活塞迫使螺栓伸长和变细(弹性变形),然后可以轻松地将螺母旋到预定的位置上。

(二)使用方法

1. 拆卸螺栓时的操作

(1)拆下需拆螺栓上的保护罩,清洁螺栓周围,如图 2-15(a)所示。

(2)把间隔环摆放到待卸螺母的外面部位,把间隔环上的操作窗口对到便于伸入拨棍拨动螺母的位置并注意检查间隔环与螺母四周的间隔相等,如图 2-15(b)所示。

(3)仔细清洁液压拉伸器活塞的内螺纹和待卸螺栓的螺纹并涂上润滑剂,把液压拉伸器确认紧到贴近螺母(用 0.05 mm 的塞尺插不到缝内),之后再把拉伸器松开一圈。以备为松开的螺母留有余地。切记,如果不留有余地松开螺母后拉伸器会和螺母并紧在一起而卸不动拉伸器。

(4)通过拉伸器上的接头与高压软管、分配器和高压油泵连接在一起,松开拉伸器上的旋塞慢慢泵油驱除系统中的空气,直到旋塞处流出的油中没有气泡为止,然后上紧放气旋塞,如图 2-15(b)所示,检查确认系统没有泄漏之处。

(5)高压油泵可以开始泵油升高压力,并把拨棍通过操作窗口插入螺母的拨孔内,不时朝松螺母的方向用力拨动。如果油压升高到说明书规定压力尚不能拨动的话,可以将压力增大至规定压力的 10%。注意不能超过拉伸器的最大升程标志线。

(6)用拨棍松开螺母,但不能松得太大(约多半圈即可)以免释放油压后螺母顶面碰到拉伸器,如图 2-15(c)所示。

(7)螺母松开后,把系统管路内的油压释放,然后松开高压软管,拆掉液压拉伸器,如图 2-15(d)所示。

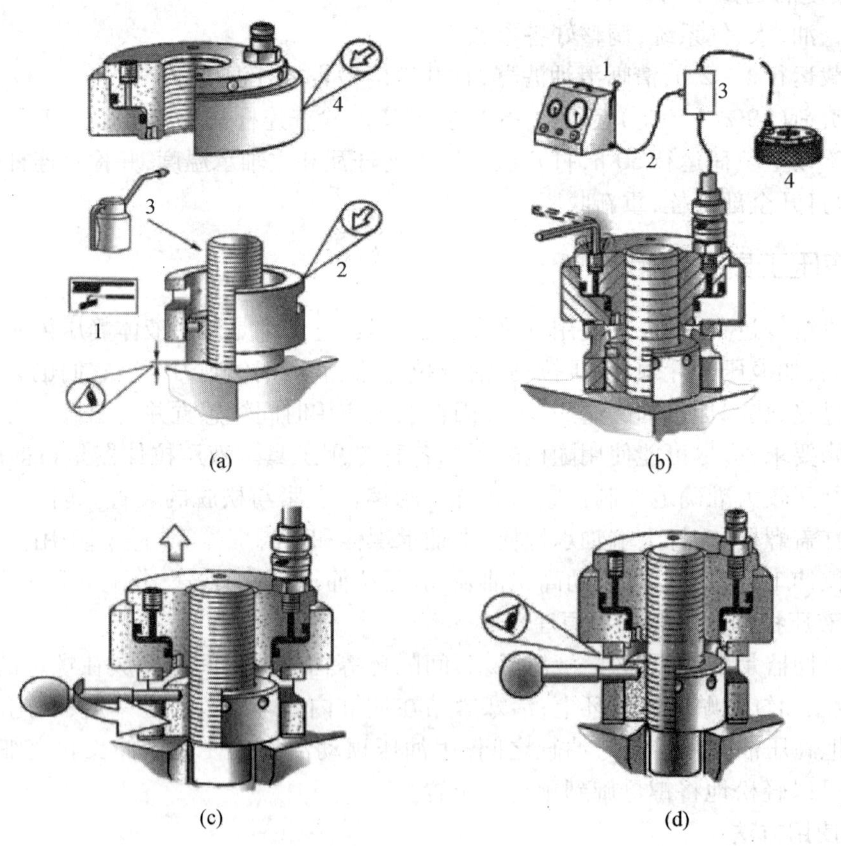

图 2-15　用液压拉伸器拆卸螺栓的过程

2. 上紧螺母时的操作

(1)仔细清洁拉伸器内活塞的螺纹、待装螺母的内螺纹、螺栓的螺纹及其周围的平面并涂上润滑剂。

(2)把螺母安装到螺栓上并用拨棍上紧，用塞尺测量螺母与机体平面之间的间隙，确认螺母已旋到底。

(3)把间隔环摆放到螺母外围，再把拉伸器的活塞缸套紧紧压在一起，然后旋进螺栓直到紧紧贴近间隔环(注意此时上紧螺母，拉伸器不需要退回一圈)。

(4)用液压软管把拉伸器、分配器和高压油泵连接在一起，然后松开放气旋塞泵油驱气，如图 2-15(b)驱气完毕后，重新上紧旋塞。

(5)泵油升压，同时随时用拨棍通过操作窗口收紧螺母。当泵达到说明书规定压力时，用拨棍把螺母上紧。之后释放油泵压力，脱开高压软管，松下拉伸器并收起间隔环，如图 2-16 所示。

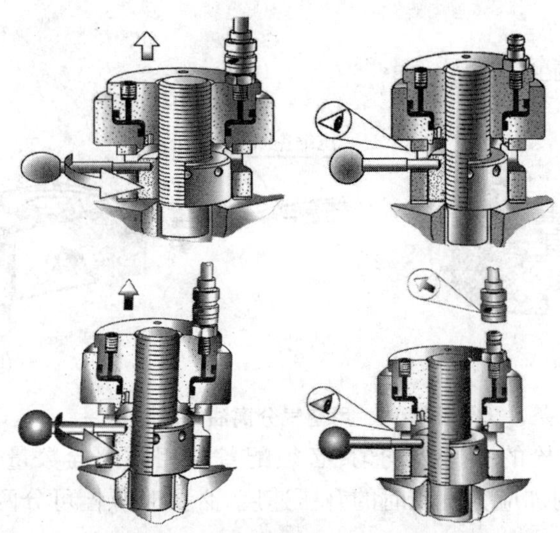

图 2-16　拉伸器收紧螺母过程

(6)盖好螺栓保护套，上好螺丝即可。

3. 用拉伸器检验螺栓的操作

(1)先测量待检螺栓螺母平面外的螺杆长度 X(如图 2-17 所示)，并记录数值。

(2)再把待检相关螺栓按照上紧螺栓的操作步骤操作，在泵油加压接近说明书规定数值时，用拨棍检查螺母松紧情况直至达到规定油压，用拨棍再次确认螺母是否到位。

(3)若达到规定压力螺母不能拨动，拆下拉伸器；若未到规定压力就能拨动螺母，记录能够拨动时的压力值，继续泵油到规定压力并收紧螺母；再拆除拉伸器。

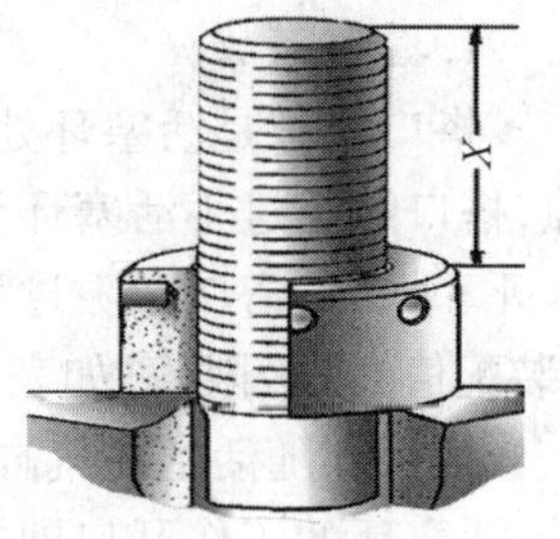

图 2-17　测量螺栓长度

(4)再测量须检螺栓长度，结合拉伸器收紧压力和螺栓长度的数值变化分析螺栓变形情况。如瓦锡兰柴油机的连杆大端螺栓每隔 1 000 h 就做如此检查，以便确认该螺栓的长度变化，以保安全。

(三)液压拉伸器的管理

(1)使用液压拉伸器应按说明书规定油压泵油,任何情况下均不得超过规定油压的10% 和不得超过最大拉伸量。

(2)从液压拉伸器的结构看,在活塞底部设计了特殊的泄油孔,当活塞到达最大升程时液压油会迅速从孔中泄出,因而可以防止密封环的损坏。

(3)使用后,应释放油压,使液压活塞复位,防止活塞超过最大升程。

(4)液压系统中的所用液压油必须是纯净的液压油或透平油(如 SAE20 等),绝不可使用系统滑油或气缸油,因滑油不仅黏度大,且是碱性的,易使密封圈损坏。

(5)拉伸器顶部有放气旋塞,其作用主要有两方面。一方面主要是加压前用来泄放系统中的空气;另一方面是在更换拉伸器的密封环时,应尽量使用压缩空气从该旋塞充入,迫使活塞和油缸分离后再更换密封环,如图 2-18 所示。

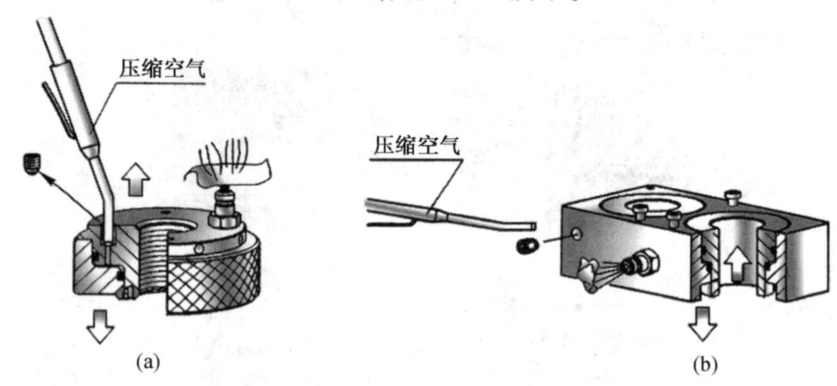

图 2-18　用空气分离油缸活塞

(6)为了使相关螺栓的预紧力均匀,必须配备与相关螺栓数量相等的液压拉伸器。同时减少螺栓的残余附加应力升压时的升压速度,必要时螺栓可分两次收紧。

四、吊缸检修的数据分析

吊缸工作不仅需要对工件做必要的清洁,还要对工件进行必要的测量、对测量数据进行分析记录,根据数值判断工件的更换与否,这直接关系到设备的工作状况和使用寿命。

(一)活塞环搭口和平面间隙(天地间隙)

1. 搭口间隙

搭口间隙是活塞环处于冷态安装时的开口大小。它是为活塞环工作时预留的热胀间隙,搭口间隙过小活塞环受热膨胀,搭口间隙消失,会使环两端对顶,严重时引起拉缸、环卡死和折断;搭口间隙过大会使燃气漏泄,所以说明书或标准中规定了搭口间隙的最小值(装配值)和极限值,如表 2-10 所示。

活塞环随活塞在气缸内作往复运动,使活塞环外圆工作表面磨损,环的径向厚度减小,活塞环的工作开口即搭口间隙增大;活塞环在环槽内运动,使环的上、下端面磨损,环的轴向高度减小、环与环槽的间隙即平面间隙增大。通常,柴油机正常运转时活塞环的正常磨损率在 0.1 ~0.5 mm/kh 之内,活塞环的寿命一般为 8 000 ~10 000 h。

CB/T 3540-94　　**表 2-10　活塞环平面间隙**　　(mm)

气缸直径 *D*	气环								油环			
	搭口间隙				平面间隙				搭口间隙		平面间隙	
	顶部二根				其余				顶部二根		其余	
	装配	极限	装配	极限	装配	极限	装配	极限	装配	极限	装配	极限
<150	0.005*D*	0.015*D*	0.004*D*	0.015*D*	0.10	0.20	0.08	0.20	0.003*D*	0.015*D*	0.035	0.20
150～225					0.15	0.30	0.12	0.30			0.05	0.30

正常磨损的活塞环沿圆周方向各处磨损均匀，并仍与缸壁完全贴合，所以正常磨损的活塞环仍具有密封作用。但实际上，活塞环外圆工作表面多为不均匀磨损。柴油机运转时，如活塞环迅速产生较大的不均匀磨损，磨损率超过正常值，表明活塞环发生异常磨损。活塞环异常磨损大多由维护管理不良造成。例如，活塞环换新后磨合不良甚至不进行磨合就投入使用工况运转；柴油机长时间超负荷运转；润滑油品质不佳或供油不充分；燃用劣质燃油、燃烧不良和冷却不足等。第一道活塞环的工作条件尤为恶劣，高温燃气使缸壁温度过高、滑油氧化、润滑条件变坏导致其异常磨损，高温使活塞头和环槽过热变形，破坏环与环槽配合也会发生异常磨损。活塞环磨损情况可通过对搭口的测量计算来分析判断。

(1)搭口间隙测量

①测量前，先将活塞自缸中吊出，取下活塞环并清洁环和气缸。

②将环按其在活塞上的顺序依次放入缸套下部磨损最小部位，并使环保持水平。

③用塞尺依次测量各道活塞环的搭口间隙或把各道活塞环的搭口排在上下相近的位置，在环口的内表面淡淡地抹上一层油灰，再铺一张干净的白纸并按压环口处，可以印出各道环搭口的印迹，随即依次用游标尺测量记录，如图 2-19 所示。

图 2-19　活塞环搭口印迹

④将测得的搭口间隙值与说明书或标准进行比较。超过极限间隙值时，说明活塞环外圆表面已过度磨损，应予以换新。一般要求活塞环搭口间隙值大于或等于装配间隙，小于极限间隙。

(2)活塞环平面间隙(天地间隙)

平面间隙俗称天地间隙，它是活塞环紧贴环槽下端面时环与环槽上端面之间的间隙。当活塞环与环槽端面磨损后将使端面配合间隙增大。平面间隙过小使环热膨胀受阻和影响环在环槽中的运动；平面间隙过大会使燃气漏泄。说明书和标准中规定了平面间隙的最小值(即装配值)和最大值(即极限值)，如表 2-10 所示。

测量平面间隙的方法依活塞环尺寸大小分为两种，但不论哪种方法在测量前均需先将活塞自气缸中吊出，取下活塞环并分别清洁环和环槽，然后再测量平面间隙；

①大尺寸活塞环的平面间隙测量

将环依次装入各道环槽中，使环的下端面与环槽下端面紧贴，用塞尺沿圆周或在圆周上几点处测量平面间隙，如图 2-20 所示。

②小尺寸活塞环的平面间隙测量

因活塞环的尺寸较小,重量较轻,测量者可一手持环将环水平局部插入环槽,并使环与环槽下端面紧贴,另一手用塞尺测量。可在环与环槽的圆周上对应几处测量。实测的平面间隙值应与说明书或标准比较,使之大于或等于装配间隙,小于极限间隙。当实测平面间隙大于极限间隙值时,应修复环槽或换新活塞环,实测间隙变小说明环槽变形或因脏污影响测量的准确性。

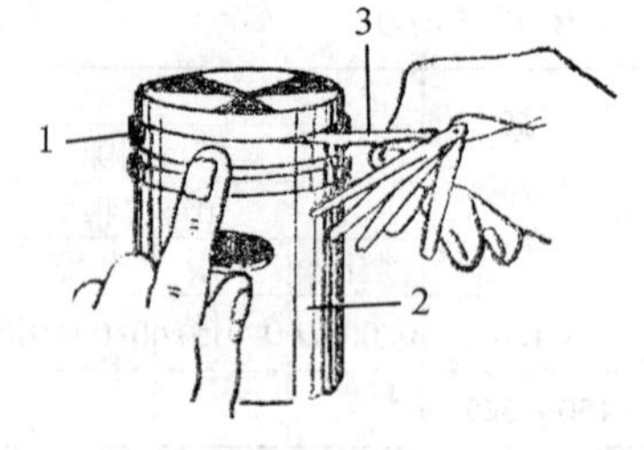

图 2-20 天地间隙的测量
1—活塞环;2—活塞;3—厚薄规

通常第一道环的平面间隙较大,其他环依次减小。

间隙测量后,一般的记录方法填写如表 2-11 所示,以存留参考。

表 2-11 检修记录表 检修日期:(或工作小时)

缸号 / 环号	1		2		3		4		5	
	搭口	天地	搭口	天地	搭口	天地	搭口	天地	搭口	天地
第 1 道环										
第 2 道环										
⋮										

每机型对每道环的搭口、天地间隙都在说明书中有具体要求,一般国产机可参照表 2-10 的装配值和极限值对比选择。

2. 气阀间隙

气阀间隙是指柴油机在冷态下,机械式气阀传动机构中的摇臂端与气阀阀杆之间的间隙。它是为在柴油机运转时气阀机构受热后的热膨胀留有伸长余地。该间隙的大小是生产厂家根据零件的材料和工作性能制定的,写在说明书上。应该严格保证这一规定数据。每种型号的柴油机都有自己的规定数值。在常温状态下,一般进气阀间隙在 0.2 ~ 0.3 mm 之间,排气阀间隙在 0.25 ~ 0.35 mm 之间。

气阀间隙过大,会使气阀打开的时间变短,开度不够,造成吸气不足,排气不净,发动机不易起动、功率下降、提速慢、温度高、冒黑烟,耗油增加,在柴油机工作时产生敲阀的噪声。气阀间隙过小,会出现气阀关闭不严、气阀漏气、冒黑烟、排烟温度升高、提速慢、功率下降、耗油增加,严重时出现烧蚀气阀甚至造成气阀撞击活塞顶的现象。

气阀间隙的检查与调整:气阀间隙测量应在冷态下进行,盘车使顶杆的滚轮与定时凸轮的基圆接触,同时在摇臂的顶杆端略加力将摇臂压下。这时,对面阀杆端部将出现间隙。用塞尺测量此间隙并与标准值比较。若不符合,则可通过先松开锁紧螺母 1,再调节摇臂上的调节螺钉 2 进行调节,间隙调好后锁紧螺母 1 应锁紧,如图 2-21 所示。

3. 连杆大端轴承间隙

连杆大端轴承间隙直接关系到机器装复后能否运转,尤其是更换轴瓦以后。它的大小决定其润滑油楔形空间的厚度,影响机械运转的精度。如果此间隙太小会导致润滑油膜太薄,造成轴瓦过热烧瓦抱轴;太大会造成冲击、振动、加剧磨损甚至影响润滑油压力,

降低使用寿命。

该间隙的测量详见第六节,因目前多采用薄壁轴瓦,无需进行传统的压铅测取间隙,所以多用"对比法"测得,即瓦孔直径减去轴颈直径,同时也测量轴瓦厚度,以便作为磨损量和是否更换轴瓦的分析参考依据。检查判断轴瓦工况及决定是否换新轴瓦的方法有两种,其一外观检查,只要发现有黄色出现即说明已达到过度磨损,须换新;其二根据说明书要求,其轴瓦已达到规定时间要求即换新。对于该间隙的记录形式一般如表 2-12、表 2-13 所示。

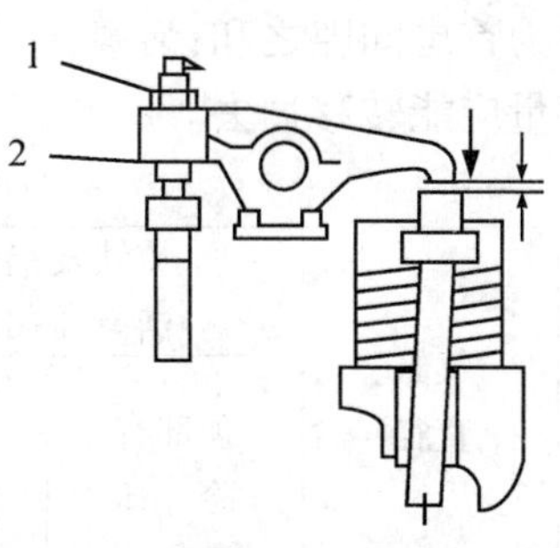

图 2-21 气阀间隙示意图

1—锁紧螺母;2—调节螺钉

表 2-12 连杆大端轴承瓦孔直径测量　　测量日期:(或工作小时)

缸号 位置		1			2			3			4		
		左	中	右	左	中	右	左	中	右	左	中	右
瓦孔直径 mm	前												
	后												

注:瓦孔测量值左和右相加除以 2 作为"左或右"的尺寸;"中"作为上下方向的尺寸。

表 2-13 连杆大端轴径测量　　测量日期:(或工作小时)

缸号 位置		1			2			3			4		
		前	中	后	前	中	后	前	中	后	前	中	后
大端轴颈直径 mm	上下												
	左右												

注:轴颈测量一般中部上下的位置有润滑油孔,所以只测量前后两个位置。

4. *活塞销间隙*

如果活塞销已拆检的话,还需要测量记录活塞销间隙;借吊缸检修之际还需要做柴油机活塞、缸套磨损情况检查并作外径测量记录。

连杆大端轴承间隙应严格遵照说明书的要求认真选择,如没有说明书可遵照 GB/T 23895－2009 国标选择。

五、活塞运动部件装复后的校中检验及失中原因分析

为了保证实现柴油机设计性能和可靠运转,必须保证运动件与固定件有准确的相对位置和合适的配合间隙,也就是要保证活塞运动部件的中心线与气缸固定件中心线重合或平行,活塞与气缸间隙符合说明书规定。安装过程中,通过对活塞运动部件在气缸中的横向校中和纵向校中工艺来达到上述技术要求。

1. *活塞运动部件校中的技术要求*

活塞在未装活塞环条件下,活塞位于上、下止点位置时,活塞与气缸的安装间隙与极限间隙,应符合表 2-14 的要求。按照我国船舶行业《船用柴油机修理技术标准》规定,筒状活塞式柴油机活塞裙部与气缸内孔单边最小间隙应不小于该处总间隙的 25%。总间

隙为首尾间隙之和;活塞在气缸内沿柴油机纵向允许平行偏在一边,但向另一边撬动时偏移量应能转移过去。

表 2-14　四冲程筒形活塞柴油机活塞与气缸间隙　(mm)

气缸直径	铸铁及铝合金活塞顶部间隙		活塞裙部			
	顶部有冷却	顶部无冷却	铸铁活塞装配间隙	铸铁活塞极限间隙	铝活塞装配间隙	铝活塞极限间隙
≤100	0.50~0.64	0.60~0.80	0.09~0.12	0.35	0.18~0.22	
100~125	0.64~0.80	0.80~1.00	0.12~0.15	0.45	0.22~0.26	0.50
125~150	0.80~1.00	1.00~1.20	0.15~0.18	0.55	0.26~0.32	0.60
150~175	1.00~1.16	1.20~1.40	0.18~0.21	0.65	0.32~0.38	0.70
175~200	1.16~1.32	1.40~1.60	0.21~0.24	0.72	0.38~0.44	0.80

2. 活塞运动部件的间隙测量

如图 2-22 和 2-23 所示,柴油机检修测量时,从气缸中吊出活塞、取下活塞环,清洁后将不带环的活塞组件装入气缸中,然后盘车使活塞分别位于上止点后 15°~30°,下止点前 15°~30°位置,用塞尺测量活塞与气缸在首、尾、左、右 4 个部位的间隙值。上述位置是活塞处于工作状态时使裙部在侧推力作用下紧压在一侧缸套壁上,在左右方向上有一侧始终应该为零,这样,有利于提高测量精度。活塞与缸套之间间隙的测量,记录内容如表 2-15 所示。

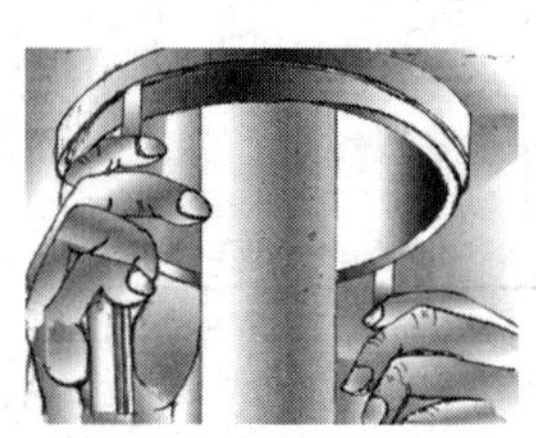

图 2-22　从缸套上、下部测量间隙

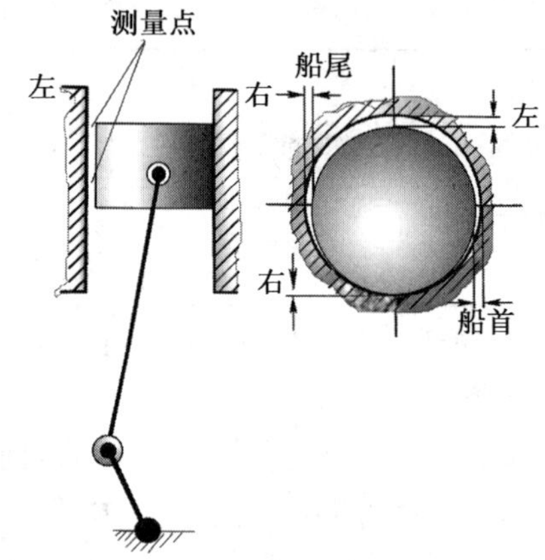

图 2-23　活塞与缸套间隙测量

表 2-15　活塞校中测量记录　测量日期:(或工作小时)

缸号 / 位置	1			2			3			4		
	前	后	偏差	前	后	偏差	前	后	偏差	前	后	偏差
上死点后 150												
下死点前 150												
偏差												

3. 活塞运动部件失中

活塞运动部件失中是指柴油机运转中，由于磨损等原因产生活塞运动部件与气缸固定件相对位置不正确的现象。失中之后不仅加速磨损，而且会导致敲缸、拉缸等故障，使柴油机不能正常工作。活塞运动部件的失中分为：发生在柴油机左右方向上的横向失中和首尾方向上的纵向失中。对于筒形活塞式柴油机因为在左右方向活塞裙部要起到导向作用承受侧推力，活塞总会偏向一边，所以多会发生纵向失中。如图 2-24 为筒形活塞式柴油机活塞运动部件的纵向失中情况。从活塞的支点基础分析造成活塞的偏移的原因不难得出，能够使筒形活塞偏移的基点不外乎有：活塞销、活塞销轴承、连杆大端上瓦和曲柄销；而能够使活塞始终偏向一边的有活塞销、活塞销轴承、连杆大端轴承上瓦和曲柄销颈上下面都偏磨；能造成活塞上下死点偏向不同的有曲柄销轴心与主轴颈不平行、曲柄销单面偏磨。图 2-24 中分别表示活塞各种纵向失中情况。

图 2-24(a)为正常情况。测量活塞在近上、下止点位置时的活塞与气缸首、尾间隙值相等或接近，表明活塞运动部件纵向对中良好。

图 2-24(b)为活塞在气缸中偏靠一侧，即活塞运动部件中心线与气缸中心线平行。测量近上、下止点位置时活塞与气缸在首、尾方向上的间隙值不等，但同侧间隙相等或接近。可能的原因是连杆大端轴承两侧轴向间隙不等或船舶纵倾所致。通过调节大端轴承两侧的间隙予以消除。

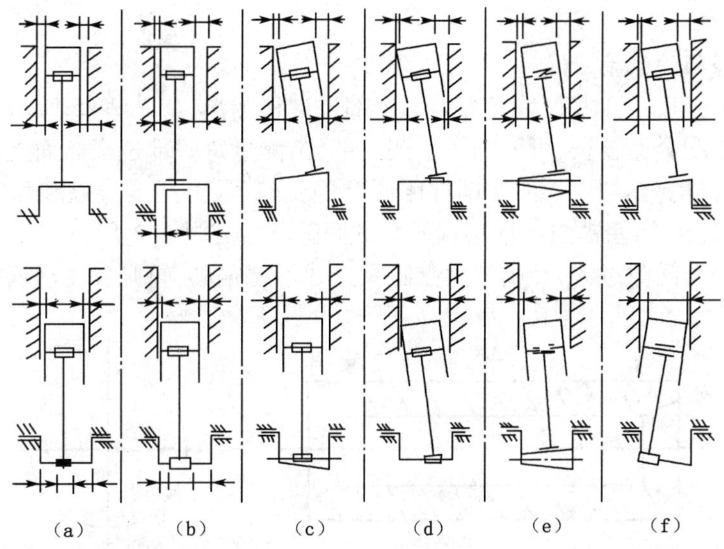

图 2-24　活塞运动部件纵向失中举例

图 2-24(c)为活塞在近上止点位置时在缸中倾斜，接近上、下止点时在缸内居中。测量活塞与气缸在首、尾方向的间隙，接近上止点时不等，接近下止点时相等。这是由于曲柄销颈不均匀磨损产生单面锥度所致。通过消除曲轴销颈几何形状误差进行调整。

图 2-24(d)、(e)为活塞在接近上、下止点位置时在缸中发生同侧倾斜。测量活塞与气缸在首尾方向的间隙不等。两图失中现象相同，但产生的原因不同。图 2-24(d)为连杆大端轴承上瓦偏磨；图 2-24(e)为曲柄销颈纵向不均匀磨损产生锥度。通过分别采用

刮瓦和修轴措施消除失中现象。

图 2-24(f)是活塞位于近上、下止点时,活塞在缸中间首、尾不同方向倾斜。测量活塞与气缸的首、尾间隙便可显示活塞在缸中的状态。此种现象是缘于曲柄销中心线与主轴颈中心线不平行。采用机械加工消除曲轴的位置误差便可提高活塞运动部件的对中性。

为了便于分析,上述各种失中现象是简单的,原因是单一的。船上柴油机运转中的失中问题则是复杂的,原因是多方面的、综合性的。轮机员在船上遇到失中问题应依具体情况,进行各种测量,收集实际运转的数据和资料,综合分析和判断,找出真正的失中原因,采取对症措施消除失中故障。

第四节　活塞销的检修

活塞销是筒状活塞与连杆的连接件,它的作用是把活塞所承受的气体力和活塞的往复运动惯性力传递给连杆。活塞销在连杆小端轴承中作摇摆运动。因此,活塞销在工作中承受周期性并具有冲击性的弯曲作用力和表面受到摩擦与磨损。

活塞销的结构简单,一般为中空的圆柱体。为了满足工作要求,活塞销的材料一般选用低碳钢(如 15 号钢、20 号钢)、合金渗碳钢(如 20 Cr、12 CrNi3 等)并经表面渗碳、淬火和低温回火处理,以使表面硬度高、耐磨性好,心部具有较高的韧性。活塞销的主要损坏形式是磨损和裂纹。

1. 活塞销磨损的测量

采用外径千分尺沿活塞销轴线方向 3 个部位进行测量,如图 2-25 所示。如果活塞销与连杆小端轴承配合面较长,可增加 2 个测量部位,测量每一部位横截面上两个相互垂直的直径 d_1、d_2,并计算出圆度误差和圆柱度误差,要求其最大圆度误差和最大圆柱度误差符合表 2-16 的规定,活塞销与连杆小端衬套的间隙不得超过表 2-17 所列的数值。若活塞销与连杆小端衬套间隙过大,轻则发生敲缸及造成活塞偏磨,重则发生活塞销断裂。

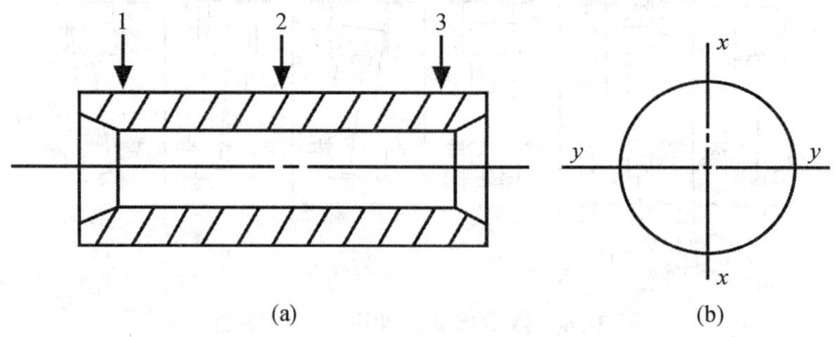

图 2-25　活塞销测量部位

CB/T3542-94　　表 2-16　活塞销磨损极限　　(mm)

活塞销直径	圆度、圆柱度	活塞销直径	圆度、圆柱度
<50	0.03	175～200	0.06
50～75	0.04	200～225	0.07
75～100	0.04	225～250	0.07
100～125	0.05	250～275	0.08
125～150	0.05	275～300	0.08

表 2-17　活塞销与连杆衬套的极限间隙　　(mm)

活塞销直径	磨损极限间隙		活塞销直径	磨损极限间隙	
	灯芯式或滴油式润滑	压力式润滑		灯芯式或滴油式润滑	压力式润滑
50 以下	0.15	0.18	176～200	0.30	0.35
51～75	0.20	0.25	201～225	0.30	0.35
76～100	0.20	0.25	226～250	0.30	0.35
121～125	0.25	0.30	251～275	0.35	0.40
126～150	0.25	0.30	276～300	0.35	0.40
151～175	0.25	0.35			

2. 活塞销裂纹检测

活塞销虽小，但它是一个极为重要的零件，其上微小的裂纹可引起活塞销断裂，进而引起活塞运动部件打坏机体的严重事故（俗称连杆伸腿的波及性事故），为此对活塞销应进行：

(1)外观检查。通过观察活塞销表面，检查表面有无擦伤、过热氧化变色、渗碳层剥落和表面裂纹等缺陷。

(2)磁粉探伤。要求对活塞销进行磁粉探伤，检查表面有无裂纹。工作表面不允许有裂纹和横向发纹，但允许有数量不多于 5 条的纵向发纹，同一截面上不多于 2 条。

(3)活塞销的修理。活塞销外圆表面过度磨损可采用镀铬、镀铁或其他方法修复。要求镀铬前活塞销表面粗糙度为 Ra 1.6 mm，镀铬层厚度不应大于 0.5 mm，镀后机械加工。活塞销的修理往往是与活塞、连杆衬套一起综合考虑制定修理方案。活塞销表面裂纹和渗碳层剥落应报废换新。

第五节　曲轴的检修

曲轴是柴油机的重要零件。曲轴的作用是将活塞的往复运动变成曲轴的回转运动，汇集各缸功率对外输出。曲轴形状复杂、刚性较差，其重量占整台柴油机重量的 7%～15%；造价占柴油机造价的 10%～20%。曲轴的技术状态直接影响柴油机的正常运转、船舶的安全航行和经济性。所以应加强曲轴的维护保养，减少损伤，尤其应减少曲轴的磨损,控制曲轴的变形和防止曲轴断裂。

曲轴的主要损伤有:磨损、腐蚀、变形、裂纹和断裂等。对曲轴的变形和断裂可通过测量曲轴臂距差予以控制。

一、曲轴损伤的检修

(一)曲轴轴颈磨损的检修

柴油机长期运转使曲轴主轴颈和曲柄销颈产生不均匀磨损;直径减小,几何形状精度降低,产生圆度和圆柱度误差等。曲轴轴颈的圆度误差是柴油机工作循环使曲轴轴颈回转一周时,在圆周方向受到大小和方向变化的力的作用,产生的不均匀磨损所致;圆柱度误差是曲轴轴颈受到气体力和运动部件重量作用产生弯曲应力,及活塞运动部件安装不良或失中等使在轴颈长度方向受力不均,产生的轴向不均匀磨损所致。圆度和圆柱度是衡量曲轴轴颈磨损程度的主要参数。圆度误差过大使轴与轴瓦的配合间隙变化,破坏润滑油膜,降低轴承的承载能力;圆柱度误差过大,使轴承负荷轴向分布不均,引起活塞运动装置的失中。所以,新造曲轴应符合图纸上尺寸、几何形状精度要求;运转中磨损的曲轴圆度、圆柱度误差应符合说明书或标准的规定。

1. 曲轴磨损的测量

采用外径千分尺或游标卡尺测量主轴颈和曲柄销颈的直径,测量位置如图 2-26 所示。在图 2-26 每一截面上测量其垂直与水平两个方向的直径,将所测量数值填入记录表

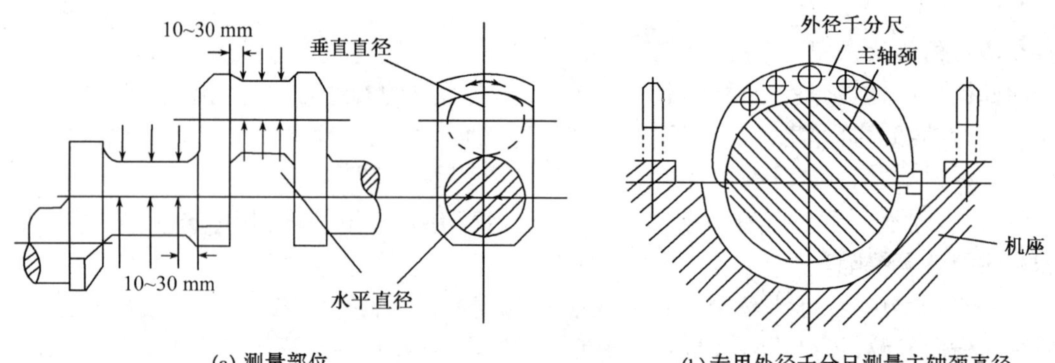

(a) 测量部位　　(b) 专用外径千分尺测量主轴颈直径

图 2-26　曲轴轴颈的测量

2-18 内,计算出最大圆度与圆柱度误差,并与说明书或表 2-19 比较判断磨损程度。在船舶条件下可采用如图 2-26(b)所示的随机提供专用千分尺测量,并记录读数。

表 2-18　某船曲轴主轴颈测量记录　测量日期:(或工作小时)

缸号 位置	1			2			3			4		
	前	中	后	前	中	后	前	中	后	前	中	后
上下												
左右												

2. 曲轴磨损的修复

(1)修理尺寸法在保证曲轴强度和几何形状精度、位置精度的前提下,选用最小的加工余量进行车削或磨削曲轴轴颈。轴径减少量大于 0. 01d(d 为轴径)时应进行强度校核。依修理尺寸配制轴瓦,保证恢复原配合间隙值,如表 2-19 所示。曲轴在厂修理时,可在专用曲轴车床、磨床上加工或在车间平台人工锉削修理。在船上可采用装配机原地车削或磨削,也可以人工锉削。无论哪种方法均应保证轴颈圆度、圆柱度和表面粗糙度符合要求,尤其对手工锉削更要严格检测。

(2)恢复尺寸法采用镀铬、镀铁等工艺恢复曲轴轴颈原有尺寸。目前国内成功地采用无刻蚀镀铁工艺修复大批各类曲轴,尤其可满足要求较大厚度镀铁层的曲轴。

CB/T3544-94　　**表 2-19　曲轴主轴颈与曲柄销颈磨损极限**　　(mm)

轴颈直径	>500 r/min 筒形活塞式柴油机				<500 r/min 筒形活塞式柴油机			
	主轴颈		曲柄销颈		主轴颈		曲柄销颈	
	圆度	圆柱度	圆度	圆柱度	圆度	圆柱度	圆度	圆柱度
<75	0.03	0.03	0.03	0.035	—	—	—	—
75~100	0.035	0.035	0.035	0.04	—	—	—	—
100~125	0.035	0.035	0.035	0.04	—	—	—	—
125~150	0.04	0.04	0.04	0.04	—	—	—	—
150~175	0.05	0.05	0.05	0.05	0.05	0.05	0.05	0.05
175~200	0.05	0.06	0.05	0.06	0.06	0.07	0.06	0.07

(二)曲轴轴颈擦伤与腐蚀的检修

曲轴轴颈表面的划痕、拉毛和擦伤等主要是由润滑油中的机械杂质或磨损产物引起的。轴颈表面的腐蚀凹坑、锈斑、烧伤等是润滑油中含水分和酸过多,产生的电化学腐蚀或漏电等杂散电流引起的静电腐蚀造成的。当擦伤、腐蚀不严重,尚未影响轴颈的尺寸和几何精度时,一般可采用人工原地修磨予以消除。

(1)轻微擦伤采用麻绳或布条敷细砂纸(0 号或 00 号)缠于轴颈,人工往复拉动磨去伤痕,如图 2-27 所示。

(2)较浅伤痕。采用油石打磨消除伤痕后,再用砂纸打光。

(3)较深伤痕采用油光锉轻轻修锉,消除伤痕后再用砂纸打磨光。

当轴颈表面有轻微擦伤和几何形状误差时,可采用专用磨光夹具进行修磨。曲轴轴颈修磨前,应用黄油将轴颈上的油孔堵塞,以免落入脏物。修磨时注意不要破坏轴颈的几何形状精度。由于修磨量很小,不会影响轴承间隙,但其几何形状误差和表面粗糙度应符合标准要求。

(三)曲轴裂纹与断裂的检修

1. 裂纹的检验

中国船级社的《钢质海船入级规范》中规定,锻钢和铸钢的曲轴毛坯均要进行无损探

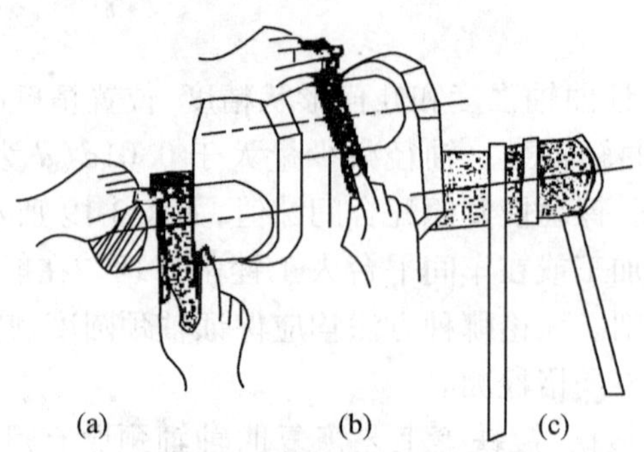

图 2-27 轴颈表面擦伤、腐蚀修复

(a)油石修磨;(b)油光锉修锉;(c)砂纸打磨

伤检验。曲轴锻钢件所有加工表面均应进行磁粉探伤检验,并严格检查整段曲轴的主轴颈、曲柄销颈与曲柄臂连接处过渡圆角,半组合式曲轴的曲柄销颈表面、曲柄销与曲柄臂连接过渡圆角处。曲轴锻钢件还应进行超声波检测。曲轴铸钢件应进行超声波探伤,曲轴所有表面均应进行磁粉探伤,在最终热处理前和精加工后分别进行。对于新购成品曲轴或修理的曲轴依具体情况进行着色探伤、磁粉探伤和超声波探伤,以检查曲轴表面和内部的缺陷状况,确认曲轴不存在的缺陷。

2. 曲轴裂纹和断裂的修理

(1)裂纹较小时采用修磨除去裂纹,并将裂纹部位修整光洁,与其他表面之间要过渡圆滑,最后经着色探伤或磁粉探伤确认裂纹消失;否则,应继续打磨和探伤。当打磨至规定深度仍有裂纹时,则须停止打磨,依具体情况改用其他办法处理。此项工作应有验船师的监督和认可,如表 2-20 所示。

表 2-20 曲轴颈纵向发纹允许长度表 (mm)

轴颈直径	<200	200~250	250~350	>350
发纹长度	<15	<20	<25	<30

注:整体曲轴除轴颈的圆角油孔及距离油孔、圆角 5 mm 以外,允许有与轴线夹角小于 300°的纵向发纹存在,但在同一轴颈上的总数,不得多于 3 条,在同一截面上不得多于 2 条,其长度不得超过上表规定。

(2)裂纹较深时换新曲轴,组合式和半组合式曲轴可采用局部换新办法处理。

(3)曲轴断裂采用换新曲轴办法。如果航行中曲轴断裂,尤其是主柴油机曲轴断裂,应采用应急焊接修理。设法将断裂轴焊接成一体维持柴油机运转,抵达港口后再进行彻底修理。例如,某船发电柴油机曲轴断裂,断裂部位如图 2-28(a)所示。恰逢船上其他发电柴油机状态也不良,于是采用应急焊接修理。如图 2-28(b)所示,在断裂的曲柄臂之间焊上 100 mm×100 mm×120 mm 的钢块 2,曲柄臂两侧焊上 200 mm×200 mm×25 mm 的钢板 1,使断轴连成一体,对该缸进行封缸,维持柴油机运转。

二、主轴承高度的判断

曲轴在柴油机中的重要性,不仅因其作用大、造价高,还因为它是活塞运动部件的安装基础。曲轴的轴线状态直接影响活塞运动部件的对中性和柴油机的正常运转。由于曲

轴过太的弯曲变形会引起附加弯曲应力增大，导致曲轴的裂纹和断裂。而柴油机正常运转中曲轴轴线弯曲变形主要是主轴承下瓦不可避免的磨损造成的。因此，了解和控制主轴承下瓦的磨损、确定各道主轴承的高低，就成为了解和控制曲轴轴线弯曲变形的关键。判断主轴承高度可采用以下几种方法：

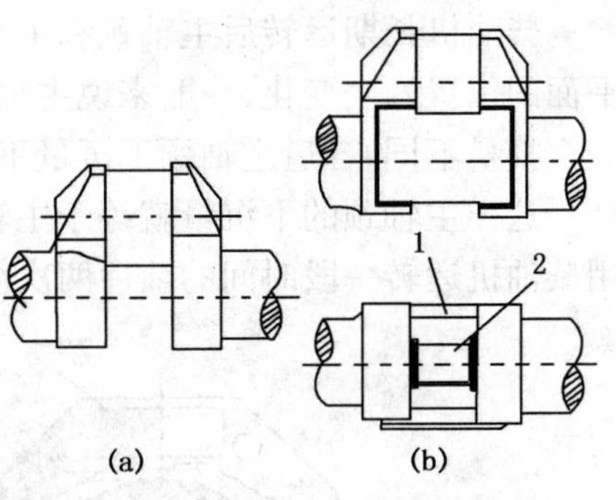

图 2-28 曲轴应急修理

1—钢板；2—钢块

1. 分析法

利用臂距差、轴线状态和轴承位置的基本关系，分析判断主轴承高度。

臂距差 $=L_{上}-L_{下}$（即曲柄销在上死点的臂距与曲柄销在下死点的臂距之差），从图 2-29 不难看出，如两主轴承低于相邻轴承，曲柄销在上死点时臂距会变大，而曲柄销在下死点时臂距会变小，则测得臂距差 $\Delta_{\perp}>0$，图 2-29(a) 表明该曲柄轴线呈塌腰形状态；若两主轴承高于相邻轴承，臂距差 $L_{上}-L_{下}<0$，图 2-29(b) 表明该曲柄轴线呈拱腰状态。

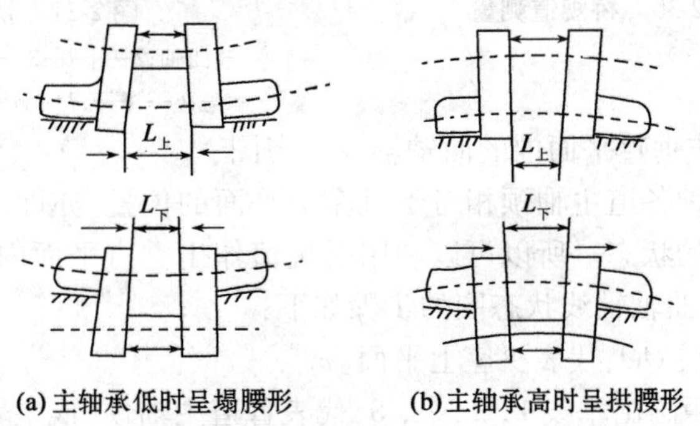

图 2-29 曲轴弯曲使臂距变化

利用上述基本关系判断主轴承高低是最基本的方法，（可概括为“正低负高，数值参考”）根据臂距差值可以迅速作出判断，在生产中应用较为普遍。

2. 桥规法

(1) 桥规值的测量

桥规值是将桥规置于机座上平面上，桥规的测量基准面至所测主轴颈的距离。采用随机供应的桥规进行测量，如图 2-30 所示。测量前，拆去主轴承上盖、上瓦等，清洁主轴颈和机座上平面，按说明书要求的位置或按上次测量时曲轴的位置，即将曲轴首（尾）端曲柄转至上止点位置进行测量，也可使所测主轴颈相邻曲柄销成 0°、90°、180°、270°四个位置分别进行测量，取其平均值。测量时，将桥规置于机座上平面并紧贴，用塞尺测量桥规基准面与主轴颈之间的距离，如图 2-30 所示。柴油机出厂时的桥规值在一定时间内有效，当换新主轴瓦或机座变形修理后应重新测定桥规值。使用这种桥规进行测量，需要拆装各道主轴承的螺栓、上盖和上瓦，操作很不方便。为此，目前各大型柴油机采用带有测深尺的桥规，可以方便地在主轴承两端处测量而无需拆装主轴承，如图 2-31 所示。

(2) 主轴颈下沉量的测量

柴油机长期运转后主轴颈和主轴承下瓦均会产生磨损,以致使主轴颈相对于机座上平面的位置发生变化,一般来说主轴颈下沉,并使桥规值增大。由于各道主轴颈及其下瓦的磨损量不同,各道主轴颈下沉量不同。由于主轴颈硬度较高,磨损量很小,故可忽略不计。这样主轴颈的下沉量就等于主轴承下瓦的磨损量。所以,主轴承下瓦的磨损量可以用柴油机运转一段时间的前后两次测量的桥规值的差值来表示。

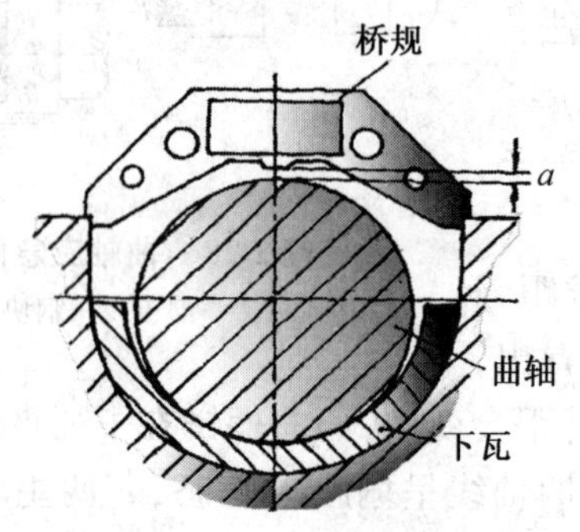

图 2-30 桥规值测量

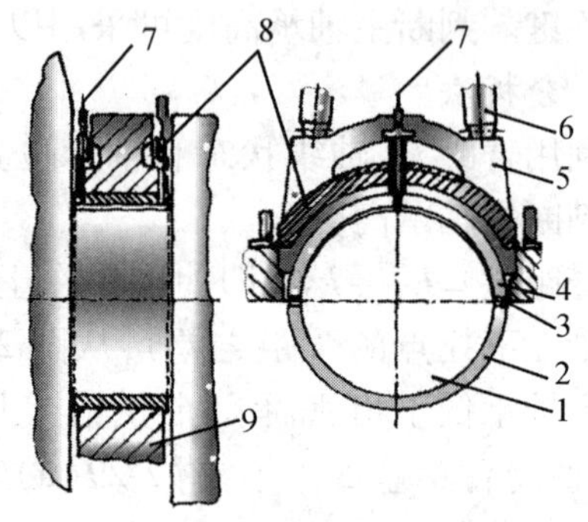

图 2-31 桥规值测量

1—曲轴;2—下瓦;3—垫片;4—上瓦;5—轴承盖;6—撑杆;7—测深尺;8—桥规

(3)利用桥规值作垂直平面内的曲轴轴线状态图

桥规值反映了曲轴各道主轴颈相对于机座上平面的位置,亦即反映了整根曲轴的轴线相对于机座上平面的状态。所以可以利用桥规值作出垂直平面内的曲轴轴线状态图。图 2-32 利用桥规值作曲轴轴线状态图的步骤如下:

①首先画一水平线 OO,代表机座上平面。

②在 OO 线上等距画出垂线 1, 2,…, 8,代表各道主轴颈(或主轴承)的中线。

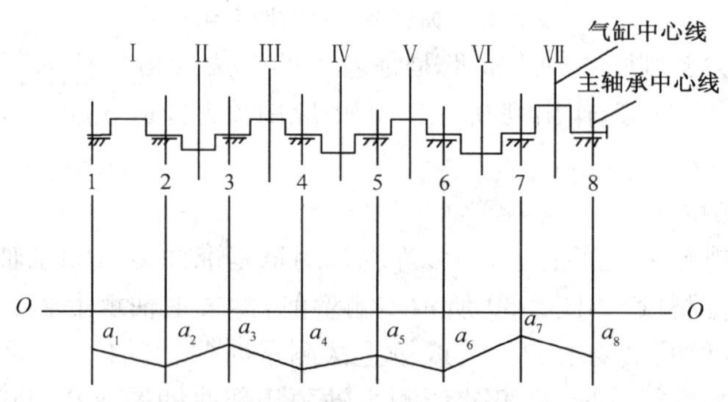

图 2-32 利用桥规值作曲轴状态图

③分别在各道主轴颈中线上自 OO 线向下截取相应的桥规值长度 $a_1, a_2, \cdots\cdots, a_8$,连接各线段的端点,即得到垂直平面内的曲轴轴线状态图,如图 2-32 所示。从图中可看出曲轴轴线状态和各道主轴承的高度,其中第六道主轴承位置较低,说明该轴承下瓦磨损严重;第七道主轴承位置较高,其下瓦磨损轻微。通过拂刮位置较高轴承的下瓦和更换磨损严重的轴承下瓦来调整曲轴轴线状态。

3. 臂距差法

根据曲轴臂距差值直接判断主轴承位置高低或利用臂距差值作出曲轴轴线状态图，依图判断各主轴承位置的高低。具体方法有多种，现介绍以下几种。

(1)经验判断法

我国修船厂根据多年生产实践经验总结出一套判断曲轴各主轴承位置高低的规律，不需作图，直接依据测得的臂距差值进行判断。现列举以下几点：

①曲轴自由端曲柄或拆去飞轮端的曲柄，当臂距值为" + "值，一般表示端部主轴承较相邻主轴承位置高；当臂距差值为" - "时，则表示端部主轴承较相邻主轴承位置低。

②若曲轴相邻两曲柄臂距差值均为" + "时，表示中间主轴承位置最低，臂距差值越大，中间轴承位置越低；若臂距差值均为" - "时，表示中间主轴承位置最高，臂距差值越大则越高。

(2)简单作图法

利用曲轴各曲柄在垂直平面内的臂距差$\Delta_{\perp}$作出曲轴轴线状态图，来判断各主轴承位置的高低。现以一台七缸柴油机为例作图，其$\Delta_{\perp}$列于表2-21。

表2-21　7缸柴油机曲轴臂距差　(mm)

曲柄号	I	II	III	IV	V	VI	VII(尾)
臂距值$\Delta_{\perp}$	+0.12	+0.02	+0.14	-0.17	-0.12	+0.07	+0.05

作图步骤如下：

①画出横坐标，并在其上等距画出各缸中心线(即曲柄中心线I，II，……，VII和各道主轴承中心线1，2，……，8，画出纵坐标，令其表示臂距差值$\Delta_{\perp}$，且在原点0以上为负值，原点0以下为正值，图2-33用臂距差标注曲轴轴线。

②将各缸的曲柄臂距差值$\Delta_{\perp}$分别标于各缸中心线上。

③连接各缸中心线上的点，所得折线$O_1O_2O_3O_4O_5O_6O_7$，便近似表示垂直平面内的曲轴轴线，但未包括首尾两端主轴轴线状态，如图2-33所示。

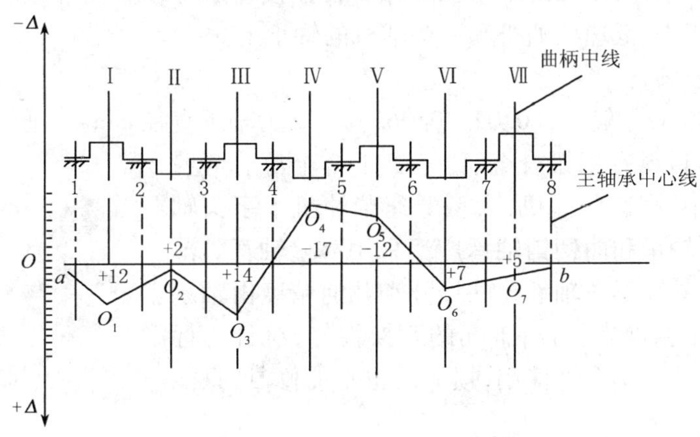

图2-33　用臂距差标注曲轴轴线

④用经验法中第一条关于曲轴两端轴承位置与臂距差的关系作为补充，得知第1、8

道主轴承分别高于第 2、7 道主轴承,即 a 点高于 O_1、b 点高于 O_7 点。连接 aO_1、bO_7,则获完整的曲轴轴线状态图 $aO_1O_2O_3O_4O_5O_6O_7b$ 从图中可以看出:第 5 道主轴承位置最高,第 2、7 道主轴承位置偏低。

第六节　轴承的检修

船用柴油机曲轴的主轴承、曲柄销轴承、活塞销轴承等均为滑动轴承。如图 2-34 所示,滑动轴承是由轴承座、轴承盖和上、下轴瓦等构成的。轴瓦由瓦壳和瓦衬(耐磨合金层)组成。常见滑动轴承轴瓦的结构形式有以下 3 种:

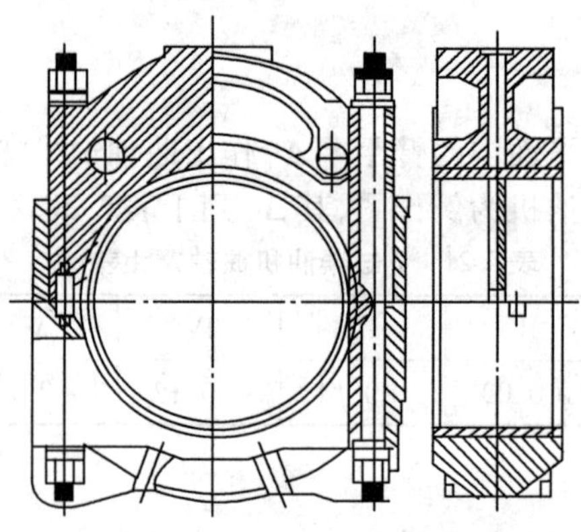

图 2-34　两半式轴承

1. 两半式厚壁轴瓦

轴瓦厚度 t 较大,一般 $t \geqslant 0.065d$(d 为轴承直径 mm),合金层厚度为 3 ~6 mm。瓦壳的材料可选用青铜、黄铜或铸钢,目前广泛采用钢瓦壳。瓦衬的材料主要采用锡基或铅基巴氏合金。此种轴瓦壁厚、刚度大,可以保证轴承孔的尺寸精度和几何精度。在上、下瓦结合面之间有调整垫片,用以调整轴承间隙。轴瓦损坏后可以重浇合金或拂刮修复。厚壁轴瓦广泛应用于中、低速柴油机和一些辅机的轴承上。

2. 两半式薄壁轴瓦

轴瓦厚度 t 较小,一般 $t = (0.02 \sim 0.065)d$,(d 为轴承直径 mm)。通常瓦壳的材料采用低碳钢,瓦衬的材料有铜铅合金、铝基轴承合金等。薄壁轴瓦广泛应用于中、高速柴油机、大型低速柴油机十字头轴承,目前柴油机主轴承和曲柄销轴承广泛采用薄壁轴瓦。薄壁轴瓦刚度低,容易变形。轴承孔的尺寸和几何精度由轴承座和瓦壁厚度加工精度来保证;轴瓦的互换性好,统称为标准瓦,装入轴承座孔后不允许修刮,损坏后也不能修复,只能报废换新。

图 2-35　整体衬套轴承

3. 整体衬套式轴瓦

如图 2-35 所示,通常采用青铜或低碳钢制成套筒式,或

在衬套内表面上浇0.4~1.0 mm厚的耐磨合金层。小型柴油机连杆小端轴承、摇臂轴承广泛采用锡青铜或铝青铜衬套式轴瓦。此外，轴瓦还按金属的层数分为单层、双层、三层和四层轴瓦。单层轴瓦是由一种合金制成的整体衬套式；双层轴瓦为钢瓦壳上浇注或压上减摩和抗咬合的轴承合金层，三层轴瓦或称三合金轴瓦是在双层轴瓦上再镀覆一层极薄的表面镀层，以改善表面性能或抗疲劳性能，例如镀覆0.02~0.04 mm的铅、锡、铟等；四层轴瓦是由钢瓦壳、高疲劳强度的轴承合金层、表面性能良好的轴承合金层和表面镀层组成的。

一、轴承的损坏形式

轴承是船用主、副柴油机或其他辅机的易损件，在每年的机损事故中居首位。轴承损坏主要是轴瓦上的耐磨合金层的损坏。其主要损坏形式有：过度磨损、裂纹和剥落、腐蚀和烧熔。

1.轴瓦的过度磨损

柴油机运转一段时间后使主轴承下瓦、十字头轴承下瓦和曲柄销轴承上瓦产生过度磨损。轴瓦的过度磨损，将会使轴承间隙增大，引起冲击和加剧磨损。造成轴瓦过度磨损的原因，主要与维护管理不良有关，具体表现如下：

(1)润滑油净化不良，含机械杂质和水分较多。

(2)轴颈表面的粗糙度等级太低、几何形状误差过大和曲轴变形等。

(3)柴油机起、停频繁和长时间超速、超负荷运转。

(4)其他日常维护不善，甚至违章操作等。

以上各点不是使得轴承润滑油膜不能建立，就是由于磨粒、轴颈表面状态不良或过大的轴承负荷破坏已形成的油膜，造成轴瓦的异常磨损。

2.轴瓦的裂纹和剥落

裂纹和剥落主要发生在白合金厚壁轴瓦及大尺寸薄壁瓦上。最初由于种种原因在轴瓦工作表面产生微小疲劳裂纹，随着柴油机的继续运转，轴瓦上的裂纹逐渐扩展、延伸，以致使轴瓦上的耐磨合金呈片状脱落，即剥落。造成轴瓦裂纹和剥落的原因主要与轴承受力、轴承合金性能及维护管理等因素有关。

(1)白合金的疲劳强度低，在交变载荷作用下容易产生疲劳裂纹。

(2)轴颈的几何形状误差过大和轴瓦过度磨损，都会使轴瓦受到过大的冲击负荷，致使轴瓦产生裂纹。

(3)柴油机超负荷使轴承负荷过大造成轴瓦裂纹。

(4)轴瓦浇铸质量差，如合金层与瓦壳结合不良或二者之间嵌有异物等，在交变载荷作用下使轴瓦裂纹和合金层剥落。

(5)龟裂是白合金轴瓦容易产生的疲劳损坏，如连杆小端轴瓦的龟裂就较为严重，目前虽然对其结构进行了各种改进，但龟裂仍时有发生。龟裂是由于柴油机运转时轴瓦受到周期性交变负荷作用，特别在轴承负荷过大和轴向负荷分布不均匀时，使轴与瓦之间难以建立连续而又分布均匀的润滑油膜，以致局部产生金属直接接触，经过一段时间运转后，在轴瓦表面上局部产生细微裂纹，称为发纹。发纹在柴油机台架试验时就可能产生。

实践证明,轴瓦产生发纹后仍可继续运转很长时间,直至发展成龟裂报废。轴瓦产生发纹后,继续运转时润滑油就会渗入裂缝中,在轴承负荷作用下润滑油无处外逸而形成油楔,使发纹扩展、延伸并彼此连接成封闭网状。所以,当轴瓦承受过大的轴承负荷或轴向负荷分布不均匀时,就会使轴瓦上产生发裂,在油楔的作用下扩展成许多封闭的裂纹称为龟裂。当龟裂面积较大并扩展至轴瓦端面或合金剥落时,应报废换新。

3. 轴瓦腐蚀

轴瓦的腐蚀包括电化学腐蚀和漏电引起的腐蚀。润滑油中含水或滑油氧化、燃气或燃油的混入使滑油变质都会使轴瓦工作面产生宏观或微观电化学腐蚀麻点。船上的杂散电流是电器漏电引起的,它使轴瓦内外表面产生局部麻点的静电腐蚀。

4. 轴瓦烧熔

轴瓦合金烧熔是滑动轴承常见的严重损坏。主要由于轴承间隙过小、润滑油油压不足或失压使油膜不能建立,轴颈表面太粗糙或几何形状误差过大等破坏油膜。油膜不能建立或被破坏均会使轴与瓦的金属直接接触,另外,薄壁瓦由于机械疲劳使弹性降低,易发生位移,位移后遮挡油孔,使滑油中断,发生干摩擦产生高温使合金熔化。

二、轴承的检测

(一)滑动轴承的安装要求

为了保证滑动轴承安全可靠地运转,轴承的安装质量和与轴的配合最为重要。在安装过程中应符合下列要求:

1. 轴瓦与轴承座孔的配合面应贴合良好

安装轴瓦时,以下瓦的安装最为关键,应使下瓦外圆面与轴承座孔内圆面贴合紧密和均匀接触,用0.05 mm塞尺插不进。配合面贴合紧密,运转时轴瓦工作可靠,不会产生变形和裂纹,利于散热。

(1)厚壁轴瓦下瓦的安装。下瓦装入轴承座内,其配合面的贴合情况,可在瓦座面涂色油后与轴瓦互研进行检查。若瓦背色油沾点少,说明接触不良。采用铜锤敲击或修锉瓦背,但绝不允许修锉轴承座面。小型柴油机的瓦背与瓦座接触面积不少于85%,要求在25 mm×25 mm面积内沾点不少于3点;中型柴油机不少于75%。

(2)薄壁轴瓦的安装。薄壁轴瓦与轴承座的紧密贴合是通过轴瓦的弹性变形以及轴瓦与轴承座孔的过盈配合(如图2-36所示)来实现的。

2. 轴颈与轴承下瓦应在一定的角度内均匀接触

柴油机主轴颈与主轴承下瓦的接触角应在机体中心线两侧40°~60°范围内均匀接触;曲柄销颈与连杆大端轴承上瓦的接触角应在连杆中心线两侧60°~90°范围内均匀接触,如图2-37所示。此外,十字头销与轴承下瓦在60°~90°范围内应均匀接触。

3. 轴承间隙应符合要求

轴与轴瓦之间的径向最大配合间隙称为轴承间隙。合适的轴承间隙是形成润滑油膜实现液体动压润滑的重要条件。轴承间隙过小,油膜不能建立,轴与瓦的金属直接接触,产生大的热量,以致合金熔化;间隙过大,润滑油流失和产生冲击,使轴瓦合金层产生裂纹、碎裂。轴与轴瓦之间的轴承间隙Δ在安装间隙$\Delta_{安}$和极限间隙$\Delta_{极限}$之间,即:$\Delta_{安} \leq \Delta$

$\leqslant \Delta_{极限}$，柴油机说明书和柴油机修理技术标准中对主轴颈与主轴承、曲柄销颈与连杆大端的轴承间隙均有具体规定，如表 2-22 为柴油机主轴承间隙。

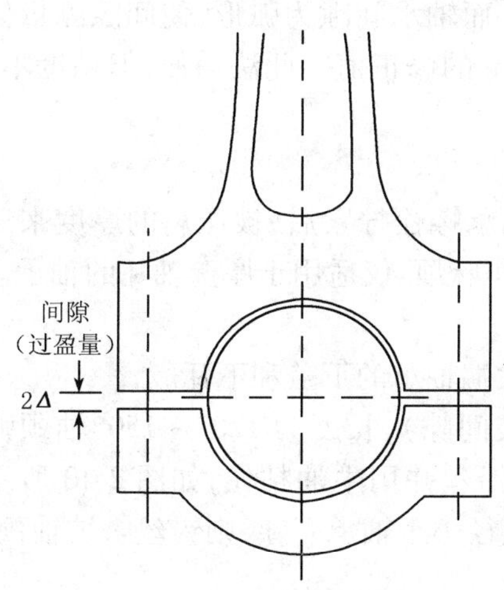

图 2-36　薄壁瓦过盈配合

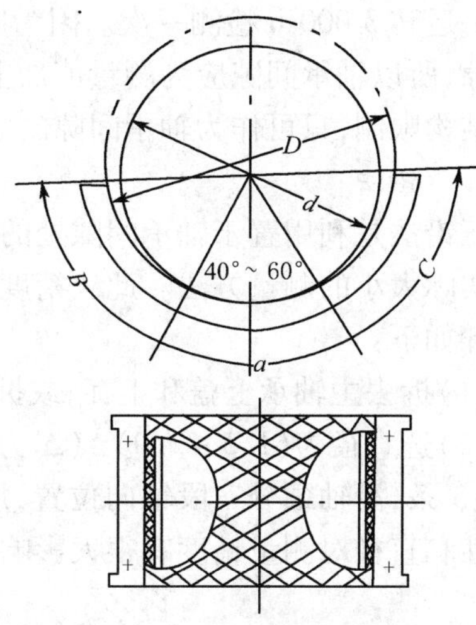

图 2-37　轴与瓦的接触角

表 2-22　柴油机主轴承间隙　（mm）

轴颈直径	十字头式柴油机		筒形活塞式柴油机 <500 r/min		筒形活塞式柴油机 >500 r/min			
					锡基轴承合金		铜铅轴承合金	
	装配间隙	极限间隙	装配间隙	极限间隙	装配间隙	极限间隙	装配间隙	极限间隙
≤100	–	–	–	–	0.06～0.08	0.20	0.08～0.10	0.20
100～125	–	–	–	–	0.08～0.11	0.25	0.10～0.12	0.25
125～150	–	–	–	–	0.11～0.15	0.30	0.13～0.16	0.30
150～200	–	–	0.14～0.18	0.30	0.16～0.20	0.40	0.17～0.23	0.40

（二）轴承间隙测量

1. 塞尺法

用长塞尺自轴承端面直接插入轴颈与轴瓦之间进行测量，如图 2-38 所示。

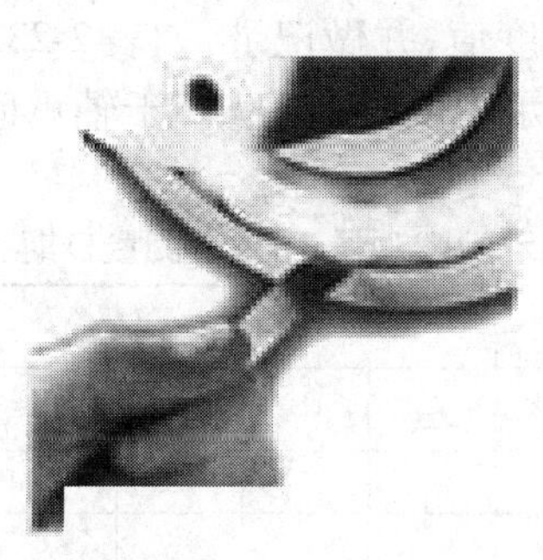

图 2-38　塞尺测间隙示意图

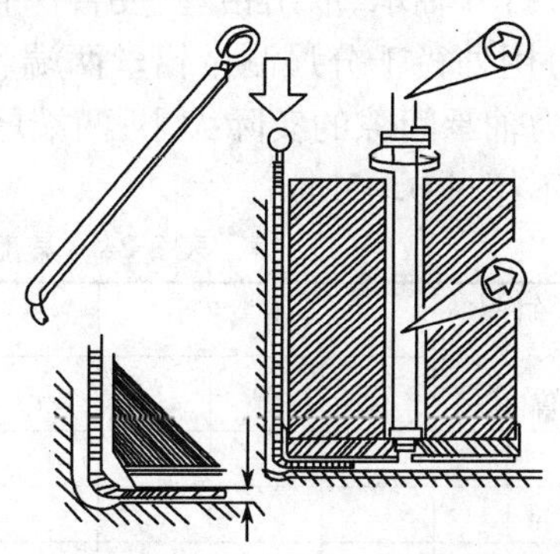

图 2-39　专用塞尺测间隙

一般应使用柴油机随机专用长塞尺(如图 2-39 所示)测量主轴颈与主轴承的轴承间隙。测量时,拆去轴承盖上的滑油进油管和盖内的油管,用长塞尺从端面插入进行测量。一般每运转 3 000 h 检测一次。因为塞尺平直,而轴承间隙为弧形,使间隙测量值小于实际间隙,所以轴承间隙应为测量值加上 0.05 mm 的修正值。此法简便,但精度不高,且受轴承结构限制,只可作为轴承间隙的粗检。

2. 压铅法

压铅法是利用置于轴承间隙处的铅丝在轴承螺栓拧紧后,被压扁的厚度来反映轴承间隙实际大小的测量方法。此法精度高,但操作麻烦,仅适用于厚壁轴瓦的轴承。具体测量步骤如下:

(1)拆去主轴承上盖和上瓦,或拆去连杆大端轴承的下盖和下瓦。

(2)选直径为(1.5 ~2.0)Δ(Δ 为轴承安装间隙),长度为 120° ~150°轴颈弧长的铅丝 2 ~3 条,沿轴颈分三段轴向位置,周向安放铅丝并用牛油粘住,如图 2-40 所示。铅丝的塑性和直径对测量精度有很大影响。铅丝直径小于轴承间隙,则铅丝未被轴颈压到,测不出轴承间隙;铅丝直径过大,拧紧螺栓后铅丝可能被压入轴承合金内,亦不能准确测出轴承间隙,铅丝直径的选取甚为关键。例如,主轴承的装配间隙为 0.20 ~0.25 mm 时,依经验公式可选用 0.30 ~0.50 mm 的铅丝直径。

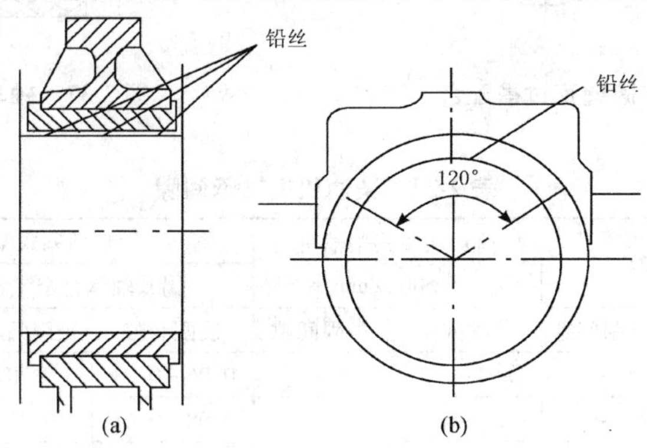

图 2-40 压铅法测量主轴承间隙

(3)装复主轴承上盖及上瓦,按要求上紧螺栓至规定位置,切记,此时切勿盘车。

(4)打开轴承,取出铅丝,妥善保管并记下铅丝对应轴承的位置。

(5)用外径千分尺测量铅丝两端和中间的厚度值,并做记录,如表 2-23 所示。中间厚度值即为轴承间隙的实际大小;两端厚度值为轴承两侧间隙;应小于轴承间隙,且两侧间隙差应不超过 0.05 mm。

表 2-24 某船柴油机主轴承间隙测量记录 测量日期:(或工作小时)

缸号/位置		1			2			3			4		
		左	中	右	左	中	右	左	中	右	左	中	右
前													
中													
后													

3. 比较法

中、高速柴油机主轴承和连杆大端轴承多采用薄壁轴瓦。通常采用内、外径千分尺分别测量孔、轴的对应部位直径，两者之差即为轴承间隙。一般应测量对应于曲柄销在上、下止点位置时的轴、孔直径，且沿轴向首、中、尾3处测量求其平均值进行比较。

(三)轴瓦磨损量检测

主轴承厚壁瓦下瓦磨损量，可用桥规测量主轴颈下沉量的方法，或直接测量下瓦厚度与新瓦厚度比较来确定。连杆大端轴承上瓦的磨损量可采用直接测量法确定。当薄壁轴瓦的轴承间隙超过说明书或标准时，即表明其下瓦(或上瓦)磨损严重，无需测量磨损量，应报废换新，如表2-24所示。

表2-24　轴承合金厚度表

轴瓦内径	薄壁轴瓦合金厚度			厚壁轴瓦白金厚度
	白合金	铜铅合金	铝合金	
50	0.40～0.45	0.50～0.60	0.40～0.45	
50～100	0.45～0.50	0.60～0.65	0.45～0.50	
100～150	0.50～0.55	0.65～0.70	0.50～0.55	
150～200	0.55～0.60	0.70～0.75	0.55～0.60	3.0
200～250	0.60～0.65	0.75～0.80	0.60～0.65	4.0
250～300				5.0
300～350				5.5
>350				6.0

注:本表规定的合金厚度不包括镗刮余量。

(四)轴瓦合金层脱壳检查

轴瓦合金层浇铸质量不高，就会使结合面局部有缝隙，运转后就会产生合金层脱落现象。为此对厚壁轴瓦备件可采用听响法或渗透探伤法进行检测。轴瓦工作表面可用放大镜或渗透探伤法检验有无裂纹。

三、轴瓦的修理

轴瓦的修理主要是针对厚壁轴瓦，依损坏形式和程度不同采用局部修刮、焊补和重浇合金等方法。薄壁轴瓦损坏采取报废换新。

(1)局部修刮轴瓦工作表面上的小面积擦伤、腐蚀或早期发纹可用刮刀进行局部修刮，并使修刮面与周围瓦面圆滑过渡。滑油中含水量较多时，会使瓦面上生成黑色氧化锡硬壳，也可用刮刀刮去。

(2)焊补轴瓦工作面上较深的裂纹、局部合金层脱落或腐蚀等可采用焊补方法修理。

采用氢氧焰或电烙铁将瓦面损坏处合金熔化，再用与轴瓦白合金牌号相同的焊条进行焊补。焊补质量与焊前损坏部位的清洁情况有关。一般要采用汽油或煤油清洗、擦干和修刮，使露出金属光泽后再进行焊补。此法简便、实用，是常用的修理轴瓦裂纹的方法，此外还具有节约合金材料和节省修理工时的优点。

(3)重新浇瓦

具有下列情况之一者,应熔去轴瓦上的合金,重新浇铸相同牌号的白合金。

①轴瓦合金烧熔。

②轴瓦过度磨损后,合金层厚度小于2 mm时。

③轴瓦合金层脱壳或大面积剥落。

④轴瓦龟裂严重,扩展到轴瓦端面或裂纹深及瓦壳时。

四、主轴承下瓦的更换

柴油机运转中,轴承损坏是不可避免的。其轴瓦损坏后,船上条件下只能更换备件。因此,换瓦是轮机员经常性的检修工作。换瓦是新瓦的安装工艺过程,其安装质量仍然是保证安全可靠运转的关键。薄壁瓦安装工艺较为简单,以下介绍厚壁瓦安装过程及应注意的问题。

1. 新瓦的检验及安装

(1)新瓦(备件)的检验

检查新瓦有无变形和其他缺陷,如合金层与瓦壳结合情况、油槽和垃圾槽情况,测量和记录轴瓦厚度等。

(2)新下瓦的安装

在船上换新轴瓦时,不需将曲轴吊离机座,只需将下瓦自瓦座内盘出,如图2-41为盘出下瓦用的专用工具。也可用同样方法将新下瓦盘入瓦座。为便于盘瓦,通常在新瓦瓦背上镀覆0.002~0.300 3 mm的锡或铜,或在新瓦瓦背上均匀涂以二硫化钼。

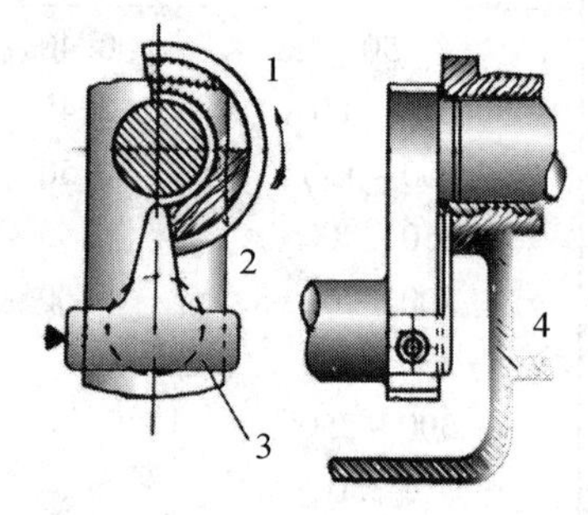

图2-41　专用工具盘出主轴承下瓦

1—下瓦;2—曲柄臂;3—专用工具;4—机座

(3)新瓦安装质量的检查

新瓦按安装要求进行安装。安装前,应先检查新瓦有无变形,因为轴瓦备件在放置过程中可能产生变形。如将其装入轴承座中将贴合不良,在色油检查时出现以下情况:

在下瓦背的两侧面有色油沾点,而瓦背底面无沾点,说明下瓦瓦口产生向外张开的变形,在底部产生间隙δ。如图2-42(a)所示。此时新下瓦卡在轴承座上,没有“落底”,应采用修锉瓦背两侧或用铜锤敲击瓦口外侧使之收拢的方法修理。

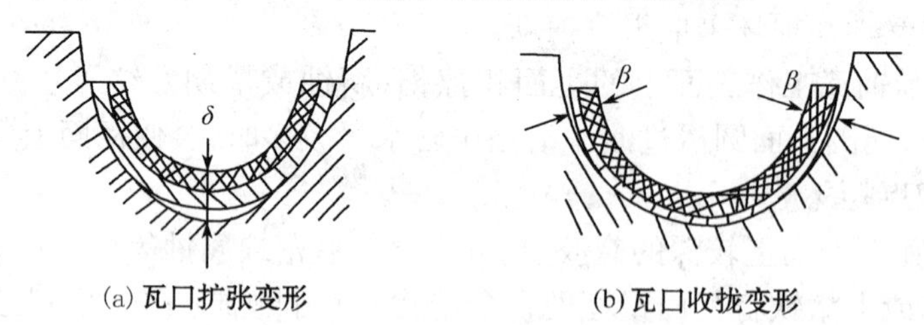

图2-42　新瓦瓦口变形后安装

在下瓦背的两则面无色油沾点,而在瓦背底面有沾点,说明新下瓦瓦口产生向内收拢的变形,在瓦口两侧产生间隙β,如图2-42(b)所示。此时新下瓦可在轴承座内“晃荡”。应采用木[illegible]THE敲击瓦口内侧使之向外张开的方法修理。

2. 新主轴颈与主轴承下瓦接触检验

新的主轴承下瓦安装合格后，应检验主轴颈与之接触情况并应符合要求。检验时，在轴上均匀涂上色油，使轴回转与瓦互研后，观察下瓦色油沾点的多少和分布。如不合格，用刮刀拂刮下瓦上的色油沾点，再次使轴回转，再次检查沾点和拂刮，直到符合要求为止。

具体拂刮轴瓦的方法有以下几种：

(1)样轴拂刮轴瓦。样轴又称假轴，使其代替曲轴，轻便、容易操作、效率高。假轴采用钢管或铸铁管制成，外径 $D=d+\Delta$（d 为主轴直径，Δ 为轴承间隙），长度等于机座全长或为 3 ~4 个主轴承座的长度。此种刮瓦方法容易建立油膜，但必须制作专用样轴和吊出曲轴，适用于船厂小批量修理或船上小型柴油机的刮瓦。

(2)曲轴拂刮轴瓦。船厂和船上均可采用。依主轴颈与主轴承下瓦研配的沾点情况拂刮主轴承下瓦，直到符合接触角内均匀接触为止。此法方便，不需制作样轴和吊出曲轴，但下瓦盘出、盘入较麻烦。

(3)根据臂距差拂刮轴瓦。此法利用臂距差和色油沾点拂刮主轴承下瓦。首先在换新轴瓦的主轴承两侧曲柄上安装拐档表，并在主轴颈上涂色油。然后盘车测量两个曲柄的臂距差值。根据臂距差值和主轴承下瓦的沾点情况进行下瓦的拂刮。垂直平面内的臂距差值检查瓦底，水平面的臂距差值检查瓦口。拂刮轴瓦时，不可一次刮削很多，应小刮削量、多次拂刮、多次研配，逐渐达到要求；否则会造成新瓦报废的局面。下瓦两侧垃圾槽附近瓦口部位的拂刮注意事项：拂刮过量，造成漏油，影响油膜建立；拂刮不足，瓦口与轴颈接触，引起轴承发热，甚至在瓦口处咬死。所以，一般瓦口两侧与主轴颈之间要有 0.05 mm的间隙。主轴承上瓦应先开油线，然后进行拂刮。

3. 轴承间隙的测量与调节

以上检验合格后，应检测主轴颈与主轴承装配后的配合间隙，即轴承间隙。当所测轴承间隙与说明书或标准不符合时，应采用抽减或增加上、下瓦配合面间的垫片进行调整。

厚壁轴瓦上、下瓦结合面间有一组黄铜或紫铜垫片，其形状与结合面形状相同，并且不应妨碍曲轴的回转及瓦口处的垃圾槽。垫片的厚度均为 0.05 mm 的整数倍，如 0.10 mm、0.15 mm 等，便于间隙调整。所用垫片数目尽量少，两边的垫片数目和厚度相同，调整轴承间隙时，轴瓦两边要同时抽减或增加厚度和数目相同的垫片，以免安装后轴承上盖上瓦歪斜和轴承间隙变化。

第七节　精密偶件的检修

柴油机燃油系统中的高压油泵和喷油器工作正常与否，直接影响到柴油机的工作状况。喷油设备中的关键零部件是一些精密偶件，设备的主要故障也就是这些精密偶件的故障。这些精密偶件是：高压油泵中的柱塞和套筒、出油阀和出油阀座、喷油器中的针阀和针阀体偶件。这是 3 对极为精密的零件，称为精密偶件。由于它们都是经过极精细的机械加工完成的，所以它们的尺寸和形位精度高、表面粗糙度等级高、偶件的配合精度高。例如，柱塞、套筒的圆度和圆柱度误差不超过 0.001 mm，工作表面的粗糙度为 Ra 0.1 ~ 0.05 μm，柱塞与套筒的配合间隙为 0.002 ~0.003 mm。为了满足柴油机运转时的工作要求,这些偶件还应该具有较高的耐磨性、耐蚀性和尺寸稳定性。精密偶件是在高压燃油中工作,受到高压燃油的冲刷、摩擦和腐蚀等作用,使偶件配合面极易产生磨损、腐蚀等损坏。值得注意的是,即使偶件工作表面微小的损坏也会严重地影响高压油泵、喷油器、燃油系统和柴油机的正常工作。所以,对这 3 对偶件应予以特别的关注。

一、精密偶件的主要损坏形式

(一)柱塞—套筒偶件

柱塞—套筒是高压油泵中的一对重要的偶件,其作用是保证高压油泵准确的喷油正时、足够的供油压力、精确的供油量和可靠地工作。高压油泵工作一段时间后,柱塞—套筒偶件主要产生以下损坏:

1. 圆柱配合面的过度磨损

柱塞和套筒的工作表面产生磨损,柱塞螺旋槽附近的工作表面磨损尤为严重,套筒的最大磨损部位一般在油孔的上部,如图 2-43 中阴影部位所示。配合面的磨损将使配合间隙增大,泵油压力降低,进而影响喷油压力及使喷油定时滞后,导致雾化不良,燃烧恶化;各缸油泵的柱塞—套筒偶件的磨损不同,使泵油压力不同,各缸喷油量不等,以致各缸功率不等,柴油机各缸功率不平衡。

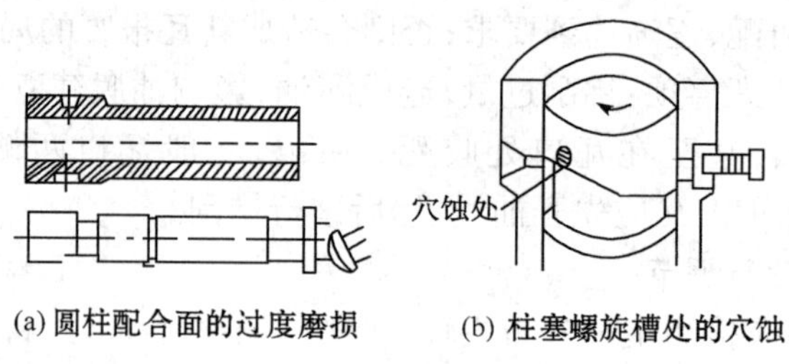

(a) 圆柱配合面的过度磨损　　(b) 柱塞螺旋槽处的穴蚀

图 2-43　柱塞和套筒的严重磨损部位

2. 柱塞工作表面的穴蚀

柱塞螺旋槽附近的工作表面上产生穴蚀。穴蚀是由于燃油喷射终了时,螺旋槽的边缘将回油孔打开的瞬间,套筒内的高压油急速冲出,使套筒内压力骤然降低。螺旋槽边缘的油压低到该处温度对应的燃油蒸发压力时,燃油气化形成气泡。随后的高压燃油或其压力波使气泡溃灭,强大的冲击波作用使螺旋槽附近的工作表面金属剥蚀,即产生穴蚀。

3. 圆柱配合面上的拉痕及偶件咬死

柱塞—套筒偶件圆柱配合面还会产生纵向拉痕,偶件卡紧甚至咬死。这两种损坏的主要原因是由于燃油净化不良、燃油中含有较多坚硬的机械杂质、配合间隙过小和偶件材料热处理不当等引起的。燃油温度过高或温度变化速度过快也会造成柱塞套筒的卡紧或咬死。

(二)出油阀—阀座偶件

出油阀—阀座是高压油泵中的另一对精密偶件,在高压油泵中起着蓄压、止回和减压的作用。出油阀—阀座偶件的主要损坏形式有:

(1)工作表面过度磨损。出油阀的导向面、减压凸缘和密封锥面产生过度磨损;出油阀座的密封锥面和内孔产生过度磨损,如图 2-44 中标识部位所示。偶件配合面的过度磨损将使配合间隙增大,泵油量增多,造成不完全燃烧的后果。密封锥面的磨损导致密封性下降,高压油回流,泵油压力降低。

(2)阀与阀座卡紧、咬死或关闭不严,从而使出油阀处于常开的故障。

(三)针阀—针阀体偶件

1. 圆柱配合面和锥面配合面的过度磨损

针阀偶件圆柱配合面过度磨损,使配合间隙增大、喷油压力降低和雾化不良;各缸喷油器针阀偶件磨损程度不同,使各缸喷油量不等,从而影响柴油机功率平衡和低负荷运转的稳定性。针阀偶件的锥面配合面是重要的密封面。在正常工作时,为了密封和迅速切断燃油,特要求:

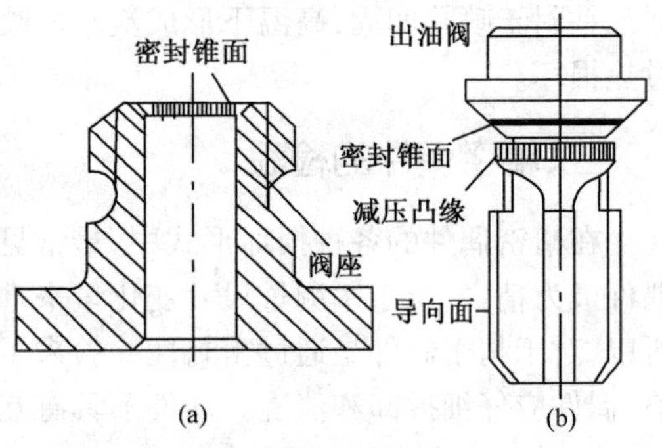

图 2-44　出油阀偶件的磨损

1—减压凸缘;2—密封锥面;3—导向面

(1)针阀的锥角比针阀体座面的锥角大 0.5°~1°。

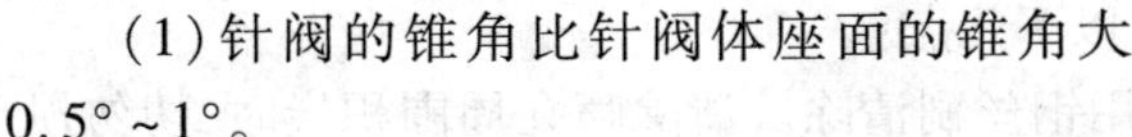

(2)偶件锥面配合面上狭窄的环形密封带(称为阀线)的宽度为 0.3 ~0.5 mm。如图 2-45 所示,环形密封带越窄,压强越大,锥面的密封作用和燃油喷射终了时,切断燃油的性能就越好。柴油机运转一段时间后,针阀偶件的锥面配合面产生过大的磨损,使针阀下沉、环形密封带变宽或模糊不清或不连续,针阀升程加大,针阀与阀座的撞击力增强,使锥面配合面的磨损与损伤更加严重。锥面过度磨损后使针阀下沉,即针阀位置下移。

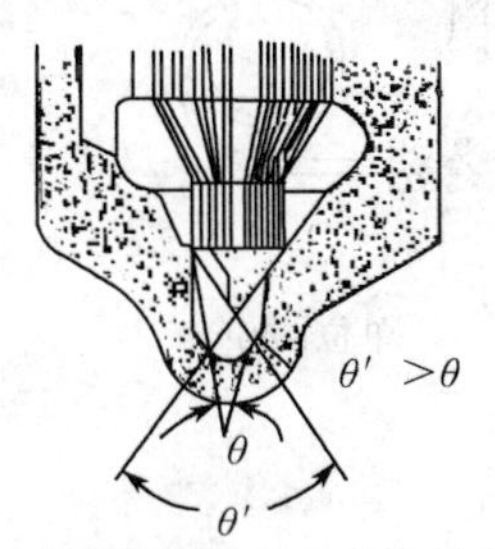

(a)偶件锥面配合角度的要求

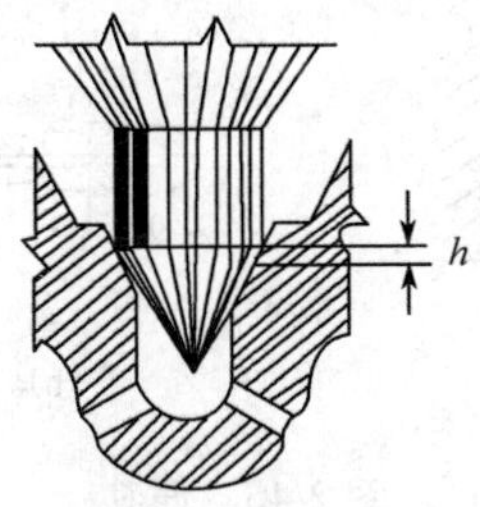

(b)偶件锥面正常配合

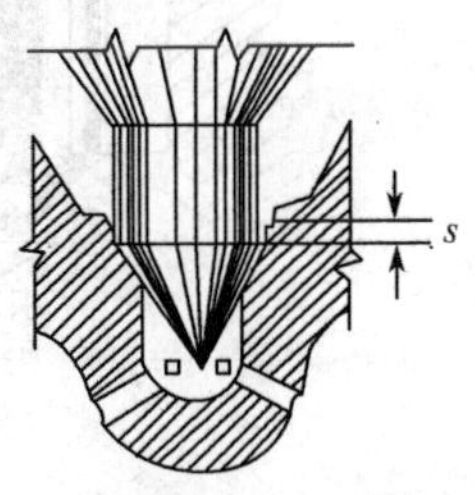

(c)偶件锥面磨损后的配合

图 2-45　针阀偶件的配合

2. 针阀体端面腐蚀

针阀体的结构不同,有的针阀体头部带喷孔,另一端为平面,与喷油器本体端面相结合;有的针阀体两端均为平面,一端平面与带喷孔的喷油嘴结合,另一端面与喷油器本体结合。针阀体端面长期使用会因燃油、冷却水使其发生微观电化学腐蚀,从而使与喷油器本体或喷油嘴结合面处的密封性下降,产生燃油漏泄和油压降低,雾化不良等。针阀体端面腐蚀可以从喷油器冷却水循环水箱中有油花、油迹等现象进行判断。

3. 喷孔磨损与堵塞

针阀体或喷油嘴头部分布着细小的喷油孔,孔径一般在 0.12 ~1.0 mm 范围之内,喷孔数目为 1 ~12 个。喷油器的喷油孔直径、数目和分布随机型而异。喷油器使用一段时间后，由于高速、高压燃油的冲刷使喷孔磨损，孔径变大，雾化质量下降；当气缸内燃烧不良、积炭严重时，会使喷孔堵塞，孔径变小，甚至堵死。所以，不论是喷孔磨损或堵塞，均破坏了燃油雾化及与燃烧室的配合，影响燃油与空气的混合。针阀体喷孔周围积炭严重时，形成炭花。这是由于针阀偶件锥面磨损后密封不良，或针阀关闭不及时，导致喷孔滴油、漏油粘附于喷孔四周，高温下形成炭花。喷孔周围积炭影响燃油雾化质量，并易使针阀体过热损坏。

二、精密偶件的检验

在精密偶件的各种损坏形式中，最常见的是磨损失效。对精密偶件的磨损检验，由于偶件极为精密，难于用测量尺寸变化量来掌握磨损程度，同时一些部位也难以进行测量。所以，对于精密偶件是通过密封性检验来了解其磨损程度和判断能否继续使用的。检验前，偶件应仔细拆卸和清洗。偶件不具有互换性不能分开乱放。

1. 偶件的清洗

采用轻柴油或煤油清洗偶件，并应注意以下几点：

（1）针阀体或喷油嘴的外表面，积炭采用钢丝刷清除。清除喷孔周围积炭时，切勿损伤喷孔，如喷孔被积炭堵塞，应采用专用通孔工具或钻头疏通喷孔。通孔时，切勿用力过猛，以免通针或钻头断在喷孔内，如图 2-46 所示。

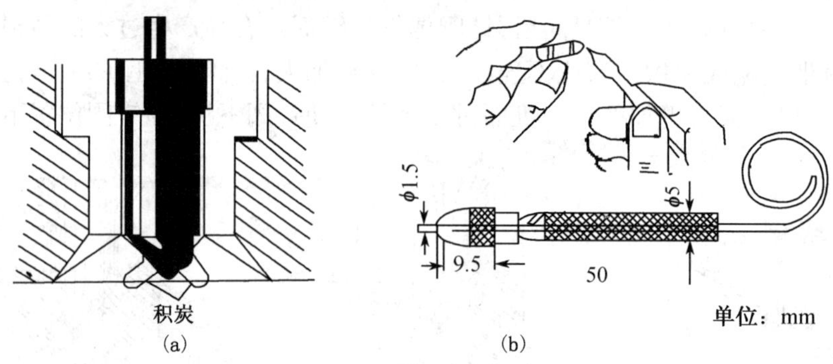

图 2-46　通孔

（2）偶件配合面应使用软毛刷或浸过油的软布进行擦洗。清洗干净后，用清洁纸或丝绸擦干，不可用棉纱头或破布，以免灰尘或棉纱毛头粘在偶件工作表面上。

（3）清洗后的偶件，放于清洁的专用容器中保存。

2. 一般性检查

偶件清洁后，可借助低倍放大镜对偶件工作表面进行观察，检查有无明显的和严重的磨损、腐蚀、裂纹等缺陷。如发现应依实际情况决定修复或报废。

3. 偶件的磨损检验

偶件配合面磨损，使其配合精度下降，燃油漏泄，压力降低。生产中可以通过检查偶件的密封性和燃油雾化质量，来了解偶件的磨损部位与磨损程度。

（1）偶件密封性检验

①滑动试验法是检查偶件密封性的最简便的方法，用以检验柱塞—套筒、针阀—针阀

体的圆柱配合面密性。先用滤净的轻柴油清洗和润滑偶件。然后，使偶件与水平面成45°倾斜放置，把柱塞（或针阀）抽出1/3配合面长度后，使其在自重作用下自由滑下，且柱塞（或针阀）在套筒（或针阀体）内转至任何位置滑下时均不得有阻滞现象。

若下滑速度缓慢、均匀，表明配合面无明显磨损，密封性较好；若下滑速度较快或很快，表明配合面磨损较大或严重，密封性不良。若将柱塞（或针阀）转动90°再次试验，柱塞（或针阀）下滑缓慢、均匀，表明偶件产生偏磨损。

②油液降压试验法或称燃油漏损定量法也是检验偶件密封性的一种方法。此外，还有油液等压试验法。油液降压试验法是用通过偶件的油液压力下降一定值时所需要的时间作为检验密封性的标准，或者是用在一定时间内油液漏损量作为检验密封性的标准。柱塞偶件油液降压试验法要求，油泵在相当于额定供油量时，油压从30 MPa降至5 MPa的时间应不少于20 s，表明柱塞偶件圆柱面密封性良好。

针阀偶件圆柱配合面密封性油液降压试验法：试验前，必须进行数次喷油，以排净系统内的空气。试验时，燃油进入喷油器，允许将喷油器启阀压力调整到比规定值高2～3 MPa。在启阀压力作用下，检查针阀偶件的渗油现象，以手背擦拭针阀体头部喷孔周围，手背应无油，表明针阀偶件圆柱面密封良好。针阀偶件锥面密封性油液降压试验法：试验时，要求在燃油压力比规定的启阀压力低2 MPa的油压作用下，在10 s内不得有渗漏，允许针阀体喷孔周围稍微湿润，但不得有油液集聚现象。针阀偶件锥面密封性检验可与其圆柱面密封性检验同时进行。偶件配合面密封性试验是在船上，利用喷油器试验装置来完成的，如图2-47所示。检验柱塞偶件时，将高压油管接到待检油泵上。检验针阀偶件时，将待检喷油器装于试验装置中试验，用手动泵供油。

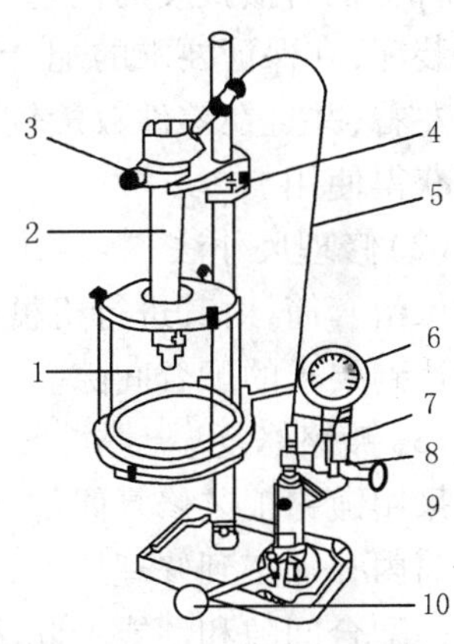

图2-47 喷油器实验装置

1—玻璃罩；2—喷油器；3—支承环；4—支架；5—高压油管；6—压力表；7—储油器；8—截止阀；9—手动油泵；10—操作手柄

（2）雾化试验

喷油器雾化试验是对其偶件密封性的综合检验，可与上述密封性检验同时进行。试验时，将启阀压力调至规定值，然后以40～80次/分钟的速度进行喷雾试验，喷雾质量应符合以下要求：

①喷出的燃油应成雾状，无肉眼可见飞溅油粒的连续油柱和局部浓、稀不均匀的现象。

②喷油开始和终了时声音应该清脆，喷油迅速、利落。

③喷油开始前与终了后不得有渗漏，允许喷油孔周围有湿润现象。

当针阀直径大于10 mm，允许喷孔周围有油液集聚，但不得有油滴漏出。喷油器雾化试验十分重要，根据试验时雾化的形状、数目、分布和油粒的细度等，检查喷油器和分析产生故障的原因。图2-48的几种不同雾化情况分别反映了不同的成因。

图2-48（a）雾化不良，是由于喷孔部分堵塞产生滴油现象。

图2-48（b）为针阀动作不良，产生喷雾方向偏转，油粒粗大。

图 2-48(c)为针阀锥面磨损，密封性差，在喷雾的同时有滴油现象。

图 2-48(d)为正常喷射，雾化良好，雾花均匀，喷孔周围无滴油现象。

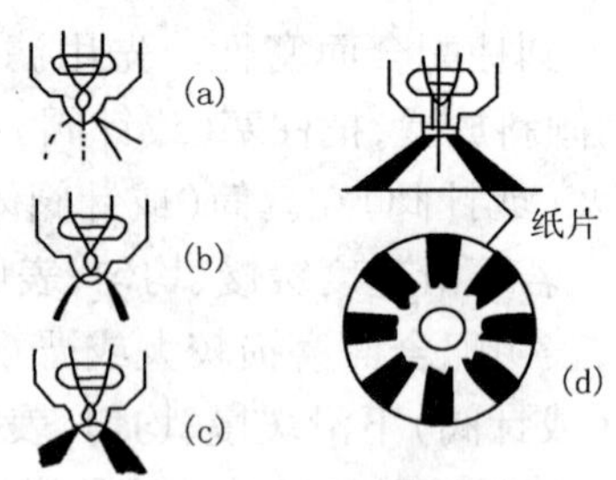

图 2-48　几种喷雾情况

三、精密偶件的修理

1. 柱塞偶件的修复

柱塞偶件圆柱配合面磨损后，一般采用以下方法修复：

(1)尺寸选配法

将一批磨损报废的柱塞、套筒分别精磨和研磨，消除几何形状误差后按加工后的尺寸重新装配，在保证要求的配合间隙下，互研成一对新偶件。此法重新选配率较低，一般为 20% 左右，并且在零件数量较少和船上条件下不宜采用此法修复。但可使部分报废偶件重新获得使用。

(2)修理尺寸法

保留套筒，对其进行机械加工，消除几何形状误差，按修理后的套筒尺寸配制柱塞，互研后达到要求的配合间隙。

(3)镀铬修复

采用镀铬工艺修复偶件，使其恢复到要求的配合间隙。常采用偶件之一进行镀铬，即将套筒内孔加工到修理尺寸，使柱塞外圆面镀铬达到修理尺寸，再互研成对，保证恢复到要求的配合间隙和性能。此法效率高，可使 90% 以上的偶件恢复使用。套筒端面腐蚀密封不良时，可在平板上做“8”字形平面研磨。

2. 针阀偶件的修复

针阀偶件圆柱配合面磨损可采用柱塞偶件的修复方法。锥面配合面磨损后，针阀锥面上的环形密封带出现变宽、模糊不清或中断等现象时，可采用研磨膏或机油进行偶件的互研，直到使环形密封带恢复正常为止。清洗后，进行密封性检验。

有时针阀偶件虽经多次研磨修复，但每次又很快磨损失去密封性，这可能是由于材质不佳或热处理不当造成的。针阀体端面腐蚀亦采用平板研磨修复。

第八节　气阀的检修

柴油机的进、排气阀均是燃烧室的组成零件，直接受到高温、高压燃气的作用，承受着很高的热负荷和机械负荷，尤其是排气阀还受着排气气流的冲刷和加热，温度更高。在高增压柴油机上，排气阀阀盘的温度可达 650 ~ 800 ℃；进气阀由于新气的冷却作用，温度相对低一些，可达 450 ~ 500 ℃。

一、气阀的损伤

常见气阀的损伤有气阀阀盘锥面与阀杆的磨损、阀面的烧伤与高温腐蚀、阀盘与阀杆的裂纹及变形等。气阀在关闭时,阀盘锥面和阀座座面不断地相互撞击,致使阀面产生塑性变形,出现凹坑、拉毛以及反边等缺陷,图 2-49 为气阀的反边缺陷。高温下金属更易变形、阀面损伤更加严重。又由于在高压燃气作用下,爆发压力还会使阀面与座面产生微小错动,使气阀阀面产生磨损。当有磨损产物、灰分和炭粒等时,阀面磨损更加严重。特别是大型柴油机燃用重油,不仅使阀面磨损加剧,而且还会由于燃油中含有较高的 V、Na 等元素而使阀面产生高温腐蚀。

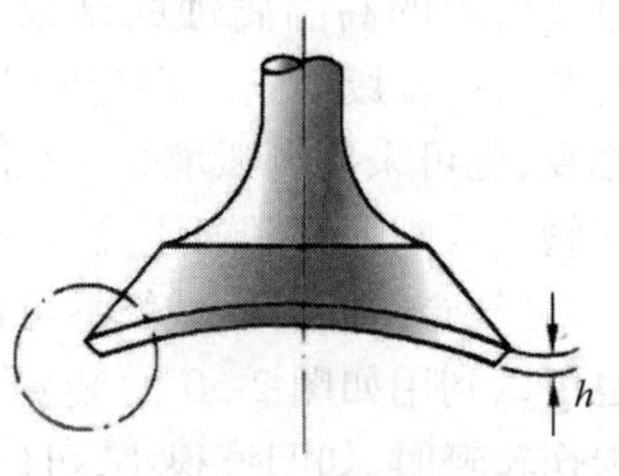

图 2-49　气阀的反边变形

正是由于气阀在高温、高压、撞击、腐蚀等的恶劣条件下工作,所以会产生磨损、烧伤、高温腐蚀、变形和断裂等损坏。

二、气阀磨损的检修

1. 气阀阀面磨损的检修

气阀阀面磨损后,可以通过将气阀彻底清洗干净后,检查发现阀面上有磨损凹坑、阀线变宽超过规定值。阀线变宽或模糊不清,使气阀与阀座关闭不严,燃气漏泄引起阀面和阀座的烧伤、柴油机功率下降等一系列危害。

阀面磨损较轻时可进行阀与阀座的研磨使阀线恢复,如图 2-50 所示。阀面磨损严重时,采用手工电弧焊进行堆焊修复。一般由于电焊会使阀面母体金属结晶发生变化,各种机械性能下降,所以气阀翻新不能超过 3 次。

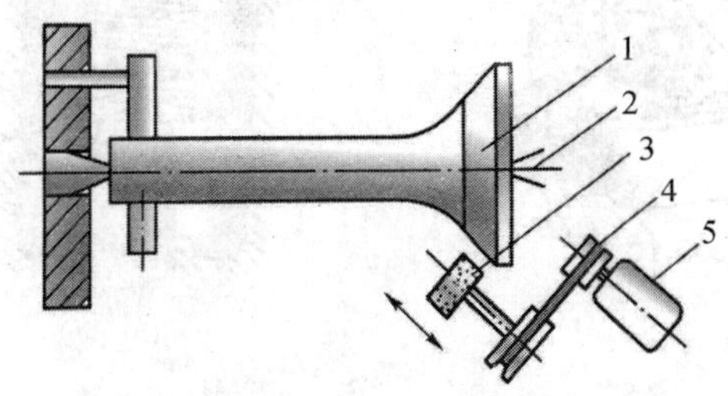

图 2-50　气阀阀面的磨削

1—气阀;2—顶针;3—砂轮;4—皮带;5—电机

2. 阀杆磨损检修

气阀阀杆在气阀导管内作往复运动,使阀杆和导管产生磨损,二者的配合间隙增大,产生冒烟、漏气或机油沿导管进入燃烧室,不仅机油耗量增加且使燃烧室积炭加重。气阀阀杆的磨损检测:可在平台上或车床上对气阀阀杆外圆进行测量,计算出阀杆的圆度误差和圆柱度误差,并与标准比较。当超过标准要求时,可采用镀铬或镀铁工艺修复阀杆,也可以采用喷涂或喷焊工艺修复。

3. 气阀阀面的烧伤和高温腐蚀的检修

气阀阀盘锥面上产生麻点腐蚀或阀盘边缘出现烧穿的孔洞等均是由于阀与阀座关闭不严,高温燃气漏泄使气阀过热、氧化或金属中元素烧损造成,以及燃用重油和气阀温度过高引起的高温腐蚀的结果。气阀阀面烧穿出现边缘孔洞时应报废换新。出现麻点、腐蚀时可采用机械加工修复,也可采用电弧堆焊、喷涂或喷焊工艺修复。修复后气阀装入阀座与锥面接触面积不得少于原接触面积的1/3。气阀阀面的机械修整可以利用专用的磨阀机磨光,也可以利用如图 2-50 的装置磨光。当气阀阀面与阀座损伤较轻时,如凹痕很小,可以用阀与阀座相互研磨来修理。中小型机进行气阀研磨时,将气缸盖拆下,底面和阀面均平放于平地砧木上,用专用工具(如图 2-51 所示),压住气阀弹簧上座,慢慢用力下压使阀杆上的卡块(哈夫块)露出并拆出卡块。然后可以陆续拆出上弹簧座、弹簧、下弹簧座,从缸盖底面阀孔中抽出阀杆。各件清洁后,将缸盖底面朝上平放于砧木上,气阀插入阀孔中,用橡皮碗吸住阀底平面,用手上下动作带动气阀使与阀座撞击互研。如图 2-52 所示。研磨时要在密封面上涂研磨砂。用研磨砂一般先粗砂后细砂,最后用滑油。研磨砂涂抹要适量、均匀、不宜过多。为防止偏磨,应一边敲击研磨一边转动气阀。研磨后应立即将研磨砂清洗干净。气阀研磨后的密封性检查可用如下方法:

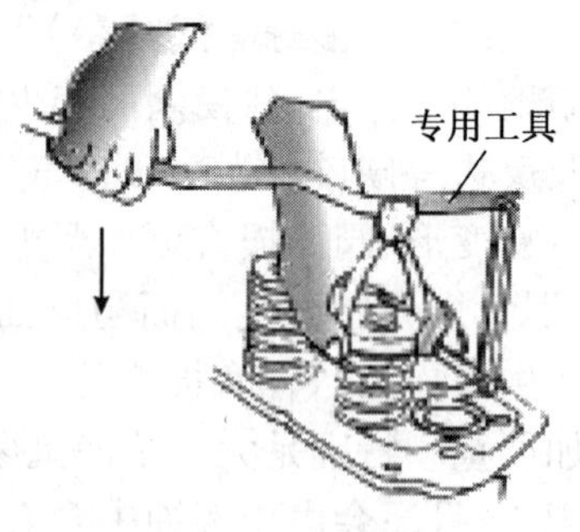

图 2-51　拆卸气阀

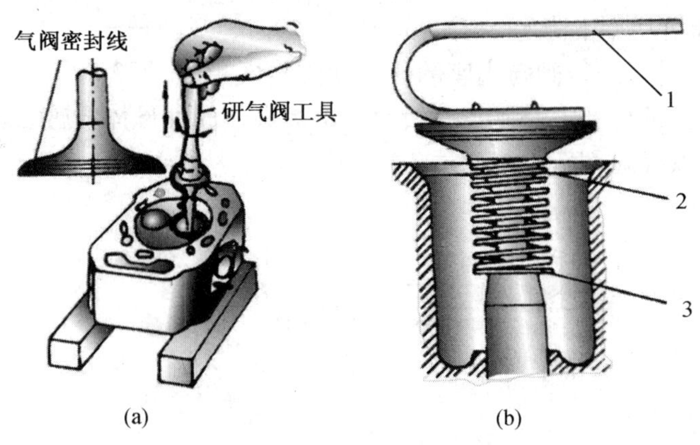

图 2-52　气阀研磨

1—手柄;2—弹簧;3—垫片

(1)将气阀装入阀座,手动使之敲击阀座数次,直接仔细观察研磨出的阀线,如果锥面上有一圈连续等宽的乌暗的阀线,表明气阀与阀座密封性良好。

(2)在气阀的密封锥面上涂一层极薄的色油,将气阀装入阀座内并往下撞击阀座,然后抽出气阀检查,如果锥面上显示一条极细无间断的环带,说明密封性良好。

(3)在气阀锥面上用铅笔每隔 3 ~ 5 mm 划一条线,将阀装入阀座并用力撞击阀座一次,然后抽出气阀,仔细观察其上面的铅笔线,若全部被敲断,则表明密封性良好。

(4)将气阀装入阀座,在阀座坑阀盘底面上倒入煤油,5 min 后将煤油擦干并迅速抽出气阀,仔细观察阀座配合面上有无油迹,若没有渗漏,表明密封性良好。若气阀阀座凹痕较深、变形和不均匀磨损较大时,不宜直接研磨修复,而应在机械加工或手工绞削后再研磨。如没有专用磨床时,阀座可以用手工铰刀修正。手工铰刀必须具有作为导向体的

心杆和相应角度的铰刀,以保证所绞出的阀座锥的配合角度及与导管孔的同心度。图 2-53 所示手铰刀绞削阀座示意图。

4. 气阀阀盘和阀杆的断裂与变形的检修

阀盘与阀杆过渡圆角处和阀杆上端凹槽处易发生裂纹和断裂。气阀断裂后落入气缸将会引发波及性事故:击碎气缸盖、活塞和气缸套等。用肉眼外观检查阀盘和阀杆裂纹,不得有直观裂纹存在;阀杆直径大于 20 mm 时,允许有长度不大于 20 mm 的发纹,但在纵向同一位置上不得有多于两处的发纹。阀盘与阀杆产生裂纹或断裂,应换新气阀。阀盘的变形和阀杆的弯曲变形可在平台或车床上用百分表检验,如图 2-53 所示。阀杆弯曲变形超过要求时应采用加压校直法予以校正气阀阀面的严重变形及反边应予以更换。

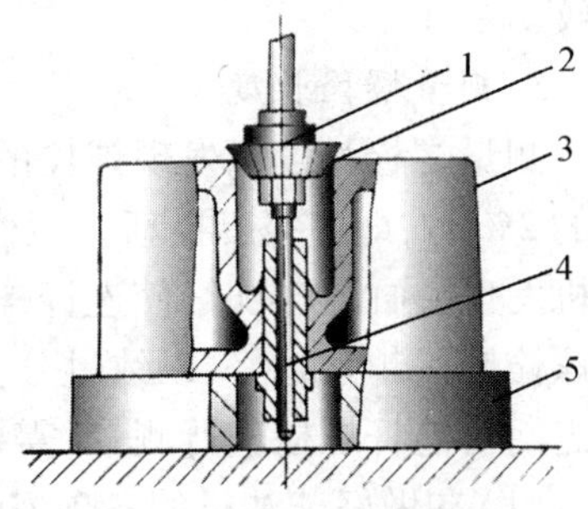

图 2-53 绞削阀座示意图

1—铰刀;2—阀座;3—缸盖;4—心杆;5—垫块

第九节 重要螺栓的检修

船用柴油机上的重要螺栓主要有:气缸盖螺栓、连杆螺栓、主轴承螺栓和底脚螺栓等。这些螺栓均各自具有不同的重要作用,不仅要保证连接强度,而且还要承受安装和柴油机运转时的各种力的作用。为了保证螺栓的紧固连接质量和柴油机安全可靠地运转,这些重要螺栓的材料常选用优质碳钢和优质合金钢,如 45 号钢、40Cr、35CrMo 等钢。以下主要对多发事故的连杆螺栓和柴油机基础的底脚螺栓的检修进行介绍。

一、连杆螺栓的检修

连杆螺栓是连接连杆大端轴承座与轴承盖使之成为一体的重要螺栓。连杆螺栓受到装配时的预紧力的作用,四冲程柴油机运转时,连杆螺栓还受到往复惯性力的作用。连杆螺栓的直径较小,因其受到曲柄销直径和连杆大端外廓尺寸的限制。连杆螺栓虽小,但是特别重要。因为该螺栓一旦断裂破坏,将会引起柴油机的破坏性事故。这种波及性事故往往造成整机的破坏。几年来,日本的大发、亚马、瑞典的瓦锡兰机接连出现因连杆螺栓的断裂造成整机报废,业已引起各厂家和船公司的关注。所以,对连杆螺栓绝不可掉以轻心。连杆螺栓因锁紧零件失效而脱落,如开口销损坏或脱落也会造成上述事故。连杆螺栓常见的损坏形式有:螺纹的变形与损坏、螺栓拉长或形成颈缩、螺栓弯曲变形、裂纹、螺栓与螺母配合松动等。连杆螺栓或螺母损坏后,应成对更换。

(一)连杆螺栓的检测

1. 外观检查

检查螺栓表面有无肉眼可见缺陷,不允许有碰伤、拉毛、变形、裂纹、螺纹损坏和配合松动等缺陷。

2. 裂纹检验

采用放大镜、着色探伤或磁粉探伤等方法检查螺栓的各圆角、螺纹之间的过渡处有无裂纹。

3. 测量螺栓长度

测量螺栓长度以发现螺栓的永久变形。四冲程柴油机连杆螺栓伸长量超过原设计长度的2%时,即应报废换新。螺栓伸长或出现颈缩,大多是安装时用力过大所致,或因柴油机发生拉缸、咬缸时,使连杆螺栓受到过大拉应力的结果。安装螺栓时,由于错误的认为螺栓旋得越紧越好,以致过分拧紧螺母,造成螺栓变形或断裂。瓦锡兰说明书规定:必须定期对连杆螺栓进行测量,需要如下操作:

(1)在做好柴油机的各项安全保护事项后,打开曲拐箱道门,清洁连杆螺栓。每缸从螺帽端面测量外露螺杆的长度并对照原记录,如有变化,应特别关注,如图2-54所示。

(2)逐缸把两只连杆螺栓安装上液压拉伸器并泵油至规定压力,同时用拨棍插入螺母的操作孔朝上紧方向用力,逐个检查螺栓有无松动(不到规定压力即可拨动螺母),如有松动螺母,须上紧后重新测量外露长度。

(3)对照记录、检查结果,分析螺栓的状况。

(二)安装连杆螺栓时的注意事项

为了防止连杆螺栓安装不当引起变形或断裂,安装时应注意以下几点:

(1)安装前,应认真进行外观检查和清洁,并检验螺栓与螺母的配合情况,应无卡阻或松动的现象。

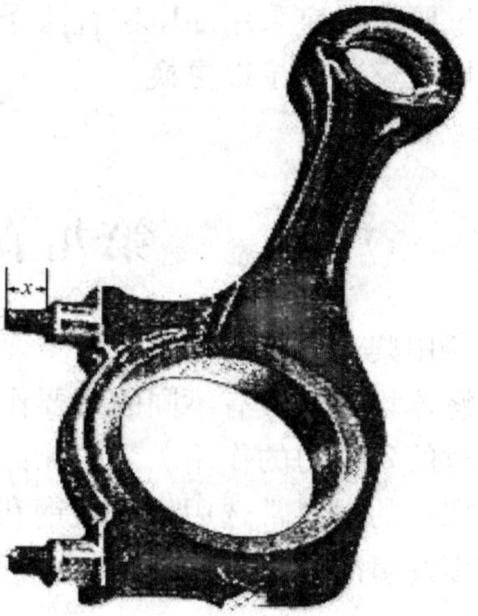

图2-54 Wärtsilä 20型柴油机连杆及螺栓

(2)拧紧螺栓的方法和预紧力的大小,均应按柴油机说明书的规定进行。因为预紧力的过大或过小、各螺栓的预紧力不均匀等,均不能保证其工作的可靠性。

(3)检修中不可随意调换连杆螺栓与其原装配孔的关系,因为连杆螺栓与装配孔是过渡配合,需用小锤轻轻敲入螺栓。随意调换,将影响配合关系,如过紧、过松都会影响连杆螺栓的可靠工作。

(4)定期更换。多家柴油机制造厂在说明书中明确要求当连杆螺栓装机运行到一定时间后即要求更新螺栓(一般20 000~25 000 h),所以要按说明书要求更换新螺栓。

二、底脚螺栓的检修

柴油机机座安装在船体双层底上或焊于船体双层底的底座上。底脚螺栓的作用是将机座固定在底座上,以抵抗柴油机运转中的剧烈振动、船舶航行中的猛烈摇摆和防止机座位移。主柴油机的机座在机舱中的位置经校中定位后用底脚螺栓将机座、底座和它们之间的固定垫块、活动垫块连接在一起,牢牢地固定在船体双层底上。这种刚性连接方式结构简单、安装方便、工作可靠,但是劳动强度大、效率低。固定机座的底脚螺栓的数量和分布取决于柴油机机座上的底脚螺栓孔的数量和布置。为了防止紧固的主柴油机在运转时产生位移，要求全部底脚螺栓中的15%以上的螺栓采用紧配（定位）螺栓。如果采用环氧垫块时，可不用紧配螺栓。对于安装紧配螺栓的底脚螺栓孔应进行铰孔，根据铰孔后的直径，按$\frac{H7}{K6}\left(\frac{D}{gc}\right)$配合配制紧配螺栓。

底脚螺栓（包括紧固螺栓和紧配螺栓）全部装好后，检查螺母和螺栓头的接合平面处是否存在间隙，如果用0.05 mm塞尺插不进去，证明符合要求。全部螺栓拧紧是采用手动工具或液压拉伸器，按照说明书规定的预紧力要求和上紧顺序进行操作。拧紧后用小锤敲击螺栓，以检查底脚螺栓的拧紧程度，以声音清脆为合格。

底脚螺栓松动将会使机座下面的垫铁磨损，从而使机座局部下沉，导致曲轴臂距差的变化，影响曲轴的受力状态；当松动的螺栓数量增多时，还会引起主机的振动、位置变化等。所以应加强对底脚螺栓的维护管理，及时发现松动的螺栓和损坏的螺栓。松动的底脚螺栓应按要求拧紧，损坏的螺栓应予以更换。

若频繁发生底脚螺栓松动或断裂，应考虑检查调整主机底座与基座水平线；对于弹性连接的基座，要注意检查调整减振块工况，按说明书要求定期予以换新。

第十节　增压器的检修

废气涡轮增压器是柴油机增压系统中的主要设备，由单级废气涡轮和离心式压气机组成，二者装于同一轴上构成废气涡轮增压器的运动件——转子。废气涡轮增压器的作用是利用柴油机废气能量驱动涡轮带动同轴上的压气机，把新鲜空气压力提高送入气缸，使柴油机功率大幅度提高，如图2-55所示。废气涡轮增压器是一个高速回转的机械，通

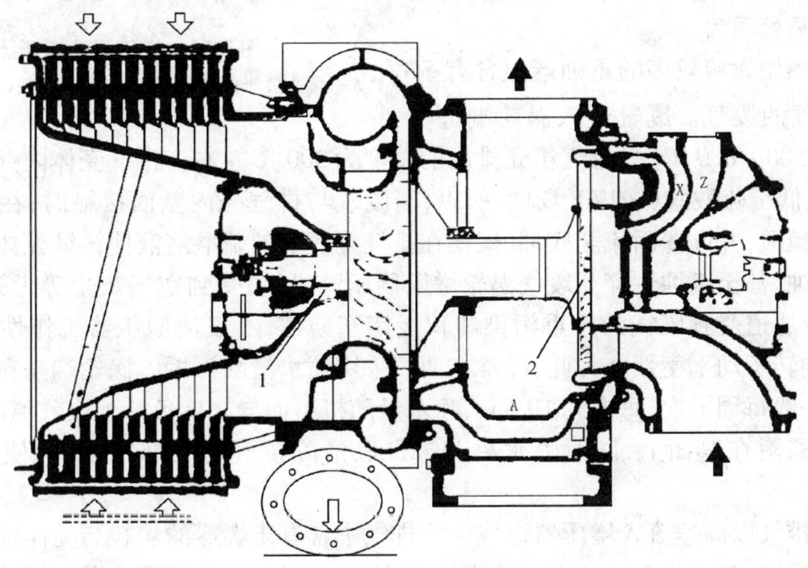

图2-55　废气涡轮增压柴油机工作示意图

1—离心式压气机；2—单级废气涡轮

常转速可高达 10 000 r/min 以上,最高转速可达 40 000 ~ 50 000 r/min。废气涡轮增压器中废气端有一定压力和温度的废气(废气温度达 500 ~ 600 ℃);压气机端有一定压力的新鲜空气,还有不断循环的润滑油。因此,对废气涡轮增压器的平衡性、对中性、气密性和清洁程度都有比较严格的要求,废气涡轮增压器属于精密机械。柴油机—废气涡轮增压器联合装置运转时,废气涡轮增压器容易产生的故障有:涡轮壳体腐蚀、轴承损坏、叶片损伤、气封损坏和增压器振动等。轮机员日常良好的维护管理工作,可减少这些故障的发生。

一、涡轮壳体腐蚀的检修

废气涡轮增压器涡轮壳体由废气进气壳与排气壳(即废气经过涡轮叶片后排出的部分)组成。进气壳与排气壳通常采用合金铸铁制成,分为冷却式和非冷却式。冷却式壳体为双层,形成水夹层。进气壳与排气壳内表面经常与具有腐蚀性的高温废气和水接触。壳体内部水夹层——冷却水腔的冷却水自底部引入,经上部排出。为了防止电化学腐蚀,除用淡水冷却外,还在淡水中加防锈剂和在壳体上安装防腐锌块等。

1. 涡轮壳体腐蚀部位

涡轮壳体内表面与废气接触发生腐蚀,特别是在排气壳的底部 A 处常发生腐蚀烂穿,如图 2-56 所示。通常由于对涡轮壳体腐蚀缺乏认识和应有的重视,不能及时发现腐蚀,以致故障突然发生,造成增压器不能继续运转,需停航修理。由于突发故障需临时紧急订购备件,造成很大的经济损失。

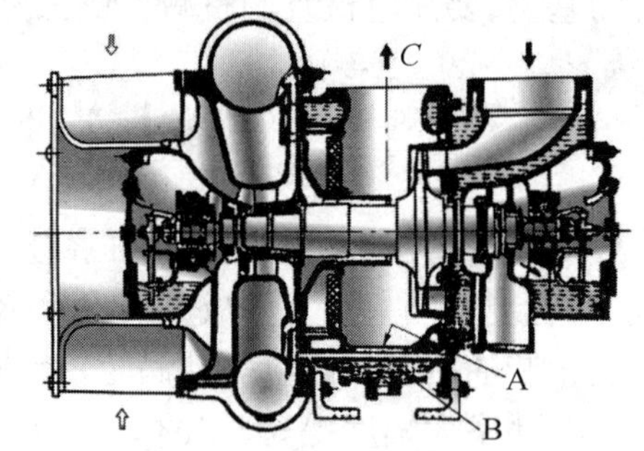

图 2-56　废气涡轮增压器

A—腐蚀最严重部位;B—冷却水通道;C—排气出口

2. 壳体腐蚀原因

柴油机燃用含硫较多的重油产生含有 SO_2、SO_3 和水蒸气的废气。废气进入涡轮端进气壳的温度可达 500 ~ 600 ℃,自排气箱壳排出的温度为 300 ℃左右。排气壳体内壁面温度为 150 ℃左右,低于硫酸露点(170 ℃)。所以,当废气与排气壳内壁面接触时,在壁面上生成亚硫酸或硫酸,并顺壁面流至底部,聚集在排气壳底部的硫酸溶液使铸铁壳体受到强烈的电化学腐蚀,甚至腐蚀烂穿。废气涡轮增压器压气机端,受到空气灰尘等污染,涡轮端喷嘴、叶片及通道受到废气的严重污染和积炭堵塞通道,不仅使增压器工作性能受到影响,而且影响转子动平衡性。为此,经常在两端采用喷水清除污垢。涡轮端是在低负荷下喷水清洗,一般每周 1 次,每次约 10 min,喷水量随机型而异。低负荷下废气温度较低,会产生更多的酸附在壁面上,同时喷水后若未彻底清除排气壳底部积水,会使腐蚀更加严重。

柴油机排气以高速流入增压器进气壳。排气中含有未燃尽的炭粒与壳体壁面接触造成对壁面的浸蚀,特别是在气流方向改变处,离心力使炭粒冲击壁面。受到浸蚀的壁面裸露在气流中受到更大的腐蚀作用。涡轮端进气壳进气道附近壁面的穿孔大多属于这种腐蚀。增压器采用海水冷却时,冷却水腔壳体壁面受到电化学腐蚀。

3. 壳体腐蚀的防止与修理

(1)防止腐蚀的方法

防止涡轮端壳体腐蚀的方法主要采用提高冷却水进口温度防止硫酸腐蚀;彻底清除涡轮端喷水清洗后的残水;选用非冷却式增压器等。在进、排气壳内表面容易腐蚀部位钎焊一层耐热耐蚀 M 合金的非冷却式增压器,可使其壳体寿命从 3 ~6 年延长至 10 年以上。

(2)修理

①壳体腐蚀后,若其最小壁厚大于设计壁厚的 50% ,壳体冷却腔经 1.5 倍工作压力的水压试验,合格后可继续使用。

②壳体腐蚀后,局部最小壁厚小于设计壁厚的 50% 或破损时,允许焊补或用无机胶粘剂修补,经 1.5 倍工作压力的水压试验合格后可继续使用。

二、轴承的检修

轴承在涡轮增压器中居重要地位,它不仅保证转子安全可靠地高速回转,还必须保证转子固定在准确的位置上。所以,轴承的可靠性对增压器和柴油机正常运转关系极大。涡轮增压器轴承分为滚动式和滑动式,如图 2-57 所示。船用增压器多采用滚动轴承,另外还有止推轴承。滚动轴承摩擦系数小,产生热量少,润滑油消耗量少,可使润滑系统简化,一般采用透平油只需设置油池和自带油泵。滚动轴承拆装方便、起动性能好,效率高。但受其使用寿命限制,规定的使用寿命期满必须更换。

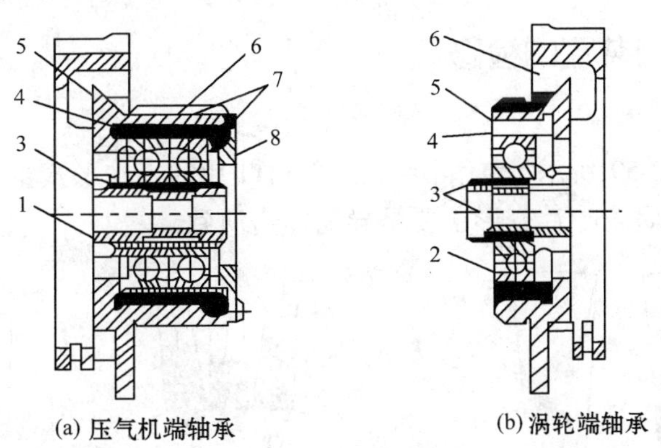

图 2-57 增压器滚动轴承

1—双联向心推力球轴承;2—单列向心球轴承;3—轴承内套;4—轴承外套;5—径向弹簧;6—轴承座;7—轴向调整片;8—轴承盖

滑动轴承结构简单,造价低,可与柴油机使用同一个润滑系统或专门设置一套外供油装置,所以使增压器整体结构复杂化,并且维护管理要求高;否则容易发生故障。

增压器轴承是在高温、高速和轻负荷条件下工作的,保证轴承在工作条件下可靠运转,除了保证轴承的结构设计、材料和制造安装等满足要求外,使用中良好的维护管理也是至关重要的。

1. 滚动轴承的检修

压气机端轴承多采用成对双列向心推力轴承,起支承转子和止推作用;涡轮端轴承采用单列向心球轴承或单列向心短圆柱滚子轴承,起支承转子作用。增压器工作时,滚动轴承应运转灵活、无异常声音、无过热,轴承的各零件应无损伤、腐蚀、裂纹和松动等缺陷。

(1)滚动轴承使用寿命

滚动轴承累计工作时间达到其额定使用寿命时应更换新轴承。一般累计工作时间达8 000 h左右进行检修,更换压气机端和涡轮端的轴承。

(2)减振弹簧片

滚动轴承中装有减轻振动的弹性减振装置,它是由一组带孔的弹簧钢片——减振弹簧片组成。润滑油在钢片之间形成油膜,产生阻尼作用,吸收和缓冲转子的振动,以便延长轴承的寿命和使增压器运转平稳。滚动轴承减振片的弹性应具有良好的均匀性,无咬毛、过度磨损和断裂等缺陷。如产生上述缺陷或间隙超过规定值时应予以换新。新换的减振片的材料、技术性能应与原来的相同。船上条件下无法更换减振片,只能换新轴承。

2. 润滑与润滑油泵

废气涡轮增压器转子两端轴承的润滑是由其自带油泵将高质量的无酸矿物透平油喷至轴承,保证轴承充分润滑。为了保证油泵的正常工作,按照说明书的要求,定期检查油泵的磨损和漏泄情况。例如,VTR型增压器每隔12 000 ~ 16 000 h进行一次检查。油泵工作的可靠性与其安装质量有关,故在安装油泵时,应保证油泵的轴线与增压器转子轴心线同轴度,油泵端的径向跳动量不应超过0.02 mm。

三、叶片与气封装置的检修

1. 叶片损伤与检修

如图2-58及图2-59所示,涡轮叶片和压气机叶片的损伤形式主要是碰撞引起的叶片变形、裂纹和断裂。涡轮叶片变形主要是异物撞击所致。

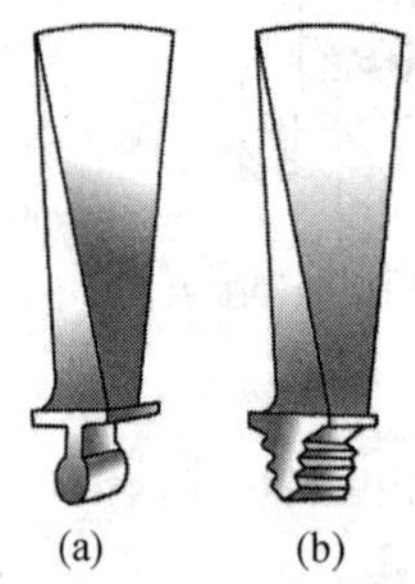

图2-58 涡轮叶片

(a)球形叶根;(b)棕树形叶根

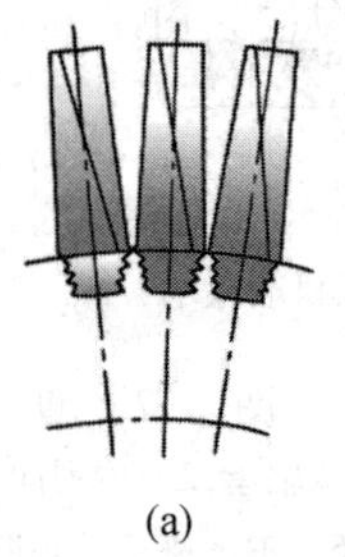

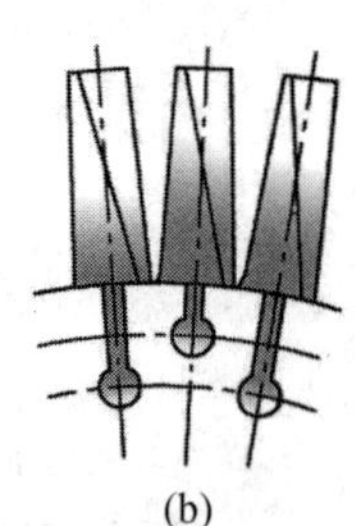

图2-59 涡轮叶片的叶根连接

(a)棕树形连接;(b)球形连接

如吊缸检修时由于粗心使工具等物,特别是将尺寸不大的工具或螺母等遗留在气缸中,或者是柴油机运转中的活塞环折断后的碎块,甚至由于安装不良使油头落入缸中等。当柴油机运转时,这些异物被排气自排气口吹至排气管和增压器涡轮进气壳,这些高速飞来的异物冲破废气进口处的金属隔栅进入涡轮,与高速回转的涡轮叶片相撞击,轻者使叶

片变形、裂纹，重者造成叶片折断，并随之碰撞其他叶片导致涡轮叶片的大部分乃至全部损坏。例如，某船副机在75%负荷下运转，突然增压器发生剧烈振动和巨响，值班轮机员立即切换另一台副机。后经检查发现，由于涡轮上有一叶片折断，其碎块在增压器高速回转时又接连打伤3只、打弯1只叶片，因停车及时才免遭更严重的破坏。对损伤较轻的叶片，应仔细观察有无裂纹，必要时进行无损探伤检验，如有裂纹或断裂应换新叶片。海上条件下更换叶片不便时，可将断叶取出并将其对称位置的叶片取下，以保持转子的动平衡性，减少增压器的振动。如叶片有轻微变形可进行冷校。涡轮叶片四面上的撞击伤痕等少量缺陷允许修磨，磨去深度不得超过相应部位叶片厚度的1/6，磨去的面积符合规定要求。叶片的上、中部区域内的缺陷允许焊补修复（详见CB/T3563-94）。

压气机叶片的损伤是由于轴承严重磨损、吸入硬质颗粒、增压器振动等造成，或者发生碰撞破坏了转子与壳体间的正常间隙等造成撞击或摩擦，使叶片擦伤、变形或裂纹。例如，某船离港后刚刚进入正常航行，突然主机1号增压器发出异常刺耳声，值班轮机员立即采取主机降速航行的对策。停车检查发现压气机叶轮上20个叶片中有12个叶片完全断裂。原因是推力轴承推力面上的白合金中嵌入几块铁屑，大小约为2 mm×2 mm×1 mm，由于止推轴承白合金严重磨损，引起转子轴向窜动。压气机叶轮完全报废，只能换新。压气机叶轮边缘、叶片的任何部位均不允许有裂纹；否则换新。叶片表面缺陷较小时，允许修磨。

增压器的转子或叶片经修理或换新后均应进行动平衡试验，并使之符合要求。

2. 密封装置的检修

(1) 密封装置

废气涡轮增压器的密封装置分为气封和油封两种。

气封的作用是防止压气机端的压缩空气和涡轮端的废气的漏泄。压气机端压缩空气的大量漏泄，将会降低增压效率；涡轮端废气漏泄，将造成涡轮功率下降，高温气体漏入轴承箱污染润滑油和损坏轴承。

油封的作用是防止增压器轴承箱中的润滑油漏泄。润滑油漏泄不仅增加其消耗量和影响轴承润滑，还会因滑油漏入涡轮进气壳使燃气温度升高，甚至烧毁涡轮叶片。所以，良好的密封装置是废气涡轮增压器正常可靠工作不可缺少的组成部分。密封装置按结构分为接触式、活塞环式和迷宫式三种。活塞环式密封装置如图2-60所示，常用于小型增压器中的油封。迷宫式密封装置种类很多，如图2-61所示，为大型增压器的轴向和径向迷宫式密封装置，作为气封使用。气封片之间的间隙越小，密封效果越好。当压气机端引入一股增压空气到气封，可增强密封效果。

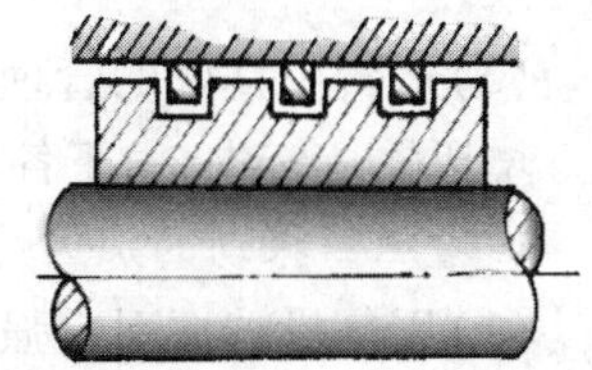

图2-60 活塞环型密封

(2) 密封装置的检修

密封装置的损坏，大多是在增压器拆装过程中不慎碰伤密封带，或增压器运转中的剧烈振动，或者安装间隙不符合要求等造成的。密封带顶部有较轻的弯曲变形时，可用平嘴钳将其夹直校正；若损伤严重时则应换新密封带和压紧丝。在船上条件下更新密封带可按增压器说明书中规定的要求和步骤进行。

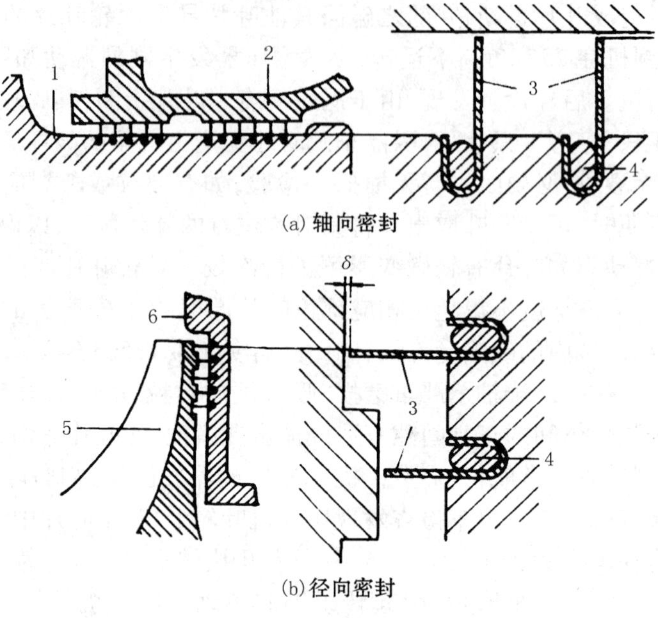

图 2-61　迷宫式密封

1—转子轴;2—废气进口壳体;3—密封带;4—压紧丝;5—压气机叶轮;6—隔热墙

四、增压器振动检修

废气涡轮增压器是作高速回转的精密动力机械,使其平稳、无振动的高速运转的条件是:

(1)转子动平衡精度符合要求,即转子重心在其回转中心线上或具有要求的偏心距。

(2)增压器的安装精度高,对中性好,即回转件—转子与固定件—壳体的对中精度符合要求。

(3)运转中良好的管理和正确地操作。

增压器运转中,由于各种原因不能满足上述条件时,增压器就会产生剧烈振动。

1. 增压器振动的原因

(1)压气机喘振引起强烈振动

喘振是压气机流通部分出现气流与叶片强烈撞击和脱流的结果。增压系统流道阻塞是增压器喘振的常见原因。管理中应注意压气机进气滤器、叶轮、扩压器、空气冷却器、进气口和排气口、涡轮喷嘴环、叶片等流通部分的维护与清洁,都可有效地防止和消除喘振及其引起的振动。

(2)轴承损坏引起振动

轴承长时间使用后产生磨损、变形、裂纹和烧伤时,使摩擦力矩增大,转速下降,振动和噪声增大。轴承中的减振弹簧片的磨损、变形或断裂等使转子安装位置发生变化,转子对中不良产生强烈振动。为此应按规定的轴承使用期按时更换轴承,发生损坏时更应及时更换。

(3)转子弯曲变形引起振动

增压器转子轴上安装着压气机和涡轮的叶轮等部件,结构复杂,重量大。若船舶停航时间较长,增压器转子就会由于长期不运转其自重使其产生弯曲变形,破坏了转子与壳体、气封与壳体等的配合间隙,使转子失中。严重时转子转动困难,摩擦严重。运转时产生很大的阻力使增压器产生剧烈振动。所以,船舶长时间停航,应注意增压器的管理。譬如人为的冲一下车使转子转动,变换一下位置,防止转子变形。

(4)转子不平衡引起振动

增压器经过一段时间的运转,由于涡轮叶片上严重积炭或叶片变形、折断;压气机叶轮、叶片变形或损坏等都会使转子质量分布发生变化,改变了转子原有的重心位置,破坏了转子原有的动平衡精度,产生剧烈振动,工作不平稳。

(5)增压器装配、修理质量差

增压器进行自修或厂修时,如修理质量差或修后装配不良,就会造成增压器运转时转子与壳体或气封与壳体相碰,产生摩擦导致振动。例如气封和轴封安装不正、轴承安装不正确或轴承间隙不符合要求、转子轴线不对中等。特别是轴承安装问题不容忽视。例如,减振弹簧片安装不正确或弹簧片变形、断裂等都会直接影响轴承的位置和使转子对中不良而导致振动。

2. 增压器振动检修

(1)清洗

在日常的维护中,定期利用增压器上的喷水装置(如图 2-62 所示)清洗涡轮端和压气机端的叶片和通道。清除油垢、积炭,既能消除引起喘振的因素,又能除去不平衡质量,从而减轻或完全消除由此引起的振动。

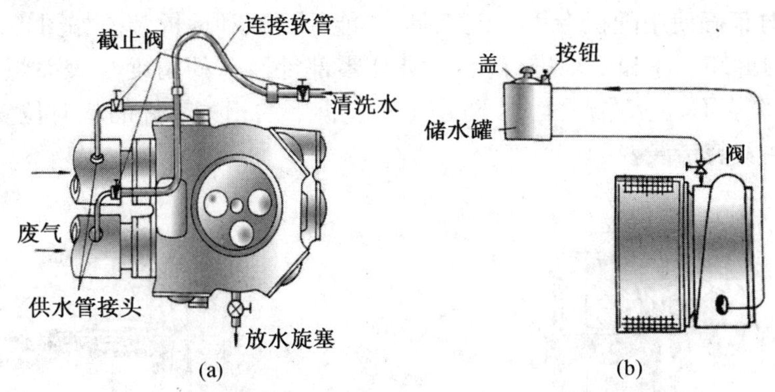

图 2-62　透平端和增压器端冲洗系统

(2)换新轴承

若增压器产生振动时轴承已接近换新时间,则可能是因轴承损坏引起的振动,故应首选采取换新轴承的措施来消除增压器振动。增压器轴承中,以涡轮端轴承温度高、工作条件差而先损坏,所以应首先更换涡轮端轴承,然后再换压气机端轴承。

(3)检查转子的磨损和变形

增压器解体抽出转子后,检查压气机和涡轮的叶轮、气封和工作轴颈外圆表面有无擦伤、变形和磨损。必要时吊入车间在平台上检测转子轴线的状态,以判断转子的弯曲变形和变形程度。

(4)转子动平衡检验

在专用动平衡试验机上检测转子的平衡精度,依测量出的不平衡质量的大小与位置进行修理,除去不平衡质量后再次检验,直至达到要求的平衡精度为止。当然,做转子动平衡检查时,转子应是完好状态,即没有擦伤、变形和磨损等。

(5)安装间隙的检查

安装间隙反映了转子与增压器壳体的对中情况。先进行粗检:手动转子使之回转,听声判断对中情况;再精检:测量 L、M 等配合间隙,精确判断对中情况。应该注意的是压气机进气道壳体有无下沉,如果发生下沉也会影响对中性,从而引起增压器振动。这种情况虽少见,但曾出现过,而且一般不易发现是由此引发的振动故障。

五、增压器的拆装与校中

废气涡轮增压器是高速回转的精密机械,一般轮机人员对其拆装较少不太熟悉,甚至不敢进行拆卸和安装,也是由于对其了解和掌握不够所致。为了正确管理和维护增压器,正确地排除故障和处理异常情况,就必须熟悉增压器的内部结构、工作原理,掌握其拆装顺序和要求,就能使增压器保持良好的技术状态。

1. 拆装增压器的要求

(1)认真阅读增压器说明书,结合实际掌握增压器内部结构:压气机和涡轮结构形式、轴承的结构形式、润滑方式、叶轮与转子轴的连接方式、密封装置的形式与位置、各零部件的相对安装位置、配合间隙等。在掌握内部结构和明确要求的前提下,才能进行增压器的拆装,拆装时才能做到心中有数。

(2)拆卸时正确使用随机专用拆装工具,才能保证顺利地拆装。如图2-63、图2-64所示,按照规定的拆卸顺序和要求进行,不可破坏零部件原有的精度与表面粗糙度,尤其是轴承和轴颈工作表面,应清洁、上油、防止生锈。拆下的相关零件的相对位置必要时打上记号,以免产生安装错误。

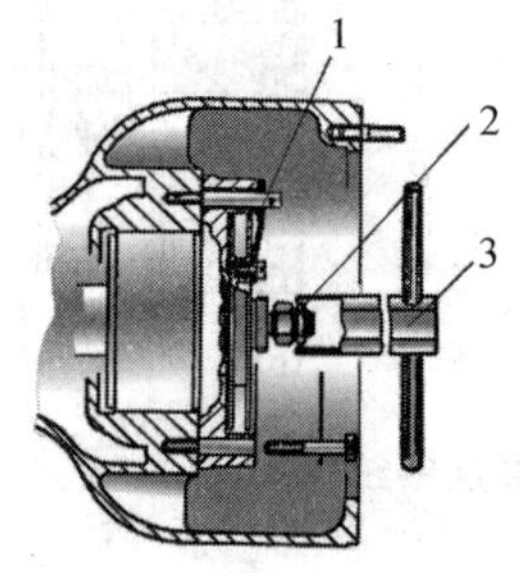

图2-63 轴端螺母拆卸

1—弯板;2—轴端螺母;3—六角套筒

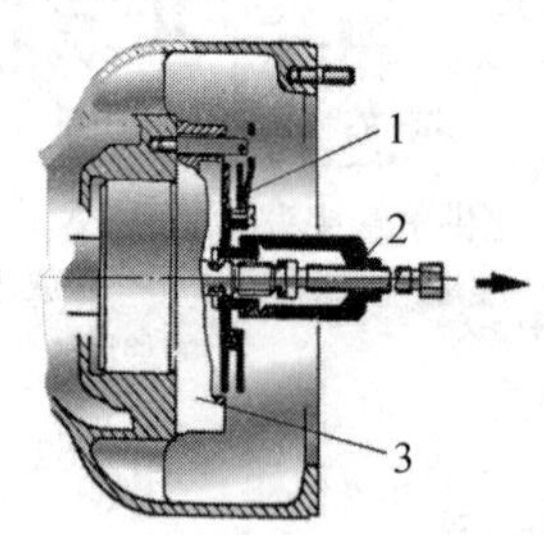

图2-64 甩油盘轴承组拆卸

1—甩油盘;2—专用工具;3—轴承组

(3)安装时应严格按照说明书的安装顺序和要求、规定的装配间隙进行组装,并按照一定的方法进行间隙检验与调整,以保证转子与壳体的对中性,保证增压器可靠地运转。

2. 增压器拆装顺序

在对增压器结构了解、要求明确的基础上进行拆卸和安装。在船上拆装增压器,不必拆下增压器壳体,只需抽出转子进行检修。下面以某型号增压器为例,简要说明拆卸和安装转子的顺序。

(1)拆卸压气机端:拆开放油旋塞,放出润滑油;拆下轴承端盖;拆下油泵(自带油泵式);拆下整个轴承组,并用蜡纸包好,以免弄脏。

(2)拆卸涡轮机端:拆下放油旋塞和放出轴承箱中的润滑油;拆下轴承端盖;拆下油泵(自带油泵式)。拔出轴承的内部零件;轴向减振弹簧片组、滚柱轴承外座圈等。把轴承零件用蜡纸包好,以免弄脏。

(3)拆下压气机端的空气进气壳。

(4)把转子从压气机端抽出,并用两个木墩支承使之立放。

在重新安装前应把轴承箱清洁干净、准备好轴承备件、检查自带油泵的轴线。按与拆卸相反的顺序进行安装。最后测量压气机端的 K 值,并应符合要求。

3. 涡轮增压器的主要装配间隙

增压器是高温下高速回转的精密机械,为了保证正常运转,必须严格控制运动件与固定件之间的配合间隙。间隙太小,引起擦碰,如叶片与壳体、密封装置与壳体相碰,轻者损坏零件,重者造成严重的事故;间隙过大,漏气损失增大,使增压器的效率大大降低。增压器的主要装配间隙,如图 2-65 所示。

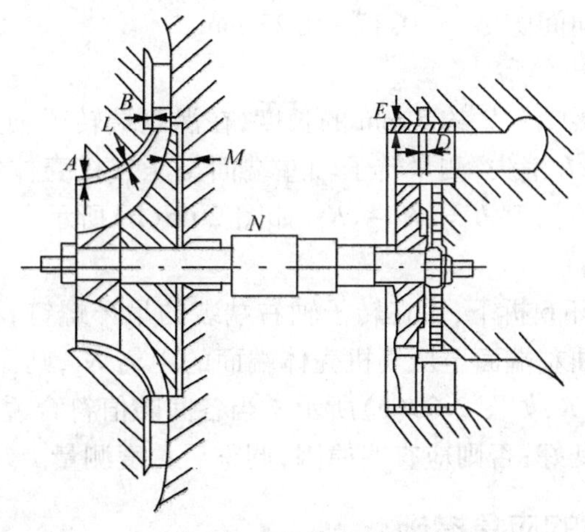

图 2-65　增压器的装配间隙

A—压气机端导风轮与壳体的径向配合间隙;B—扩压器与壳体的轴向配合间隙;D—轴流式涡轮叶片与喷嘴叶片之间的轴向间隙;E—轴流式涡轮叶片与喷嘴外环之间的径向间隙;L—压气机叶轮前面与壳体之间的间隙;M—压气机叶轮背面与气封板之间的轴向间隙;N—转子轴向窜动量或称转子轴向热膨胀量

(1)间隙 N 为压气机端推力轴承与转子端面之间的轴向间隙,即转子的轴向窜动量。用于保证在转子轴向热膨胀的情况下不会产生压气机叶轮或气封与增压器壳体相碰。

(2)间隙 L 为压气机叶轮前方与壳体之间的间隙,保证叶轮前面不与壳体相碰。

(3)间隙 M 为压气机叶轮背面与气封板之间的轴向间隙,保证叶轮背面不与气封相碰。各间隙大小随机型而异,具体数值在说明书中有明确规定。拆装时应注意:转子轴上的运动件的位置切不可随意改动,轴上的零件也不允许随便更换,以免破坏转子动平衡精度和与固定件的配合间隙。

4. 增压器的校中

增压器重新安装后,应检查运动件—转子与固定件—增压器壳体之间的相对位置关系,即进行校中检验。但只有在增压器检修更换零件后进行,一般分为粗略检验和精确检验。粗检是用手转动增压器转子使之回转,倾听转动时有无擦碰声音。如果有擦碰说明转子对中不良,应查明原因予以消除;精检是在粗检合格后采用测量法进行校中检验;通过使各主要间隙符合规定来达到校中的质量要求。

(1)测量 K

测量前,首先取下增压器两端的轴承端盖,为了测量压气机叶轮前后的间隙 L 和 M,首先确认转子轴是在不受轴向力作用的状态下,然后测量出转子轴左端面至压气壳体端面的距离 K,如图 2-66(a)所示,并与壳体上原装标志的 K 值核验。

(2)测量 N

分别在转子轴的左、右端施以轴向推力,使转子轴分别处于左、右两个极端位置,然后分别测量出转子在两个极端位置时转子轴的左端面至压气机壳体端面之间的距离 K_3,K_4 值(左极端为 K_3,右极端为 K_4),则止推轴承处的轴向间隙 $N = K_3 - K_4$。如 VTR630 型增压器的止推轴承轴向间隙 $N = 0.17 \sim 0.23$ mm。

(3)测量 L

旋出压气机端的连接螺钉 2 约 5 mm 的长度,在涡轮端转子轴上施以轴向推力,使转子轴向左移动,此时间隙 L 消失,测量转子轴左端面至压气机壳体端面的距离 K,则压气机叶轮前方与壳体之间的间隙 $L = K - K_1$,如图 2-66(b)所示。

(4)测量 M

将螺母 4、5 及甩油环 6 拆下,用在转子轴右端装的吊环螺钉,将转子轴向右拉动,使间隙 M 消失,测量转子轴左端面至压气机壳体端面的距离 K_2,则压气机叶轮背面与气封板之间的间隙 $M = K_2 - K$,如图 2-66(c)所示。当各间隙值符合说明书要求时,表明增压器转子与壳体的对中性良好;否则应查明原因,调整后再度测量。

六、增压器损坏后的应急措施

在航行中,当废气涡轮增压器发生严重故障时,既不能修理又无法继续使用,这种情况下只有停止增压器运转。由于废气涡轮增压器与柴油机是联合装置,工作密切相关,增压器停止工作后必须采取相应措施保证柴油机可靠运转。根据柴油机废气涡轮增压方式、增压器的数量和损坏程度不同,所采用的应急措施也不一样。具体做法可依增压器说明书的有关规定进行。一般原则如下:

1. 航行中主机增压器损坏时的处置原则

(1)为避免事故继续扩大,在海况、海域等情况允许时应立即停车进行检修。

(2)在海况及海域等情况恶劣时,如风浪太大或航行在狭水道等不允许停车的特殊

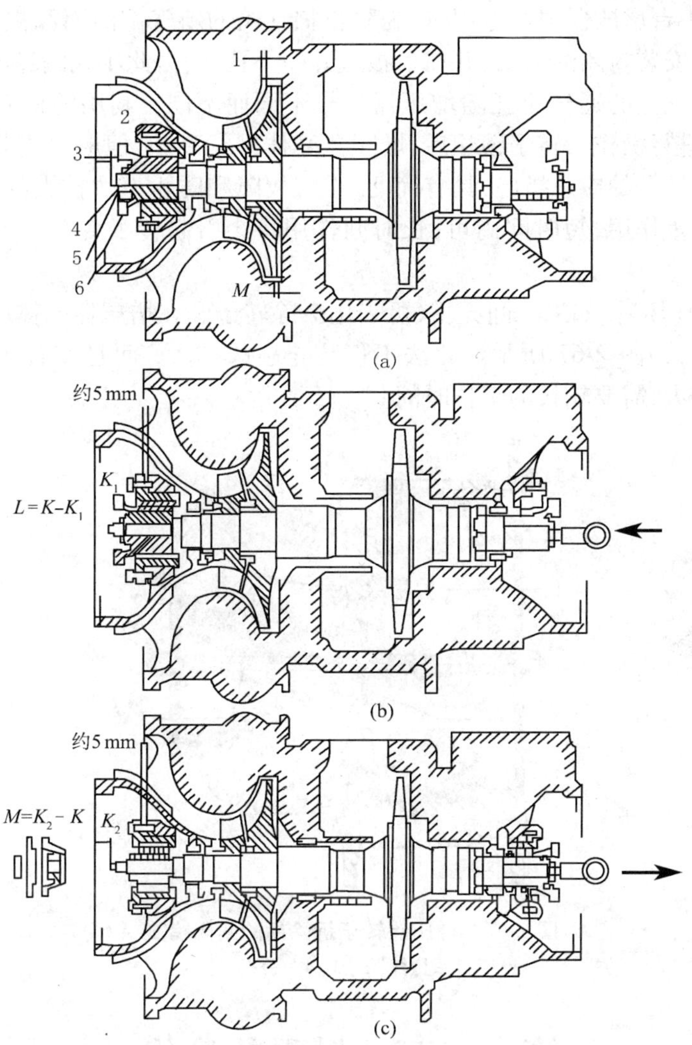

图 2-66　增压器校中测量

1—压气机叶轮;2—连接螺钉;3—止推轴承;4,5—螺母;6—甩油环

情况下,应使主机转速降至较低水平保持船舶航行。

2. 对损坏增压器的应急处置

(1)允许短时停车时,锁住转子。当主机增压器损坏停止工作时,主柴油机仍要继续运转,以保证船舶继续航行。为了防止废气冲击转子,应将转子锁住。对于定压增压系统中的增压器损坏时,只需锁住转子的压气机端,对于脉冲增压系统中的增压器损坏时,需锁住转子两端。因为,废气脉冲压力使转子产生过大的转矩,仅锁住一端是不够的。一般原则是:当柴油机的平均有效压力≥0.5 MPa(或平均指示压力 >0.57 MPa)时,就应锁住转子两端。当柴油机设有旁通排烟管时为最佳,废气可由此排放大气而不再流经增压器;当柴油机无此设施时,废气不断地流经转子至烟囱会加热转子,热量传至压气机端使叶轮有过热危险。为此需要一定量的空气循环流过压气机进行冷却。对于仅设1台增压器的四冲程柴油机,吸入的空气流经停用的增压器,自然进行冷却。对于具有2台增压器的二冲程柴油机,当1台增压器损坏停用时,为防止扫气箱的新气倒灌而漏损,在锁住转子的增压器空气出口安装封闭的盖板,并在盖板上开一小孔,使由此小孔漏过的空气冷却压气机叶轮。封闭盖板上的通气小孔随增压器型号不同而不同。利用随机专用工具锁住转子,并按说明书进行操作。转子锁住后,增压器壳体继续冷却,但应停止其轴承润滑。增压器损坏后锁住转子的应急措施,具有简便、缓解故障和防止事故扩大的优点,但转子受到高温废气和自重作用,短时间尚可,长时间作用将会引起转子变形。允许长时间停车时,可拆除转子。

(2)增压器损坏后,如果时间充裕,可采用拆除转子和在增压器壳体两端和中间安装封闭盖板的措施,如图2-67所示。此法不仅防止事故扩大,而且使转子受到较好的保护。但工作量较大,需要较长的工作时间。

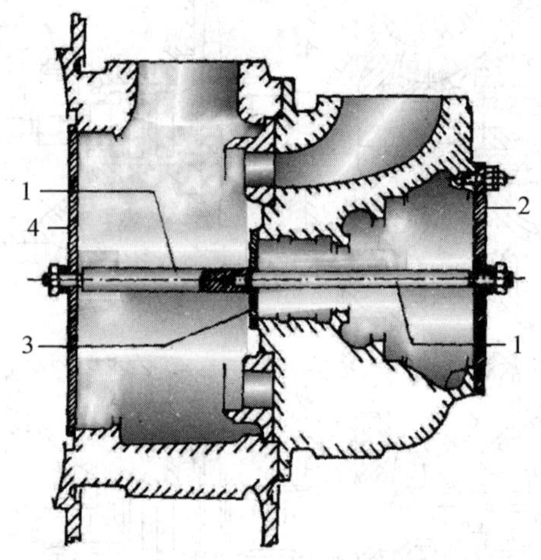

图2-67 增压器转子拆除后的封闭措施

1—拉杆;2、3、4—盖板

第十一节 轴系的检修

船舶轴系是从主机输出端法兰起至艉轴为止的轴及其轴系。对于直接传动的推进系统主要有:推力轴和推力轴承、中间轴和中间轴承、艉轴和艉轴承及艉轴密封装置等;对于间接传动的推进系统,除了有上述传动轴和轴承外,还有离合器弹性联轴器和减速齿轮箱等部件。轴系的作用是将主机发出的功率传递给螺旋桨,并将螺旋桨产生的推力传递给船体,推动船舶前进。所以,轴系的作用十分重大,维修管理好轴系,对保证船舶安全营运至关重要。

一、轴系状态的检验和调整

1. 船舶轴系的种类

对民用船舶来说,主要有单机单轴系与双机双轴系之分。单轴系的特点是:直接传动、结构简单可靠、传动损失小、便于操纵。单轴系目前多用于大型海船、拖船及内河中

小型船舶,如油船、集装箱船及散货船等。双轴系具有高速、机动性好和生命力强的特点。但双轴系结构复杂、配套设备多,制造与修理费用高。一般多用于客船和军用舰船。由于机舱可以布置在船舶中部或尾部,所以轴系又有长短之分。一般具有2根或2根以上中间轴的轴系称为长轴系,具有1根或无中间轴的轴系称为短轴系。长轴系的挠性好,短轴系的刚性较大。不同的轴系往往在结构上有所差异。例如,有的大型低速柴油机随机带有内置式推力装置。所以,轴系中不包括推力轴和推力装置。轴系与主机在安装时是按轴系的理论中心线作为重要的基准,轴系的理论中心线是船舶设计时所确定的轴系中心线。轴系的理论中心线是根据其基准点来定位的。基准点有两个:首基准点和尾基准点。基准点的三维位置是:

(1)纵向(轴向)位置

由机舱设计图纸确定。首基准点一般取距主机首端1~2个肋位处或在机舱前隔舱壁上;尾基准点取在船舶后隔舱壁或舵系中心线后某处,如图2-68所示。

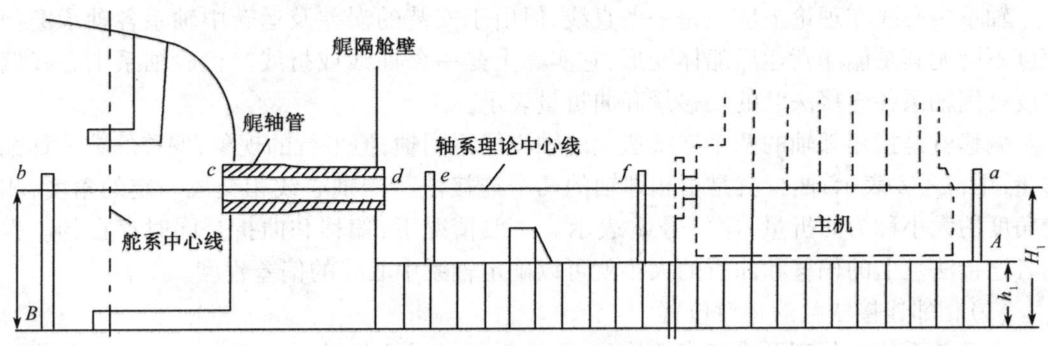

图2-68 确定轴系理论中心线

aA、bB—首尾基准靶;c、d、e、f—辅助靶

(2)左右位置

单轴系的首、尾基准点位于船中纵剖面线(即轴系理论中心线的投影线)上,一般在船体建造时确定中纵剖面线的位置,双轴系以中纵剖面线为基准,在其左、右按图线规定的尺寸确定两条轴系的中线。

(3)高度位置

用钢直尺在指定肋位从双层底平面上的船中纵剖面线,向上量取图纸规定尺寸。生产中采用拉线法和光学仪器法来确定轴系理论中心线。拉线法适用于短轴系船舶,钢丝直径为0.5~1 mm。光学仪器法适用于长轴系船舶。

2. 轴系的主要零件

中间轴、艉轴等虽然结构简单,但是尺寸大、重量大,一般轴长 L 与轴径 d 之比超过10,所以是挠性轴,容易产生变形。轴系在工作中受到很大的转矩和推力,轴系在自重作用下会产生弯曲变形。此外,还受到轴系校中、安装、船体变形、船舶振动及螺旋桨水动力等引起的附加应力的周期作用。船舶主机的紧急停车、频繁机动操车,或者在大风大浪中强力摇摆时,上述情况就更加严重,并使轴承负荷加重。传动轴工作表面与轴承的相对运动还会产生过度磨损,在海水和滑油介质中会受到腐蚀作用。所以,船舶轴系在运转中会

产生声音异常、振动、轴承温度升高、传动轴磨损加剧、密封装置泄漏等损坏，严重时甚至产生断轴事故。因此，必须加强对船轴的维护管理及其检修。

3. 轴系校中状态的检查

船舶建造和轴系修理时，均有轴系安装和轴系校中工作。轴系的安装和校中质量，直接关系到主机推进系统运转的可靠性和船舶航行的安全性。轴系轴线状态校中的检查包括：轴系中心线偏差程度的检查、艉轴与中间轴及中间轴与推力轴（或齿轮减速箱输出轴、离合器）同轴误差的检查。

在进行轴系轴线状态校中的检查时，为了提高检查精度，减小温度、振动与船体变形的影响，一般要求在夜间、阴雨天气和平潮时进行检测，并且应停止一切冲击、敲打等振动性作业。

（一）轴系中心线偏差度的检查

轴系实际中心线与轴系理论中心线的偏差，即为轴系中心线的偏差度。

轴系中心线在理论上应该是一条直线，但由于安装的误差及运转中轴系各轴承磨损程度不同尤其是船舶营运后船体变形，它实际上是一条曲线或折线。检验轴系中心线偏差度是用轴系各连接法兰的偏移量和曲折量表示。

偏移就是指相邻轴的两个连接法兰的轴心线不同轴，但平行的现象，偏移的数值称偏移量，用符号 δ 表示；曲折就是指相邻轴的两个连接法兰的轴心线相交成一定的角度，相交角度的大小称为曲折量，用符号 φ 表示。一般情况下，偏移和曲折是同时存在的。根据各连接法兰上的偏移和曲折的大小就可以确定轴系中心线的偏差程度。

（1）相邻连接法兰的相对位置

由于轴系的实际变形难以直接检测，通常都是通过测量轴系各对法兰上的偏移值和曲折值，或者采用光学仪器来检测轴系中心线的偏差度，来了解轴系的实际变形情况。

轴系中心线发生弯曲变形将会影响传动轴之间连接法兰的相对位置的变化，在其连接法兰处就会发生偏移和曲折。图 2-69 所示为相邻连接法兰处四种相对位置的情况：

（a）为相邻两轴连接法兰的轴心线在同一直线上，即两相邻轴同轴。连接两法兰处的偏移值 δ 和曲折值 φ 均为零。

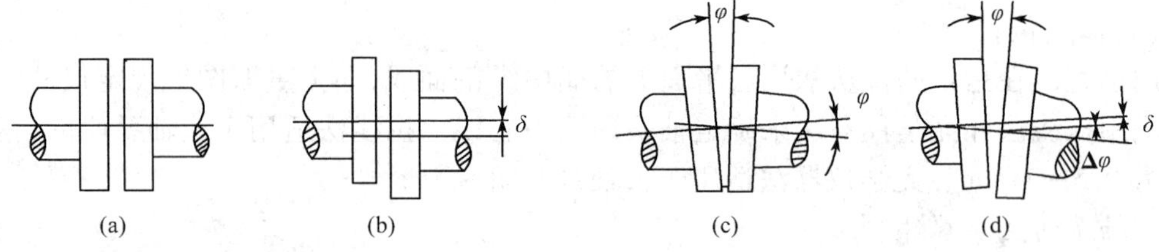

图 2-69　连接法兰的相对位置

（b）为两相邻连接法兰处只产生偏移。偏移是反映两轴线平行但不重合的一种状态。两轴线之间的距离为偏移值，用符号 δ 表示。

（c）为相邻两连接轴法兰处仅仅产生曲折。曲折是指两相邻法兰的轴线相交成一定角度的现象。两法兰或两轴中心线的交角为曲折值，用符号 φ 表示。

（d）为相邻两轴连接法兰轴线不同轴且也不平行而相交成一定角度，即在两法兰处

同时产生偏移和曲折，这是通常发生的情况。

(2)连接法兰上的偏移和曲折的测量和计算

一般测取连接法兰上的偏移和曲折时，应先在每段中间轴轴颈上再设置一个临时支承。因为通常轴系的每节中间轴只用一个中间轴承支承，测量偏移和曲折时需拆去法兰的连接螺栓，所以应增设临时支承，以支承中间轴。临时支承的位置应以使轴自重所引起的附加偏移 $\Delta\delta$、附加曲折 $\Delta\varphi$ 最小为原则，如图 2-70 所示。所以，一般在距法兰端面 $(0.18\sim0.22)L$（L—中间轴长度）处加设临时支承，或根据设计的位置要求加设临时支承。

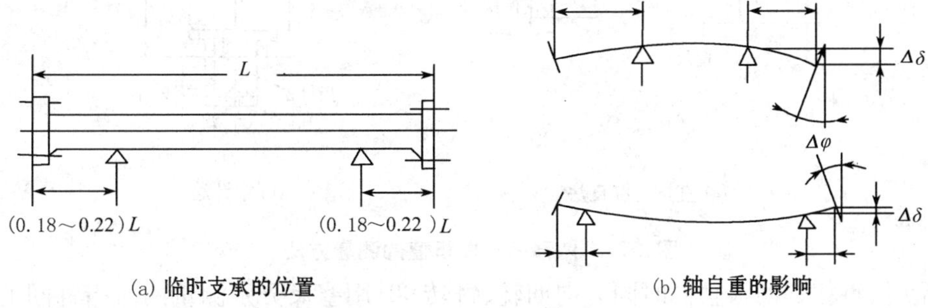

(a) 临时支承的位置　　(b) 轴自重的影响

图 2-70　临时支承位置及其影响

通常测量连接法兰上的偏移、曲折的方法有以下 2 种：

①直尺—塞尺法

这种测量方法所使用的测量工具是钢直尺和塞尺。

测量时，按规定在中间轴上设置临时支承后，将连接螺栓卸下，并在两法兰端面留出 0.5 ~1.0 mm 的间隙，便于测量。将直钢尺依次贴在一个法兰外圆表面的上、下、左、右 4 个轴向位置上，用塞尺测量直尺与另一法兰外圆表面之间的间隙，$Z_{上}$、$Z_{下}$、$Z_{左}$、$Z_{右}$ 4 个数值，如图 2-71(a)所示。求得垂直平面与水平平面的偏移值为

$$\delta_{\perp} = \frac{Z_{上} + Z_{下}}{2} \quad \text{mm}$$

$$\delta_{-} = \frac{Z_{左} + Z_{右}}{2} \quad \text{mm}$$

用塞尺分别在相邻轴连接法兰的上、下、左、右 4 个位置，测量两个法兰端面之间间隙 $Y_{上}$、$Y_{下}$、$Y_{左}$、$Y_{右}$ 4 个数值，见图 2-71(a)。则在垂直平面和水平平面内的曲折为

$$\varphi_{\perp} = \frac{Y_{左} - Y_{右}}{S} \quad \text{mm/m}$$

式中，S——法兰直径，m。

在修造船中，以直尺和塞尺法测量偏移和曲折的使用较多。此法操作简单、方便，但测量精度较低，尤其在法兰外圆面、端面腐蚀、粗糙时或两法兰直径不等时精度就更低，甚至无法测量。

②指针法

这种测量方法所使用的测量工具是两对指针和塞尺。所以又称为双指针—塞尺法，

采用两对指针对称地安装在相邻两法兰的外圆上测量偏移值和曲折值，如图 2-71(b)所

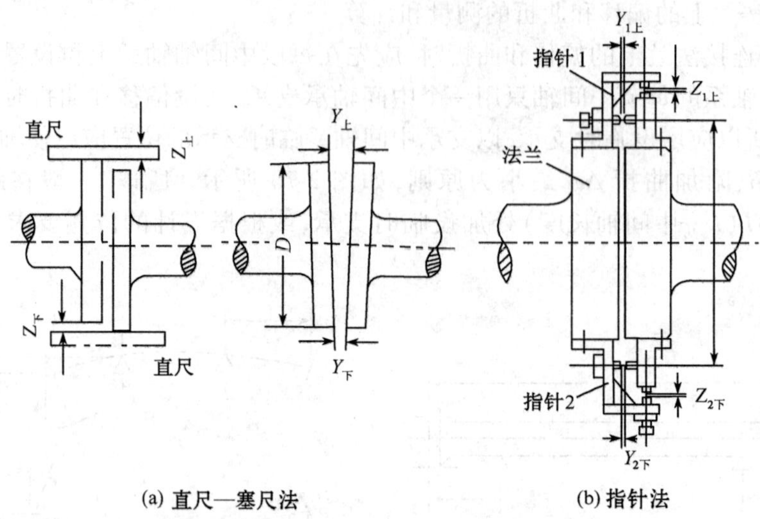

(a) 直尺—塞尺法　　(b) 指针法

图 2-71　偏移值与曲折值的测量方法

示。测量时，将相邻两根轴同时同方向回转，每转 90°用塞尺分别测量两对指针间的径向间隙 Z 和轴向间隙 Y。上、下两对指针分别以注脚 1 和 2 标记，可测得垂直方向 $Z_{1上}$、$Z_{1下}$、$Z_{2上}$、$Z_{2下}$和 $Y_{1上}$、$Y_{1下}$、$Y_{2上}$、$Y_{2下}$，水平方向 $Z_{1左}$、$Z_{1右}$、$Z_{2左}$、$Z_{2右}$和 $Y_{1左}$、$Y_{1右}$、$Y_{2左}$、$Y_{2右}$间隙。依下式计算出垂直平面内的偏移值 $\delta_\perp$ 和曲折值 φ

$$\delta_\perp = \frac{(Z_{1上} + Z_{2上}) - (Z_{1下} + Z_{2下})}{4} \quad \text{mm}$$

$$\varphi_\perp = \frac{(Y_{1上} + Y_{2上}) - (Y_{1下} + Y_{2下})}{2S} \quad \text{mm/m}$$

水平平面内的偏移值 δ_- 和曲折值 φ_-

$$\delta_- = \frac{(Z_{1左} + Z_{2左}) - (Z_{1右} + Z_{2右})}{4} \quad \text{mm}$$

$$\varphi_- = \frac{(Y_{1左} + Y_{2左}) - (Y_{1右} + Y_{2右})}{2S} \quad \text{mm/m}$$

指针法测量精度较高，当法兰外圆腐蚀或两法兰直径不相等时，采用指针法测量可以保证精度，但此法较麻烦。

值得注意的是，由于中间轴一般只有 1 个支点轴承。为了减少由于轴的自重下垂引起的附加偏移值 $\Delta\delta$ 和附加曲折值 $\Delta\varphi$，在拆卸法兰连接螺栓前，在中间轴的适当位置上应加一临时支承，如图 2-17(a)所示。临时支承距法兰端面距离为(0.18～0.22)L(L——中间轴长度)。若临时支承距法兰端面距离太近或太远，自重的影响均较大，如图 2-70(b)所示。相邻轴连接法兰上的偏中值是其偏移值 δ 和曲折值 φ 的统称。轴系各法兰安装偏中值应符合表 2-25 所示的船舶轴系修理技术标准。长轴系为挠性轴，弯曲变形不敏感，故偏差要求稍低些；中间轴，特别是靠近轴系中间部分的法兰偏差值可以大些。短轴系是刚性轴系，轴系中心稍有很小的弯曲就会使主机尾端轴承和艉轴的首端轴承的附加负荷

剧增,所以短轴系的标准要高些。

(二)轴系两端轴同轴度偏差的检查

艉轴和主机曲轴位于轴系两端,称之为端轴。所以艉轴与曲轴同轴度又称为两端轴的同轴度检查,又称为两端轴同轴度偏差检查。新造船舶轴系的两端轴同轴度是符合规范要求的,但由于在长期运转中轴承磨损、船体变形等原因,致使两端轴发生偏离,而产生同轴度误差。一般在轴系拆卸前应测量两端轴的同轴度误差,测量出两端轴法兰间的总偏移量 $\delta_{总}$ 和总曲折量 $\varphi_{总}$,以判断轴系中心线的技术状态。

CB/T3420-92　　　　**表 2-25　轴系各法兰校中安装的偏差要求**

分类	要求校中部位	偏移 δ/mm	曲折 φ/(mm/m)	
长轴系	推力轴与相邻中间轴法兰	≤0.15	≤0.20	
	艉轴与相邻中间轴法兰	艉轴安装间隙的 25%	δ=0 时	≤0.25(上开口之值)
				≤0.50(下开口之值)
	中间轴与中间轴相邻法兰	按 8.3.2 规定的原则:参照艉轴与相邻中间轴法兰的要求稍许降低,各中间轴法兰的 δ、φ 值基本上是平均分配,但靠近轴系中间部分的法兰要求可相应降低些。当 δ=0 时,φ_{max} ≤0.6 mm/m。合理分配中间轴相邻法兰的 δ、φ 值		
短轴系	推力轴后各法兰	≤0.25	≤0.25	
离合器	气胀式离合器	≤0.60	≤2.00	
	齿形离合器	≤0.40	≤1.00	
弹性橡胶圈连接螺栓联轴器法兰		≤0.40	≤1.00	
主机曲轴与推力轴(或齿轮轴)法兰		—	≤0.10	

(三)轴系两端轴同轴度偏差的检查

艉轴和主机曲轴位于轴系两端,称之为端轴。所以艉轴与曲轴同轴度又称为两端轴的同轴度检查,又称为两端轴同轴度偏差检查。新造船舶轴系的两端轴同轴度是符合规范要求的,但由于在长期运转中轴承磨损、船体变形等原因,致使两端轴发生偏离,而产生同轴度误差。一般在轴系拆卸前应测量两端轴的同轴度误差,测量出两端轴法兰间的总偏移量 $\delta_{总}$ 和总曲折量 $\varphi_{总}$,以判断轴系中心线的技术状态。

测量两端轴同轴度的误差,实际就是检验两端轴轴心线的相对位置情况。生产中采用平轴法、平轴计算法、拉线法和光学仪器法(又称照光法)等来检测同轴度误差,如图 2-72 所示。

1. 平轴法

平轴法的检测步骤如下:

(1)首先按要求在各中间轴上增设一个临时可调节的支承。

(2)拆卸各对法兰连接螺栓,并使各法兰间相互脱开。

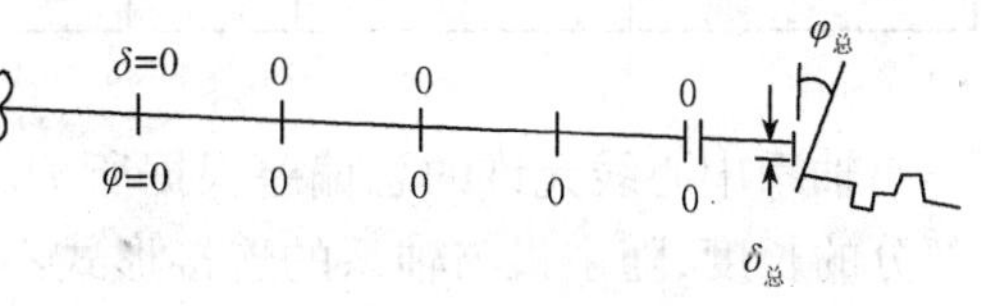

图 2-72　平轴法检测两端轴同轴度偏差

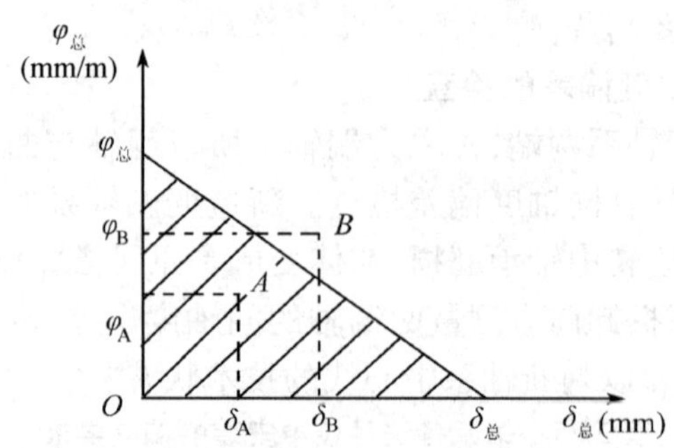

图 2-73　$\delta_{总}-\varphi_{总}$坐标三角形

(3)以艉轴(或曲轴、推力轴)的法兰为基准,自尾向首(或自首向尾)逐个调节中间轴承位置,以使自尾向首(或自首向尾)的每对法兰上的曲折和偏移都为0。

(4)测量第一节中间轴首端法兰与曲轴或推力轴尾端法兰(或最后一节中间轴尾端法兰与尾轴首端法兰)上的偏移和曲折,也就是两端轴法兰的总偏移量 $\delta_{总}$ 和总曲折量 $\varphi_{总}$,如图 2-73 所示。

(5)测量出的两端轴法兰的总偏移量 $\delta_{总}$ 和总曲折量 $\varphi_{总}$ 应符合船舶轴系修理技术标准,如表 2-26 所示。

表 2-26　轴系中心线总偏差要求

$L_{计算}$/m	总偏移 $\delta_{总}(\varphi=0)$/mm						总曲折 $\varphi_{总}(\delta=0)$/(mm/m)					
	轴的最小直径 d/mm											
	100	150	200	300	400	500	100	150	200	300	400	500
5	1.25	0.85	0.65	0.42	–	–	0.42	0.28	0.21	0.14	–	–
10	5.2	3.50	2.60	1.70	1.30	–	0.78	0.51	0.39	0.26	0.20	–
15	11.7	7.80	5.80	3.90	2.90	2.30	1.17	0.78	0.58	0.39	0.29	0.22
20	20.8	13.9	10.4	6.9	5.20	4.20	1.56	1.04	0.78	0.52	0.39	0.31
30	45.8	31.2	23.4	15.6	11.7	4.90	2.34	1.66	1.17	0.78	0.58	0.47
40	83.2	55.5	41.6	27.7	20.8	16.6	3.12	2.07	1.56	1.04	0.78	0.62
50		86.7	65.0	43.3	32.5	26.0	–	2.59	1.59	1.30	0.97	0.78
60	–	–	93.6	62.4	46.8	37.4	–	–	2.34	1.56	1.17	0.94
70	–	–	–	84.9	63.7	51.0	–	–	–	1.82	1.36	1.09
80	–	–	–	–	83.2	66.6	–	–	–	–	1.56	1.26

轴系中心线允许的总偏差根据所测轴系的计算长度 L 计算(L 计算为轴系发生弯曲部分的长度,随主机与轴系的连接形式不同有不同的选取方法)和最小轴径 d 可从表2-26中查出总偏移量 $\delta_{总}$ 和总曲折量 $\varphi_{总}$,并以此作出 $\delta_{总}-\varphi_{总}$ 的坐标三角形,如图 2-73 所示。例如,采用平轴法测得某轴系的总偏移量 $\delta_{总}$ 和总曲折量 $\varphi_{总}$,其在坐标上的交点 A 位于三角形内(阴影部分),则该轴系的同轴度偏差在要求的范围之内;若测得的总偏移量 $\delta_{总}$

和总曲折量 $\varphi_{总}$ 在坐标的交点 B 位于三角形之外，说明该轴系的同轴度偏差过大，超过范围要求，应进行修理。

2. 光学仪器法

采用光学仪器法检测轴系两端的同轴度时要将中间轴全部吊起，利用夹具在曲轴尾端法兰安装光学投影仪，调整其十字线交点与曲轴旋转轴线同轴，同时，在为轴法兰端面上安装一个刻有十字线的对光靶，此对光靶的十字线交点应与艉轴轴线重合，然后调节投影仪的焦距，使投射仪的十字线清晰地投影到对光靶上。当曲轴和艉轴不同轴时，代表曲轴轴心线的十字线与代表艉轴轴心的十字线不重合。测取两十字线交点的垂直方向上的偏差和水平方向的偏差。然后将投影仪安装在艉轴法兰上，将对光靶安装在曲轴尾端法兰上。这时同样可得到曲轴和艉轴在垂直方向和水平方向上的偏差值，如图 2-74 所示。

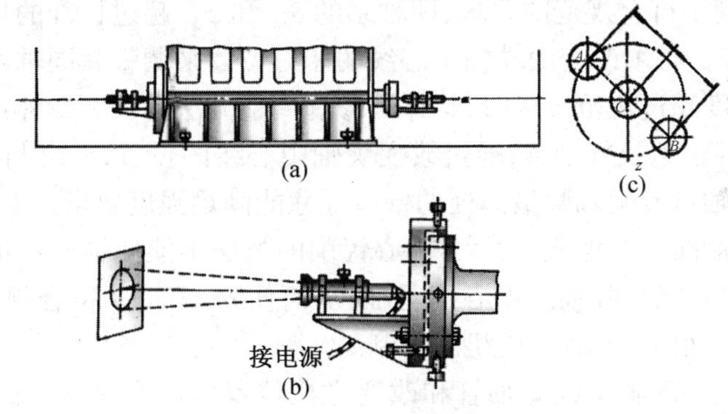

图 2-74　双射线投影仪

上述测量值经换算后，就可得出总偏移值 $\delta_{总}$ 和总曲折值 $\varphi_{总}$。

用光学仪器法求出的总偏差值 $\delta_{总}$ 和 $\varphi_{总}$ 是否在允许范围内，可采用平轴法中所讲述的方法确定。

3. 拉线法

用此种方法检验轴系的总偏差值 $\delta_{总}$ 和 $\varphi_{总}$，必须把艉轴和所有的中间轴全部吊起或吊出，因此检验工作只能在坞内进行。由于钢丝重力影响检验的准确度，且当轴系长度超过 15 ~20 m 时，钢丝下垂量计算公式的精度不高，故一般不予采用。

如图 2-75 所示，拉线法是从曲轴尾端法兰上拉出钢丝，通过所有的中间轴承直到艉轴承。从曲轴尾端法兰上拉出的钢丝必须处在法兰的中心上，并与法兰端面互相垂直，即拉出的钢丝是曲轴轴心线的延长线。钢丝拉好后，在艉轴承首、尾两个测量面位置上分别选择测量点，分上、下、左、右四个位置来测量艉轴承孔壁至钢丝的距离，然后用计算公式求出该轴系的总偏差值 $\delta_{总}$ 和 $\varphi_{总}$。

（四）轴系状态的调整

通过对轴系状态的检验——轴系中心线偏差度和两端轴同轴度的检验，并与标准比较，其结果有以下几种情况：

（1）轴系偏差度和同轴度都未超过规范的要求，即表明轴系保持良好状态。

（2）轴系同轴度符合规范要求，但中间轴个别法兰上的偏移量 δ 和曲折量 φ 不符合要求。对此应采用调节相关中间轴承和中间轴位置的方法，使法兰上超过标准的偏移 δ

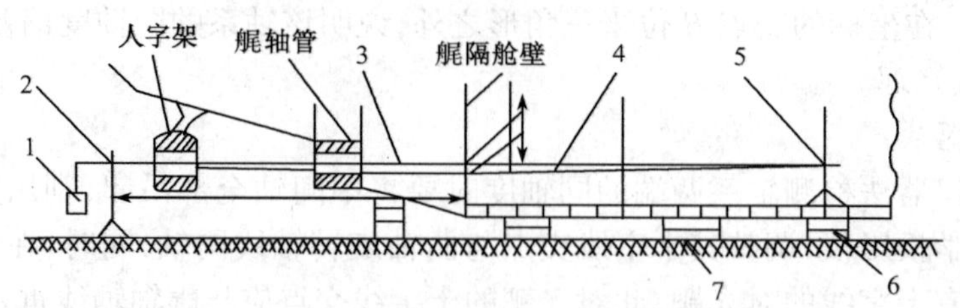

图2-75　拉线法确定理论中心线

1—拉重;2、5—拉线架(两端轴中心);3—轴系理论中心线;4—钢丝线;6—支承墩木;7—船台

和曲折 φ 调整到许可范围内。

(3)轴系同轴度不符合规范的要求,即轴系的 $\delta_{总}$ 和 $\varphi_{总}$ 超过标准的规定,也就是轴系的同轴度误差过大时,必须改变两端轴中心线的相对位置来调整其同轴度。

当轴系的同轴度超过规范要求时,具体的修理调整方法有以下3种:

(1)偏心镗削艉轴承或艉轴管,通过改变艉轴中心线的位置,使之与曲轴同轴线。但是镗削后应保证艉轴承或艉轴管最薄处的壁厚尺寸能满足强度要求。

(2)如果两端轴的同轴度误差过大,偏心镗削的方法不能使轴线校正时,则应改变主机的位置,使曲轴中心线与艉轴的中心线对准,从而使 $\delta_{总}$ 和 $\varphi_{总}$ 符合规范要求。但是改变主机的位置工作量很大,并且也受机舱限制。

(3)采用偏心镗削艉轴承或艉轴管和改变主机位置的两个措施,即通过改变两端轴的轴心位置来达到同轴。但是此种方法工程量更大,制约的因素也更多。

在船舶轴系的实际运转中,一般轴系的同轴度误差均在允许范围内,仅偏差度容易出现不符合要求的情况。如果个别法兰上 δ、φ 超过标准,但对轴系的运转无影响时,一般不需要调整。轴系产生过大的同轴度误差通常是在发生海损事故,使船体受到较大的破坏时。例如,船舶搁浅使机舱或船尾遭受创伤等。

二、艉轴管装置的检修

艉轴管装置根据其使用的润滑介质的不同,可分为水润滑艉轴管装置和油润滑艉轴管装置,如图2-76所示。

(一)艉轴承

艉轴承是由轴承衬套和轴承衬组成的。水润滑艉轴承衬材料主要采用铸铜(ZCuSn10Zn2、ZCuZn40Mn2),轴承衬材料采用铁梨木、层压胶木、橡胶和合成材料(尼龙、赛龙等)。油润滑轴承衬套采用铸钢(ZG230-450)或铸铜(CuSn10Zn2),轴承衬采用白合金等材料。

1. 水润滑艉轴承

水润滑艉轴承衬的材料主要有铁梨木、层压胶木、橡胶、合成材料(尼龙、赛龙等)。艉轴承的长度应不小于艉轴直径的4倍。利用舷外海水自然流入艉轴承进行润滑与冷却。为了控制海水流入量,在艉轴管前端艉轴处装有密封装置。航行时,旋松密封填料压盖的螺栓,使海水顺利流进轴承满足润滑与冷却之需;停航时,则应旋紧螺栓,防止海水大

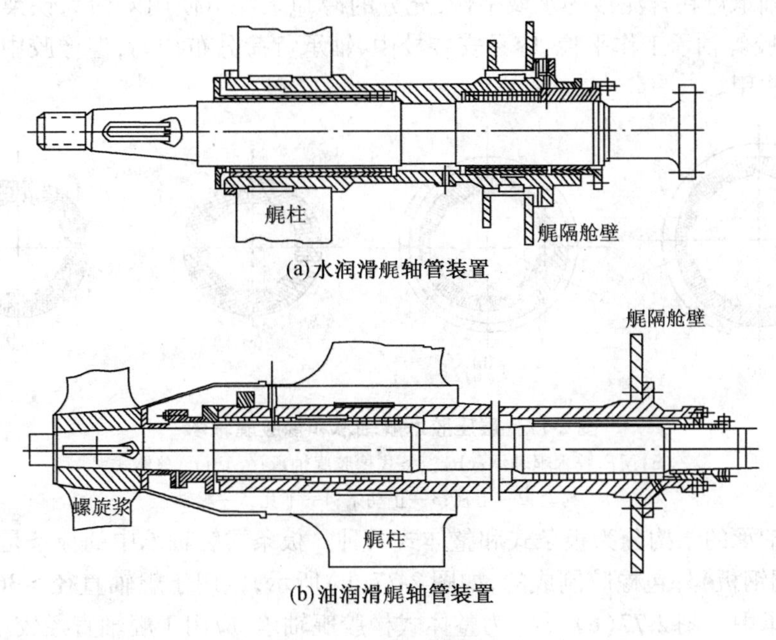

(a)水润滑艉轴管装置

(b)油润滑艉轴管装置

图 2-76 艉轴管装置

量漏入机舱。

(1)铁梨木艉轴承。铁梨木是自 1854 年以来一直被用作海船水润滑艉轴承的传统轴承材料。铁梨木盛产于中美洲、西印度群岛和南美北部等热带地区。铁梨木生长缓慢、直径 20 mm 的树需 10 年。材质细密、坚硬、相对密度大(约为 1.2),含有丰富的树脂,具有耐水浸、耐蚀和耐磨等特点。干燥时会产生变形和裂纹。铁梨木中除木质和树脂外,还含有树脂精汁等。精汁与水作用形成乳状黏液,具有润滑作用使摩擦系数大大降低。例如,铁梨木与青铜在水中相对运动,摩擦系数为 0.003 ~0.007。此外,摩擦系数随水温升高而增大。如果保持水温低(50 ℃左右)、水量充足,则铁梨木具有很高的耐磨性。

(2)层压胶木艉轴承。由于铁梨木需要进口,价格较高,所以多年来国内外均致力于寻找廉价的铁梨木代用材料。我国研究试验成功的层压胶木已应用于生产,它是以桦木为原料,将桦木薄板浸于酚醛中制成板坯,再经高温、高压制成板材。

桦木层压胶木具有材质致密、坚硬、耐热、绝缘性好、较好的耐磨性和可承受冲击负荷等特点。此外。成材率高达 85%(铁裂木只有 20%),价格便宜。缺点是脆性较大,耐磨性也不及铁梨木。

桦木层压胶木艉轴承的结构基本与铁梨木艉轴承相同,将层压胶木制成板条镶于艉轴承衬套中,其上、下瓦板条均采用耐磨性好的立向纤维作摩擦面。轴径 <360 mm 的艉轴承可不加止动条。板条之间亦要形成 V 形、U 形或梯形水槽,在下瓦 90°范围内无水槽,如图 2-77(a)所示。

(3)橡胶艉轴承。以天然橡胶与矿物质成分硫化加工制成的橡胶具有弹性好、吸振性好、耐磨和耐泥沙等优点。缺点是工作温度低,超过 65 ℃就会很快老化,也不耐油,遇油老化。

橡胶艉轴承可在含泥沙的水域工作,充分的冷却条件下使用寿命为铁梨木艉轴承的2～4倍。橡胶艉轴承工作平稳、容易安装校中、轴承负荷分布均匀,但橡胶中的硫会对艉轴产生腐蚀作用。

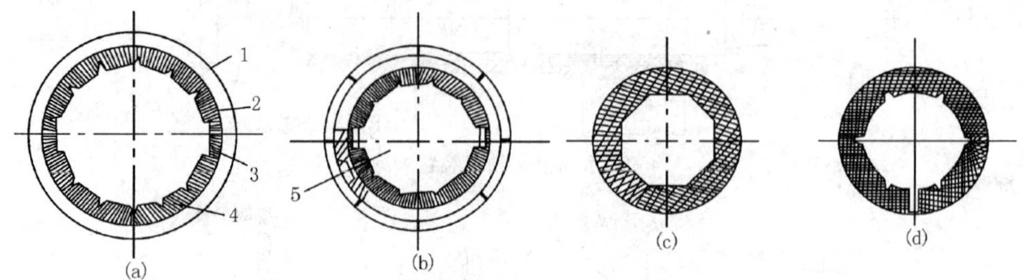

图 2-77　层压胶木艉轴承和橡胶艉轴承

(a)层压胶木艉轴承;(b)板条式橡胶艉轴承;(c)、(d)整体式

1—衬套;2—上瓦;3—止动条;4—下瓦;5—艉轴

橡胶艉轴承的结构分为板条式和整体式两种。板条式艉轴承中的板条是由金属衬板(铜板或镀铜钢板)外包橡胶制成的,如图 2-77(b)所示,应用于艉轴直径 > 360 mm、负荷较高的尾轴承中。图 2-77(c)、(d)为整体式橡胶艉轴承,应用于艉轴直径较小的船舶上,如内河中小型船舶及工程船。

(4)合成材料艉轴承。近年来,船舶艉轴承采用尼龙、赛龙等合成材料,其中,应用赛龙尾轴承材料日益增多。赛龙作为艉轴承材料已被世界各大船级社认可,如英国劳氏船社(LR)、法国船级社(BV)、美国船级社(ABS)、日本海事协会(NK)和中国船级社(CCS)等。

赛龙是由高性能热固性树脂合成的均质聚合物。具有弹性好、耐磨性好、耐腐蚀和不会剥落等特点,但其导热性差,且不耐高温。

赛龙艉轴承材料的性能优于铁梨木、尼龙和层压胶木等艉轴承材料,使用寿命约是其他艉轴承材料的4倍。工作温度在 -65～107 ℃范围之内,赛龙轴承可承受冷缩安装,温度达 -196 ℃而不会硬脆。赛龙轴承侵入水或水溶液的温度不得超过 60 ℃;否则会产生水解作用使轴承变软,因此赛龙艉轴承冷却水温度须在 50 ℃以下,冷却水量为每英寸轴径 4 L/min。

赛龙艉轴承结构有圆筒形和板条形。圆筒形适用于 200～1 000 mm 的艉轴,板条形适用于 270～749 mm 的艉轴。圆筒形艉轴承内孔铸有水槽,板条形艉轴承可手工或采用锯、刨和铣等加工出水槽。

2. 油润滑艉轴承

油润滑艉轴承常采用白合金、青铜、铸铁作为艉轴承材料,其中以白合金应用最广泛。白合金艉轴承的长度应不小于艉轴直径的2倍。中、小型船舶,尤其内河船舶普遍采用白合金尾轴承和以油作冷却润滑剂的闭式润滑系统。目前,越来越多的大型海船采用白合金艉轴承,新造船舶几乎全部是白合金艉轴承。这主要是由于铁梨木价格贵使造船成本提高;铁梨木尾轴承的船舶不适于在内河或泥沙较多的航区航行,泥沙随海水或河水进入艉轴承使之迅速磨损;随着船舶吨位的增大,艉轴承负荷也不断增加,水润滑艉轴因水的

黏度低,水膜较薄而承载能力低,也造成铁梨木艉轴承磨损加剧;而油膜承载能力大,油的润滑性能优于水,尤其是油润滑艉轴承密封装置优良,能有效地密封。

白合金艉轴承常用锡基巴氏合金(ZChSnSb11-6、ZChSnSb7.5-3)。将白合金浇铸在艉轴承套上,如图 2-78 所示。油润滑艉轴承在闭式润滑系统中工作,艉轴不需套装铜套。

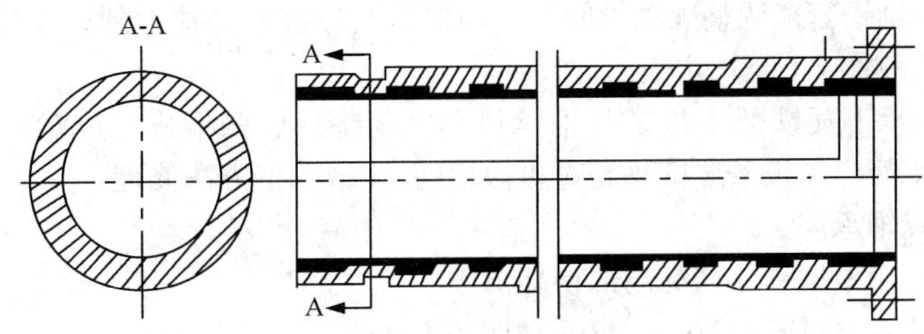

图 2-78　白合金艉轴承

(二)水润滑艉轴管装置的检修

1.铁梨木艉轴承的检修

铁梨木艉轴承的主要损坏形式有过度磨损、裂纹和开裂。

铁梨木艉轴承后部磨损较快,往往形成一个向后喇叭口。轴承磨损后使轴承间隙增大,导致运转时产生冲击和振动,结果又会引起铁梨木艉轴承产生裂纹和开裂。因此,船舶进坞检修时,应测艉轴承间隙和艉轴承孔,确定铁梨木板条的厚度。艉轴承间隙和铁梨木板条厚度应不超过表 2-27 的规定。

CB/T3420-92　　表 2-27　铁梨木和层压胶木艉轴承间隙　　(mm)

轴径 d	更换		安装	
	极限间隙	板条极限间隙	安装间隙	新制板条最小厚度
≤100	3.50	—	0.90 ~ 1.00	—
100 ~ 120	4.00	—	1.00 ~ 1.10	—
120 ~ 150	4.50	6.00	1.10 ~ 1.20	11.00
150 ~ 180	5.00	6.50	1.20 ~ 1.30	12.00
180 ~ 220	5.50	7.00	1.30 ~ 1.40	12.00
220 ~ 260	6.00	7.00	1.40 ~ 1.50	13.00
260 ~ 310	6.60	8.00	1.50 ~ 1.65	14.00
310 ~ 360	7.30	9.00	1.65 ~ 1.80	15.00
360 ~ 440	8.00	10.00	1.80 ~ 2.00	16.00
440 ~ 500	8.70	11.50	2.00 ~ 2.20	18.00
500 ~ 600	9.50	13.00	2.20 ~ 2.40	20.00
600 ~ 700	10.50	14.50	2.40 ~ 2.60	22.00

艉轴承的安装间隙 Δ 和极限间隙 Δ_{max} 也可按下式计算

$$\Delta = 0.003d + (0.50 \sim 0.75) \quad \text{mm} \qquad \Delta_{max} \approx 4\Delta \quad \text{mm}$$

式中,d——艉轴承直径,mm。

艉轴承间隙一般是在距尾后轴承 100 mm 处的垂直方向测量径向间隙。中机型船舶艉轴架处艉轴承极限间隙按照表 2-27 中规定的值增大 20%;艉机型船舶艉轴极限间隙取表 2-27 中规定值的 75%。当艉轴承间隙超过极限值,而板条厚度尚未超过极限值时,采取以下修理方法:

(1)更换艉轴铜套来调整艉轴承间隙。新制铜套厚度允许加大到原设计厚度的1.25倍,可使艉轴承间隙减小至规定值。

(2)在艉轴承下瓦铁梨木板条与轴承衬套之间垫入整张铜皮,以减小艉轴承间隙。当铁梨木艉轴承间隙和板条厚度均超过极限值时,采取以下方法修理:

①更换新艉轴承。

②仔细检查后根据具体情况局部换新。

③缺少铁梨木材料时,采用上、下瓦对调的方法。

铁梨木板条产生裂纹或开裂时,采用局部或全部换新。由于铁梨木干燥易裂,故在坞修时要注意保持铁梨木艉轴承的湿态。例如,抽出艉轴后,应将艉轴承孔内充水或填塞湿木屑或湿草包,也可将轴承孔内表面涂一层牛油,并将艉轴承两端堵死。修理时需经常向轴承喷水,保持湿态。

2. 层压胶木艉轴承的检修

层压胶木艉轴承磨损后艉轴承间隙和板条厚度均应符合表 2-27 的规定。安装间隙 Δ 和极限间隙 Δ_{max}。计算公式同铁梨木艉轴承。

层压胶木艉轴承产生过度磨损、松动和碎裂等损坏时,依具体情况分别采用局部或全部换新的方法修理。

橡胶艉轴承磨损后艉轴承间隙应符合表 2-28 的规定。金属板条橡胶艉轴承的安装间隙 Δ 依下式计算

$$\Delta = 0.002d + 0.50 \text{ mm}$$

式中,d——艉轴直径,mm。

整铸式橡胶艉轴承安装间隙 Δ 依下式计算

$$\Delta = 0.002d + 0.20 \text{ mm}$$

式中,d——艉轴直径,mm。

CB/T3420-92　　**表 2-28　橡胶为轴承的间隙**　　(mm)

轴径 d	金属板条橡胶艉轴承		整铸橡胶艉轴承	
	安装间隙	极限间隙	安装间隙	极限间隙
≤100	0.60 ~ 0.70	3.50	0.45 ~ 0.50	3.50
100 ~ 120	0.65 ~ 0.75	4.00	0.50 ~ 0.55	4.00
120 ~ 150	0.70 ~ 0.80	4.50	0.55 ~ 0.60	4.50
150 ~ 180	0.75 ~ 0.85	5.00	0.60 ~ 0.70	5.00
180 ~ 220	0.80 ~ 0.95	5.50	—	—
220 ~ 260	0.90 ~ 1.05	6.00	—	—
260 ~ 310	1.00 ~ 1.15	6.50	—	—

艉轴承间隙超过极限值时,不允许偏心磨削橡胶艉轴承的板条,但可锉削板条背面。使轴承间隙符合要求。备件缺少时可将上、下橡胶板条对调,以继续使用。橡胶老化、脱壳、剥落严重时应换新。

3. 赛龙艉轴承的检修

赛龙艉轴承磨损后的艉轴承极限间隙应符合表2-28的规定。安装间隙Δ可依标准中的公式计算(参见CB/T3420-92)。超过极限间隙时应换新艉轴承。

(三)首端密封装置的检修

水润滑艉轴承只设首端密封装置。广泛采用传统的填料函式密封装置,图2-79为其结构示意图。此种密封装置主要靠牛油填料3阻止艉轴承内的海水流入机舱,填料3在压盖6的预紧力作用下与艉轴7紧密接触达到阻水密封的目的。填料一般多采用浸油脂

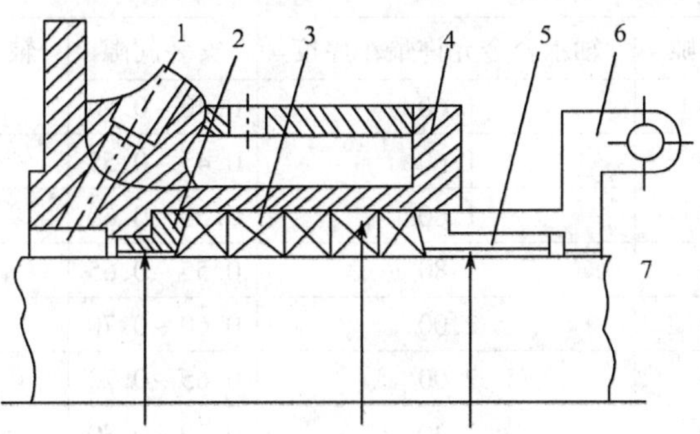

图2-79　首端填料函式密封装置

1—进水管;2—衬环;3—填料;4—艉轴管;5—压盖衬套;6—压盖;7—艉轴

的棉、麻或尼龙绳。填料函式密封装置具有结构简单、工作较可靠、维护管理方便等优点,但摩擦损失大、容易损伤艉轴或铜套。由于填料函安装不良使艉轴发生磨损或填料长期使用,磨烂造成大量海水进入机舱,应该进坞检修更换填料。如不能进坞可压载使船尾翘起艉轴露出水面更换填料,但应注意安全更换填料的安装要点:

(1)每圈填料的长度应恰好两端接拢。

(2)各道填料的接口应相互错开。

(3)压盖衬套内圆面不得与艉轴接触,上、下、左、右间隙相等。

(4)压盖安装后应前后移动灵活、无卡阻。

(5)填料函装妥后,压盖法兰与艉轴管端面间的各点距离相等。

(6)按一定对角顺序上紧压盖螺母,使之均匀压紧填料。

(四)油润滑艉轴管装置的检修

1. 白合金艉轴承的检修

白合金艉轴承的主要损坏形式有:过度磨损、擦伤、裂纹、剥落和烧熔等。白合金艉轴承产生磨损后使艉轴承间隙增大,检测后与表2-29对照,以判断其适用性。白合金艉轴承的安装间隙Δ和极限间隙Δ_{max}也可依下式计算:

$$\Delta \approx 0.001\,d + 0.40\ (\text{mm});\quad \Delta_{max} \approx 4\Delta\ (\text{mm})$$

式中,d——艉轴直径,mm。

白合金艉轴承产生过度磨损、剥落和咬伤严重时,应予以换修。对于合金松脱区的最大线性尺寸小于 $d/2$(d 为艉轴直径,mm)且只有一处时,可以继续使用;轻度咬伤可原地修光使用;当艉轴承产生严重裂纹、过度磨损和烧熔时,应重浇合金。

2. 密封装置的检修

油润滑的艉轴承的首、尾两端均装有密封装置。首端密封装置主要是防止滑油泄漏入机舱;而尾端密封装置既要防止滑油漏入海中,又要防止海水进入艉轴承。

目前,大中型船舶广泛采用辛泼莱克斯(Simplex)式密封装置,它是一种橡皮环式密封,具有结构简单、密封性能好、磨擦损失小、寿命长、安装和修理方便等优点。

CB/T3420-92　　**表 2-29　轴承合金艉轴承的间隙**　　(mm)

轴径 d	更换		安装	
	极限间隙	轴承合金允许最小厚度	安装间隙	轴承合金新制最小厚度
≤100	1.80	1.60	0.40~0.50	3.20
100~120	2.00	1.60	0.45~0.55	3.20
120~150	2.20	1.80	0.50~0.60	3.60
150~180	2.40	1.80	0.55~0.65	3.60
180~220	2.60	2.00	0.60~0.70	4.00
220~260	2.80	2.00	0.65~0.70	4.00
260~310	3.00	2.20	0.70~0.80	4.40
310~360	3.20	2.20	0.75~0.85	4.40
360~440	3.50	2.40	0.80~0.90	4.80
440~500	3.80	2.40	0.85~0.95	4.80
500~600	4.10	2.60	0.90~1.00	5.20
600~700	4.50	2.60	1.00~1.10	5.20

油润滑艉轴承两端均采用辛泼莱克斯式密封装置。尾端装置的橡皮环座体内有3道橡胶密封环,而首端装置中只有两道橡胶密封环。首、尾密封装置的损坏主要发生在防蚀衬套与橡皮环上。

防蚀衬套与橡皮环相对运动使它们产生磨损、磨痕、橡皮环老化;唇部产生裂纹、缺口、毛边等缺陷。防蚀衬套一般选用不锈钢、钢套镀铬或青铜,加工后经0.2 MPa水压试验检验,不得有渗漏,其内孔与艉轴之间有一定的配合间隙。

防蚀衬套的磨损、磨痕可采用光车消除,如防蚀衬套与桨毂连接,凸缘较厚可光车使之减薄,衬套轴向移位使磨痕部位与橡皮环位置错开;也可在桨毂与凸缘之间加厚垫片,使衬套向首端轴向位移或在橡皮环座凸缘处加厚垫片,使之向尾端轴向位移,改变衬套与橡皮环的相对位置,以保持良好的接触。

防蚀衬套在光车后,若使外径过小时,可以采用喷涂金属或镀铬等方法来恢复原设计尺寸。

橡皮环一般采用丁腈橡胶或氰橡胶。橡皮环的碎裂、唇边硬化和过度磨损、老化以及

在防蚀衬套光车之后均应换新。

艉轴密封装置检修后应进行油压试验，试验时不允许滑油有任何渗漏，但在试验时允许微动艉轴。采用重力油柜润滑的艉轴密封装置在油压试验时，从泵油至回油起，3 min之内不允许漏油。

第十二节　螺旋桨的检修

螺旋桨是海船普遍采用的推进器，其作用是将船舶主机发出的功率转变为推动船舶运动的推力，实现船舶的航行。

螺旋桨的材料主要为铸铜，有锰黄铜（ZHMn55-3-1）、铝青铜（ZQAl12-8-3-2）、铸钢（ZG200-400）、铸铁（HT200、HT250）、球墨铸铁（QT400-18）和塑料（尼龙6、尼龙610、尼龙1010）以及复合材料（玻璃钢）等。螺旋桨是由桨毂和桨叶构成，如图2-80所示。

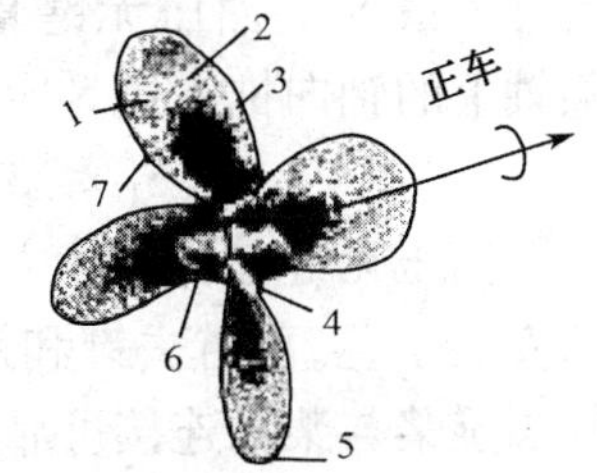

图2-80　螺旋桨及其组成

1—叶面；2—叶背；3—导边；4—叶根；5—叶梢；6—导流帽；7—随边

1. *螺旋桨与螺旋桨轴的连接方式*

螺旋轴是通过桨毂与螺旋桨轴（艉轴）连接在一起的，主要有3种连接方式：采用传动键机械连接、环氧树脂胶黏剂连接和油压无键套合连接。传动键连接如图2-81所示。为了确保桨的锥孔与锥部配合面紧密接触全长均匀贴合，轴、孔应进行研配。要求键装配后65%以上面积均匀接触，锥部大端必须接触良好，色油检查在$25\times25\ mm^2$面积上沾点不少于2～4个。该法用于小船螺旋桨和螺旋桨轴的连接，其缺点是轴上存在键槽，因而应力集中明显。

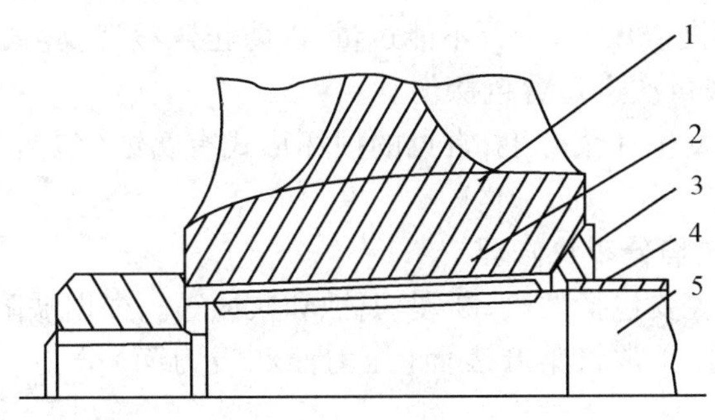

图2-81　螺旋桨与螺旋桨轴的机械连接

1—桨毂；2—传动键；3—水密橡皮；4—艉轴衬套；5—艉轴

沿海及内河船舶的螺旋桨直径$D<4.5$ m时，允许同时采用键连接与环氧树脂胶黏剂胶合装配，此时对桨毂锥孔与轴锥体的接触要求、键和桨毂键槽的配合要求适当降低；小型船舶的螺旋桨直径$D<1.5$ m时，允许采用无键环氧树脂胶黏剂胶合安装。要求在将毂锥孔两端长40～60 mm环形面积均匀接触，色油检查在$25\times25\ mm^2$面积上沾点不少

于 2 个。此种连接方式省去键和键槽及大量的刮研工作。现在广泛用于内河及沿海中、小船舶,如图 2-82 所示。

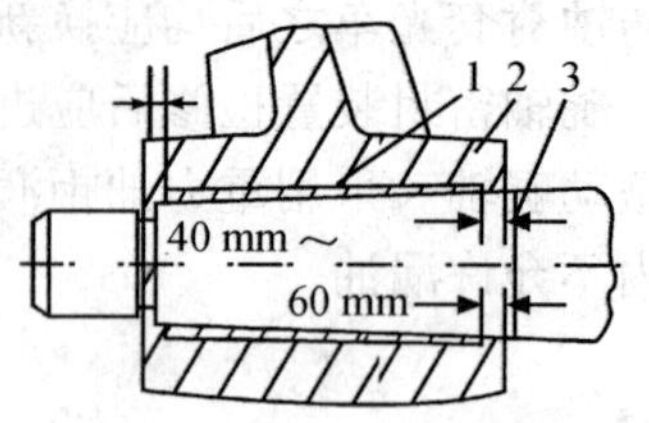

图 2-82　黏结剂连接

1—环氧树脂;2—螺旋桨;3—艉轴

目前,国内外新造船舶的螺旋桨与螺旋桨轴均采用油压、无键套合连接。它是将桨毂锥孔内表面车有螺旋槽的螺旋桨装在螺旋桨轴上,如图 2-83 所示。

用油压安装无键螺旋桨时,关键是螺旋桨套合到螺旋桨轴上的轴向推入量 S。为保证桨与桨轴套合后正常运转,所需的推入量为最小推入量 S_1;套合后产生的应力为螺旋桨材料屈服极限的 70% 时,轴向推入量为最大推入量 S_2。油压无键套合安装螺旋桨时,桨在桨轴上的轴向推入量 S 应满足下式

$$S_1 \leqslant S \leqslant S_2$$

油压无键套合连接方式是目前国内外较先进的安装工艺,可省去键和键槽及大量的刮研工作,使螺旋桨与桨轴连接可靠,拆装方便。

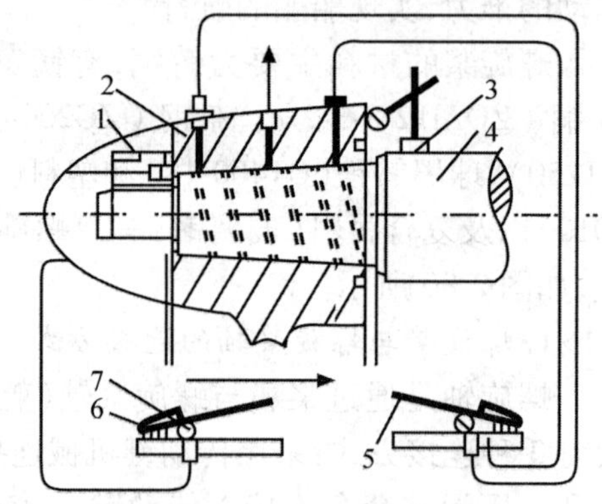

图 2-83　油压、无键套合连接螺旋桨示意图

1—油压千斤顶;2—螺旋桨;3—千分表及架;4—螺旋桨轴;5、6—高压油泵;7—压力表

2. 螺旋桨的检修

(1)螺旋桨修理注意事项

①拆卸前一定要打好标记(或测量螺旋桨端面与油封之间的距离)。

②原则上不允许加温,如确需加温必须用蒸汽 360°,均匀加温。

③艉轴锥面与桨毂内面须予以保护。

④安装时,注意清洁锥面、螺纹、桨毂内表面并涂适量滑油并按说明书中造船初装时的“压力 - 进度”曲线图慢慢压入,千万不能过量,以防止桨毂裂纹。

⑤装复后,须对桨毂再次进行着色探伤。

螺旋桨的缺陷主要发生在桨叶上,常见的损坏形式有腐蚀(包括穴蚀)、裂纹、变形和断裂等。此外,还有鸣音。

(2)螺旋桨叶表面缺陷分布及修理

螺旋桨叶表面缺陷主要包括裂纹、断裂、腐蚀和穴蚀等。根据缺陷在桨叶上不同部位所造成的危害程度不同,通常将桨叶表面(压力面和吸力面)分为 3 个区域,如图 2-84 所示。

①螺旋桨 A 区是指压力面 $0.4R$ 以内范围。

②螺旋桨 B 区是指压力面 $0.4R \sim 0.7R$ 的范围和 A 区两侧边缘,吸力面 $0.7R$ 以内范围。

③螺旋桨 C 区是指桨叶压力面和吸力面 $0.7R$ 以外的部分。

各区缺陷的修理原则是:

①A 区内的缺陷一般不允许焊补修理。缺陷深度不超过 $t/40$(t 为局部叶厚,mm)或 4 mm 时,允许磨去其中较大的缺陷。特殊情况下必须焊补时,应采用特殊的工艺措施。

②B 区除从外观考虑的小缺陷外也应避免焊补。缺陷深度不超过 $t/30$ 或 3 mm，允许磨去其中较大缺陷，需焊补时，应采用完善的工艺措施。

③C 区的缺陷通常允许焊补修理，焊补工艺应符合规定。桨叶边缘和表面的微小缺陷允许磨去修光。

④不严重的穴蚀小孔及凹陷，在不便焊补时允许采用环氧树脂等胶黏剂涂补或采用金属喷涂，使桨叶表面平整光顺。

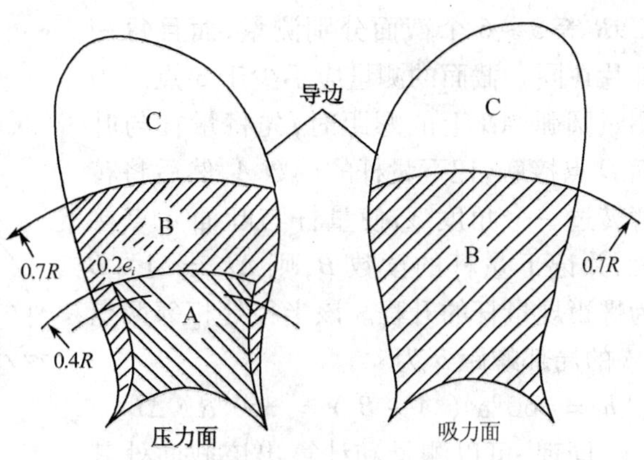

图 2-84 螺旋桨叶表面缺陷分部区域

R－螺旋桨半径；e_i—桨叶表面弧长

⑤一般裂纹，在限定条件下允许用钻止裂孔作为临时处理措施。桨叶的裂纹和断裂也可采用波浪键扣合工艺，但断裂处必须在 0.6R 以外地方才可使用。桨叶焊后要进行观察法或着色法探伤检验质量，必要时须退火去除内应力。

(3)螺旋桨桨叶变形的矫正

螺旋桨桨叶的变形较小时，可以采用冷态矫正(即加热温度在 250 ℃以下的矫正)。冷态矫正适用于叶尖和桨叶边缘厚度小于 30 mm 处变形的矫正。桨叶厚度较大时应采用热态矫正，加热温度随材料不同而不同。

螺旋桨桨叶经矫正后，除镍铝青铜外，其他材料均应进行去应力退火处理。螺旋桨经冷态或热态矫正后均应进行观察法或着色法探伤检验质量。

(4)螺旋桨鸣音和消除措施

螺旋桨在航行中发出有节奏的“嗡、嗡”或“吭、吭”声，称之为鸣音。这种现象是由于螺旋桨回转时，在桨叶随边 0.4R（R 为螺旋桨半径)以外部位产生有规律的涡流，其实质是由于涡流所引起的振动频率恰好与桨叶的固有频率接近而产生了共振，使螺旋桨产生了鸣音，如图 2-85 所示。

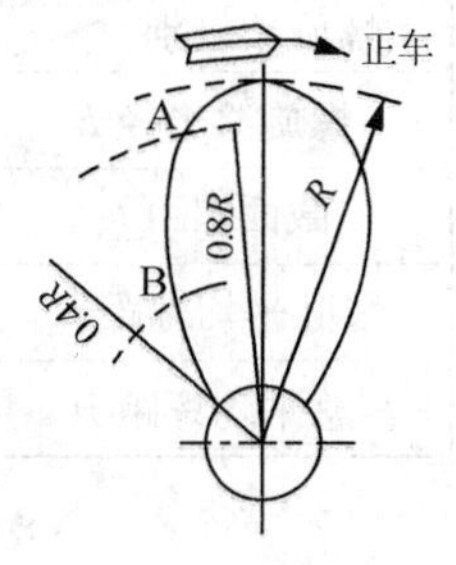

图 2-85 桨叶随边产生鸣音的部位

消除螺旋桨鸣音可用改变桨叶随边 0.4R 以外的涡流，避免产生共振。具体方法是将桨叶随边 0.4R 以外的 AB 部分加厚或减薄，或加工成特殊的边形(例如，加工成锯齿状、钻一排孔等)的抗鸣边缘。

3. 螺旋桨修理后的检验

凡经过修理的螺旋桨除必须对修理质量检验外，还应对螺旋桨的螺距和静平衡性进行检验。

测量螺旋桨螺距时，把桨平放在平整的地面上，桨叶叶面朝上。测量时使用的量具是螺距规和直尺。将螺距规安装在桨毂的锥孔中，调整螺距规的中心线使其垂直于桨毂端面，如图 2-86 所示。

设 R 为螺旋桨的半径。测量叶片螺距时，一般要划分 0.3R、0.4R、0.5R、0.6R、0.8R、

0.9R 等 5 ~ 6 个截面分别测量,而且每一叶片在同一截面的测量应不少于 3 点。当测量圆弧 AB 上的螺距时,先将量杆与叶面 O 点接触,记下量杆的读数 A,然后将转臂转过一个角度 α,使量杆与叶面 a 点接触,并记下量杆的读数 B,则 $\Delta L = A - B$ 为螺距规量杆的升程。该半径处相邻两点 Oa 的局部螺距 h 为

$$h = 360°\alpha (A - B) = 360°\alpha \cdot \Delta L$$

同理,可以测量和计算出该截面处其他各相邻两点的局部螺距。

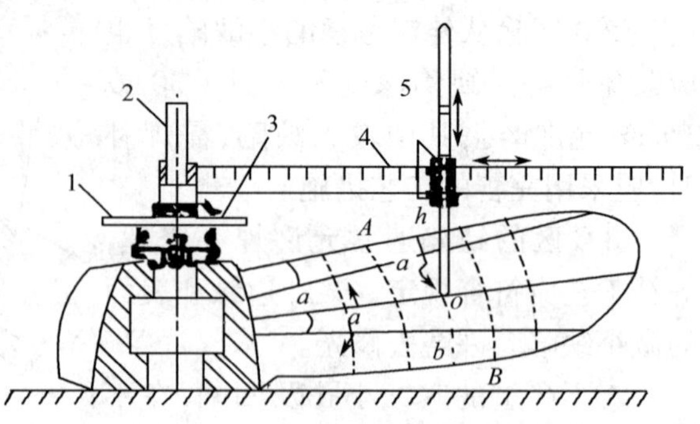

图 2-86　局部螺距的测量

1—圆度盘;2—中心轴;3—指针;4—转臂;5—量杆

将该桨叶上同一半径截面上的局部螺距的算术平均值称为该半径截面的截面螺距 h_i。用同样方法,可以测量并计算出该桨叶上各半径截面处的截面螺距 h_i,计算出它们的算术平均值则得到该桨叶的平均螺距 H_i。再测量并计算出螺旋桨各桨叶的平均螺距 H_i,计算其算术平均值,即得该螺旋桨的总平均螺距 H。

螺旋桨螺距的正确性是保证螺旋桨质量的主要因素之一。修理后的螺旋桨半径和各种螺距的偏差应不超过表 2-30 的规定数值(以设计值的百分数表示)。偏差值为设计值与实测值之差。

CB/T3423-42　　表 2-30　螺旋桨半径和螺距的偏差值(设计值的百分数)

偏差 / 螺旋桨级别	I 级	II 级	III 级
螺旋桨半径 R	±0.5%	±0.75%	±1%
截面螺距 h_i	±2.5%	±3.5%	±5%
桨叶平均螺距 H_i	±1.5%	±2.5%	±4%
总平均螺距 H	±1%	±2%	±3%

第十三节　舵系的检修

船舶舵系是实现船舶转向、直航等操纵船舶航向的控制装置,是船舶安全航行的重要设备。舵系包括:固定件——舵杆舵承(上、下舵承)、舵销轴承、舵轴等;运动件——舵杆、舵叶和舵销等。

舵系安装在船舶尾部螺旋桨的正后方,有单、双舵系之分。一般商船为单桨、单舵;客船、军舰及有的内河船舶为双桨、双舵。舵叶浸在水中,转动舵叶时,舵叶水动力对船舶产生力矩,迫使船舶转变或保持航向。

舵的种类很多,主要有以下几种:

1. 按舵的旋转轴线位置分为平衡舵、半平衡舵和不平衡舵

(1)平衡舵转动轴线在舵叶的中间,把舵叶分为两部分。舵叶转动时两部分均承受水压产生力矩,此二力矩方向相反,使转舵力矩降低,在某一舵角时为零,达到完全平衡。平衡舵所需舵机功率较小,如图 2-87(a)所示。

(2)半平衡舵仅舵的下半部起平衡作用,如图 2-87(b)所示。

(3)不平衡舵。舵的旋转轴线在舵叶的一边,即舵杆一侧有舵叶,对转舵力矩不起平衡作用,如图 2-87(c)所示。

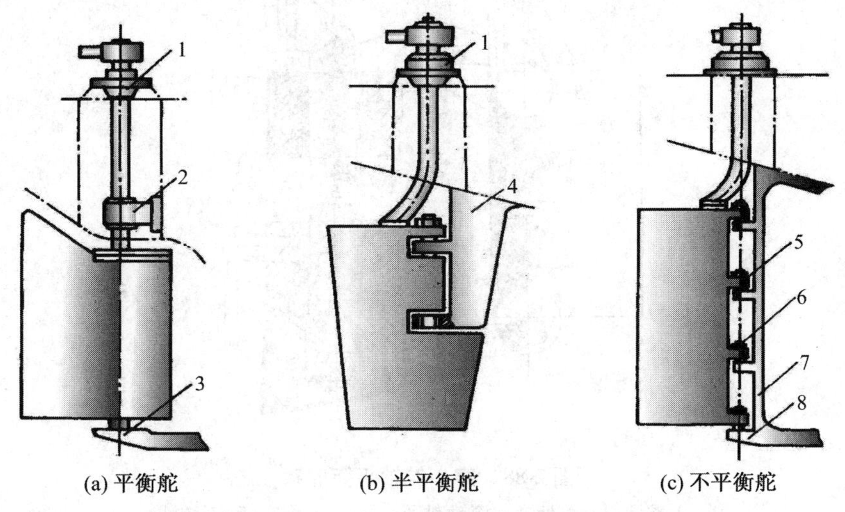

(a) 平衡舵　(b) 半平衡舵　(c) 不平衡舵

图 2-87　旋转轴线位置不同的舵

1—上舵承;2—下舵承;3—舵底托;4—舵座;5—舵叶舵钮;6—艉柱舵钮;7—舵销;8—艉柱

2. 按舵叶截面形状分为平板型舵和流线型舵

(1)平板型舵,一般用钢板或木板制成,两侧表面可适当加固。具有便于修造,成本低和舵效差的特点。可作成平衡舵、半平衡舵或不平衡舵。它只用于小型或非自航船。

(2)流线型舵舵叶横截面呈机翼形,用钢板焊制,内部呈空心状并用钢板加强以增加舵叶刚性。流线型舵产生的水动力大、阻力小、强度高,但结构复杂,制造成本高。常作为平衡舵或半平衡舵,为大多数船舶采用。

3. 按舵与船体的连接方式分类

(1)悬挂舵又称吊舵,多数是平衡舵,完全由船体上的上舵承支承,中部通过下舵承,而下部整个舵叶悬空。

(2)半悬挂舵多数是半平衡舵,其舵秆支承在船体上的上舵承,而舵叶支承在船尾支架上。

(3)多支承舵有两个以上的支承点,通过舵销将舵叶上的舵钮与船体艉柱上的舵钮连接,如图 2-87(c)所示,舵叶下部有舵底托支承。

(4)双支承舵舵杆通过上、下舵承及舵底托支承,如图 2-87(a)所示。

(5)穿心舵轴平衡舵除舵杆外,该舵还装有舵轴,它穿过舵叶并固定在船体艉柱上。舵杆与舵轴的轴线重合,转舵时,舵叶绕舵轴回转,如图 2-88 所示。

目前，大多数船舶采用流线型舵。

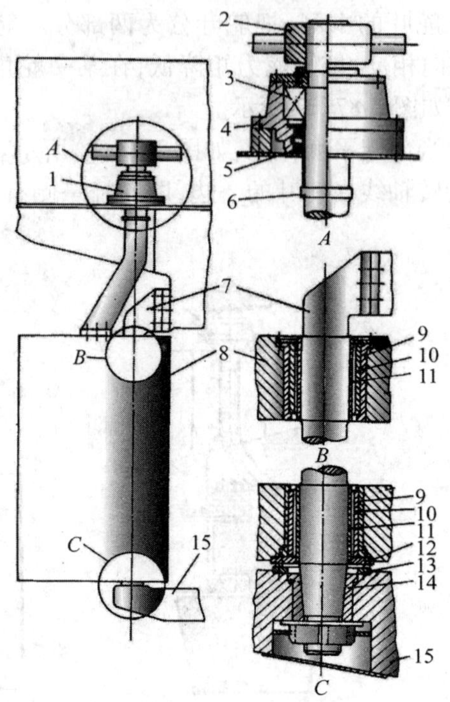

图 2-88　穿心舵轴平衡舵系

1—上舵承；2—舵柄；3—滚动轴承；4—上舵承座；5—密封圈；6—舵杆；7—穿心舵轴；8—舵叶；9—外衬套；10—铁梨木；11—内衬套；12、13—上下摩擦片；14—下舵承衬套；15—舵托

一、舵系的检修

舵系除因海损事故需要修理外，一般情况下很少修理，具有较长使用期。舵系检修可随同轴系检修进行。

舵系结构类型很多，较为广泛应用的是穿心舵轴平衡舵，其结构如图 2-88 所示。舵系修理内容和范围根据船舶航行中发现的问题，并在船舶进坞后实际勘验而定。舵系一般会产生以下故障：

（1）舵沉重，转舵不灵敏，转满舵需较长时间。可能原因有舵叶进水使转舵负荷增加，舵杆弯曲或扭转变形，使各舵承负荷不均，摩擦力增加、舵承损坏；舵系安装不良使配合件卡紧等造成。

（2）转舵时声音异常，有严重撞击现象。主要是舵承与舵杆、舵轴、舵销等的配合间隙过大，转舵时舵叶产生撞击，或上舵承滚珠碎裂、护圈松动，转舵沉重并产生撞击。

（3）舵系振动。主要是由于舵系安装不良，舵承间隙过大或过小，舵系安装部分的船体强度、刚度不足，上舵承底座的强度不够或舵叶弯折等造成的。

（4）舵系密封装置损坏产生泄漏。此外，还有转舵不准确，舵角不正，正舵时舵角不在零位；或是操纵轻松，但航向失去控制等。

1. 舵系的检验

船舶进坞后，在舵系拆卸前应进行全面勘验，除了外观检查外，还应用塞尺检查各配合件间隙，以确定舵系技术状态和修理方案。

（1）测量舵杆与舵承的配合间隙和舵轴与铁梨木舵承间隙。测量并记录舵位于左满舵、右满舵和中央3个位置时，在轴承前、后、左、右的间隙。当由于结构限制无法用塞尺测量时，可用千斤顶顶动舵叶，用百分表测量舵叶的移动来求得配合间隙。

（2）测量舵销与舵销承间隙、舵叶舵钮与艉柱舵钮平面间隙，并与标准比较。

（3）舵叶的检查。

①舵叶外观有无变形或凹陷。

②各焊缝是否良好。

③打开放水旋塞，如舵箱内有大量水流出，证明舵箱有泄漏，需做气密试验，查出漏点，予以修补。

（4）查舵杆连接法兰是否松动。

（5）舵销检查，测量检查舵销上下间隙，间隙应符合要求，超出者予以换新。

2. 舵杆的检修

（1）检测

①舵杆工作轴颈的磨损情况可以通过测量工作轴颈的直径和计算其圆度、圆柱度误差。舵杆的结构形式如图2-89所示。

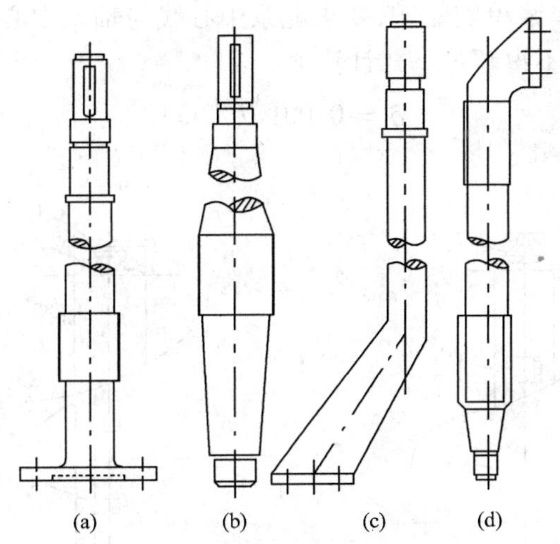

图2-89　舵杆的结构形式

②舵杆表面的腐蚀、裂纹等情况可以采用观察法、渗透探伤、磁力探伤或超声波探伤等方法来检验。

③在车床或支架上检验舵杆的弯曲变形情况。

（2）修理

①舵杆工作轴颈锈蚀面积超过总面积的25%时，或产生过度磨损时，可以进行光车或堆焊或热喷涂后再光车等方法。光车后，轴径减小值不得超过公称直径的10%，个别残留斑痕深度不超过0.5 mm。

②舵杆工作轴颈安装保护套时,磨损后光车修理,护套极限壁厚应符合规定。

③舵杆上有 2 ~3 条细小纵向裂纹时,可用手工修理;纵向裂纹长度不超过 1/4 公称直径,数量不超过 3 条且不在同一母线上,裂纹深度不超 5% 公称直径时,可以进行焊补修理。舵上不允许有横向裂纹,如存在横向裂纹必须更换。

(4)舵杆弯曲变形时,直线度不大于 2 mm/m;允许冷校直大于 2 mm/m;进行热校直,加热温度不超过 650 ℃。

3. 舵承的检修

(1)上舵承大多为推力滚动轴承,当轴承发生锈蚀、剥蚀、护圈破裂、滚珠(滚柱)严重磨损或破碎、转动不灵时,均予以换新。

(2)其他滑动轴承的检修。白合金滑动轴承磨损严重时,可以采用重浇白合金修复;铁梨木轴承过度磨损、严重变形或开裂时通过更换铁梨木进行修复。

二、舵系校中

新造船舶或营运中,船舶由于海损事故或其他原因造成舵系失中时,可以采用拉线法,如图 2-90 所示或光学仪器法进行校中测量。

1. 舵系校中的技术要求

舵系固定件校中的技术要求:

(1)舵系固定件中心线与船舶基线垂直度偏差不大于 1 mm/m。

(2)新造或营运的单桨单舵船舶,要求舵系中心线与轴系中心线应相交,其相对位置偏差 δ(如图 2-90 所示)不得超过下式计算值

$$\delta = 0.001\sqrt[3]{L} \quad \text{m}$$

式中,L——船长,m。

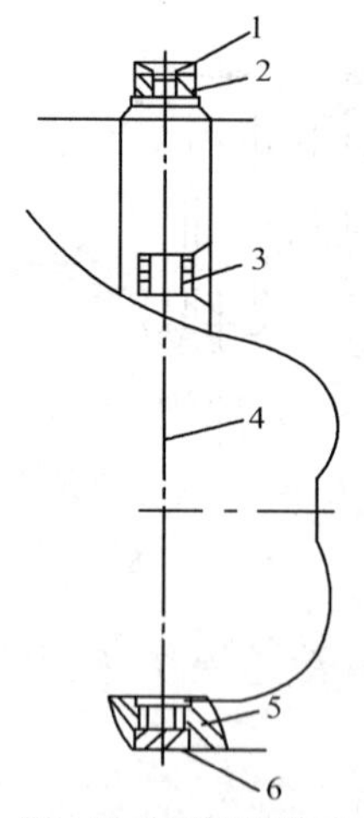

(a) 穿心舵轴平衡舵舵系中心线

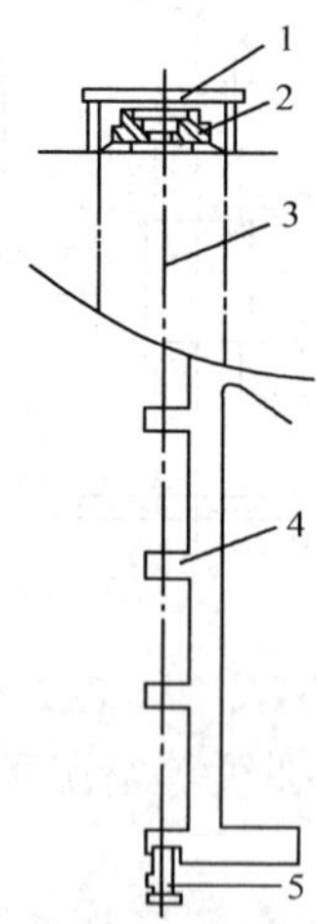

(b) 多支承不平衡舵舵系中心线

图 2-90 拉舵系固定件中心线的钢丝线

(a)1—上定心板;2—上舵承;3—下舵承;4—舵系中心线;5—艉柱底骨(或舵斗);6—下定心板

(b)1—上定心支架;2—上舵承;3—舵系中心线;4—艉柱舵钮;5—下定心支架

(3)固定件各舵承孔中心同轴度,允许偏差不大于舵承安装间隙的0.7倍。

(4)恢复性修理的双桨双舵船舶的两条舵系中心线的前后定位偏差、相互位置偏差均不得大于5~10 mm;舵系中心线与轴系中心线位置度偏差δ要求同上,且两舵的δ不允许在同侧。

2. 舵系运动件校中的技术要求

校中前,舵杆与舵叶在车间组装,以便校准舵杆中心线与舵叶轴承孔中心线同轴。刮磨法兰平面、铰削紧配螺栓等,以使相对位置固定。

(1)采用组装拉线校中时,舵系运动件法兰连接最少有4个紧配螺栓,法兰结合面应紧贴。

(2)舵叶轴承孔与舵杆轴颈同轴度偏差,不得大于舵承安装间隙的0.7倍。

3. 舵系校中

(1)舵系固定件同轴度检验

舵承孔同轴度误差测量可以采用拉线法或光学仪器测量法,以判断各轴承孔与舵系中心线的偏差。当偏差过大时,可偏心镗削舵承孔衬套,或用胶黏剂使舵承衬套在舵承孔内偏心固定。偏心镗削舵承衬套后,衬套的最小厚度应在新制衬套厚度的75%以内,并要可靠定位以防衬套转动。

(2)舵系运动件同轴度检验

舵系运动件同轴度误差的测量,可以采用拉线法或平台测量法。要求舵杆中心线与舵承孔中心线同轴度误差小于0.5 mm。当舵杆中心线与舵承中心线同轴度误差大于0.5 mm时,应采取偏镗舵承孔;重新定位舵杆,研磨舵杆与舵叶连接配合面等措施予以纠正。

(3)舵系中心线与轴系中心线位置度误差可以采用拉线法或光学仪器测量法测量,测量出它们之间的距离δ,(如图2-91所示)并与计算值相比较。

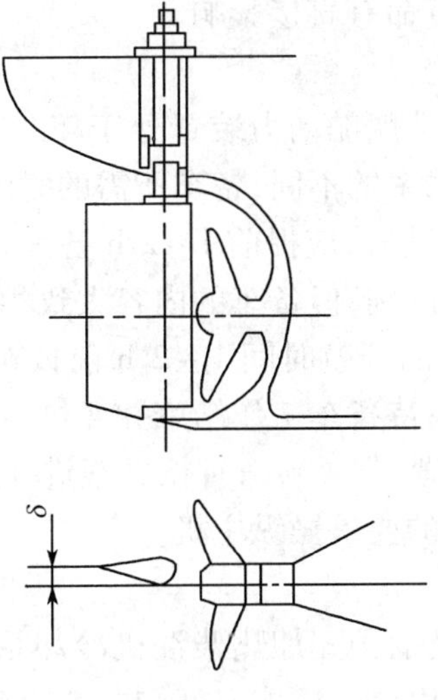

图2-91 舵系中心线与轴系中心线的相互位置

第三章 柴油机运行管理与应急管理

第一节 船舶柴油机的运行管理

一、柴油机的备车、起动和机动操纵

备车通常是指在开航前使船舶动力装置及相关设备处于随时运行状态,准备执行驾驶台发出的指令。当船舶在特殊水域、气象条件下以及过运河和关键航行设备发生故障时,根据船长或轮机长指令也需要备车。

机动操纵是指船舶在开航后(至定速前)或抵达锚地和港口前(自接到驾驶台的通知和第一个车令后到完车)的各种操纵主机的过程。

备车和机动操纵是轮机技术管理工作中最重要的环节之一,它对柴油机动力装置的可靠性、经济性、维修性和使用寿命有直接影响。

1. 开航前备车

开航前备车的目的,是为了使船舶动力装置处于随时都能起动和运行的状态。一般情况下,因船舶动力装置类型、功率的不同,备车所需的时间长短不一,大致范围在0.5~6 h之间。对于船舶柴油机动力装置,应提前1~2 h备车。由于机型、辅助设备和动力装置布置的不同,备车的程序有所区别,但备车的内容大致相同。主要包括值班驾驶员和轮机员会签确认开航时间;在规定的开航时间1~2 h前核对时钟、车钟和对舵;暖机、各动力系统准备;转车、冲车、试车等;待备车工作结束并经机、驾双方确认后,轮机员操纵车钟手柄将车钟指针摇至“STOP”位置,驾驶台车钟指针跟进并对正“STOP”位置,则表示轮机备车完毕,随时可以按车钟指令的要求操纵主机。

2. 暖机

暖机是指船舶在停泊后开航前预先加热柴油机冷却系统和滑油系统中的循环液,并开动冷却水循环泵、滑油循环泵以提高机体温度和向各运动摩擦表面供应润滑油的过程。船舶主机的暖机方法有三种:一是将运转中的发电柴油机循环冷却水通入主机冷却水中;二是利用蒸汽加热主机冷却水和润滑油;三是利用电加热器对主机冷却水加温。对于滑

油系统,除用蒸汽管道直接加温主机循环油柜外;亦可采取滑油分油机运转净油的方式加温滑油。

暖机的目的是为了使柴油机容易起动发火,减少燃油中的硫分燃烧后生成的酸性物质对气缸壁、活塞顶的低温腐蚀,还可以减少组成燃烧室部件在动车后产生的热应力。

3. 滑油系统的准备

在开航前备车时,必须检查滑油循环柜、增压器油液观察镜(或油柜)、艉轴润滑重力油柜、艉轴尾部密封装置润滑油柜、艉轴首部密封装置循环器和各中间轴承座等处的滑油油位。起动主滑油循环泵,将油压调至规定值,以便将滑油送至各润滑表面,使滑油中的固体微粒和杂质在主机开车之前汇集到滤器中,减少运转后的磨损。

若采用油冷活塞,当循环泵开动后,活塞温度会逐渐升高,所以也起到暖机作用。此时,应注意观察各缸活塞的回油流量和温度,各缸活塞回油流量和温度相差不能过大。

废气涡轮增压器若属于独立式润滑系统,应开动透平油泵使滑油循环。

在柴油机转车过程中,应操纵(或手动)气缸注油器,将滑油预先送到气缸壁周围,减少起动时气缸壁的磨损。

检查和注满各活动部件和起动空气系统主要阀件的润滑油杯,检查各注油点并注入滑油和油脂。

4. 冷却系统的准备

首先检查主机膨胀水柜的水位和冷却水系统中各阀门是否处于正常状态,然后开动主机淡水泵使淡水在系统中循环并排出气体,同时可用发电柴油机的淡水或者用蒸汽管加热循环淡水来进行暖机。对于水冷活塞,注意观察各缸活塞冷却水的流动情况并检查循环水柜水位。对于独立冷却系统的喷油器,应开动喷油器冷却泵,检查喷油器冷却柜液位,必要时可进行加温预热。

主机起动运转之后,当主淡水冷却系统、主滑油冷却系统、活塞冷却系统和喷油器冷却系统中冷却液温度开始升高时,主机海水冷却系统立即投入运行。

5. 燃油系统的准备

检查主机沉淀柜油位,轻、重油日用柜油位,油位较低时应及时驳油,加热燃油日用柜、燃油沉淀柜和使用中的燃油舱中的燃油,并注意调节上述舱柜的油温至规定温度。开动燃油输油泵、升压泵使燃油循环流动并驱气。主管轮机员在机舱记事板上注明各油舱的存油量及使用分配情况,开航前轮机长应将本船现存轻、重油总量以书面形式向船长报告,以备开航前报告海关。

6. 压缩空气系统的准备

当值轮机员应将主、辅空气瓶充气至规定压力,放掉气瓶中的水和残油。开启空气瓶出口阀、主停气阀,将主起动阀置于“自动”位置。打开通至气笛的空气出口阀,以备驾驶台随时使用。

未经冷却的压缩空气禁止充入气瓶,严格控制进入气瓶的空气温度,不得高于40 ℃。

7. 转车

暖机后合上转车机进行主机转车,检查机器各运动部件和轴系的回转情况以及各气缸内有无大量积水。自动或手动操纵注油器向气缸注油润滑,燃油系统通过开启各缸喷油器上的放气阀或特设的放气设备放出燃油系统中空气。

大型低速柴油机和部分中速柴油主机,要求正、倒车运转10~15 min,确认机器正常后停止转车机,并使转车机与主机脱开,确认连锁装置释放。

8. 冲车

冲车是利用起动装置供给压缩空气(不供燃油)使主机转动的操作过程。利用冲车可将气缸中的杂质、残水或积油等从开启的示功阀中冲出。在冲车过程中可以判断起动装置和主机工作是否正常,若有故障应排除方可进行试车。如果主机冲车情况正常,则关闭示功阀。

9. 试车

试车的目的是为了检查起动系统、换向装置、燃油喷射系统、油量调节机构、调速器、主机及其系统、轴系和螺旋桨等是否工作正常。试车的操作,是由当值轮机员先将车钟推至正车(或倒车)微速运转位置,待驾驶台回车令后,当值轮机员进行柴油机起动操作,供油在正车微速下运转数转后停车;换向,再进行倒车(或正车)起动,供油微速运转后停车。

在换向和起动过程中,应注意观察换向装置、起动装置、调速器及油量调节机构等动作是否灵活、正常,同时注意各缸发火是否正常和主机运转是否有不正常声响。试车结果若发现不正常情况,应及时查明原因予以消除。对于直流扫气的二冲程柴油机、还应检查气阀机构等运动部件的工作状态是否正常。

试车完毕后,车钟回令手柄停在停车位置,此时主机可随时起动,机电设备应始终处在当值轮机员的监管之下,轮机员不应远离操纵台,并与驾驶台保持联系。如果主机采用驾控方式,将遥控旋钮转至"驾控"位置。

二、柴油机运转中的管理

船舶定速航行后,轮机管理人员应使柴油机及其装置处于正常的技术状态。出现故障应在短时间内消除,恢复航行。在运转管理中,值班人员应集中精力、遵守操作规程、按要求进行巡回检测,使各种技术参数处在正常范围之内,并做好值班和交接班工作。这样,才能有效地保证动力装置及其附属设备工作可靠,处于经济性较高的运行状态。

柴油机稳定运转后,评价一台柴油机技术状态和运转性能的主要依据是燃料在气缸中的燃烧状况和各缸负荷分配的均匀程度,以及各零部件和系统的工作情况。为了保证柴油机及其装置始终处于正常技术状态,柴油机运转中应做好以下工作。

1. 航行值班的交接工作

交班前当值人员应做好运转设备的清洁工作,对运转设备作全面仔细的检测,并将主要技术参数、本班所发生的问题、处理方法、处理结果、轮机长的命令和专门指示、驾驶台的通知等记入轮机日志;将油舱、油柜的预热加温、驳运、净化分离,以及舱底水水位、污油水舱(柜)液位和防污设备的使用情况向接班人详细交待。

接班人员在进入机舱之前,方便时首先应观察烟囱排气颜色、舷外水的排出和海面情况;进入舵机间检查舵机及其附属设备。进入机舱后按最合理巡检路线检测各设备。最后查看轮机日志、听取交班人员的情况介绍。经接班人同意后,交班人员方可离开机舱。

2. 检查项目和方法及调整措施

(1)热力检查

热力检查的目的是为了检查和确定发动机各缸燃烧情况及负荷分配的均匀程度。这是发动机正常运转、可靠工作的必要保证,也是衡量发动机运转性能和技术状态的主要内容之一。

运转中,应注意喷油设备技术状态的变化,特别是喷油器性能不良常引起气缸燃烧恶化和各缸负荷的变化。对喷油器的检查可以通过检测排气温度、观察排气烟色及打开示功阀观看火焰情况等方法进行。

各缸排气温度值要按说明书的要求限定,也可以参照试航报告在各负荷下所测得的数据与主机实际运行数据进行对比,找出排气温度升高的原因。各缸排气温度最大温差不应超过平均值 15 ~ 20 ℃(或 ±5%),应检查各缸冷却水、活塞冷却液及废气涡轮增压器冷却水出口温度,各缸冷却液出口温度与平均温度相比较,最大温差要小于 4 ~ 5 ℃。在柴油机状态良好的情况下,排气温度只能大致反映出各缸燃烧的状态及喷油设备的情况,了解负荷分配的大概状况。为了确知各缸负荷的分配是否均匀,还应在适当时机测取各缸示功图,确定最高燃烧压力和计算平均指示压力,分析和判断各缸负荷的大小和分配是否均匀。根据实测数值对各缸负荷作适当调节。通过测取展开示功图和手拉示功图可以确定纯压缩压力、发火始点和整个燃烧过程。

为了更可靠地掌握柴油机的热力过程,最好在测示功图的同时进行油耗测定,作为衡量柴油机维护管理的标准之一。

增压空气的压力、温度,空冷器前后增压空气压差是判断柴油机燃油燃烧状况,排气温升的主要依据之一,许多船舶柴油机都因空冷器水侧、气侧脏堵引起排气温度升高及增压器喘振(尤其是气侧)。

(2)机械检查

机械检查的目的是为了保证发动机各部件和系统均处于正常的技术状态。

看、摸、听、闻是管理者最直接又简便的手段,经验丰富的轮机管理人员通常可通过人体的感觉器官判断出潜在的故障并及时排除,保证了机械设备正常运行。不正常的运转声响可导致机件受损;异常温差反映出机器或系统内部存在问题;刺激性气味表明机械设备温度异常高或滑油变质;运行中经常边巡检边触摸机器外部机件,从温差、振动、脉冲等角度判断设备工作是否正常。机械设备连接处、阀件等的泄漏要及时发现并迅速查明原因予以解决。

(3)冷却水系统的检查和管理

巡回检查时,应注意主、副机膨胀水柜、喷油器冷却水柜液位变化并注意水量的消耗,如发现水位上升或下降必须查明原因及时排除故障。各缸冷却水出口温度应符合说明书规定,温差应符合要求。如出现异常,应结合排气温度、喷油设备及增压系统的技术状态进行分析。水温调节应符合柴油机说明书的要求,水温过低不仅使柴油机热效率下降,增加低温腐蚀,而且受热部件因内外温差过大产生热应力会导致裂纹故障发生。水温过高则橡胶阻水圈易老化、损坏甚至碳化,发生水腔漏泄,同时冷却腔可能形成冷却水汽化使冷却效果下降。

通常空冷器出口的扫气温度不得低于25℃,不得高于45℃。

冷却水系统的自动温度调节器应始终保持正常工作状态。

应按规定每周化验一次主、副机冷却水水质,按规定的标准投药处理,必要时须化验淡水舱水质,分析冷却水质变化的原因。

(4)滑油系统的检查和管理

高、中速柴油机滑油压力与温度值要结合说明书进行管理。

注意检查滑油循环柜油位,若油位发生变化应及时查明原因并排除故障。油冷式活塞的回油应保持稳定,油量不足或中断均能造成活塞烧蚀和咬缸。

对油泵和滤器前后压差的变化要注意检查,滤器清洗后必须驱气后才能转入系统工作。加强自动清洗滤器的管理,使之始终处于有效工作状态。

加强滑油分油机的管理,保证滑油的分离净化,油质符合使用要求。为了确定滑油的质量,每3~4个月定期取样化验,必要时全部滑油集中处理或更换。

运转中应确保气缸注油器的工作正常,防止断油。

定期检查推力轴承的油温,各中间轴承油位、油温,艉轴重力油柜液位、油温,首尾密封装置油柜和循环器油位。每3~4个月取样化验一次,不得超过6个月。

进、排气阀杆要确保润滑,防止异常磨损或咬死。对非压力式润滑的各活动部件要定时加注滑油或油脂。

(5)燃油系统的检查和管理

应注意各燃油舱合理轮换使用,保持船舶的平衡;注意燃油的加温、驳运、沉淀、净化、储存和计量,沉淀柜中油应驳满沉淀至规定的时间后,方能经分油机净化并驳至日用油柜,还应注意检查沉淀柜、日用柜油位和油温,按时放残水。

应定期清洗燃油滤器,清洗后必须充油排气。当风浪天航行时滤器须转换清洗,避免供油中断。

注意对高压油泵、喷油器的工作状态和对高压油管的脉动情况进行检查。综合考虑泵体发热、油管脉动以及排烟温度变化等情况,分析气缸内燃烧和喷油器的工作状态。

燃油进机前要有合适的黏度范围,低速机要求的范围是12~25 mm^2/s。对中速机要求上限不超过20 mm^2/s。在管理中要确保燃油进机时的黏度符合要求,同时要避免油温突变。现代船舶柴油机都用黏度计自动控制燃油进机黏度,要勤于检查,确保其工作正常,必要时可人工调节,控制燃油雾化加热器燃油出口的温度。

(6)增压系统的检查和管理

废气涡轮增压器是高速回转机械,在运行中要观察其运转的平衡性,有无异常振动和声响。注意检测增压器的转速、润滑和冷却情况及增压空气压力。对自带油泵式润滑系统要注意油位、油质及油泵排出情况的检测。根据情况及时添加或更换滑油。应注意强制式润滑系统中油柜的液位、循环泵的运行状况、滤器前后的压差、观察镜中油流情况等,滑油压力、温度应随时观察并根据具体情况进行调节。

压气机流道和废气流道应按说明书规定的时间间隔喷水冲洗。压气机流道每天冲洗一次。主柴油机累计运行300 h冲洗废气流道,视废气流道脏污状况的不同,冲洗时间的长短是不一样的。当污染严重时可采用清水和化学剂交替喷射清洗的方法。按说明书的

规定废气涡轮增压器必须定期解体清洗。

(7)空气冷却器的检查和管理

空气冷却器是增压系统中的重要设备，运行中极易发生空气流道污堵现象，影响空气流通，引起燃烧恶化，排气高温甚至达到限定的报警温度，严重时发生喘振，直接影响主机运转的可靠性和船舶营运安全及经济性。为此，增压系统的空气冷却器必须定期化学清洗其气侧，空气冷却器水侧的清洗较方便，也必须定期人工清洗。

在船舶靠泊期间应用防尘罩将消音滤器盖上，特别是装卸粉尘性货物时或港口粉尘较大时，还要考虑停止机舱风机运转，关闭通风口防止大量粉尘被吸入机舱。

尽可能减少运转设备的跑、冒、滴、漏等现象，减少舱底污油水，避免大量油气充斥机舱被吸入压气机。当发生空冷器污堵时，轻者可采取用清水和清洗剂交替喷射的方法经常冲洗。污堵严重时可实现不解体浸湿式清洗，方法是：用清水和清洗剂以一定比例混兑，注满底部装上盲板的空冷器，同时用蒸汽持续加温并用空气吹搅，一般需要 30 h 以上方能达到清除污垢的效果，清洗效果可依压差计读数、扫气压力、扫气温度、排气温度及冷却水温度而定。

三、柴油机的停车和完车

当船舶处于停泊状态后，值轮机员接到驾驶台“完车”指令时，应按“完车”程序做好如下工作：

(1)停掉主机的辅助鼓风机。

(2)关闭起动空气系统的主停气阀、主起动阀、空气瓶出口阀，并将空气瓶补气至规定压力。

(3)打开各缸示功阀、合上盘车机进行盘车 15 ~ 30 min。

(4)关闭控制和安全空气系统，泄放系统中空气。

(5)关闭主海水泵进出口阀及冷却器进口阀。

(6)停燃油输送泵，关闭进、出口阀及日用柜出口阀，停止燃油循环泵的运行。

(7)打开扫气箱和涡轮增压器透平侧处的放残旋塞。用防尘罩将压气机消音器滤网盖好。

(8)让主滑油泵、淡水泵继续运转 15 ~ 20 min，充分带走运动表面的热量并使机体各部件均匀散热，避免因应力过大而发生故障，同时可以避免活塞头结炭。

(9)对采用副机循环冷却水暖机的主机，应在水温未降下来之前及时换接副机淡水管系，并注意管路中各阀的开闭状态。

(10)对采用副机循环冷却水暖机的主机，应在水温未降下来之前及时换接副机淡水管系，并注意管路中各阀的开闭状态。确认主机和其他设备正常后，航行班结束，轮机员开始轮值锚泊班或靠泊班。

第二节　柴油机运行的应急管理

一、封缸运行

船舶航行期间，当主柴油机的任意 1 个或 2 个缸发生不能工作的故障，一时无法排除，可采取停止有故障气缸运转，确保主机继续运转的措施称为封缸运行。

根据造船规范要求，6 缸及以下的柴油机，在停掉 1 个气缸的情况下应能保证主机继续运转。缸数超过 6 个缸的主柴油机，在停掉 2 个气缸的情况下应能保证其继续工作，使船舶继续航行，在适当有利的时机再处理故障。

（一）四冲程柴油机封缸运行的二种方法

1. 单缸停油

某缸发生故障，如喷油泵、喷油器故障，气阀烧蚀或阀杆卡死，气缸严重漏气，拉缸或敲缸等，这些故障或使气缸不能发火而运动件尚可运转，或气缸能发火而运动件工作失常。为了继续航行，简单的方法是用专用提升工具将油泵滚轮连同柱塞一起抬起，使该缸喷油泵停止工作，或打开喷油泵的回油阀，则燃油停止喷入气缸。不能采取只关闭喷油泵的进出口阀来停止气缸供油的做法，这将造成喷油泵偶件干磨擦直至咬死。

只采取单缸停油而不需要拆卸任何设备的方法称为减缸运行或停缸运行。因为只是单缸停油，活塞在压缩行程必然消耗机械能，因此，必须将单缸停油气缸的示功阀全开，减少能量的消耗。

2. 拆除活塞、连杆的封缸运行(四冲程柴油机)

当活塞、缸套或连杆严重损坏，则需将除曲轴以外的全部运动件拆除，并采取下述措施：

(1)封闭该缸滑油系统的所有通路。

(2)用专用工具封闭该缸曲柄销油孔。

(3)采取说明书中规定的其他措施。

封缸运行是为了确保航行安全的应急措施。主机运行中要注意排烟温度不得超过故障前的正常值。如果发生主机起动困难可采取换向操作，使曲轴转动以改变曲柄位置的方法再重新起动。机动操纵时应当向船长说明情况并要求尽量减少主机起停次数。

（二）封缸运行时的管理

1. 起动检查

采取了上述封缸处理措施后，在起动柴油机前必须检查各轴承的油流情况以及各封闭盖板、法兰的紧固情况。运行 10 min 和 1 h 后要分别停机打开曲轴箱检查下列各项：

(1)轴承。

(2)临时固定的部件。

(3)各轴承的油流情况。

(4)封闭盖板、法兰的紧固情况。

2. 柴油机的起动

封缸运行时,如果切断了故障气缸的起动空气,那么就不能保证曲轴在任何位置都能起动。如果发生了曲轴在某一位置不能起动的情况,应该迅速短时间反向起动柴油机,之后再换向到要求的方向起动柴油机。如果采取这样的措施还不能起动,那就应该用转车机将柴油机转至最佳起动位置起动。转车前切记要切断起动空气,打开示功阀。

3. 防止柴油机超负荷

要防止柴油机超机械负荷,各缸喷油泵供油量不允许超过额定值,同时要防止柴油机超热负荷,各缸排烟温度都不允许超过正常情况下全速航行时的最高排烟温度。柴油机必须在75%负荷的转速运转。

4. 防止增压器喘振

封缸运行时,因有一缸停止工作,废气涡轮增压器的空气流量减少,而柴油机的需气量亦减少,使增压器与柴油机的配匹发生变化,因而容易发生喘振。当增压器连续或间断发生喘振时,柴油机则不能在这个转速下运转,应降速直至喘振消除为止。

5. 防止柴油机异常振动

柴油机某一缸的运动件被拆除后,破坏了柴油机整体的平衡性,可能会在某一转速范围内产生强烈的振动。为了确保柴油机运转可靠,当振动异常时,应将柴油机转速降低直至运转正常。

6. 保证船舶航行安全

不论在何种封缸方法中运行,柴油机都是处在故障状况中运转。轮机长应加强对值班轮机员的指导,当值轮机人员应增加机舱巡检的次数,尤其应加强主机及其动力系统的管理。当柴油机主要工作指标和有关参数有异常情况时,必须立即找出原因并采取相应对策,如果问题得不到解决,必须立即向轮机长报告,必要情况下应向船长报告。保证船舶动力装置安全可靠的运行是轮机管理人员首要职责。

二、柴油机停增压器运转

废气涡轮增压器是高速回转机械,运转中发生损坏,柴油机应立即停车,尽可能减少增压器损坏的程度。停车后经检查如发现增压器轴承损坏、叶片断裂使增压器无法运转且又不能在短时间内很快修复时,应立即停止增压器运转,柴油机在低负荷下继续运行。

在机动航行、紧急避碰的状况下是不允许柴油机停车的。短时间内,只能在增压器损坏的状况,强制柴油机低速运行。这时,柴油机应无明显的异常振动,同时控制排烟温度不超过限定温度值。当船舶处在安全状态时,再停车处理增压器故障。

1. 停增压器的具体方法

(1)如果不允许停车,首先应采取降速措施,将柴油机转速降至机器无明显振动区域,维持全部气缸继续工作。

(2)如果航行中没有足够的修理时间,可采取将增压器转子锁住的应急措施,并使柴油机维持低速运转。

(3)如果需要继续长时间航行,应将转子抽出,用盖板将壳体两端封住的办法进行应急处理以保证柴油机仍可继续低速运转。

2. 四冲程柴油机停增压器运行

四冲程柴油机在停增压器运行时,相当于非增压柴油机,依靠活塞的吸排作用,仍可将新气吸入并排出做功后的废气。但因气阀重叠角较大,排气可能倒流,使燃烧恶化、排气温度升高,此时,只有通过减速降低排气温度,而这将使得柴油机的功率和转速大幅度下降。

以某四冲程柴油机为例,其 $P_e = 820.3$ kW,$n_b = 750$ r/min,$b_e = 221.3$ g/(kW · h),停增压器后运转允许的最大转速为 390 r/min,b_e 为 407.7 g/(kW · h)。

对于带轴带发电机的四冲程柴油机,当停增压器运行时柴油机需降速运转。此时,轴带发电机不能运行,只能用柴油发电机并网供电保证船舶安全航行,当值轮机员必须加强机舱动力装置的监管,当发生异常情况时应立即向驾驶台和轮机长报告。

如果停增压器运转时间很长,可采取增大压缩比降低排气温度措施;增压器转子锁住后因两端温差较大,会使转轴弯曲变形,所以应把转子拆出将壳体两端封住维持柴油机运转;为减少进排气阻力,应制作临时的旁通进排气管效果会好些。

三、拉缸的种类、原因及防止拉缸的应急处理措施

由于现代船舶柴油机强化程度的不断提高,超长行程的发展和劣质燃油的广泛使用,使柴油机的活塞、活塞环、气缸套等燃烧室的部件在十分恶劣的条件下工作,会引起润滑不良而导致柴油机拉缸。

(一)拉缸现象

拉缸现象是指活塞环、活塞裙与气缸套之间,相对往复运动表面相互作用而造成的表面损伤。这种损伤程度有刮痕、烧伤和咬死等区别,故可划分为划伤、拉缸和咬缸,在广义上统称为拉缸。

活塞环与气缸套之间的拉缸,通常发生在运转初期,即系泊试验、海上试航及磨合期,一旦磨合期结束,几乎不再发生拉缸现象。

活塞裙部与气缸套的拉缸,往往发生在磨合期后稳定运转数千小时内。

拉缸损伤的机理,大多数是由于滑动部位的润滑油膜受到局部的破坏,此时两个相对运动的表面突起部位首先发生金属接触,然后局部将出现微小的"熔着"现象,而熔着部位由于部件的相对运动又被撕裂。在这个过程中金属表面形成硬化层,当这个硬化层被破坏时,所产生的金属磨粒将成为加剧表面磨损的磨料。在出现所谓熔着磨损的短时间中,在活塞和气缸套表面上出现和气缸中心线相平行的高低不平的磨痕,这就是"拉缸"。严重时滑动部位完全黏着或卡住甚至可能在两个表面的薄弱部位产生裂纹以致机件破坏,这时可称为"咬缸"。

(二)拉缸的原因

造成拉缸的原因十分复杂:有设计、制造工艺及材料上的缺陷;也有运行管理不当的因素。

设计、制造工艺及材料的缺陷方面,如材料的选配、间隙大小的确定、结构布置是否合理、安装找正是否恰当、表面粗糙度的加工是否合适,润滑油冷却的安排是否完善、滑油净化质量是否合乎要求等。

运行管理方面的主要原因有：

1. 气缸润滑不良

2. 磨合不充分

(1)没达到规定的磨合期，过早投入营运。

(2)在磨合期内，分配各负荷下磨合的时间不合理，急于加大负荷运转。

(3)磨合期运行时注油器供油量不足。

3. 冷却不良

(1)冷却水泵供水不足或中断。

(2)冷却水腔锈蚀或脏污。

(3)冷却水没有及时化验、投药，水质差。

(4)冷却水温过高。

(5)冷却水中含有大量气泡。

4. 活塞环断裂

(1)搭口间隙过小，使活塞环断裂。

(2)天地间隙过小，活塞环卡死断裂。

(3)搭口间隙过大或磨损严重。

(4)环槽内结炭较多使活塞环胶着。

5. 燃用劣质油

(1)不完全燃烧致使残炭增多。

(2)后燃使排气温度升高，没及时采取技术措施。

(3)气缸润滑油碱性不合适。

6. 长期超负荷

柴油机长期超负荷运转，热负荷增大使机件过热。

(三)拉缸时的征兆

(1)气缸冷却水出口温度和活塞冷却液出口温度明显升高。

(2)可以听到活塞环与气缸壁间干摩擦的异常声响。

(3)曲轴箱和扫气箱温度升高，甚至有烟气冒出。

(4)发生拉缸的气缸当曲柄越过上止点位置时，有敲击声发出且柴油机转速会迅速下降或自行停车。

(四)拉缸时的应急措施

(1)早期发现拉缸，应首先加大气缸注油量，如过热现象不消除要进行单缸停油、降速、加强活塞冷却直到过热现象消失为止。

(2)发生拉缸时迅速降速，慢车运行，然后停车并立即进行转车，同时增大活塞冷却液流量。但切勿同时增大气缸套冷却水量。

(3)如果活塞咬死暂时转不动车，可待活塞冷却一段时间后再进行转车。

(4)当采用上述方法仍转不动车时，可向活塞与缸壁间注入煤油并待充分渗透后再行转车。

(5)活塞吊出后仔细检查并将损坏的活塞环换新，同时用油石将缸套拉痕磨光。

(6)重新装复时注意检查注油孔及油管接头,如有换新部件则必须进行磨合。

(7)对无法修复的拉缸故障,可采取封缸运行的方法处理。

四、船舶柴油机敲缸

(一)敲缸现象及分类

柴油机运行中发出有规律的不正常声响或敲击声,这种现象称为敲缸。

敲缸常分为燃烧敲缸和机械敲缸。由于燃烧的原因在上止点附近发出尖锐的金属敲击声称为燃烧敲缸或热敲缸,此时若继续运行,则柴油机的最高燃烧压力异常增高,各部件热应力增大,机械负荷亦增大,在冲击力的作用下,运动部件将过快磨损并导致损坏。

因运动部件和轴承间隙不正常引起钝重敲击声或摩擦声,是发生在上、下止点或越过上、下止点时及经过中部时,这种现象称为机械敲缸或冷敲缸。

判断是哪种敲缸可用降速或单缸停油的方法:采取上述措施时若敲击声随之消失则为燃烧敲缸;若敲击声仍不消除,则很可能是机械敲缸,可用金属听诊棒进行探查并确定敲缸的部位。

(二)敲缸的原因

1.燃烧敲缸的原因

(1)喷油器供油提前角过大。

(2)喷油器启阀压力调得过低。

(3)喷油器的喷嘴针阀卡在开启位置。

(4)喷油器弹簧断裂或松动。

(5)供油量过大,超负荷运转。

(6)所用燃油燃烧性能差,易发生爆燃。

2.机械敲缸的原因。

气缸上部敲缸的原因:

(1)气缸套上部磨出凸台。

(2)运动部件中心线不正。

(3)曲柄销轴承偏磨。

(4)气阀间隙过大。

气缸中部敲缸的原因:

(1)四冲程柴油机活塞销间隙过大。

(2)四冲程柴油机活塞与气缸套间隙过大。

(3)气缸套严重磨损。

气缸下部及曲轴箱敲击的原因:

(1)连杆轴承或主轴承间隙过大。

(2)主要运动部件的螺栓松动。

(三)敲缸时的应急处理

柴油机运行中,发现敲缸首先采取降速运行的措施,避免机件损坏。如果判定为燃烧敲缸,停车后进行如下检修:

(1)喷油器进行试压和调整,必要时换新。

(2)检查喷油泵的供油量,必要时调整其有效行程。

(3)若条件允许,检查和调整喷油正时。

如果确认是机械敲缸,则须对有关机件进行调整、紧固、修理和更换。

在航行条件不允许停车或无法修复时,可采取封缸运行的办法或降速航行,及时向船东报告,在适当时机尽快修复。

五、船舶柴油机曲轴箱爆炸

曲轴箱爆炸是指产生火焰的同时伴有高压。曲轴箱爆炸事故的破坏力是双重的,既发生火灾也存在冲击破坏。曲轴箱爆炸属于恶性事故,既造成柴油机的损坏又可能使人员伤亡。

1. 曲轴箱内油气浓度达到爆炸极限之内

柴油机运行中,自转动的曲柄甩出大量的润滑油油滴,飞溅至气缸壁面、曲轴箱壁面。大部分滑油汇集于油底壳返回主滑油循环柜,少部分滑油由于飞溅、碰撞及蒸发形成大量的可燃性油气。可燃油气浓度达到一定范围遇火源立即爆炸。

按容积百分比,可燃油气在空气中的比例为 1.7%,即爆炸下限,其爆炸上限为 11.2%。因为油气少而空气多的原因,可燃混合气中油气的浓度低于爆炸下限不会发生爆炸;如果可燃混合气中油气浓度高于 11.2%,因为油气多而空气少,可燃混合气也不会发生爆炸。

柴油机曲轴箱在封闭之后其内部积存大量空气,二冲程十字头式柴油机活塞杆填料函中的气封环即使工作性能极好,也会有增压空气自扫气室漏进曲轴箱。

曲轴箱透气管出口网罩易脏堵,曲轴箱内油气逸出困难,容易使曲轴箱内可燃混合气处在着火基本条件的浓度极限范围内。

可燃混合气产生爆炸的条件是由所需温度的上限和下限值所决定的。滑油蒸气着火下限为 270 ~ 350 ℃,上限高于 400 ℃,润滑油蒸发温度约为 200 ℃以上。

如果燃油漏入曲轴箱中会降低滑油着火温度,从而使曲轴箱可燃混合气在较低的温度下产生爆炸。

2. 曲轴箱内存在高温热源是引起爆炸的决定性因素

在正常情况下曲轴箱内的温度是较高的,但不应出现高温热源。当两种金属在相对运动中不正常摩擦、接触时会导致出现高温热源,如主轴承、连杆大端轴承及十字头轴承过热或烧熔等;拉缸、活塞环密封不良、燃气漏泄且活塞杆填料函气封环失效;扫气箱着火等。

3. 曲轴箱爆炸典型实例

例 1:某船　台四冲程六缸发电柴油机,由于缸套水密封圈漏水,拉出缸套更换密封圈,装复后运行不足 20 min 发现曲轴箱透气孔有大量烟气外冲。立即起动另一台发电柴油机,在负荷转移时就发生了曲轴箱爆炸,爆炸气体将曲轴箱道门打碎。其原因是换用了较粗的缸套橡胶密封圈,在热状态下气缸套变形造成拉缸而成为爆炸的热源。

4. 曲轴箱爆炸的预防

为了预防曲轴箱发生爆炸,管理中常采取如下措施:

(1)要避免曲轴箱内出现热源,防止活塞环、活塞杆填料函发生漏气;保证润滑和冷却,防止运动件过热、白合金烧熔;避免出现拉缸现象。

(2)在曲轴箱内安装油雾浓度检测器,在运行中连续监测曲轴箱内油雾浓度的变化,并在油雾浓度达到爆炸极限之前,发出声、光警报。

(3)在曲轴箱上安装透气管或抽气机将油气排出机舱外,注意油气管出口防火网罩不要被油垢脏堵。

(4)柴油机排气侧的曲轴箱道门上装有防爆门,其安全阀的开启压力为0.01 MPa,当曲轴箱中压力达到0.01 MPa时,防爆门安全阀自动弹开将油气放出,待压力降低后再自动关闭。

(5)曲轴箱内装CO_2灭火系统喷头,以备紧急情况发生时使用。

5. 曲轴箱爆炸时的应急措施

在运行管理中应不失时机的采取有效措施防止和处理曲轴箱爆炸事故。

(1)当发现曲轴箱不正常发热、透气管冒出大量油气和嗅到油焦味或油雾检测器发出警报时,都表明曲轴箱内存在潜在的爆炸危险。应立即降速并加强气缸润滑。注意不能立即停车和停冷却水泵、滑油泵。

(2)当发现曲轴箱有爆炸危险时,任何人不准在柴油机装有防爆门的一侧走动或停留,避免造成不必要的人身伤亡。

(3)当曲轴箱已经发生爆炸并将防爆门安全阀冲开时,要立即采取灭火措施。但切忌马上打开道门以防止新鲜空气进入曲轴箱,导致发生更大的爆炸事故。

(4)用机体外专用灭火接头引入灭火剂,但注意不要轻易使用灭火剂以防机体部件受到腐蚀,尤其要慎重使用CO_2灭火系统灭火。

六、船舶柴油机烟囱冒火

在柴油机排烟总管的通路中装设废气锅炉,有时在某一时间内会产生烟囱有大量火花连续喷出的现象,俗称烟囱冒火。

烟囱冒火的同时,还常伴有废气锅炉汽压突然上升、锅炉安全阀被冲开,蒸汽大量泄出。柴油机烟囱冒火,不仅会引起火灾,特别是危及油船、液化气船舶的航行安全,而且也是柴油机运行状态不佳和管理不善的反映。轮机管理人员根据具体情况应能找出烟囱冒火的原因,采取有效措施予以消除。

(一)烟囱冒火的原因

柴油机烟囱冒火,通常是由于未烧尽的燃油或含油积存物随废气带出烟囱遇到空气再燃烧所产生的。从火花形式把烟囱冒火分成三种情况:

1. 油雾燃烧形式的火花

这种火花在白天不易看见,夜间可见小而短的浅粉色火花。这种火花大多数可随烟流自行熄灭,无炭粒下落。

这种情况多发生在柴油机超负荷、燃油雾化质量差或供气不足,使喷入气缸内的燃油

不能完全燃烧所致。

2. 残油燃烧所形成的火花

此类火花颜色较深，随废气流动自行熄灭，有微小炭粒及烟灰带出。

这种情况多发生在柴油机部分喷油器滴油或低负荷运转时容易形成火花。由于上述原因使燃油燃烧不完全，排烟温度、压力偏低，排气能量减少使尚未燃烧的部分油分积存在烟道内附着在管壁上，部分油分形成炭粒粘附其上。当柴油负荷增加，烟道内温度升高时，积存在烟道管壁上的残油、炭粒便发生燃烧使烟囱冒火。

3. 烟灰沉积物燃烧形成火花

这类火花多为板状，亮度较大，呈现暗红色，持续时间为 1 ~ 3 h，多数发生在开航10 ~ 15天之后。常常落在甲板上还在继续燃烧，容易引起火灾。

当废气锅炉管壁表面可燃沉积物的堆积达到一定厚度后，在一定温度下被点燃并从壁面脱落冲出烟囱形成火花，这种火花最常见，也最危险。其产生原因有：

(1)燃油质量差，燃用劣质油时烟灰沉积物增多。

(2)喷油设备工作不良，喷油泵、喷油器有故障，燃油未完全燃烧造成排气中含油物质增加。

(3)气缸注油器注油量过大(不适用于四冲程柴油机)。

(4)气缸进气系统工作不完善。

(5)废气锅炉烟管脏堵，排气阻力增加，烟灰沉积物增多。

4. 烟囱冒火的预防措施

(1)保持柴油机气缸内燃烧状态良好，加强管理监测。

(2)加强废气锅炉的技术管理，按规定的时间间隔吹灰、洗炉和除垢。

(3)定期向排烟管内或废气锅炉水管内投药，清除积炭和防止结垢。

(4)对油船要注意保养烟囱内的喷水灭火装置。

(二)烟囱冒火时应急措施

(1)若出现第一类火花，应立即降低柴油机负荷或缓慢停车，待查明原因后恢复运转。

(2)若出现第二、三类视航行条件可继续运行，尽量吹掉排气系统内油性沉积物并使之烧尽。

(3)除火势过猛，个别缸或局部烟管过热外，应尽量使柴油机保持较高负荷。

(4)切勿轻易使用 CO_2 灭火系统，防止损坏机件。

七、紧急刹车的操作和注意事项

船舶航行遇到避碰等紧急情况，为使船舶尽快停止前进或变为倒航而对主机进行制动并迅速倒车的操作过程称为紧急刹车。

(一)紧急刹车操作

具有直接传动推进装置的船舶，倒航时必须改变主机的转向。尽管各机型的操纵系统的设备区别较大，但紧急刹车的操作程序是相同的。紧急刹车操作正确，柴油机能尽快停车并迅速开出倒车，符合船舶紧急避碰的需要，船舶可安全避让，主机不受损伤。如果紧急刹车时机不对或错过，则主机不能实现紧急刹车，甚至造成机损，更谈不上船舶避碰。

（1）接到驾驶台由前进三至后退三车钟指令，即紧急刹车指令时，当值轮机员立即回车钟应答，同时将紧急刹车指令及时间记入车钟记录簿，作为海事处理的依据，此后每个车钟指令及时间必须准确无误地记入车钟记录簿。

（2）当接到紧急刹车指令、应答及记录同时，以最快速度拉动操纵手柄至停油位置，及时切断主机燃油，使主机降速（SULZER 型主机，当车钟手柄越过停车位置时，已经通过断油伺服器切断主机燃油供应）。

（3）切断燃油供应的主机转速逐渐下降但仍然正转，根据主机型式的不同应在换向转速或应急换向转速下及时换向，使燃油凸轮、进排气凸轮及空气分配器凸轮按倒车正时控制相对应的设备（SULZER 型主机，当车钟位于倒车位置时，换向已经完成）。

（4）倒车起动，利用压缩空气进行刹车的时机准确。主机换向完成却仍按正转方向逐渐降速回转，当螺旋桨处于水涡轮阶段，即水流使螺旋桨处在负转矩阶段，此时正车转速依机型不同为（60% ~70%）n_b 至零。推动操纵手柄至“起动”位置不供燃油，按倒车正时供主机起动空气，利用压缩空气对主机进行制动，即“能耗制动”、“强制制动”两个阶段的制动。刹车时机不能过早，因为主机转速较高，活塞往复运动的惯性力较大，非但刹不住车，反而损失了大量压缩空气。虽然空压机不断向空气瓶充气，但空气压力也不能在瞬间达到规定的压力。当再次刹车时空气压力较低、刹车也不起作用，导致船停不下来，也不能倒航的严重后果。制动刹车时机不能过晚，即主机正向转速很低，倒车向主机气缸充入压缩空气，刹车会立即成功；否则会错过避碰的有利时机。最有利的时机是螺旋桨水涡轮阶段的最大负转矩点或最大负转矩点前的主机转速，一次刹车成功。最有利的时机也可以在螺旋桨水涡轮阶段开始后，进行分段刹车，即操纵手柄在倒车起动位置刹车一次、立即拉回操纵手柄至“停车”位置，再作第二次倒车起动刹车，成功后手柄回“停车”位置。

（5）倒车起动并供油主机制动时倒车转速的限制。主机刹车成功后其转速降至零，但船因质量很大仍按前进方向滑行，此时主机必须立即倒车，制止船舶的滑行并尽快具有倒航船速。

当主机经刹车成功后转速降至零时，再次推动操纵手柄至倒车起动位置、供油后主机倒车回转，在过程开始后转速不能过高，一般限在（20% ~25%）n_b，因为在这种转速下负转矩已达到 $1.1M_b$，若超过该转速轴系会遭到损伤。当船舶倒航速度逐渐升高时，主机转速会自动跟着上升，然后可逐渐增加主机供油量，主机倒车转速升高，船舶倒航速度亦增高，从而实现紧急刹车船舶的避碰的操作。

（二）紧急刹车时操作注意事项

（1）必须保证空气瓶压缩空气压力达到 3.0 MPa，压力过低不能有效地进行刹车。2 台空气压缩机必须同时起动运转，向空气瓶充气，注意空压机工作状态。

（2）当船速、主机转速较高时，一次刹车无法使主机停止运转，既消耗大量压缩空气又使轴系超扭矩，所以操纵手柄不能始终在起动刹车位置，期望刹车成功反而使刹车失败。正确的操作是采取分段刹车措施，即在起动刹车位置停一下，拉回操纵手柄，再将操纵手柄推至起动刹车的位置，刹车基本会成功，不行的话再进行一次刹车。

（3）当主机刹车成功，立即将操纵手柄拉至零位、待主机转速降至零后，迅速倒车起

动并供油，以最短的时间使主机倒车转动。

(4)主机倒车转动后，应避免一下子将油门加得过大，防止主机超热负荷、机械负荷，随着倒航船速的增高，可逐渐提高油门刻度增加供油量。

(5)必须掌握所在船舶紧急刹车的有利时机，即船全速前进至倒车的过程，在哪一个准确的转速下，能一次或两次刹车成功并能迅速开出倒车。

(6)采用遥控系统的主机，均按程序自动完成，不必担心操纵手柄供油位置。平时应对集控室操作、机旁操作、遥控操作的转换加强管理并经常使用，防止遥控系统出现故障而其他两处也不能进行紧急刹车的局面出现。目前一般的管理方法是船上轮机部普遍采用的手段，即主机冲车时采用机旁操纵，主机试车时转为集控室操纵，驾驶台试车时转为驾驶台遥控操纵。

第四章 船舶轮机技术的应用

第一节　船舶主机测试系统的应用及管理

一、柴油机电子示功器

1. 电子示功装置的类型、工作原理及主要特点

随着现代科学技术的迅速发展，电子示功装置的使用已十分普遍，尤其在现代柴油机的监控、检测技术中大都采用电子示功装置来分析研究柴油机缸内的工作过程。

电子示功器由传感器、测量（分析）电路和显示记录装置等三大部分组成。它是利用电子技术，通过各种形式（如电阻应变式、压电式、电容和电感式）的传感器把柴油机缸内的气体压力、曲轴转角等非电量按一定比例转换成相应的电信号输出，经放大器等中间环节传送到显示记录装置进行观察或打印。

在柴油机测试中，通常使用压电式或电阻应变式传感器测量气缸内压力，使用磁电式或光电式曲轴转角发生器探测曲轴转角的变化。在电子示功装置中，压力传感器是一个核心环节，不同的压力传感器决定着不同的测量电路。通常示功装置按所采用的压力传感器不同进行分类，而且习惯上也多以其所采用的传感器来命名示功装置。压力传感器一般分为电阻应变式、压电式、电容式、电感式等，所以电子示功装置亦可分为电阻应变式示功装置、压电式示功装置、电容式示功装置和电感式示功装置等。

2. 电子示功装置的优缺点及适用范围

电子示功装置的突出优点是固有频率高，即具有良好的高频特性，如电阻应变式的固有频率可达数十千赫，压电石英式可高达数百千赫。固有频率如此高的传感器与适当的测试环节匹配可获得良好的频响特性，所以它的频率特性宽，适用于低、中、高速柴油机使用，测量误差小于1%。

电子示功装置灵敏度高、线性好，但它易受外界干扰影响。如电源电压波动、电磁场干扰、环境温度变化等均影响其工作稳定性。因而它对测量电路要求较高，需设补偿装置。

电子示功装置既可测取单个循环示功图，又可测取多循环平均示功图。它与计算机组成一套完整的多参数综合测量系统，可实现对柴油机的远距离监测、数字显示及自动控制，完成对柴油机的诊断、趋向预报等监控技术。因而，电子示功装置在近代自动化船舶上应用广泛。MAN B&W 公司 MC 型柴油机采用 PMI 装置对柴油机进行热功测试和检验就是这样一套系统。

3. 电子示功装置的使用

为了得到满意的测量精度，除了在日常应对电子示功装置精心保管外，在使用上应特别重视上止点位置的确定和对压力传感器的定期标定。

电子示功装置的标定包括压力值标定和曲轴转角(时间坐标)标定等。

(1)压力值标定分为静态标定、动态标定和随机标定。

静态标定指向测量系统输入稳定的标定压力信号，通过调节电荷放大器或者应变仪的线性度，使其输出的压力信号误差满足精度要求。

动态标定是对传感器输入已知频率及幅值的压力信号或者通过激波管产生一阶跃压力，记录它的输出或者根据它的输出曲线求出其频率响应特性，以便在使用时根据它的输出响应得到准确的输入压力信号。

随机标定是在测量过程中，对一整套动态压力测量装置进行标定。

(2)曲轴转角标定是指给出具有一定精度的上止点记号和已知频率的时标标记或曲轴转角标记。

上止点的标定质量直接影响示功图计算的准确度。若上止点有 1°CA 误差，则示功图计算有 ±5.5% 的误差。因而要求上止点标记误差满足 0.2°CA ~ 0.5°CA 的要求。对于运转的多缸柴油机确定上止点，一般通过暂时单缸停油法测录。

二、示功图的测量及分析

(一)船舶柴油机爆压测量

1. 柴油机爆压测量的目的

(1)测量爆炸压力是确定柴油机工作状况的主要依据。

(2)通过测量各缸的爆炸压力可以确定多缸柴油机工作是否均衡。

(3)配合排烟温度和供油刻度，可以确定供油提前角是否合理，排烟温度高，爆炸压力低，在排除喷油器雾化的情况下可以判定提前角过小；爆炸压力高，排温低可以判定提前角过大。

(4)测量爆炸压力可以判定哪个缸没有发火(爆炸压力接近压缩压力)。

(5)测量爆炸压力可以判定哪个缸是否供油量过大、过小(爆炸压力高，排烟温度高是供油量大；爆炸压力低，排烟温度低是供油量过小)。

柴油机的运行应该定期测量爆炸压力，对各缸油门的调节也不应仅以排烟温度为准，应该将爆炸压力、排烟温度和功率综合考虑。测量爆炸压力是判断柴油机问题的重要手段。

2. 最大爆发压力测量

(1)测量最高爆发压力时，除了应遵守测取示功图的注意事项外，还应针对所采用的测量仪器进行准确地测量与读取。如果采用的是电子示功装置，最高爆发压力可直接在显示屏上读取。如果采用的是最高爆发压力表进行测量，测量前应注意对其进行正确的设定与调整，测量时可直接读取爆压值。如果是在机械示功器测取的示功图上测量最高爆发压力，则应根据示功器弹簧的比例选取对应的比例尺正确量取读数。

（2）（机械式）最大爆发压力表使用。

①调整柴油机到规定负荷，将仪表预热（放在气缸盖上）。

②快速全开示功阀，吹掉污物，关闭示功阀，然后安装压力表。

③打开仪表泄放阀，冲掉杂物后关泄放阀。

④打开示功阀旋塞测量，关闭示功阀旋塞后，打开仪表泄放阀。

（二）示功图的种类和用途

根据对柴油机热工参数测量的不同目的和任务，可测取不同类型的示功图。用机械示功器可以测取 $p-V$ 示功图、$p-V$ 转角示功图、弱弹簧示功图、纯压缩图，也可用手拉测取手拉示功图和梳形图等，用气电示功器或电子示功器可测取 $p-\varphi$ 示功图。这里仅对 $p-V$ 示功图、$p-\varphi$ 示功图作简单介绍。

1. $p-V$ 示功图

图 4-1 中，(a) 为四冲程柴油机 $p-V$ 示功图；(b) 为二冲程柴油机 $p-V$ 示功图。

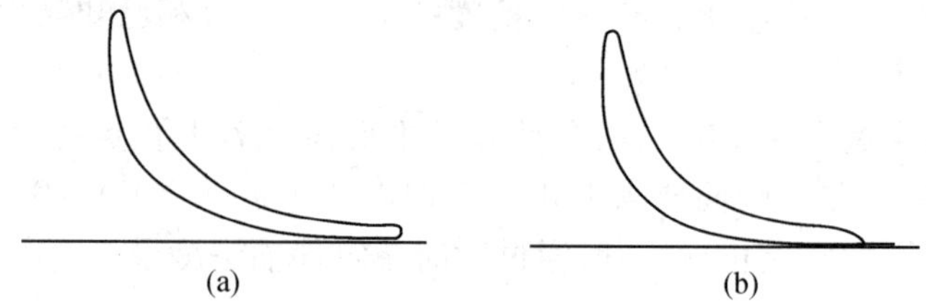

图 4-1　$p-V$ 示功图

$p-V$ 示功图可以用来计算柴油机的功率，调整各缸负荷的均匀性，量取最高爆发压力和判断各缸燃烧情况以及计算缸内瞬时温度等。这种示功图既能定性也能定量地显示出气缸内工作过程的实际情况，因而成为研究内部工作过程所不可缺少的重要依据。但是，它的测量是在一个工作循环内完成的，如果因某种原因而产生误差，这种误差甚至可高达 10% ~15%，那就失去了测量的意义。因此，测量时必须特别注意工况稳定，并慎重对待所测得的结果，尽量避免误差。

2. $p-\varphi$ 展开示功图

用电子示功器可测取 $p-\varphi$ 展开示功图。如图 4-2 所示为 $p-\varphi$ 示功图，在船上可通过电子示功器测得。p 为气缸内气体压力，φ 表示曲轴转角。$p-\varphi$ 示功图可用来计算柴油机的指示功率，评估燃烧与扫气过程，测取缸内最高爆发压力 p_z 和压缩压力 p_c，计算放热率，测定发火角等，是分析研

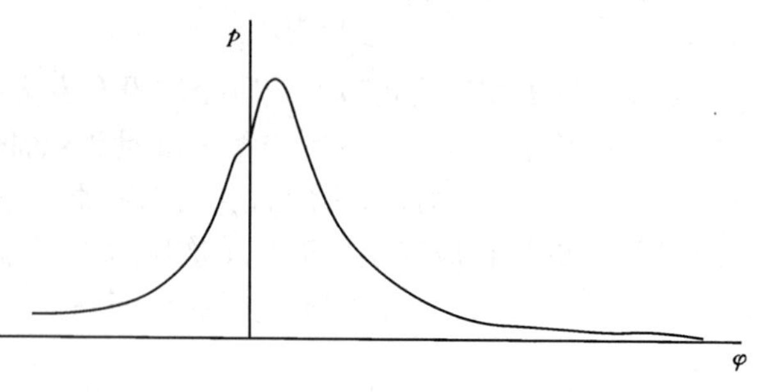

图 4-2　$p-\varphi$ 展开示功图

究柴油机工作过程常用的一种示功图。

总之，在船舶上通常使用机械示功器或电子示功器测取气缸示功图，一般地讲有以下用途：确定柴油机指示功率并判断功率分配的均匀性；确定柴油机的最大爆发压力 p_z 和压缩压力 p_c；评估柴油机缸内工作过程的完善程度，如研究其燃烧过程、换气过程，计算缸内温度等。

第二节 船舶轮机新技术应用及管理

智能控制在工业领域得到了迅速发展，船舶智能柴油机的概念也应运而生。随着人们对船舶可靠性、经济性和废气排放控制的日益关注，船舶智能柴油机得到了发展。

1. 智能柴油机的特点

智能柴油机与传统的机型相比，有以下特点：

(1)取消了传统的凸轮轴系统，利用电子计算机控制各缸的喷油定时和喷油量、排气阀定时、起动空气定时等。

(2)采用共轨燃油喷射系统，通过计算机系统控制喷油器。

(3)采用液压伺服油系统。使用柴油机系统滑油作为工作介质，驱动高压油泵、排气阀等机构。

(4)采用气缸压力在线检测系统，将各缸压力及时输入计算机，确保各缸负荷均匀，同时不超负荷。

2. 智能柴油机控制系统的组成

智能柴油机主机由以下子系统组成：

(1)运行模式控制系统

包括排放控制模式、节油模式、主机保护模式、应急停止或倒车的最优化等控制单元，可根据船舶航行的实际情况，由驾驶台或智能机自身控制系统选择所需要的运行模式。

(2)主机控制系统

主要包括气缸油量控制、喷油泵的控制(气缸压力的测量与分析、p_{max} 的控制)、调速器的控制、排气阀的控制(压缩压力的控制)、增压系统的控制等单元，控制柴油机各系统的运行。

(3)主机工况监测与分析系统

该系统自动采集主机的各种运行参数，并通过计算机控制使主机始终在最佳状态下运行。该系统包括：气缸状况检测(活塞环和气缸套的状况)、气缸压力的监测、扭振的监测等单元。

3. 智能柴油机的运行特点

(1)燃油共轨系统的工作过程

燃油共轨系统不再采用传统的同步柱塞泵脉动供油原理，而是通过高压共轨蓄压，采用高速开关的电磁阀控制喷油过程。燃油由增压泵输送到油轨中，等待在允许的情况下由喷油器喷入燃烧室。共轨控制系统通过安装在柴油机上的曲轴角度位置传感器接收的曲轴实际状态信号，根据柴油机的点火顺序和预设定的燃油正时，用电子信号控制相应气缸喷油电磁阀的启闭,实现柴油机各缸的正常燃烧,即油泵和喷油器的控制全部由电子控制单元来完成。

共轨控制系统输出控制信号的主要依据,可以是各种传感器对柴油机所测得的数据及对它们综合处理的结果,包括排烟温度、NO_X 排放量、压缩压力、爆炸压力等。所以燃油共轨系统能够有效的实现柴油机在全工况范围的性能最优化,从而达到满足排放要求,有较高的燃油经济性、灵活可靠的操纵性和更长的寿命。

(2)电控共轨柴油机的优点

①燃油油耗低,经济性好。共轨系统中的喷油压力柔性可调,可对不同工况确定所需的最佳喷射压力,优化柴油机综合性能。供油定时和供油规律完全由高速响应的电磁阀控制,所以电控共轨燃油系统能够精确地控制喷油时间和喷油速率来控制燃烧过程,从而达到控制排气中的 NO_X 量和提高经济性的目的。

②通过控制燃烧,能够同时满足排放和经济性对燃油系统的要求。机械式喷射系统,在燃烧的前期燃油燃烧的速度快、放热率大,导致燃气温度高,从而使燃气油的 NO_X 量相对增加。如果采取减小喷油提前角来减低 NO_X,由于结构的限制,则整个燃烧过程较长,后燃严重,从而导致柴油机的经济性降低。而共轴系统在适当减小喷油提前角来减低燃烧温度的同时,也增大喷油速率来缩短整个燃烧过程。共轨型柴油机一般提供两种操作模式:燃油经济性模式和低 NO_X 模式。在一般航区航行,使用燃油经济性模式,同时遵守国际海事组织 IMO 提出的 NO_X 排放标准;在特殊航区航行,选择 NO_X 模式,柴油机的排放将会符合特殊航区的 NO_X 排放标准。此外,燃烧良好还可减少颗粒物排放。

③采用电磁阀控制喷油,其控制精度较高,高压油路中不会出现气泡和残余压力为零的现象,循环喷油量变动小,各缸燃烧压力、排烟温度等热力参数相当均衡;机械负荷和热负荷低;柴油机内部机械作用力、扭矩和振动较小。

④具有集中监控各种参数的功能。采用电子喷射的大型低速柴油机的控制系统与机舱控制和监测系统相适应,通过各类传感器和计算机处理系统,使柴油机始终处于最优化状态。当可能发生故障时,系统会提前报警,并给出相应的维修计划,列出此维修所需要的工具、备件以及人力清单。

⑤部分负荷时运行性好,最低稳定转速低。柴油机在低负荷运转时,能保持相当高的喷射压力,同时精确控制喷油量。

⑥当外界条件变化时,共轨喷射系统能够根据外界条件柔性调整喷油时间、喷油持续时间及喷射压力,获得最佳喷射效果;能够适应迅速改变功率和转速等工况的要求。可以实现更低的运行转速,更好的加速、倒车、急停性能,同时柔性控制喷油速率变化,实现理想喷油规律,容易实现预喷射和多次喷射,既可降低 NO_X,又能降低曲轴的角加速度变化,保证优良的动力性和经济性。

⑦采用共轨系统的船舶大型低速柴油机,可省去传统柴油机的燃油凸轮轴、传动装置、链条箱等,使柴油机的结构大大简化,运动部件减少,从而增加了柴油机的可靠性,同时使柴油机减少单位功率的重量和体积重量,降低制造成本,延长大修间隔,降低维修成本,并可延长寿命。

第五章
船舶主推进动力装置的工况配合特性及管理

第一节　船舶推进装置工况配合

一、船、机、桨的特性

由船舶主机、传动设备、轴系和螺旋桨所组成的船舶主推进装置，消耗燃料产生推力，克服船体产生的各种阻力，使船舶按照一定的要求前进、后退或转向等。所以，在船舶实际航行中，船舶主机—传动设备—螺旋桨—船体，这几部分相互联系，相互作用，组成了保障船舶运动的一个统一体系。

船舶动力装置的特性：船、机、桨的主要技术经济指标在一定条件下随主机转速或船舶航速变化的规律称船舶动力装置的特性。

推进装置的工况：船舶在各种条件下运行时，用船、机、桨的工作参数来表示三者的相互影响和变化规律称推进装置的工况。

船体的阻力特性：船舶航行时，其水下部分受到水的阻力，水上部分受到空气的阻力。在一般气候情况（3 ~ 4 级风）下，水阻力是主要的，空气阻力很小，可忽略不计。但当风力较强时，空气阻力则不应忽略。

船舶的水阻力包括：形状阻力（漩涡阻力）、摩擦阻力和兴波阻力。

1. 形状阻力（漩涡阻力）

船舶在前进时，尾部产生旋涡低压区，首部受到的水压力比尾部大，此压力的大小与船舶形状有关。

形状阻力与航速的 4 ~ 6 次方成正比，因此航速对其影响最大，一般民用船占 10%；高速船占 50%。

2. 摩擦阻力

水与船体表面的摩擦对船舶前进产生的阻力称摩擦阻力。

摩擦阻力与航速的 1.86 次方成正比，一般民用船占 80%；高速船占 40%。

3. 兴波阻力

船舶前进时水对船体的反作用力称兴波阻力。

这三种阻力均随船速的增加而增加，所以船舶的总阻力（三者合成）也随船速的增加而增加。图 5-1 示出了船舶阻力与船速的变化关系。

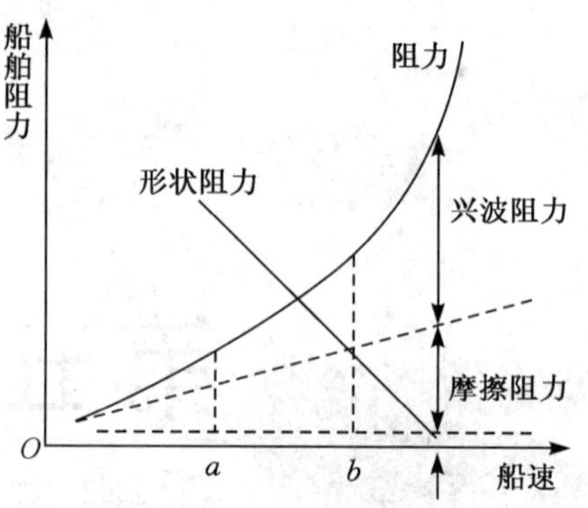

图 5-1　船舶阻力特性曲线

从图中可看出，同一条船，船速低时摩擦阻力是主要的；当船速提高时兴波阻力变成主要的了。漩涡阻力主要取决于船体形状，与船速关系不大。针对这一性质，要最有效地改善船舶的航行特性，就要切实地考虑兴波阻力的特性：在某一速度区域内（如图 5-1 中 a 点船速以下区域），虽然船速增加很多，但阻力增加值却不大（称为有利速度区域）；而在另一速度区域内（如图 5-1 中 b 点以上区域），只要速度略有增加，即可引起兴波阻力急剧增加（称为速度有害区域），同时，从图中也可看出，当船速变低时，阻力变化平缓；船速愈高时，阻力增加率愈快。由此可见，在高速时，要增加一节航速比在低速时同样增加一节航速要克服较大的阻力，从而要求船舶主机的功率要大得多。

根据船模及实船实验表明，水对船体的总阻力约与船速的平方成正比。

在讨论船、机、桨工况配合时，对于不同的外界航行工况，往往通过船舶阻力的变化来反映各种不同航行工况下的船体阻力特性，常用一系列阻力特性曲线来表示，如图 5-2 所示。图中 a_1、a_1 和 a_1 分别表示船舶的拖曳、重载和轻载特性曲线。图 5-2 上表示的是一族船体的阻力（$R-V_S$）特性曲线，但对于船、机、桨、工况配合问题，有时用功率航速关系来讨论更容易理解，因此转换成船体有效功率 P_R 和航速 V_S 的 P_R-V_S 特性曲线，如图 5-3 所示。

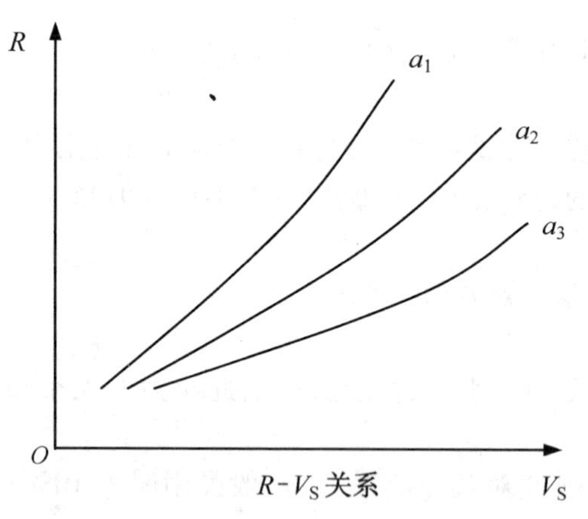

图 5-2　船舶阻力特性曲线

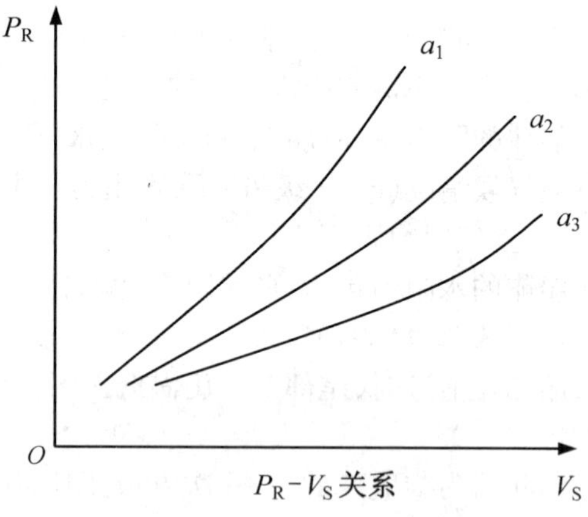

图 5-3　船舶阻力特性曲线

二、船、机、桨的相互作用

在船舶推进系统中，船、机、桨三者处在同一推进系统中。当船舶在某一工况下稳定航行时，同时也决定了机、桨的运转点。当柴油机作为船舶主机带动螺旋桨工作时，无论柴油机与螺旋桨直接连接还是通过减速齿轮箱连接，二者总是要保持能量平衡。在稳定运转条件下，若不计传动损失，主机发出的功率 P_e 和转矩 M_e 等于螺旋桨的吸收功率 P_p 和转矩 M_p，同时螺旋桨产生的推力又与船体运动时所产生的阻力相平衡。

由上述可知，尽管船、机、桨的性能是彼此不同的，但由于船、机、桨三者都处在同一推进系统中组成了一个统一的整体，因此它们之间又有着密切的联系。这表现在：第一，它们之间有着机械连接，也就存在着运动方面的相互作用。如螺旋桨前进速度等于船体的前进速度，螺旋桨轴的转速等于螺旋桨的转速。第二，船、机、桨之间存在着液力相互作用。例如，船体运动所产生的速度场和螺旋桨转动所产生的速度场间存在着相互影响。第三，从能量角度看，主机是能量的发生器，螺旋桨是能量的转换器，而船体则是能量的消耗者，因此船、机、桨就构成了一个有机的统一能量转换系统。第四，由于它们之间存在着以上机械、液力和能量方面的相互关系，所以它们的性能必将在船舶航行中相互制约。如当要求船舶在某一工况下航行时，同时也决定了后两者的性能参数。如果将主机限制在某一工作参数下运转，同样也决定了另外两者的工作参数。

三、典型推进装置的机、桨配合特性

（一）单机单桨直接传动配合特性

1. 基本原理

如果不计传动机组（齿轮箱等）及轴系的传动损失，柴油机所发出的功率 P_e 等于螺旋桨所吸收的功率 P_p。柴油机的速度特性 $P_e = Cp_e n_e i$（C 为比例常数）和螺旋桨的推进特性线 $P = C_p n_p^3$ 变化规律不同，在某一稳定工况条件下，两者的配合只能相交于一点，一旦工况变化，配合点将发生变化。无论推进装置的型式如何，都必须符合上述配合的基本原则。

2. 特点

它是用一台柴油机不经过传动机组，直接带动一只螺旋桨，如图 5-4（a）所示。这种装置的性能特点是（忽略传动损失）

$$P_e = P_p; \quad M_e = M_p; \quad n_e = n_p$$

这种主机与桨直接连接的装置，通过改变主机工作油门，可改变主机的输出功率。每一个主机工作油门对应一个主机速度特性工作曲线，如图 5-4（b）中的曲线组 1、2、3、4、5 等。其中曲线 2 是标定负荷下的工作曲线，曲线 1 是超负荷条件下的工作曲线，曲线 3、4、5、是部分负荷条件下的工作曲线。而随着船舶条件（吃水、船体清洁程度等）和海况条件（风浪和水深等）的改变，螺旋桨的阻力特性曲线也发生相应的改变，如图 5-4（b）中的曲线组 Ⅰ、Ⅱ、Ⅲ等。其中曲线 Ⅰ 是标定工况下的螺旋桨阻力特性曲线，曲线 Ⅱ 是船舶阻力增加条件下的螺旋桨阻力特性曲线，曲线 Ⅲ 是船舶阻力降低条件下的螺旋桨阻力特性曲线。为了分析方便，忽略储备量及传动损失的影响，即将图中的 A 看作是按额定负荷 P_e 工作的，并位于 MCR 点上，其相应的功率为 P_{mc}、转速为 n_n。B 点为超负荷时的配合点；C、D、E 和 F 为主机在部分负荷情况下的配合点。如图 5-4 中的（b）图所示。

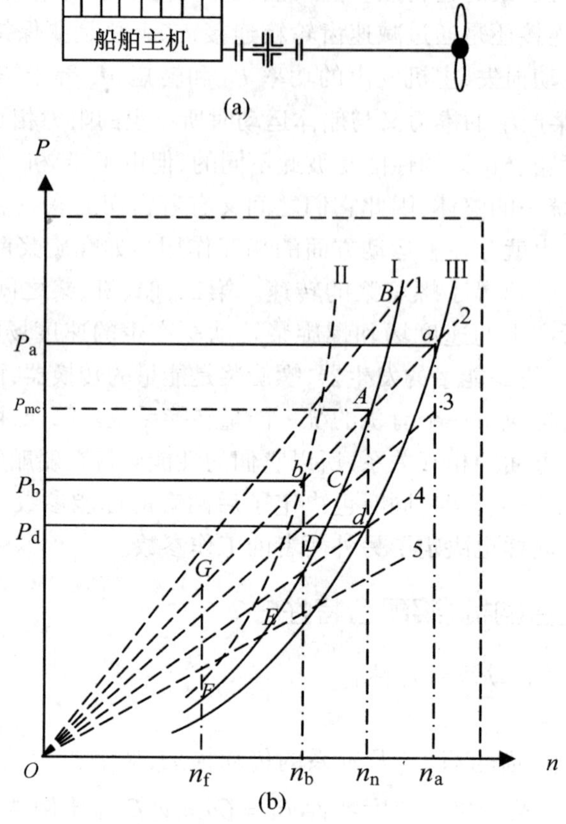

图 5-4　单机直接传动的机、桨配合特性

Ⅰ、Ⅱ、Ⅲ—螺旋桨的推进特性；

1、2、3、4、5—柴油机在各等平均有效压力时，$P_e = f(n)$ 的变化曲线

(二)减速齿轮箱传动配合特性

中速或高速柴油机作主机的船舶，一般在其机、桨之间均采用减速齿轮箱传动，借以获得较低的螺旋桨转速，从而提高其螺旋桨效率。

1. 特点

柴油机的功率是通过减速齿轮箱后传送给螺旋桨的，如图 5-5 所示。如忽略功率在传递过程中的各种损失，则有

$$P_p = P_e; M_p = i \cdot M_e; n_p = n_e/i$$

式中，P_e——柴油机的功率；

P_p——螺旋桨的功率；

i——减速比。

船舶主机

图 5-5　单机单桨经减速齿轮推进装置

2. 配合特性

由于柴油机输出的功率不变，而在减速后其转速降低了 i 倍，故其扭矩相应地增加了 i 倍。

(三)双机单桨传动配合特性

1. 特点

由两台主机各自通过离合器后共同经过减速齿轮箱带动一个螺旋桨,其主机与螺旋桨之间的转速关系同减速比有关,这与单机减速后带桨的情况类似,即

$$P_p = 2P_e$$

$$M_p = 2 \cdot i \cdot M_e$$

$$n_p = n_e / i$$

式中,P_e——柴油机的功率;

P_p——螺旋桨的功率;

i——减速比。

这种装置一般多采用单级传动,双主机的转向相同,但与桨的转向相反。其装置的配合情况如图 5-6(a)所示。

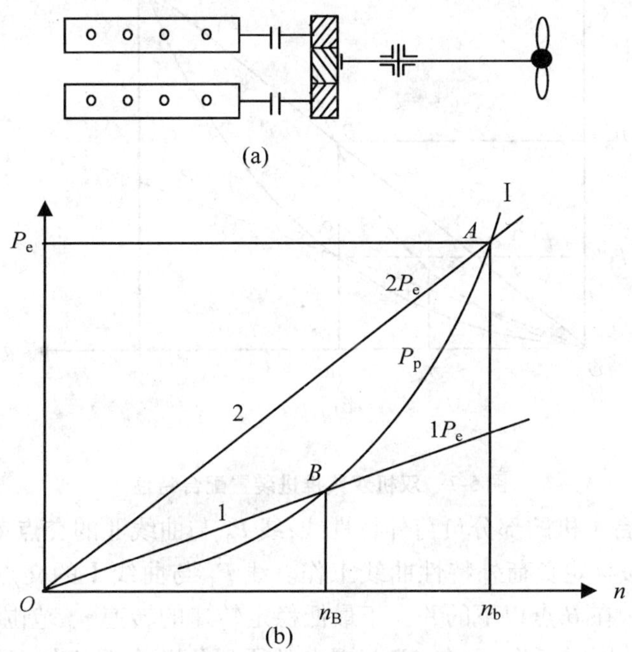

图 5-6　双机单桨推进装置配合特性

I —推进特性曲线;

1、2—分别为一台机和两台机速度特性曲线。

2. 配合特性

图 5-6(b)所示为这种并车装置的特性曲线。设 A 点是两台主机联合工作时与桨相配合的额定工作点,其相应的功率和转速各为 P_{mc} 和 n_n。B 点为一台机开全功率时与螺旋桨推进曲线的配合点。可见,要使船舶在推进曲线的 AB 段内工作,两台主机必须并联运行。如果转速和船速降低至 B 点以下时,既可开两台机联合工作,也可开其中一台机。但应注意,在 B 点以下由于螺旋桨所吸收的功率本来已经很小,如果仍开两台机联合工

作,那么每台主机所担负的负荷就更小,会造成耗油率的增加;如果只开一台机,其功率的利用较充分,耗油率也相应要低一些。

(四)双机双桨传动配合特性

图 5-7(b)所示为双机双桨推进装置机桨配合特性。图中曲线Ⅰ为单桨工作时的推进特性曲线;曲线Ⅱ为双桨同时工作时的单桨推进特性曲线;P_1 为一台主机的标定负荷外特性线;P_2 为一台主机的部分负荷外特性线;线 P_1 与曲线Ⅱ的交点 A(MCR)为标定工作点,此时双机均按标定负荷外特性曲线工作。线 P_1 与曲线Ⅰ的交点 B 为单桨工作时机、桨配合工况点。在 B 点以下的并大于最低稳定转速的转速 n_d 范围内,既可以用单桨工作,也可以用双桨同时工作;而在 AB 范围内必须两台机并联工作;否则,可能导致主机超负荷。例如,设在某转速的工作条件下,按单桨工作时,推进曲线Ⅰ与主机外特性线 P_1 在 B 点相交,这时由于船速较小,螺旋桨的进程比 λ 也小,曲线Ⅰ较曲线Ⅱ陡(实际上,由于拖桨等关系曲线会更陡),尽管主机是按额定负荷 P_e(按 P_1 线)工作,但其功率 P_B 和转速 n_B 均远小于额定值;如果在转速 n_B 条件下按推进曲线Ⅱ(双桨同时工作时的单桨特性线)运行,则分摊到每个桨上的功率 P_B'约为 $1/2P_B$,它只能与主机的部分特性线 P_h 在 B' 点相交。在这种情况下,逐渐增加发动机的负荷,航速就相应增加,直到额定负荷 A 点达到额定航速,船速不再提高。设 n_d 为发动机的最低稳定转速,如果只开一台发动机,那就只能在转速 n_d 至 n_B 范围内工作;同时开两台发动机,可在 n_d 至 n_b 间的全部转速的范围

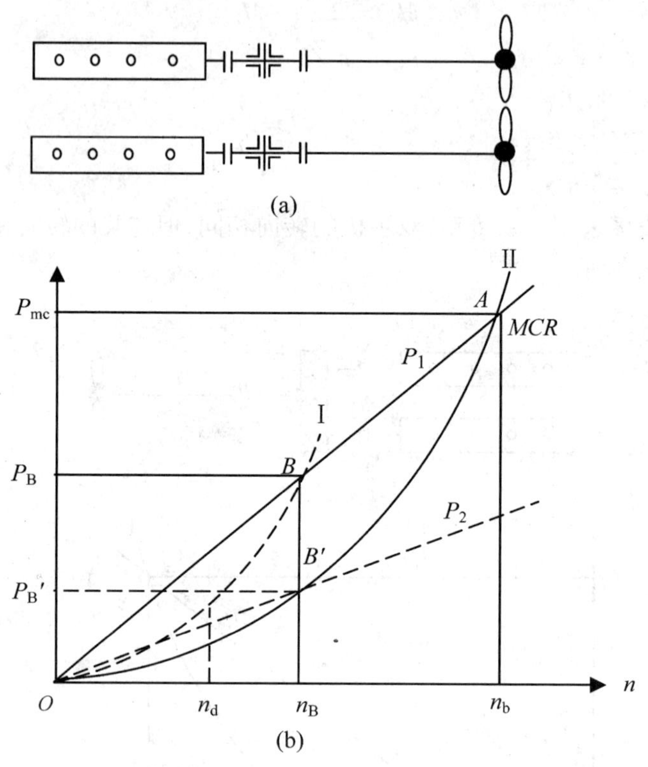

图 5-7　双机双桨推进装置配合特性

里工作。但此时应注意，当主机转速接近最低稳定转速 n_d 时，如果两台主机间负荷分配不均匀，可能导致分配较低的一台主机停车。

四、调距桨装置的机、桨配合特性

如果螺旋桨的桨叶和桨毂是一体的，当螺旋桨制造好后，它的螺距就不再改变，这样的螺旋桨称定距桨。根据定距桨功率与转速关系式可知，当船舶航行阻力增加时，只要船是处于稳定航行状态，螺旋桨所需功率 P_p 与其转速 n 间仍然保持三次方关系。但由于系数 C 将发生变化，因此螺旋桨特性也要发生变化，如图 5-8 所示。由图可见，当船舶阻力增加后，在相同的螺旋桨转速下，螺旋桨所需功率将增加。也就是说，螺旋桨随船舶阻力增加而负荷变重；反之则变轻。

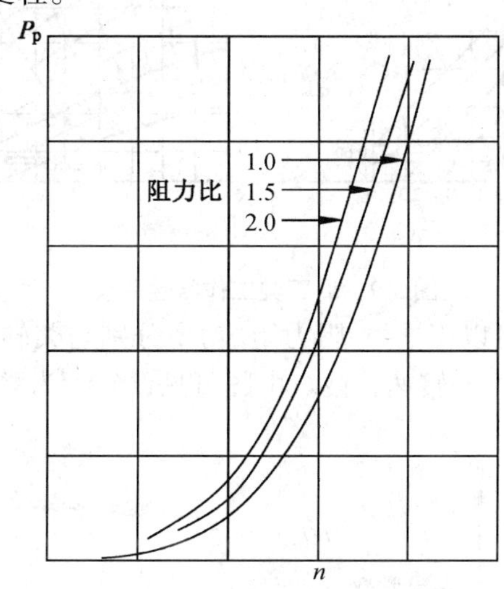

图 5-8　船舶阻力对螺旋桨特性影响

当外界条件不变而螺旋桨的螺距比 H/D 改变，船舶处在稳定航行状态时，螺旋桨所需功率与其转速也仍然保持三次方的关系，但因系数 C 的变化，使螺旋桨特性也发生变化。由此可见，在同样的航行条件下，使螺旋桨转速保持不变，采用的螺距越小，螺旋桨所需功率也就越小，螺旋桨负荷越轻；反之则越重。

将以上两种情况结合起来就不难想到，由船舶阻力变化所引起的螺旋桨特性变化可用改变螺距比的方法来补偿，只要螺距比采用得适当，在船舶阻力发生变化时，可使螺旋桨的功率—转速特性线保持在原来的位置，也就是可用改变螺距的方法去适应船舶工况的变化，于是就出现了可调螺距螺旋桨。

可调螺距螺旋桨（简称调距桨），其桨叶螺旋面与桨毂可作相对转动，通过转动桨叶来达到改变螺距的目的。桨叶每到一个位置，就有一个对应的螺距 H，螺旋桨也就有一个新的特性。

对于一个定距桨，它只有一组工作特性曲线，并且当 λ_p 为常数时，它的推力、阻力矩、功率与转速之间的关系曲线都只有一条，而调距桨，则可以把它视为一系列同一直径的具有不同螺距比的定距桨的组合，所以它的特性曲线是由多组类似于定距桨的工作特性曲线共同组成的。

在阻力因素不变的情况下,螺距越大,则相同转速下的推力越大,转矩也越大,因而当船舶阻力发生变化时,可通过调整螺距比来控制螺旋桨转速和转矩及推力之间的关系,即可满足船舶阻力变化的需要。

从图 5-9 上可以看出调距桨在不同工况时的效率变化情况。

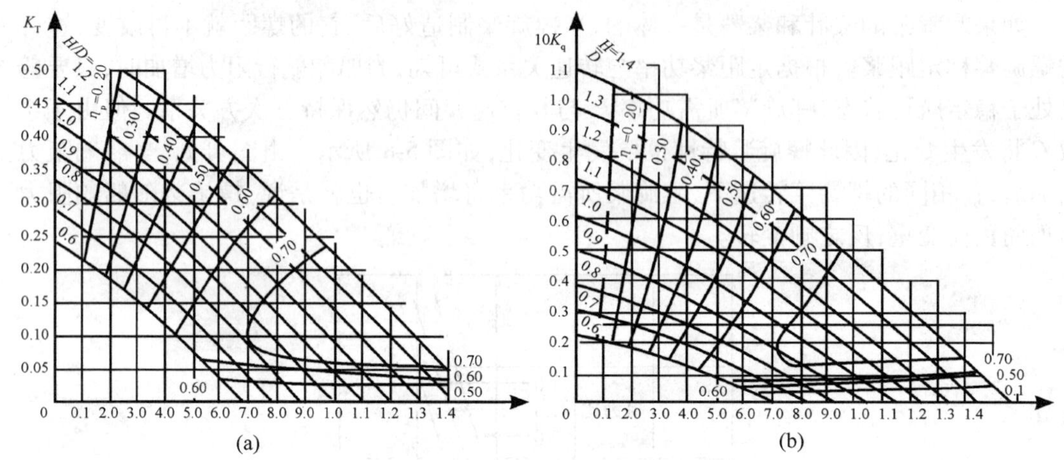

图 5-9　调距桨工作特性曲线

调距桨的工作特性也可以用推力、阻力矩、功率分别与桨转速之间的关系曲线表示。图 5-10 示出了调距桨的功率—转速特性。由图可见,当 λ_p 为常数时,它是以螺距比为参变量的一组曲线。

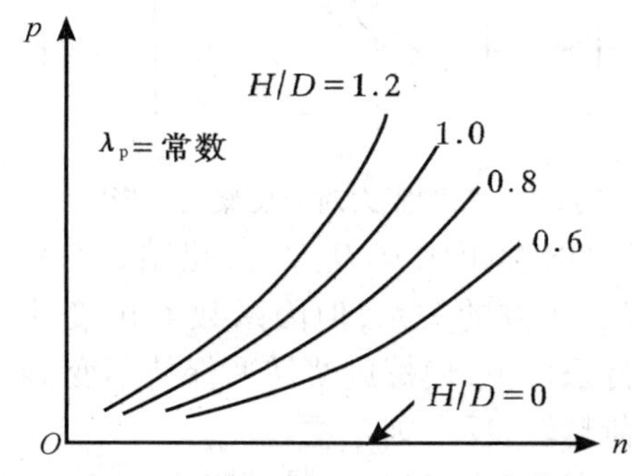

图 5-10　调距桨功率与转速关系

第二节　船舶在各种航行条件下推进装置工况配合特性

为了适应船舶实际营运的需求,船舶经常要在各种工况下航行(如:不同的吃水、船舶污底、复杂的气象条件、窄航道或浅水区及拖曳航行等)和多种机动航行状态下(如:起航加速状态、倒航状态和改变航向状态等)。各种航行工况有其相应的机桨配合特性,全面地掌握在各种工况下的机桨配合特点、正确的操纵船舶、选择适合的机桨配合模式是确保船舶安全营运的必要条件,同时可相应的延长船舶的使用寿命,提升船舶的可靠性和经济性。因此很好地了解并掌握船舶推进装置在各种航行条件下的运转情况,对轮机管理人员正确地操纵和管理主机具有重要意义。下面以海船上应用最广泛的直接传动方式的推进装置为例,对常遇到的一些工况进行分析。

分析工况配合特性所采用的方法是在同一坐标系里画出螺旋桨(也代表船)和主机各自的功率—转速(或扭矩—转速)特性线,主机的特性线代表推进装置的驱动特性,而螺旋桨特性线代表推进装置的负荷特性。两曲线的交点符合能量守恒定律,推进装置可在此点稳定工作,所以画出的图为驱动—负荷平衡图。研究推进装置工况配合特性也就是分析驱动—负荷平衡图中曲线交点变化情况。

根据船舶的航行特点,可将船舶航行分成两个不同阶段:船舶正常(定速)航行工况和船舶机动(过渡)航行工况。对于大多数商船来说,船舶95%以上的时间航行于正常航行工况,此时,船舶的航行条件(船舶阻力和主机工况)相对稳定,船舶的机桨配合点不发生大的变化。而航行于机动工况下的船舶,则航行条件一直处于变化中,船舶的机桨配合点也一直变化。

船舶的正常航行一般又称为船舶的定速航行工况,一般情况下,其定速航行的影响因素主要包括船舶吃水(装载)、船舶污底、大风浪条件、船舶拖曳及窄航道或浅水航行等。

一、船舶污底和装载量改变时的工况配合特性

船舶的装载经常变化,这样船舶的吃水也经常要发生相应的变化。受其影响,使船舶航行时的阻力发生变化。当船舶吃水增大时,船舶航行阻力增大。假定螺旋桨转速不变,由于螺旋桨进程减小,航速将相应减慢,螺旋桨进程比 λ_p 减小,扭矩系数增大,螺旋桨所需转矩增加,螺旋桨特性曲线变陡,如图 5-11(a)所示。在正常情况下主机与螺旋桨配合

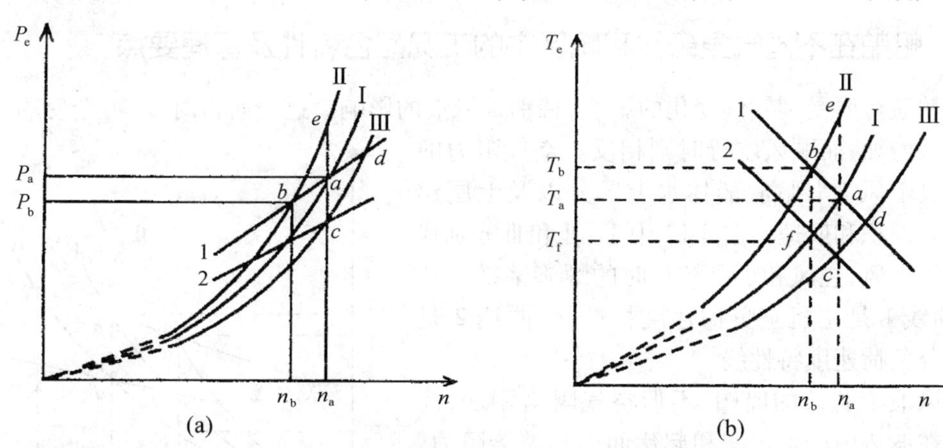

图 5-11　船舶吃水改变时的工况配合特性

Ⅰ—正常装载情况下螺旋桨特性线;Ⅱ—装载增加情况下螺旋桨特性线;Ⅲ—装载减少情况下螺旋桨特性线;1—主机全负荷速度特性线;2—主机部分负荷速度特性线

的工作点为 a,此时,主机功率和船速分别为 P_a 和 n_a。如果船舶吃水增加,其螺旋桨的特性线将由Ⅰ变为Ⅱ。若要保持螺旋桨转速不变,则必须增加主机每循环喷油量,机、桨工作点由 a 变为点 e,显然此时主机已超负荷。若要保持主机油门格数不变(喷油量不变),由于螺旋桨的阻转矩增加,迫使主机降速,航速也降低,最后机桨在点 b 得到平衡。如图

5-11(b)所示,当装载量增大时,虽然主机油门格数不变,但主机发出的功率由 P_a 降为 P_b,主机转速由 n_a 降为 n_b,航速由 v_a 降为 v_b。虽然喷油量没变,但是转速降低,容易出现大负荷低转速的情况,有可能使主机工作恶化。如果轮机人员不了解这些情况,为了保持原来转速而加大油门格数,将导致主机超负荷运转,这是不允许的。

目前,船舶主机大都装有全制式调速器,当船舶阻力增大时,将自动加大油门,以保持设定转速。因此,当装载量增大时,应将负荷限制适当调小。

从图 5-11(b)中可知,在正常情况下,螺旋桨推力为 T_a,装载量增大后,虽然喷油量不变,但航速降低,螺旋桨推力增加 $T_b - T_a$。图中 $T_b - T_a$ 为由于船舶吃水改变而额外增加的船舶阻力。

当装载量减少时,变化的情况恰恰相反,进程比 λ_p 增大,螺旋桨特性曲线变得平坦(曲线Ⅲ),主机按全负荷工作特性工作时就在点 d 达到平衡。这时虽然主机气缸没有超热负荷,但功率和转速超过规定值,致使机械效率下降,运动部件的惯性力增加,部件磨损加剧。这时为了使转速不致过高,主机只能在部分负荷速度特性下工作(曲线 2),它与曲线Ⅲ交于点 c。对装有全制式调速器的主机,应将转速限制适当调小。

对于装载量变化较大的油船或矿砂船,在一个往返航次中,经常是一个单航次满载,一个单航次空载,必须相应地选择不同的油门格数,使其速度特性适应螺旋桨特性的变化。

船舶长时间航行后,水下部分外表面会附着海生物以及发生锈蚀从而导致船舶污底。船舶发生污底后,同样将引起船体阻力增加,其对机、桨配合的影响同装载量增多的情况具有相同的趋势,同样使得螺旋桨的特性曲线变陡,如图 5-11(a)所示。

二、船舶在不同气象条件和航区中的工况配合特性及管理要点

船舶航行要受到气候变化的影响,特别是风浪的影响。逆风航行时,风力会使船舶的空气阻力增加,而顺风航行时则相反。空气阻力的大小取决于风力、风向、船体水上部分以及上层建筑的受风面积和航速。图 5-12 中Ⅰ、Ⅱ和Ⅲ分别代表船舶的无风、逆风和顺风航行时的螺旋桨推进特性线,曲线 1 是主机全负荷速度特性线,曲线 2 是主机部分负荷速度特性线。

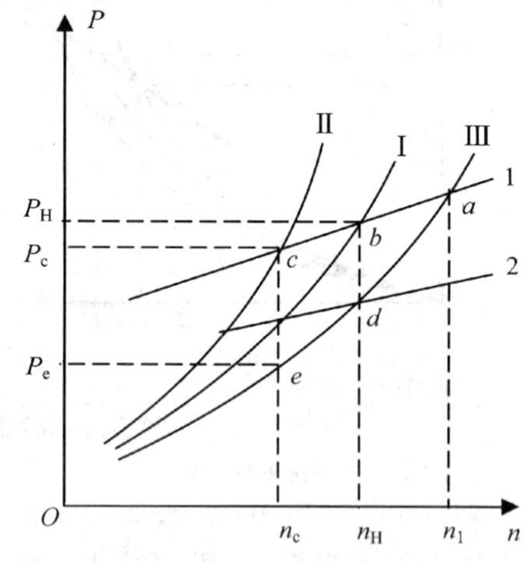

图 5-12 风力对机、桨配合特性的影响

在风浪中航行的船舶,不但空气阻力剧变,而且船体在波涛中产生摇摆和起伏而引起波涛阻力。此外,船舶的摇摆起伏,使螺旋桨处于随摇摆周期而变化的斜水流中工作,斜水流会增加螺旋桨的扭矩和推力,其增加值的大小随斜水流的角度和摇摆周期而变。

船舶在纵向摇摆航行时,螺旋桨的扭矩和推力呈周期性变化,如图 5-13 所示,ΔM_b 和 ΔT_e 分别是扭矩和推力的增额。在风浪中航行的船舶,为了使其因侧面受力影响而不致偏离原定航线,要随时用舵效来补偿,因此增加了

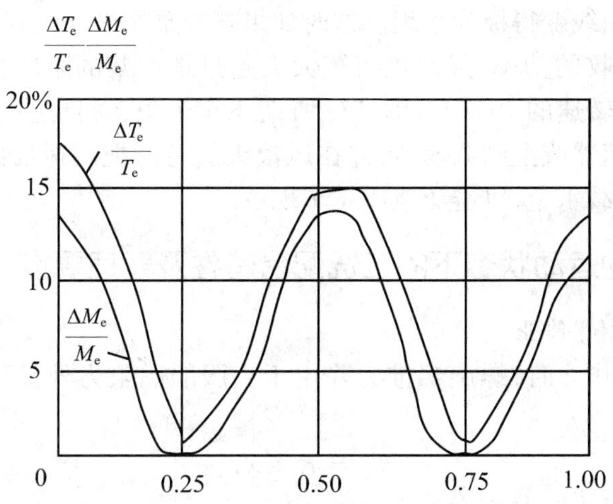

图 5-13　船舶纵摇对螺旋桨扭矩和推力的影响

舵的制动作用，使船舶附体阻力增加，航速降低。图 5-14 为偏舵航行时航速和螺旋桨推力同舵角间的对应情况。由图可见，舵角为 30°时，航速将降为额定航速的 92%。舵角对主机转速的影响非常明显，船舶定速航行后，由于使用较大舵角，而使主机转速比原来转速下降 5% 以上的情况也是屡见不鲜的。

以上介绍的顶风、波涛、摇摆和用舵等都是由于使船舶阻力增加而导致航速降低的因素。然而，风浪天航行引起航速降低的原因除阻力因素外，尚有螺旋桨的推进效率因素。风浪天航行推进效率将降低，其原因是船尾的摇动使螺旋桨周围水区产生了附加扰动。

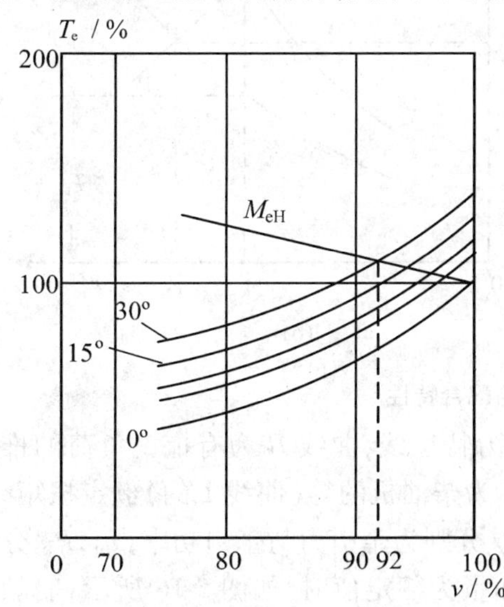

图 5-14　舵角对航速和推力的影响

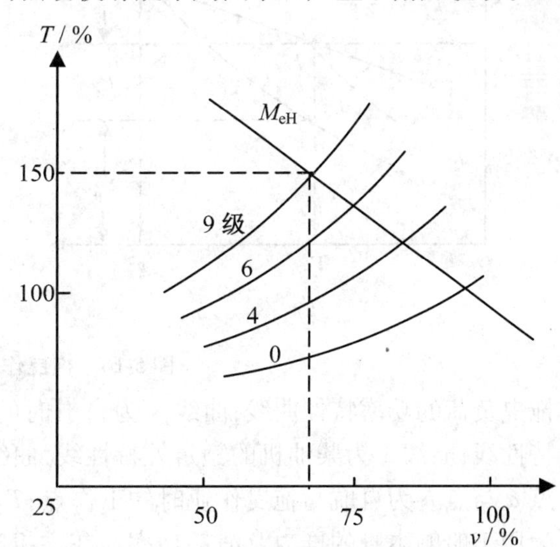

图 5-15　风浪对航速和推力的综合影响

风浪对推进装置的综合影响可用图 5-15 表示（曲线 0，4，6，9 分别为风力是 0，4，6，9 级时推力特性线随航速变化线）。由图可见，在 9 级风情况下，航速在 $0.7v_0$（v_0 为 0 级风航速）时，扭矩已是额定值，推力比 T_0（T_0 为 0 级风时的推力）增加了 50%。

在大风浪中航行的船舶,由于船舶的纵向摇摆,螺旋桨有可能露出水面,这时阻力矩大大降低,桨的特性曲线变得极为平坦。这时如果喷油泵操纵杆位置不变,柴油机功率将大大超过螺旋桨所吸收的功率,柴油机扭矩大大超过螺旋桨的阻转矩,迫使转速急剧上升。当转速超过标定转速的20%时,即产生所谓飞车现象,对推进装置的危害很大。因此,主机要设极限调速器或全制调速器,并在风浪天航行时把调速器的设定转速降低,适当增加船舶后部的压载水量,以避免造成飞车现象。

三、船舶在各种运动状态下的工况配合特性及管理要点

1. 船舶拖曳(顶推)作业

船舶在进行拖曳作业时,螺旋桨推力除用于克服船舶阻力外,还要负担全部拖曳负荷,即

$$T_e = R + Z$$

式中,T_e——螺旋桨有效推力;

R——船体阻力;

Z——拖曳力(或顶推力)。

在没有拖曳负荷时,桨的有效推力等于船舶阻力;在有拖曳负荷时,拖曳力随航速的提高而增加。而航速不变时,拖曳负荷越大,所需拖曳力也越大。图 5-16 为船舶进行拖曳作业时的工况配合特性。曲线 Ⅰ 为无拖曳负荷(自航)时的功率特性曲线,曲线 Ⅱ 为有

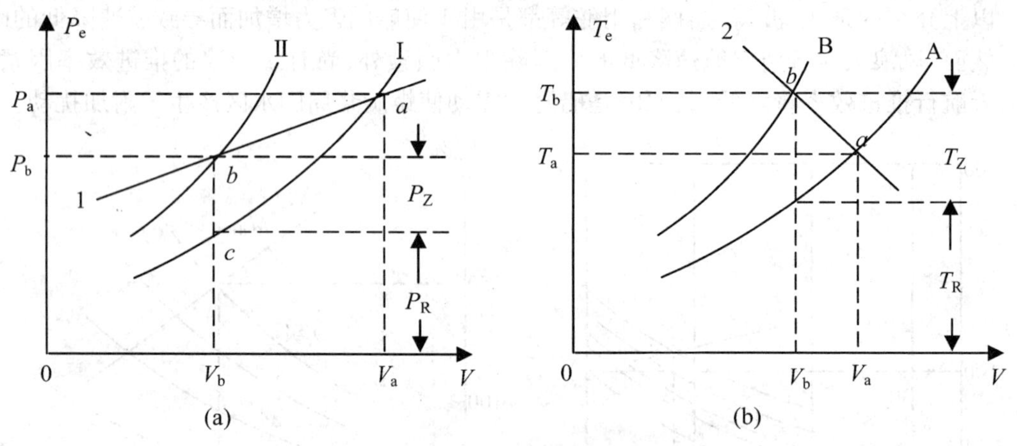

图 5-16 拖曳作业的配合特性

拖曳负荷的功率特性曲线;曲线 A 为自航时的推力特性线,曲线 B 为有拖曳负荷的推力特性线;曲线 1 为柴油机的额定外特性线,曲线 2 为柴油机的等(曲线 1 的)额定扭矩线;点 a 与点 b 为自航与拖曳作业时的工作点;T_Z,P_Z 分别为牵引力与牵引功率,T_R,P_R 分别为用于船舶本身的推力及消耗功率。在主机喷油量为额定值时,如图 5-16 所示,船舶航速为 V_a 时,螺旋桨有效推力只能克服自航时的船舶阻力,不能进行拖曳。只有航速小于 V_a 时才能进行拖曳作业,航速越低,船舶的拖曳量越大。对于阻力变化范围较大的船舶,如拖船、渔船、破冰船等都具有自航和拖曳作业两种工况,若按自航选桨,对拖曳作业来说,重桨易超负荷;若按拖曳作业选桨,自航又显得太轻,自航时不能利用全部功率。因

此,要优选一个两者平均效率高、总体经济效益好的桨,其工况必定在两者之间,故在使用时应注意其使用工况及工况的变化。如在拖曳工况时,为防止柴油机处于超负荷状态下工作,应适当减少油门、限制排温,在保证滑油温度和压力正常的前提下,可适当提高冷却水温度,以减少机件的热应力。另外,还要注意拖曳的拖带方式、编队(有利于减小阻力及靠离码头作业方便)及拖曳的安全(防止船舶被拖翻引起事故)等。在自航工况时应适当减小油门,防止轻载时主机超转速,应限制其转速。对多工况的船舶可采用双速、多速齿轮箱及采用调距桨,可获得较明显的效益。

2. *船舶进入浅水或窄航道航行*

船舶在浅水中航行时,由于船体周围的水流从深水的三元流动变为主要是二元流动,水流与船体的相对速度增加,使摩擦阻力、涡流阻力和兴波阻力均相对增大,因此船舶在深水和浅水中航行时所遇到的阻力随航速变化的情况是不同的。图 5-17 的曲线 1 和 2 分别代表船在深水和浅水中航行时所遇到的阻力随航速变化的关系。

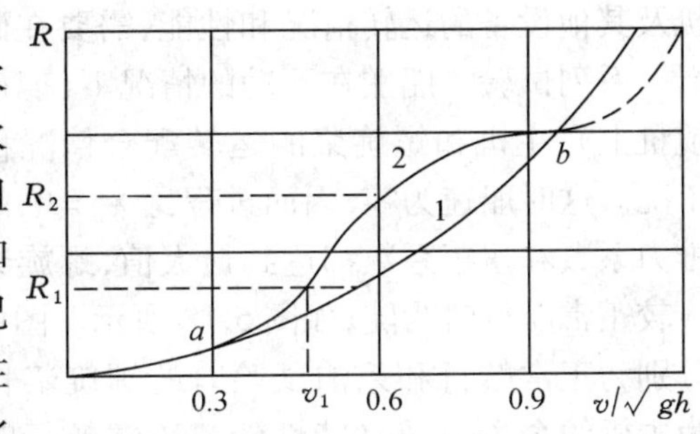

图 5-17 航速对浅水阻力的影响

1—深水阻力曲线;2—浅水阻力曲线

根据试验结果,船在深水中航行时的阻力与航速的二次方成正比,而在浅水航行时阻力的变化规律很不规则。当航速 $v<0.3\sqrt{gh}$(g 为重力加速度,h 为水深)时(图 5-17 点 a),浅水阻力与深水阻力基本相同;当 $0.3\sqrt{gh}<v<\sqrt{gh}$时,浅水阻力明显大于深水阻力,这是由于船所产生横波的长度、宽度和散波角都增大的缘故;当航速 $v\approx\sqrt{gh}$时(图 5-17 点 b),散波与船舶的运动方向垂直,并与横波合成为首尾两个巨大的横波,致使兴波阻力增至极大值,此时浅水阻力又与深水阻力相同;而当 $v>\sqrt{gh}$时,由于散波角减小,横波消失,仅在船首附近出现散波束随船前进,此时浅水阻力甚至小于深水阻力,一般运输船很少能达到这样的航速。民用船舶的航速一般小于 $\sqrt{gh}$,因此由深水进入浅水航行时,阻力一般都会增加,并会产生船体下沉和后倾现象。这是因为在浅水中船体下面的水流受到海底的限制(即水深的限制),水流由三元变为二元流动,使流经船体两侧的水流速度加快,压力降低,沿船长方向上的压力变化增大,从而引起其摩擦阻力和涡流阻力增加。

浅水影响是相对的,浅水阻力的增加同水深 h 与船舶吃水 d 比值 h/d 有关。船模试验表明,若 $h/d>4$,浅水影响不太明显,航道越浅(即 h/d 越小),摩擦阻力增加越显著。在同样水深条件下,浅水对摩擦阻力的影响随航速的提高而增大。

根据以上所述,船舶以 $0.3\sqrt{gh}$ 至 $\sqrt{gh}$ 的航速由深水进入浅水航行时,其阻力增加,螺旋桨需要更大的功率。如图 5-17 所示,若航速是船在深水航行时的全航速,当进入浅水时,如果仍要保持此航速,主机必须超负荷(阻力由 R_1 增为 R_2)。如果把航速减至图中的 v_1,此时在浅水航行的阻力 R_1 与深水中以航速 $v=0.6\sqrt{gh}$ 时相同,主机负荷就不会增加。因此,当船舶由深水进入浅水时,油门格数若不变,则主机转速会自动下降。为了不使船舶尾部搁浅和避免主机超负荷,适当降低航速,就可以消除或减小浅水的影响。将有全制式调速器的主机，在船舶进入浅水前应将负荷限制适当调小。

窄水道对船舶阻力的影响与浅水是类似的。由于船舶周围水流状态不但受到水深的限制，同时还受到航道宽度的限制，阻力增加的程度会更大。窄水道的影响也是相对的，它与航速和航道相对宽度有关。如果 $v < 0.5\sqrt{gh}$，而且 $b/B > 20$（b 为航道宽度，B 为船宽），就没有窄水道的影响。

3. 系泊工况

船舶制造或大修后，在试航前，为了检验主、副机及其他设备的运转情况和性能，需要在码头上进行一系列试验。船舶在不动的情况下（船舶系在系缆桩上），主机和螺旋桨的运转配合情况称为系泊工况。这时船速为零，因而进程比 $\lambda_p = 0$，螺旋桨的推力系数和扭矩系数都达到最大值，螺旋桨特性曲线较正常航行时为陡，如图 5-18 所示。图中Ⅰ和Ⅱ分别为正常航行和系泊试验时的螺旋桨特性线，1 为主机的全负荷速度特性线。正常航行时，机、桨配合点为 a 点，其相应的转速和功率分别为 n_H 和 P_H。系泊试验时机桨配合工作点为 b，其相应的转速 n_b 和功率 P_b 均比 n_H 和 P_H 小。若系泊试验时主机转速大于 n_b，就会导致主机超负荷。因此为了保证主机不超负荷，应使系泊试验时的主机转速不大于 n_b。若由于没有螺旋桨的系泊特性曲线无法确定 n_b 值，通常取 $n_b = (0.80 \sim 0.85) n_H$。系泊试验时的转速还要受主机最高排气温度的限制，应使这个温度不超过船舶在全速航行时的正常排气温度。另外，要注意推力轴承承载能力，水润滑艉轴承的冷却条件，船舶压载情况、码头水深情况等。

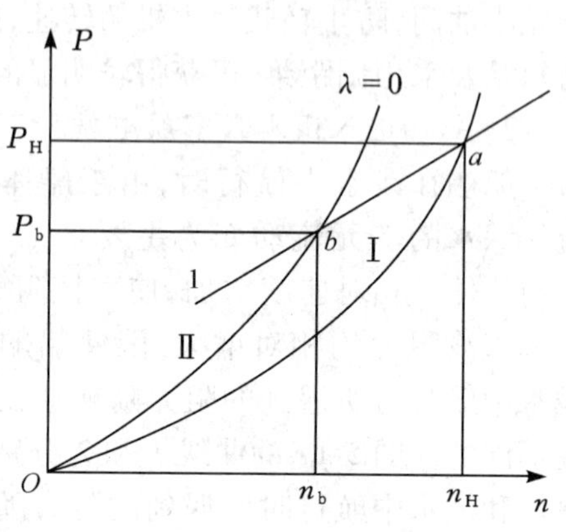

图 5-18 系泊工况

实际上，船舶在起航操作初期的工况很类似于船舶的系泊工况，此时，主机由于转速很快达到设定转速，而船舶由于其巨大的惯性还保持其速度为零。

4. 船舶起航和加速工况

船舶在由航速为零逐渐加速到某一稳定航速过程中，机、桨的运行情况称为起航工况。船舶在由较低稳定航速变为较高稳定航速过程中，机、桨的运行情况称加速工况。

船舶在稳定航行时，只要航行条件不变，进程比 λ_p 就是一个常数，不论船舶稳定在哪一航速，船、机、桨配合点就只能沿一条螺旋桨推进特性线变化。而起航和加速工况，都是一种过渡（动态）工况，λ_p 是时刻变化的，因此船、机、桨配合点不能只在一条推进特性曲线上变化。

当船舶稳定航行时，船舶航速取决于桨转速，桨转速取决于喷油量，而喷油量又取决于燃油，而在起航或加速工况的过渡过程中，航速是追求的目标。航速增加的快慢除和船舶本身的惯性有关外，主要取决于主机操纵系统对燃油的控制性能和操作方式。例如，设极限调速器或全制式调速器只用做极限调速系统（开航前把定速手轮调到标定转速），燃油增加的快慢由燃油手柄推进的速度直接控制；装有全制式调速器并具有给定转速供油量限制功能的系统，燃油增加的快慢除受燃油手柄推进的速度直接控制外，还要受到主机调速特性的约束；对可进行遥控并设有加速程序的自动化程度较高的系统，燃油的增加量

与操纵手柄位置有关,但燃油的增加速度取决于预先设定的加速程序,与操纵手柄(把车钟、燃油和换向三手柄合一)推进的速度无关(把加速程序限制解除时除外)。由此可见,对于既定的船舶和推进装置,人员的操作直接影响起航和加速过程。下面以装有全制式调速器并具有给定转速供油量限制功能的系统为例,讨论其起航和加速工况配合特性,从而指导人们正确地去管理和操作推进装置。

不论哪种操纵系统,喷油量均可在瞬间增加,而增压器由于转子的惯性,其供气量的增加总是滞后于喷油量的增加,这样当喷油量增加时,主机气缸中出现油多气少现象,影响了扭矩输出数值。不过增压器转子惯性很小,加速很快(约几秒钟),因此,主机的扭矩在喷油量增加后也很快增加上去,增加的这部分力矩将迫使螺旋桨加速旋转。由于螺旋桨的转动惯量较小,其转速迅速增加,桨的阻转矩也增加,很快和主机输出的转矩平衡,转速暂时趋于稳定。当桨转速提高时,推力增加,增加的推力将使船舶加速航行。但船舶质量很大,航速的增加比较缓慢。综合起来考虑,船舶在起航、加速过程中,因为船舶质量远远大于转动部件的转动惯量,所以船舶惯性远远大于转动系统惯性,螺旋桨转速的升高速度也就高于航速的升高速度。随着时间的推移,航速会逐渐提高,航速逐渐提高的过程,也是桨逐渐变轻的过程,这又导致桨转速随着航速的逐渐提高而逐渐加快。根据船舶起航和加速时螺旋桨转速变化的特点,可以把整个起航和加速过程分为两个阶段,即桨转速迅速提高阶段和桨转速缓慢提高阶段。迅速提高阶段是由于起航加速的需要增加了喷油量,使转速增加,此时航速基本未变,或接近于零(起航时)或接近于恒速(加速时),桨的特性曲线变得很陡(λ_p 很小),而在缓慢增加阶段是由于航速的逐渐提高,λ_p 变大,其特性曲线逐渐变平坦所致。

图 5-19 为船舶起航工况时机、桨配合特性。图中曲线Ⅱ为 $\lambda_p=0$ 时的系泊工况推进特性,曲线Ⅰ为标定工况下的推进特性,曲线 1 为标定负荷外特性,2,3,4(4′、4″、4‴)为部

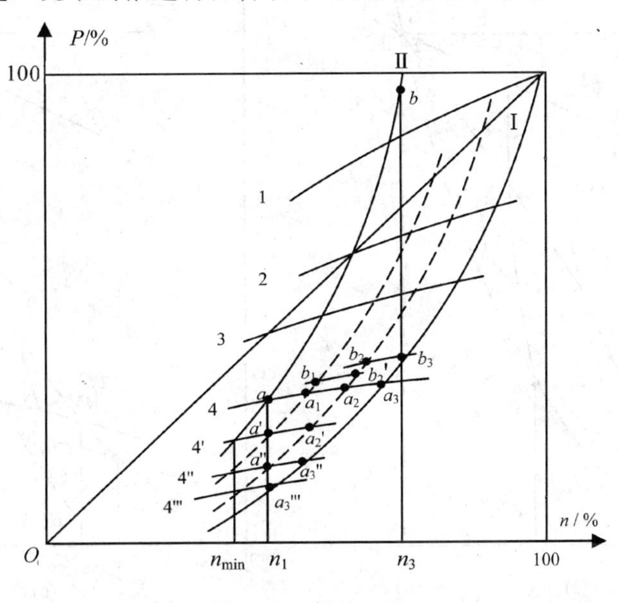

图 5-19　起航工况

分负荷外特性。在起航时,如驾驶台要求主机在 n_1 转速下运转,轮机员回车令后起动主机,对带有极限调速器或全制调速器暂作为极限调速器的主机,将燃油手柄放在与 n_1 相对应的部分负荷曲线 4 的油门刻度上。这时主机发出的功率带动螺旋桨加速运转,螺旋桨工作点沿系泊工况推进特性曲线Ⅱ迅速上升,至 a 点时暂时稳定,这就是起航过程的第一阶段——桨转速迅速提高阶段。如果轮机员保持上述油门不变,船舶在螺旋桨推力的作用下,由静止状态开始逐渐加速。由于船舶惯性大,其加速过程非常缓慢。由于航速的增加,导致 λ_p 增加,使机、桨配合点沿曲线 4 向右移动,最后逐渐过渡到曲线Ⅰ上,即沿着点 $a-a_1-a_2-a_3$ 变化,最后稳定在点 a_3,$a-a_3$ 过程是起航过程的第二阶段——桨转速缓慢提高阶段。由于轮机员在起动主机时增加的油门较大,在第二阶段中主机转速增大,逐渐偏离 n_1 值。为了严格执行车令,轮机员应及时、断续地减小油门刻度,尽量减小转速 n_1 的偏移量,即沿着图中 $a_1-a'-a_2'-a''-a_3''-a_3'''$ 折线变化,该折线的变化过程是调节桨转速之稳定在所要求转速的过程。

在起航时,如驾驶台要求较高的主机转速 n_3,而轮机员在起动过程的第一阶段就使主机达到所要求的转速 n_3 的话,则机桨暂时稳定点为 b,如图 5-19 所示,主机将在超扭矩和超负荷下工作,容易使主机发生故障。在这种情况下,轮机员不可盲目增大油门,而应逐级增大油门,逐渐使转速接近 n_3,起航过程应按Ⅱ $-a-a_1-b_1-b_2'-b_2-b_3$ 折线进行,避免在过渡过程中主机超负荷运转,控制主机转速不要上升过快,特别是在暖机不充分的情况下更应如此。

加速工况与起航工况基本相似,其差别仅在于加速工况不是从航速为零开始,而是从船舶已有一定航行速度开始的。驾驶台要求定速航行时的操作就是常见的一种加速工况。下面仍以带有极限调速器或全制调速器暂作为极限调速器的主机为例加以分析。如

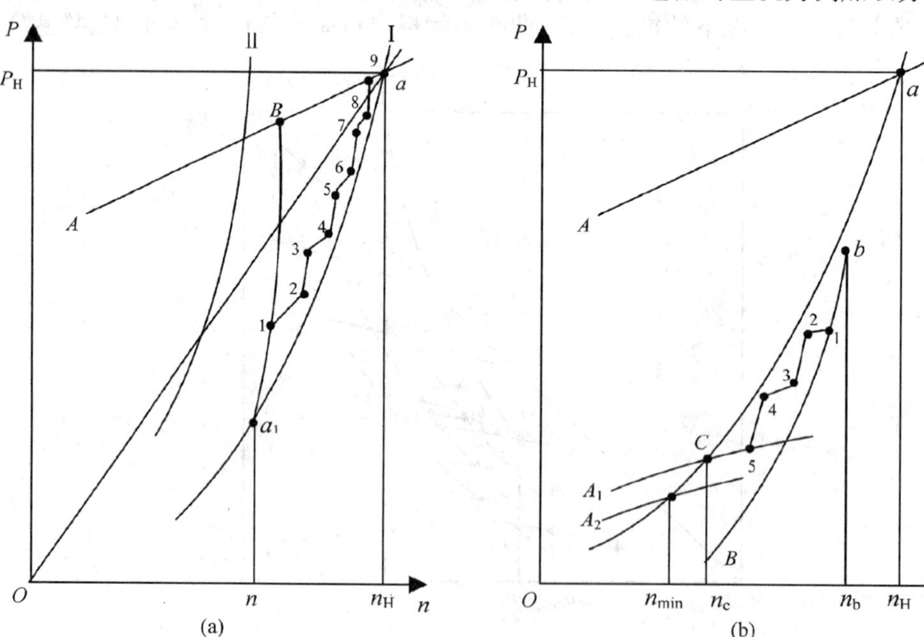

图 5-20 加速工况配合特性

图 5-20(a)所示,机桨暂时稳定工作于点 a_1,如此时驾驶台要求定速航行将转速增至 n_H,轮机员如将燃油手柄推至标定负荷外特性线 A 对应的油门位置,由于船舶惯性大,油门虽已加上去,但航速基本上仍为原来航速。因此,螺旋桨工作点将沿等航速线 a_1B 上升至 B 点并暂时稳定下来,这是加速工况的第一阶段。随后随着航速的逐渐增加,λ_p 增加,桨的阻转矩减小,机、桨配合点将沿 $B-a$ 线逐渐过渡到 a 并在 a 点稳定下来。$B-a$ 是加速工况的第二阶段。由图可见,加速工况(a_1-B-a)的部分过程使柴油机处于超扭矩和大负荷的转速工作状态,造成燃烧不良,影响主机寿命。显然,上述定速操作的加速过程是不恰当的。由于定速航行操作时柴油机接近标定负荷,而且转速升高的快慢对航行安全无关,正确的加速方式都采用逐级增大油门,缓慢加速的办法,如图 5-20(a)上的 $a_1-1-2-3-4-5-6-7-8-9-a$ 过程。在这个过程中,陡度大的各线为不同的等航速线,而陡度小的线为柴油机的各种部分负荷外特性线。实际操作时,油门分级越多越好,为使柴油机热负荷缓慢增加,一般定速航行的操作需要 30~40 min。

对于装设极限调速器的主机,要依靠人工调节油门来调速,故在进行起航和加速操作时,不仅要注意不使主机超负荷,而且还要及时减油调速,以防止转速超过车钟的要求。而在减速操作时,则要避免转速低于车钟要求和自动停车。如驾驶台由转速 n_b 要求改为微速前进转速 n_c,轮机员立即减油使主机转速降为 n_c。由图 5-20(b)可知,螺旋桨将沿等航速线到达 B 点,这是减速的第一阶段(b-B)。但此时柴油机的油门格数已处在最低稳定转速 n_{min}对应的外特性曲线 A_2 以下,随着航速的下降,在减速的第二阶段转速将逐渐下降。若不及时加油门,当转速低于 n_{min}时则自动停车。因此在减速过程的第二阶段应及时调节转速,使机、桨最后稳定在点 C。在航速较高的情况下要求开微速时,若沿图中折线所示过程 $b-1-2-3-4-5-C$ 操作,则可避免自动停车,但过渡过程的时间延长。

在主机可实行遥控和调速器具有设定转速调节的条件下,调速器的静态调速率$\delta_2=0$可自动保持主机转速恒定。在起航时,如同样要求转速为 n_1,则起航过程的第一阶段与上述带极限调速器的主机相同,在图 5-19 中,机、桨配合工作点沿系泊工况推进特性线Ⅱ上升至 a 点,柴油机在部分负荷外特性线 4 上运转,转速迅速升至 n_1,在 a 点主机带动螺旋桨所产生的推力暂时与船舶静止时的阻力相平衡。此后在螺旋桨推动下逐渐克服船舶惯性,使航速逐渐提高,在新的航行条件下,λ_p 增加,推进曲线逐渐变平坦,曲线由Ⅱ向Ⅰ缓慢地过渡。在过渡过程中因船舶阻力下降,航速提高。使主机负荷变轻,转速提高,但在调速器的控制下,相应减小油门,不使转速提高,主机沿调速特性 $a-a'-a''-a_3'''$工作,保持所要求的转速,主机油门则按曲线 4、4′、4″、4‴等部分负荷特性所对应的油量变化。

加速(包括定速航行操作)时,这种全制式调速器接受遥控系统的程序控制,程序控制不仅体现了轮机员的操纵经验,而且油量调节的分级操作更加细微。一个良好的控制程序,可使柴油机负荷和转速的变化过程与推进特性的过渡过程相吻合。

5. 船舶转向

船舶转向时,舵要偏转一个角度,使船舶在斜水流中前进。因此,船舶阻力要比直线航行时有所增加,航速降低,进程比 λ_p 减小,螺旋桨特性曲线变陡。在这种情况下,当主机油门格数固定不变时,主机转速自动降低,而当转向过程结束后,转速又恢复至原来数值。船舶在转向时,若发现主机转速降低,这是正常现象,不应加大油门格数以保持原来主机转速。如果主机装有全制式调速器,在此情况下,调速器会自动加油,这时要注意观察实际负荷的大小,必要时要减小油门格数,以防止超负荷。

当船舶采用双机双桨推进时,一般右桨为右旋,左桨为左旋,船转舶向时由于船舶横移和偏转,两个桨都处在斜水流中。但是,由于两个桨所处的位置及回转方向不同,致使两个桨和水流之间的相互作用状况发生了不同的变化,改变了它们的水动力特性,从而使两桨之间的负荷分配产生了差异。

船舶在转向时,内桨负荷比外桨负荷增加的值大,内桨的转速因此下降的也多,而外桨在转向开始时负荷变轻,很快又逐渐增加,所以外桨转速开始时升高,而后又下降。实验还表明,船速快、舵角越大,桨的负荷(尤其是内桨)增加越厉害。由此可见,当船舶采用双桨推进转向时,带动内桨的主机容易超负荷,为了保护主机,在必要的情况下,应降低主机转速在不是紧急情况下,应避免在高航速时用大舵角转向。

6. *船舶倒航工况*

船舶在港内航行、靠离码头或者遇到避碰等紧急情况时,常需改变主机的回转方向,使前进的船舶迅速停止下来,或改为倒航。船舶动力装置的机动性能要求船舶能迅速从高速航行状态转为停止状态,且应有尽可能短的滑行时间和滑行距离;而柴油机的工作条件则要求负荷变化不要太剧烈,以防止热负荷和机械负荷变化过于剧烈而导致损坏。

图 5-21 为增压柴油机直接驱动的定距桨,在不同航速下扭矩 M 随转速 n 变化图。图

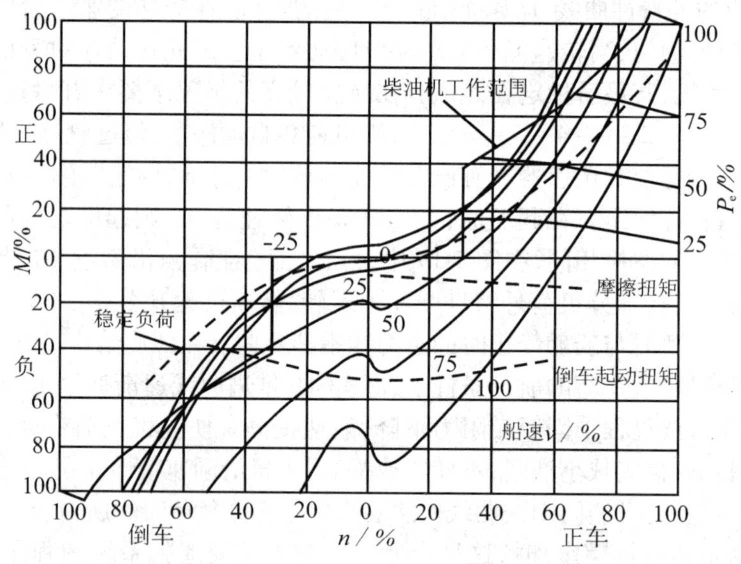

图 5-21 不同航速下的 $M-n$ 的变化关系图

中纵、横坐标分别为转矩 M 和转速 n 的百分数,曲线 0 为航速等于 0 的系泊工况,进程比 $\lambda_p=0$,曲线通过坐标原点;曲线 100 为航速等于 100% 标定航速的等航速螺旋桨推进特性;其他曲线 -25,25, 50, 75 分别为相应航速下的推进特性。图中还画出增压柴油机的工作范围和油门为 100%,75%,50%,25% 的外特性和部分负荷速度特性,并假设柴油机的正、倒车工作范围相同;螺旋桨的正、倒车水动力特性相同;船体的正、倒航阻力特性相同。低速时柴油机能发出的扭矩大小与增压度有关。按经验而论,最低转速时的最大扭

矩等于标定转速下标定扭矩乘以增压度。

(1)缓慢倒车过程

通常船舶在进港前已经逐步降速,并按机动操纵转速运行,使用倒车时航速已经很低,如此操作主要是使柴油机负荷缓慢变化避免超负荷,而不追求高的机动性,可以认为这是缓慢倒车过程。典型的缓慢倒车过程如图5-21的虚线(稳定负荷)所示。在第一象限由标定工况点逐渐减小油门,缓慢降速至坐标原点,转速、推力和航速变化都很慢,整个过程若不考虑惯性力影响,则是等进速比的过程,柴油机负荷稳定变化,按 $M=cn^2$ 规律(除 $n_{min} \to 0 \to -n_{min}$ 外),在第一象限为缓慢减速,在第三象限为缓慢加速过程。该曲线对称于坐标原点,柴油机的负荷变化规律是螺旋桨水动力矩随转速变化的规律。这种方法对柴油机提供了最优越的工作条件,但船舶的滑行时间和距离太长。

(2)紧急倒车过程

在船舶全速前进时实行紧急倒车操纵,将引起主机热负荷和机械负荷剧烈变化,还会产生增压器喘振。除非船舶航行遇到十分危险情况,一般是不会轻易实行紧急倒车操纵的。以图中100%等航速线为例,说明其紧急倒车过程。主机和螺旋桨在配合工况点下航速为100%,当接到紧急倒车车令后,首先停止向主机供油,主机扭矩迅速为零,主机转速迅速下降,而螺旋桨转矩沿等航速线下降,故进程比 λ_p 逐渐增大,螺旋桨敞水效率 η_0、推力系数 K_F、扭矩系数 K_M 等逐渐减小,在第一象限内出现零推,继之出现零扭矩(转速为60% ~70%),负推力开始阻止船舶前进,此为紧急倒车过程的第一阶段。

在第一阶段,柴油机油门突然为零,要求柴油机的调速特性有足够好的动态稳定性,而且对增压柴油机来说,在急减速时会产生增压器的喘振,因此正常情况下不宜采用这种方法而应采取分段减速的方法减速。

在第二阶段,由于保持100%航速不变,螺旋桨转速降至低于60%,使 λ_p 继续增加,螺旋桨被船舶前进的水流冲击产生负转矩,像水涡轮一样带动主机曲轴使柴油机仍按正车方向运转。螺旋桨的"水涡轮"作用,使轴系转速下降变慢。螺旋桨转矩仍按等速线变化,当螺旋桨转速下降到接近10%时,负转矩达到最大值。转速再继续下降,由于作用在螺旋桨上的水流离开了产生最大负转矩的最佳方向,使螺旋桨负转矩逐渐减小。为了提高机动性能,增压柴油机一般设置有倒车起动刹车功能。当螺旋桨负转矩小于刹车转矩与柴油机摩擦转矩之和时,轴系转速下降为零。第四象限内倒车工况的第二阶段,也称为"水涡轮"工作阶段。

第三阶段为轴系停转后,如立即反向起动成功,在第三象限螺旋桨开始倒车。如航速高、螺旋桨负转矩过大而不能反向起动,则当轴系转速 $n=0$ 后,不立即倒车起动,而是等待一段时间(由柴油机起动性能、发火转速和机、桨配合特性决定),使航速在螺旋桨负推力和船舶阻力作用下有明显降低之后,即沿等转速线 $n=0$ 向坐标原点移动一段距离后,再进行倒车起动。由于水流冲击在螺旋桨叶背上产生负转矩和负推力,倒车工况曲线较陡,应防止超负荷。

其他航速下的倒车工况推进特性与上述100%航速的变化规律基本相同,只是航速越低其特性曲线越向坐标原点靠近,而且因为航速下降,在水涡轮阶段作用于桨叶上的水流速度下降,负转矩的最大值也越小。当在航速为0(相当系泊情况)时,螺旋桨特性曲线没有水涡轮工作阶段,而是通过坐标原点。

从图上还可解释一些其他问题。如图上绘出柴油机的(正车)倒车起动扭矩曲线(约为 50% M_H),当前进航速超过 75% V_H 时,柴油机不可能倒车起动,即不可能刹车成功。从图中还可清楚地看到,当前进航速超过 50% V_H 时倒车也是没有意义的,因为超过 50% V_H的各倒车工况扭矩线没有穿过柴油机倒车工作范围。图上还绘出柴油机和轴系的摩擦扭矩曲线,当切断燃油供应后(0% P_e),柴油机输出扭矩立即为零,但在转动惯性作用下立即提供摩擦扭矩(约为 -10% M_H),它可确定停油后螺旋桨转速和(负)扭矩以及负推力和停船力。例如在标定航速(100% M_H)下停油,由于惯性使航速保持不变,而螺旋桨转速迅速降至 60% V_H,扭矩则为 -10% M_H 时,从推力图上就可确定螺旋桨的负推力为 -19% T_H,加上标定航速下的船舶阻力 R_H(等于推力 T_H),成为 1.19R_H 的船舶减速力。

图 5-21 所示也是增压柴油机与螺旋桨的配合情况,标定航速下推进特性通过其标定点(100% M_H、100% n_H、100% P_e),而零航速(系泊工况)时需要扭矩较大,但其推进特性曲线不完全在柴油机工作范围之内,不利于船舶加速工况。

在一般情况下,当船舶全速前进时,是不准紧急倒车的,但在特殊紧急情况下,船长决定采取紧急倒车措施时,应意识到为了船舶安全而可能损伤主机和轴系,并尽量避免在航速较高时进行倒航操作。

第三节　船舶侧推器及减摇装置

一、侧推器的作用和要求

1. 侧推器的作用

侧推器是一种能产生船舶横向推力(侧推力)的特殊推进装置。它装在船首或船尾水线以下的横向导筒中,产生的推力大小和方向均可根据需要改变。

一般船舶在靠离码头、过运河、进出水闸、穿过狭窄航道和船舶拥挤的水域时,一是要开慢速,二是要经常用舵改变航向。但船速越慢舵效越差,给船舶操纵带来困难。特别是受风面积大的集装箱船、滚装船、木材船等,在低速航行时,只靠舵效改变航向往往不能满足要求,不得不用拖船帮助。

侧推装置就能够明显地改善船舶低速航行时的操纵性和机动性。

船上设侧推器将会起到如下作用:

(1)提高船舶的操纵性能,特别是船速为零或船速很慢时的操纵性能。

(2)缩短船舶靠离码头的时间。

(3)节省拖船费用。

(4)提高船舶机动航行时的安全性。

(5)可减少主机起动、换向次数,延长主机使用寿命。

2. 侧推装置主要优点

(1)可以在转速很低或为零的情况下在较大范围内操纵船舶,能明显提高船舶的操纵性能,侧推器和舵共同作用时还可以增加舵效。

(2)侧推器的应用提高了船舶机动航行时的安全性和船舶在低速时的转向和定位能力,这不仅节省拖船费用,而且缩短船舶靠离码头的时间。

(3)对主机来说又减少起动、换向次数,延长其使用寿命,从而获得更高的营运经济效益。

3. 对侧推器的要求

根据其工作特点,侧推器应满足如下要求:

(1)装置结构简单,工作可靠,维护管理方便。

(2)应尽可能设在船的端部,以便在同样推力下获得较大的转船力矩。

(3)应有足够的浸水深度,以提高侧推器的工作效率。侧推器的螺旋桨轴线离水线距离不得小于它的桨叶直径,以免空气进入螺旋桨处,影响侧推器工作。

(4)对船体所造成的附加阻力要小,侧推装置本身的工作效率要高。

(5)能根据需要迅速改变推力大小和方向。

(6)在侧推器旁及驾驶台中央与两翼均可进行。

4. 侧推器的类型

侧推器的类型很多,分类如下:

(1)按布置位置不同有艏推、艉推和舷内式、舷外式之分。

(2)按产生推力的方法不同有螺旋桨式和喷水式。

(3)按原动机不同有电动式、电液式和柴油机驱动式等。

Z 形传动方式实际上也可认为它是一种舷外式艉侧推器。

二、螺旋桨式首推装置的应用

螺旋桨式首推装置可采用定距桨也可采用调距桨。因为定距桨要求其原动机具有变速变向功能,而可变速变向的电动机控制系统复杂,操作也不方便,故应用较少,所以定距桨式侧推器多用液压马达带动。调距桨不需要驱动它的原动机换向,容易实现遥控,在恒速下靠桨叶角的变化就可改变推力大小,因此由电动机驱动调距桨的侧推器型式应用最为广泛。

图 5-22 示出了定距桨式侧推器的液压系统图。侧推器螺旋桨 1 通过联轴器与液压马达 2 相连,而液压马达的转向与转速由双向变量泵 7 来控制。泵 7 的控制可通过辅泵 9 和电磁阀 15,借助泵 7 中的变量伺服机构来实现。在系统工作时,由于从马达 2 至泵 7 的低压管路,一方面经更油阀 3、背压阀 16 和油滤器 13 将部分热油泄回油箱,另一方面又从相应的单向阀 4 不断地以洁净的低温油液加以补充,以控制系统的油温。

三、调距桨式侧推装置的管理

1. 操作时注意事项

(1)侧推器主电动机功率较大,使用前要确认电站的供电量是否能够满足。一般都设有发电机台数连锁装置,达不到规定工作台数侧推器起动不了。

(2)船速在 5 kn 以下方可使用侧推器。有的船舶在侧推器操纵台处就写明。

(3)当转换操作位置前,要确认主控制器和副控制器二者控制杆位置和负荷一致后才可切换。

(4)采用调距桨侧推器时,起动主电动机时要使螺距角置于“零”位,以减少起动电流。

(5)在最大推力工况下的连续使用时间不应超过规定的时间,一般为0.5 h。

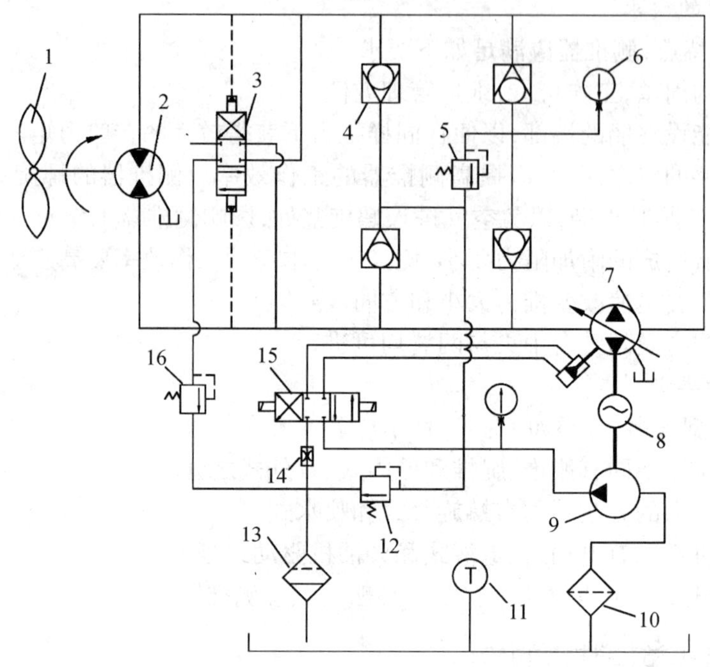

图5-22　定距桨式首侧推器的液压系统图

1—定距桨;2—液压马达;3—更油阀;4—补油单向阀;5—溢流阀;6—压力表;7—变量泵(主泵);8—电动机;9—定量泵(辅泵);10—吸入滤器;11—温度计;12—辅泵溢流阀;13—回油细滤器;14—可调节流阀;15—电磁三位四通阀(控制主泵的伺服变量机构);16—背压阀

2. 日常管理工作

(1)使用合乎要求的液压油:所用液压油应能传递大的动力,能适应不同季节、不同海域气温变化,有合适的黏度,有高的黏度指数,凝点低(要在-30 ℃以下)。

(2)定期清洗滑油滤器。

(3)定期检查管系的漏泄。

(4)定期检查油位、油温、油压,注意观察各部振动情况和运转声音,发现异常及时处理。

(5)定期取样化验油质,及时更换不合格滑油,换新油时要将系统中旧油彻底放净。

(6)侧推器间位置低,空气潮湿,注意检查电气设备绝缘和供电加热除湿。

3. 坞内检查

(1)放掉桨毂内的滑油,观察是否有水进入油中。

(2)桨轴也设有密封装置,其形式也多用Simplex型,凡密封圈唇口有裂纹、严重磨损、老化等现象均应换新,注意检查密封性能。

(3)检查桨叶、桨毂的固紧螺栓和螺栓防松装置。

(4)检查桨叶根部密封圈,一般使用4年应换新。

(5)螺旋桨轴轴承、传动轴轴承都是滚动轴承,若发现有锈蚀、剥蚀、护圈破裂、滚子严重磨损或转动不灵活、转动声音过大时,应予换新。

第四节　船舶推进装置的管理

一、船舶推进装置的主要传动型式、组成及特点

1. 船舶推进装置的组成

推进装置是船舶动力装置中最重要的组成部分。它包括主机、传动设备和推进器等。其作用是将主机发出的功率,通过传动设备传递给推进器,从而推动船舶航行,如图5-23所示为典型的船舶推进装置。

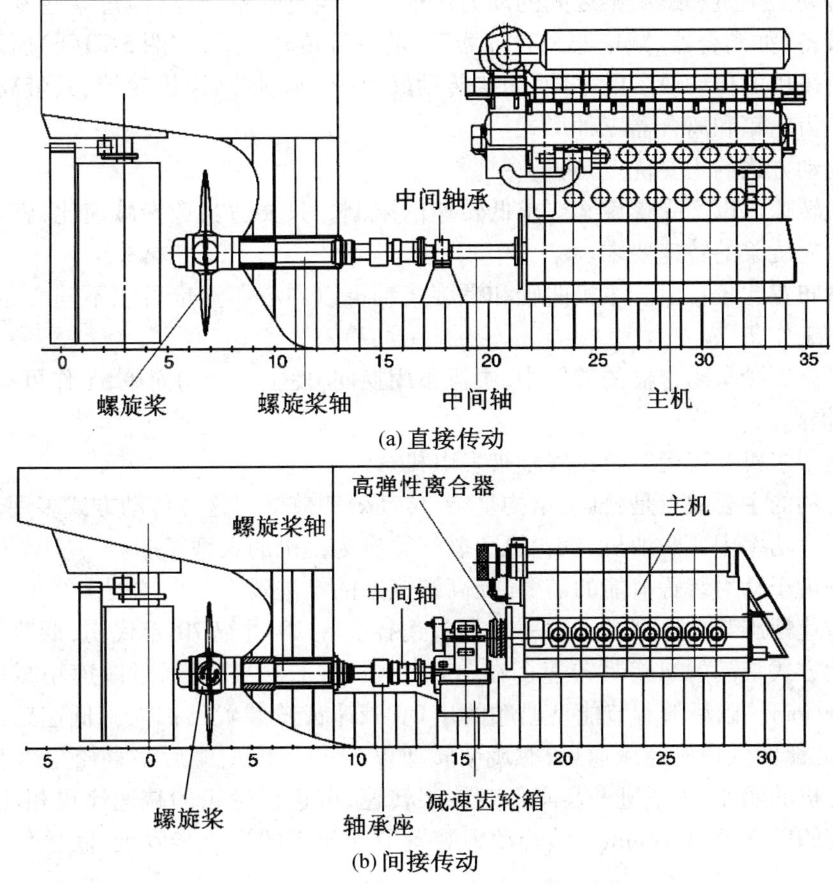

图5-23　典型的船舶推进装置

2. 船舶推进装置型式及特点

按传动功率方式不同,常见的船舶推进装置型式可分为直接传动、间接传动、Z形传动、电力传动等。

(1)直接传动

直接传动是将主机的动力直接通过轴系传给螺旋桨的传动方式,如图 5-23(a)所示。在这种传动方式中,主机和螺旋桨之间除了传动轴系外,没有减速器和离合器等设备,运转中螺旋桨和主机始终具有相同的转向和转速。它的主要优点是:

①结构简单,维护管理方便。只要安装时定位正确,平时管理中注意润滑冷却,一般不会出现大问题。

②经济性好,传动损失少,传动效率高。主机多为耗油率较低的大型低速柴油机。螺旋桨转速较低,推进效率较高。

③工作可靠,寿命长。

其缺点是:整个动力装置的重量尺寸大,要求主机具有可反转的性能,非设计工况下运转时经济性差,船舶低速航行速度受到主机最低稳定转速的限制。

(2)间接传动

间接传动是主机和螺旋桨之间的动力传递。除经过轴系外,还经过某些专门设置的一些传动设备(如离合器、减速器及联轴器等)的一种传动方式,如图 5-23(b)所示。

根据所采用的传动设备的不同,间接传动又可分为只带减速齿轮箱、只带离合器、同时带有减速齿轮箱和离合器三种形式。

间接传动方式的主要优点是:

①主机转速可以不受螺旋桨要求低转速的限制。只要适当选择减速比,就可使主机的转速适应螺旋桨的转速要求。

②轴系布置比较自由。主机曲轴和螺旋桨轴可以同心布置也可以不同心布置,以改善螺旋桨的工作条件。

③在带有倒顺车离合器的装置中,主机不用换向,使主机结构简单,工作可靠,管理方便,机动性提高。

④有利于多机并车运行及设置轴带发电机。

间接传动的主要缺点是:轴系结构复杂,传动效率较低。这种传动方式多用于中小型船舶以及以大功率中速柴油机、汽轮机和燃气轮机为主机的大型船舶。

近年来由于动力装置节能的需要,提高螺旋桨的推进效率越来越被人们重视,而采用大直径低转速螺旋桨是提高推进效率的有效途径。在 20 世纪 70 年代初,低速柴油机利用直接传动方式带动的螺旋桨转速多在 100 r/min 以上,中速机通过减速箱减速一般也不低于 90 r/min。以后随着节能型船舶的出现,减速齿轮装置已扩大到低速柴油机的领域,甚至有的船舶低速机经减速后,螺旋桨转速仅为 43 r/min,螺旋桨直径竟达 11 m。以中速机为主机的船舶,为了进一步降低螺旋桨转速,减速齿轮箱的减速比也相应加大,螺旋桨转速有的已降至 60 r/min。随着动力装置节能技术的进一步发展,间接传动方式的应用范围将会进一步扩大。

(3)Z 形传动

Z 形传动装置又称悬挂式螺旋桨装置。图 5-24 为 Z 形传动装置的结构原理图。主机 1 的功率经联轴器 2、离合器 3、带有万向节的传动轴 4、上水平轴 8、上部螺旋锥齿轮 9、垂直轴 12、下部螺旋锥齿轮 14 及下水平轴 15 传递给螺旋桨 13,从而推动船舶前进。

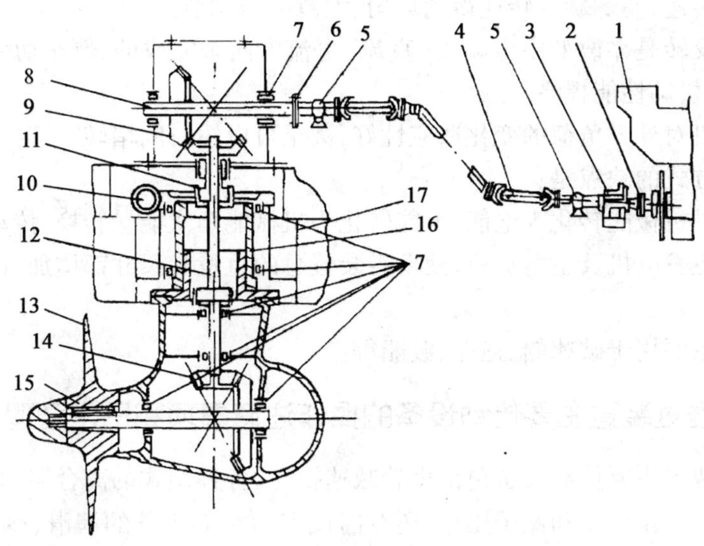

图 5-24　Z 形传动装置的结构原理图

1—主机;2—联轴器;3—离合器;4—带有万向节的传动轴;5—滑动轴承;6—弹性联轴节;7—滚动轴承;8—上水平轴;9—上部螺旋锥齿轮;10—蜗轮蜗杆装置;11—齿式联轴器;12—垂直轴;13—螺旋桨;14—下部螺旋锥齿轮;15—下水平轴;16—旋转套筒;17—支架

Z 形传动方式最显著的特点是螺旋桨可绕垂直轴作 360°回转。当起动一个电动机带动蜗轮蜗杆装置 10 运动时,蜗轮带动旋转套筒 16 在支架 17 中回转,同时使螺旋桨 13 绕垂直轴 12 在 360°范围内作平面旋转运动。由于螺旋桨可绕垂直轴作 360°回转,因此它具有以下优点:

①操纵性能好。螺旋桨的推力方向可以自由变化,使船舶操纵性能优于其他传动方式,特别是采用两台主机,而每台分别带动一个 Z 形传动装置时,可以使船舶原地回转、横向移动、快速进退以及微速航行等。

②可以省掉舵、艉柱和艉轴管等结构,使船尾形状简单,船体阻力减少。

③可以使用重量轻、体积小的中、高速柴油机,而不需要单独的减速齿轮装置,不需要主机有换向机构,可以延长柴油机使用寿命。

④由于这种传动装置是垂直悬挂在船尾,可由船尾部甲板开口处吊装,检修不用进坞,可大大缩短修理时间。

尽管如此,由于结构上的原因,使传递功率受到一定限制,因而仅适用于小型船舶,特别适用于港作船和在狭窄航道中航行的船舶。

(4)电力传动

电力传动是主机驱动主发电机,将发出的电供到主配电板,再由主配电板供电给主电动机,从而驱动螺旋桨运转的一种传动方式。

电力传动方式的优点是:

①主机和螺旋桨之间没有机械联系,可省去中间轴及轴承,机舱布置灵活。

②主机转速不受螺旋桨转速的限制,可选用中、高速柴油机,并可在柴油机恒定转速

下调节电动机转速,使螺旋桨转速得到均匀、大范围地调节。

③螺旋桨反转是靠改变主电动机(直流)电流方向来完成的,倒车功率大,操纵容易,反转迅速,船舶机动性能提高。

④主电动机对外界负荷的变化适应性好,甚至可以短时间堵转。

电力传动方式的缺点是:

①需要经过机械能转化为电能、电能转化为机械能两次能量转换,传动效率低。

②增加了主发电机及主电动机,使动力装置总的重量和尺寸都增加,造价和维护费用提高。

电力传动主要用于破冰船、拖船、渡船等。

二、船舶推进装置主要传动设备的操作注意事项和日常管理

船舶推进装置主要传动设备包括齿轮减速设备、各种型式的离合器、制动器和联轴器等。为了使它们工作可靠和便于操作,还专门设有为它们服务的润滑、冷却和操纵系统。这些传递设备所起的作用有汇集(对多机单桨)或分配(对单机带双桨或轴带发电机)主机功率;把主机转速改变为负荷所需要的转速(螺旋桨需要的低转速或轴带负荷所需的高转速或恒定转速);使主机和螺旋桨离合;使不可反转主机所带的螺旋桨实现倒顺转;减振和消除螺旋桨对主机的冲击作用。

中间传递设备很多,为了布置紧凑和便于管理,往往把选用的传递设备组合为一个整体,总称为传动机组。

(一)齿轮传动装置

齿轮传动装置的类型很多,根据它们功能不同可分为以下几种。

1. 减速齿轮传动装置

当用中速机做主机驱动螺旋桨时,需要通过齿轮减速,以获得较高的推进效率。图5-25为减速齿轮装置的示意图。图5-25(a)的输入轴与输出轴中心线不在同一直线上,称异心齿轮减速器。又因主机的功率传给螺旋桨只有一条途径,所以属于单路减速齿轮装置。主机1与减速器4之间装有弹性联轴器2,缓和了主机交变扭矩的冲击性,改善了减速器的工作条件,还可补偿主机和减速器之间的对中偏差。气胎制动器3可通过充气来制动主机,使之迅速停车,以利于主机换向,提高了动力装置的机动性。推力轴承5布置在齿轮箱内,使结构简化、刚性增加。这种减速齿轮装置的优点是:结构简单,主机重心低,两主机间的距离(对双机双桨船)容易得到保证。缺点是占机舱面积较大。

图5-25(b)示出的减速器输入轴与输出轴的中心线在同一直线上,称同心齿轮减速器,且主机的功率传给螺旋桨有两条途径,属多路减速齿轮装置。它克服了异心齿轮减速器的缺点,但由于增加了过桥齿轮(增加了两对),使结构复杂,传动效率降低,成本提高。

图5-25(c)示出一种行星齿轮减速器简图,它也是同心、多路减速齿轮装置。它的突出优点是尺寸小、重量轻、能传递大的功率和扭矩、传动效率高。不仅广泛应用于大功率中速柴油机,也适用于大型低速柴油机,以获得更高的推进效率。这种减速器的输入轴与输出轴转向相同。

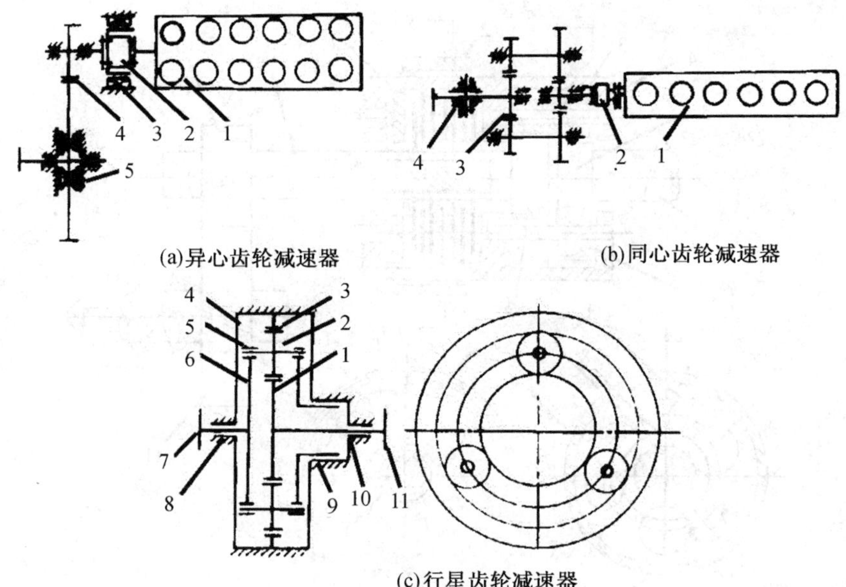

图 5-25　减速齿轮装置示意图

(a)、(b):1—主机;2—弹性联轴器;3—气胎制动器;4—减速器;5—推力轴承

(c):1—太阳轮;2—行星齿轮;3—内齿轮;4—壳体;5—轴承;6—系杆;7—输出轴;8、9、10—轴承;11—驱动轴

2. 正、倒车减速齿轮装置

对于没有换向功能的一部分中速柴油机和一般的高速柴油机,以它们作主机时不仅需要减速装置,而且也需要设置倒顺车装置,将倒顺与减速两个功能结合在一起就构成了倒顺减速齿轮装置。图 5-26 示出的是一种行星齿轮倒顺减速装置的原理图。不能反转的主机带动输入轴6。行星轮 7 有三个,它们和太阳轮 5 啮合并在太阳轮 5 圆周上均匀分布。行星轮 4 也有三个,它们和太阳轮 8,行星轮 7 啮合并在太阳轮 8 周向均匀分布。大齿轮 11 通过轴系带动螺旋桨。由图可见,整个装置是由减速器和倒顺离合器两大部分组成。当螺旋桨需要正转(开顺车)时,制动带 2 脱开,离合器 1 接合,齿轮 5,7,4 和 8 对于离合器壳体 3 无相对转动,输入轴 6 和从动轴 9 处于刚性连接状态,功率通过减速小齿轮 10 和大齿轮 11 传给输出轴。当开倒车时,收紧制动带 2,脱开离合器 1,动力通过太阳轮 5,行星轮 7,4 和太阳轮 8,以相反的转向传给从动轴 9,再通过减速齿轮 10,11 传给输出轴。空车时,制动带 2 和离合器 1 都脱开,离合器外壳 3 作与输入轴 6 同方向回转,而从动轴 9 这时停止不动,无功率输出。

3. 并车传动减速齿轮箱

减速齿轮箱的特殊类型是多机并车传动减速齿轮箱,在船上最常见的是双机并车传动减速齿轮箱,但亦有三机和四机并车减速齿轮箱。

图 5-27 为一种双机并车减速装置示意图。图 5-27(a)中柴油机 1 与减速器 4 之间用弹性联轴器 2 和气胎离合器 3 相连。图 5-27(b)中柴油机 1 与减速器 4 之间是用液力联轴器 5 相连接。双机单桨或三机甚至四机单桨推进装置,因并车的需要,必须加装离合器。离合器还利于单机运行和柴油机检修。液力联轴器在传动中有滑动,效率要低

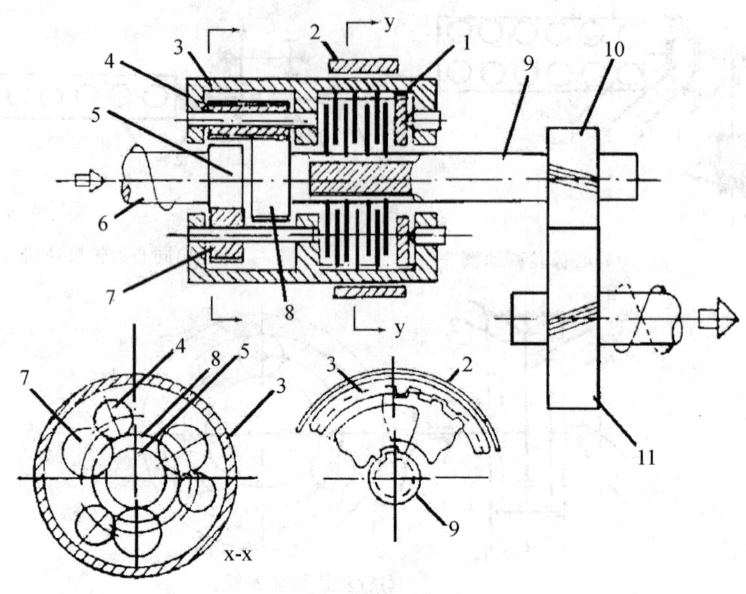

图5-26 行星齿轮倒顺减速装置原理图

1—正车多片式摩擦离合器;2—倒车制动带;3—离合器外壳;4、7—行星轮;5、8—太阳轮;6—输入轴;9—从动轴;10—减速小齿轮;11—减速大齿轮

1%~2%。然而,也正是由于有滑动,它的减振性能和并车性能较好。

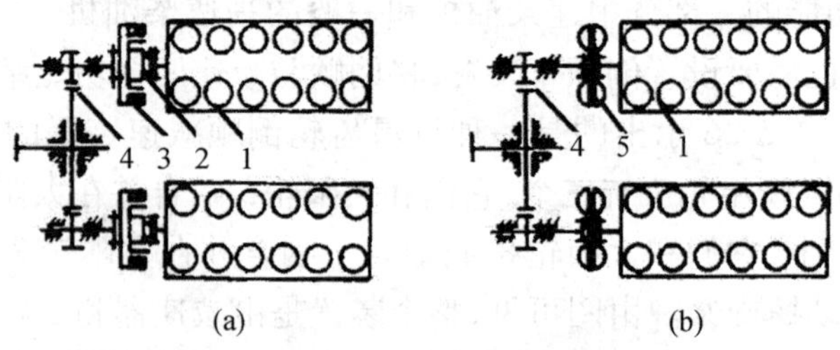

图5-27 双机并车减速装置示意图

1—柴油机;2—弹性联轴器;3—气胎离合器;4—减速器;5—液力联轴器

采用并车传动有如下优点:

(1)提高船舶的生命力。如果其中一台主机发生故障,可以实现不停航检修。

(2)在需要低航速时可只开一台主机,使柴油机处于较为经济状态运行,节省燃料,且可轮换使用主机,延长动力装置寿命。

(3)尺寸小、重量轻。装置高度可降低1/2~1/3,重量可减轻1/4。

(4)单轴功率增大,扩大了中速机与低速机竞争领域。

并车传动装置的缺点是:结构复杂;各台主机间负荷分配不均时会造成某台主机过载;主机台数多,操纵控制复杂。

(二)联轴器

将各轴段连接成为整体的专门设备称为联轴器(节)。在船舶上常见的联轴器有刚性联轴器和弹性联轴器两种。

1. 刚性联轴器

刚性联轴器主要用于中间轴之间、中间轴与推力轴之间以及中间轴和艉轴之间的连接，它又有固定法兰式、可拆法兰式和液压联轴器之分。图 5-28 示出一种液压联轴器的结构。在轴 6 和 9 端部套有外表面带锥度的内轴套 5，在内轴套 5 外又套有内圆面带锥度的外轴套 7，外轴套 7 上开有油孔 4 和 10，内圆面上还设有布油槽，外轴套与活塞 8 构成活塞油缸结构。当两轴连接时，将两个手动活塞泵 2 和一个电动齿轮泵 1 按要求装好，然后用手同时驱动杆 3，此时压力油经油道 4 进入内、外轴套之间。将内轴套压缩，外轴套外胀，当达到规定压力后再开动齿轮泵，使压力油经油道 10 进入油缸，并使内外套相对移动。待达到要求的距离，先后放掉内、外轴套间及油缸中的油压，轴 6 和轴 9 就可连接起来。由此可见，这种联轴器是靠轴套与轴的装配过盈的弹性变形，从而产生正压力，使轴与套接触表面上产生摩擦力与摩擦力矩，扭矩就是靠摩擦力矩传递的。

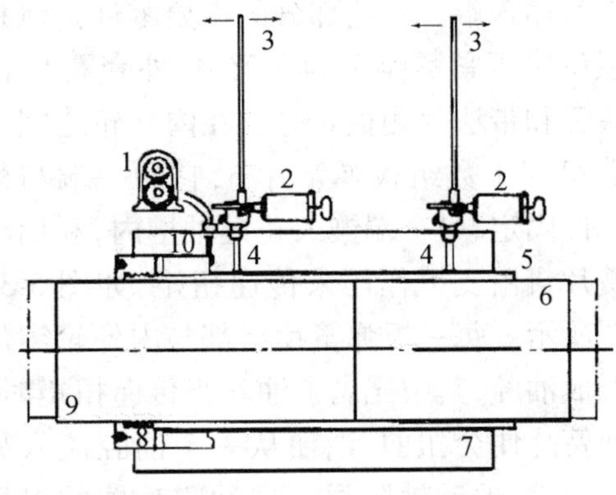

图 5-28　液压联轴器的结构示意图

1—电动齿轮泵；2—手动活塞泵；3—驱动杆；4，10—油道；5—内轴套；6，9—轴；7—外轴套；8—活塞

随着液压技术的发展，液压联轴器应用的越来越多。这种联轴器不在轴上开设键槽，因而提高了连接强度，简化了加工工序，拆装也较方便。

2. 弹性联轴器

在联轴器中，若主动轴与从动轴之间设有像橡胶或弹簧之类的弹性元件，使扭转方向上具有弹性作用，这种联轴器称弹性联轴器。

在轴系中使用弹性联轴器的目的主要是：

(1) 改变轴系的自振频率，衰减振动的传递，降低扭振的振幅，使柴油机在使用转速范围内不出现危险的共振转速。

(2) 在带有齿轮减速装置的推进轴系中，在柴油机和减速齿轮装置之间加装弹性联轴器，可改善减速齿轮装置的工作条件，使齿面少受变动扭矩的冲击，延长齿轮使用寿命。

(3) 补偿轴系在安装中产生的误差和安装后由船体变形产生的误差，避免齿轮的齿面接触不良和轴承过载等所引起的故障，保证推进系统正常运转。

另外，弹性联轴器在隔音、电气绝缘以及隔热等方面也能取得良好效果。

常用的弹性联轴器：

(1) 伏尔肯(Vulkan)型橡胶联轴器

这种联轴器如图 5-29 所示。

它的弹性元件是两个橡胶环 2，借助螺栓和压紧环 3 分别固定在主动法兰 1 和从动法兰 4 上。主动法兰与柴油机飞轮相连，从动法兰装在输出轴上，主动法兰的扭矩通过橡胶环 2 传给从动法兰。

(2) 盖斯林格(Geislinger)高阻尼簧片联轴器

图5-30是这种联轴器的剖视图。它主要由内轮和外轮两部分组成,内轮部分的主要零件是花键轴1,它一般作为输出端,但亦可作为输入端。外轮部分的主要零件是侧板2、限位块压紧螺栓3、锥形环4、外套圈5、限位块7和带法兰侧板8等。在内外轮之间装有数组到十数组板弹簧片6,它的一端与外轮元件固定,另一端镶入花键轴槽内,利用板弹簧片自由支撑作用来传递扭矩,如图5-30右图所示。每一板弹簧片组都与内外轮零件间形成油腔,其中充满了油。当传递扭矩时,板弹簧片便会扭曲,油便从一个油腔流入另一个油腔,振动被阻尼。这种联轴器的阻尼效果一般比橡胶联轴器高5~10倍。限位块7对联轴器起保护作用,在联轴器负荷太大时,限制弹簧片的变形使联轴器得到保护。

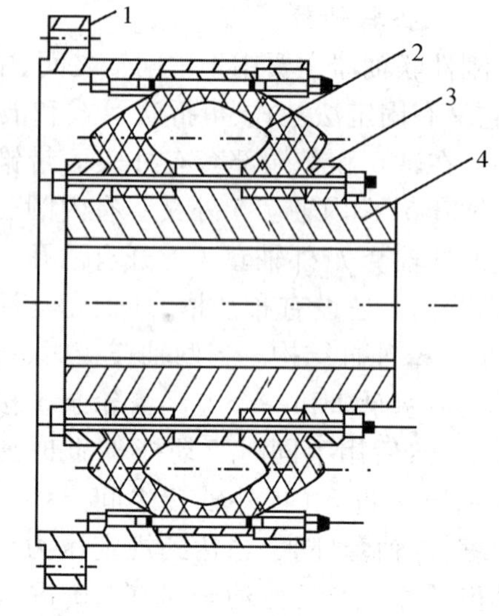

图5-29 伏尔肯型橡胶联轴器

1—主动法兰;2—橡胶环;3—压紧环;4—从动法兰

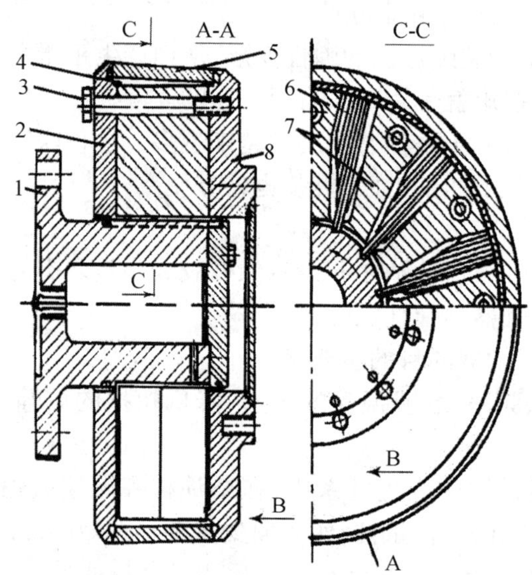

图5-30 盖斯林格簧片联轴器剖视图

1—花键轴;2—侧板;3—限位块压紧螺栓;4—锥形环;
5—外套圈;6—弹簧片;7—限位块;8—带法兰侧板

3. 船用离合器

离合器是船舶传动机组中一个重要传动设备,一般装在主机和减速齿轮箱之间,它的作用是在主动轴旋转时把从动轴接合或脱开。当离合器接合时,主机功率通过离合器传给齿轮箱再传给螺旋桨;当离合器脱开时,主机虽旋转,齿轮箱和螺旋桨均不被带动。船用离合器的种类很多,有机械式、液压式和电磁式,而摩擦离合器是属于机械式离合器中

的一种，它是靠摩擦力来传递扭矩的一种离合器。由于它具有一系列优点，因此在中小功率船舶动力装置中得到广泛的应用。近年来，在大功率中速柴油机或多机并车传动机组中也普遍使用，甚至在国外大功率船用燃气轮机组中也逐渐推广使用。

(1)摩擦离合器的作用和优缺点

摩擦离合器的作用：

①可实现主机空载起动和空转。离合器在脱开情况下起动主机，轴系和螺旋桨都不转动，主机的起动阻转矩小，易于起动，节省压缩空气，并可在主机空转状态下对主机做某些运行状况的检查。

②可采用不可反转的主机。船舶进退由倒顺车离合器完成，主机结构简单，可靠性提高。

③使船舶的机动性提高。这一方面是因为摩擦离合器的离、合动作迅速。另一方面，当主机在低速运转时，利用离合器的时离时合，可使船舶超低速运行。

④可保护主机和轴系。当螺旋桨碰到冰块、礁石等意外情况时，摩擦离合器可打滑，起到很好的缓冲作用。

⑤在并车传动装置中实现主机并车、切换和航行中修理。

《钢质海船入级规范》中规定，摩擦离合器在正常运转时不得有打滑现象；在空车运转时，其带排(主、从摩擦片间的拖带)扭矩不得使其联接的推进轴系有带转现象。离合器所传递的最大扭矩，一般应不小于主机标定扭矩的1.5倍。对于可倒顺的离合器，其换向时间应不大于15 s。

与其他类型的离合器相比，摩擦离合器的主要优点是：

①传动效率高。在稳定工作中，主、从动轴间没有相对滑动，传动效率接近于1。

②离、合动作迅速。

③尺寸小、重量轻、结构简单。

摩擦离合器主要缺点是：在结合和分离的动态过程中存在打滑、磨损、发热现象和消耗功率。

(2)摩擦离合器的类型

摩擦离合器的种类很多，分类方法也不一样，一般可根据摩擦元件间的接合力的来源、摩擦面的工作状态以及摩擦面的形状特征不同进行区分。

按接合力的来源不同可分为：

①机械式摩擦离合器，利用机械传动装置使摩擦面接合或脱开。

②液压式摩擦离合器，利用油压使摩擦面接合或分开。

③电磁摩擦离合器，利用电磁力使摩擦面接合或分开。

按摩擦面的工作状态不同可分为：

①干式摩擦离合器

摩擦面呈干燥状态，摩擦副的摩擦系数高，工作面的允许温度视摩擦材料而定，一般温升允许值较高，采用自然或强制通风冷却，分离较彻底。但摩擦副易磨损，寿命短，需注意检查和更换。

②湿式摩擦离合器

摩擦面要用油润滑和冷却,摩擦副许用比压高,摩擦系数低,摩擦副耐磨、寿命长。摩擦副的热量由滑油带走,温度要受油的汽化温度限制,一般不超过120～150 ℃。

③半干式摩擦离合器

摩擦表面有少量的油,一般为摩擦材料本身暇进的油质,工作中呈半干摩擦状态。

按摩擦面的形状特征不同进行分类是最常见的分类方法,据此可分为:

①盘片式(圆片式)

它的摩擦元件为盘片状,若摩擦副为一对,称单片式;两对则称双片式;再多的话就称多片式。多片式能传递较大扭矩,应用较多。但是,由于摩擦片多,摩擦片间鼓风或剩余油膜(湿式)的影响较大,当输出轴轴承摩擦阻力矩小于带排力矩时,输出轴会有很慢的转动。

②圆锥式

摩擦元件为内外锥体,工作面为圆锥面。它又分单锥面和双锥面两种。在大功率传动装置中,应用最广泛的是双锥面形式。

这种摩擦离合器为干式,接合力来源于压缩空气,它具有以下优点:

a. 摩擦力作用半径大,摩擦系数大,可传递较大扭矩。

b. 主、从动轴间的扭矩通过弹性元件传递,具有良好的隔振性能和对中性能,摩擦面磨损后能自动调整。

c. 弹性元件离摩擦面较远,在接合与脱开的过渡过程中产生的摩擦热对橡胶元件影响小。

d. 便于遥控。

③圆柱式

摩擦元件为内外圆柱体,工作面为圆柱面,图5-31示出了它的工作原理简图。当0.7～1 MPa的压缩空气充入轮胎时,它的容积膨胀,离合器处于接合;反之则脱开。这种型式还常用于轴的制动器。

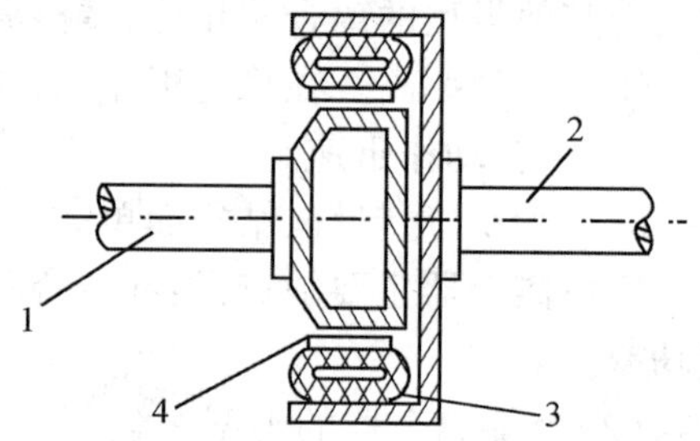

图5-31 圆柱式摩擦离合器工作原理简图

1—主动轴;2—从动轴;3—橡胶轮胎;4—摩擦片

4. *液力耦合器*

液力耦合器和油马达一样属于液力传动装置,但两者传递功能的原理却有明显的区别,前者是利用液体的动能,而后者是利用液体的静压能。耦合器在船上主要用做柔性联轴器和离合器。

(1)液力耦合器的工作原理

液力耦合器的工作原理可用图5-32来说明。离心泵2在原动机1驱动下回转,循环柜6中的液体被离心泵吸入并获得能量后,经过连接管3冲到涡轮机4的叶片上,把能量传给涡轮机,然后流回循环柜,涡轮机便带动螺旋桨5回转。但这样的液力传递装置结构复杂,效率很低。其原因是离心泵的涡壳和吸入管、涡轮机的涡壳和排出管以及连接管3中存在着很大的能量损失,所以后来发展成图5-32中上面小图所表示的简单结构,即它的主要部件是三个工作轮:泵轮2、涡轮4、转动外壳7。泵轮为主动部分,涡轮是从动部

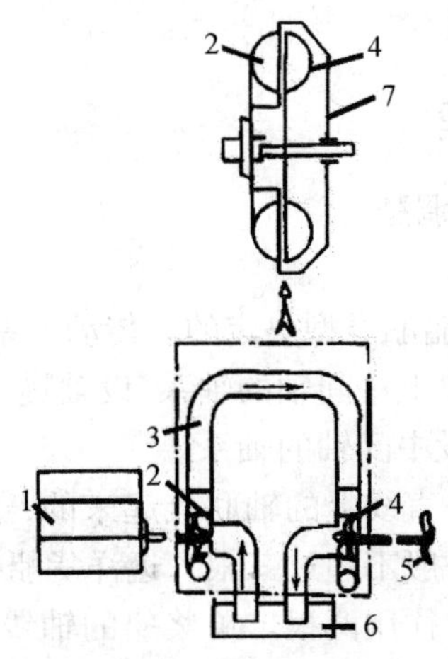

图 5-32 液力耦合器的工作原理

1—原动机;2—离心泵;3—连接管;4—涡轮机;
5—螺旋

分,两轮对称布置,尺寸完全相同,轮内都设有相当数量的叶片,形成很多工作腔。两轮在轴向存在一定的间隙,彼此无机械联系,泵轮的进、出口正好和涡轮的出、进口相对。工作腔中一般充有油,靠油在工作腔中流动而传递能量。转动外壳一般和泵轮相连,随泵轮一起转动,阻止油外漏。

当泵轮在原动机带动下旋转时,油从泵轮的内半径处(进口)进入泵轮工作腔,吸收能量后从泵轮外半径处(出口)进入涡轮外半径处(进口),在涡轮工作腔中释放能量后,又从涡轮内半径处(出口)排离涡轮重新进入泵轮工作腔。因此,耦合器在工作时,工作腔中油的运动是一种复合运动:既有叶片带动下绕耦合器转轴回转的牵连运动,又有在离心力作用下沿着叶片由内缘向外缘的相对运动,油的绝对运动是由这两种运动合成的。

(2)液力耦合器的工作特点

①液力耦合器的泵轮与涡轮之间虽然没有机械联系,但靠液体环流可传递功率,因此它可作为联轴器(但这种联轴器必须有滑差),而且具有很好的隔振性能。

②只要设置有效地控制液体充、排系统,它就可以成为有滑差的离合器。在多机并车运行的装置中,装设这种离合器可以自动均匀各主机间的负荷,不用再设置自动负荷均匀系统。

③耦合器能很好适应船舶工况的变化。螺旋桨负荷突然加大,甚至螺旋桨被冰块等异物卡住时,柴油机仍可运转而不致熄火停机。

④可以提高船舶的机动性。当高速航行的船舶需要紧急倒航时,柴油机可在螺旋桨水涡轮阶段反向起动,此时主机转向与螺旋桨转向相反,对螺旋桨进行制动,使它很快停下来后马上跟随主机反转,达到船舶倒航的目的。

⑤当装有调速型液力耦合器时,若船舶需要很低的航速,可通过减少耦合器中液体的数量,加大主、从轴滑差来实现,可以不受主机最低稳定转速的限制,这对经常需要以极慢速度航行的科学考察船、测量船、救助船特别有利。在主机起动时,也可通过减少工作腔中液体循环量,减少主机起动时的阻转矩,达到容易起动的目的,也可避免起动后加速过

快,造成主机燃烧不良的弊病。

三、轴系及螺旋桨的管理

(一)传动轴系的布置、轴线调整

1. 轴线的布置

轴系长和短是以机舱位置、船舶类型决定的。传动轴系的布置分长轴系与短轴系:

(1)长轴系:有二根及二根以上中间轴的轴系,设轴隧。

(2)短轴系:只有一根及不设中间轴的轴系。

传动轴系通常是由位于同一直线上的轴联接起来的,这种位于同一直线上的轴中心线称为轴线。商船轴线的数目一般不超过三根。远洋货船往往用一根,一些船速较快、经常进出港口的客船或集装箱船往往用两根。单桨船的轴线布置在纵向中剖面上,双桨船的轴线常对称地布置在两舷。由于机舱位置的不同,轴线的长度差别很大,尾部机舱的轴线较短,有的不用中间轴,而使推力轴直接和艉轴相连。中机舱的船舶中间轴段数目较多,轴线往往很长,这时在机舱和艉尖舱间必须围成水密的走廊,以使轴系与货舱隔开,此水密走廊即是轴隧(地轴弄)。轴隧用水密门与机舱相通,轮机人员可通过此门进入轴隧对轴系进行检查和维护管理工作。水密门的打开与关闭应能在门的两面都可操作,而且在机舱外也可对水密门进行远距离操作。隧顶高度应允许更换或修理轴线中的任何部件,一般都在2 m以上。隧道宽度应符合规定,人行道上铺有花铁板并设置栏杆,以便将人行道和轴线隔开。隧道内在尾部一般设有逃生洞,此洞直通上甲板,当机舱各门由于烟、火封住不能通行的应急情况下,轮机人员可由此通道撤离或供上面人员进入机舱实施各种应急措施。轴隧尾部常留有较大空场,供放置备用轴及其他备件、专用工具和附件。

在主机位置和螺旋桨的位置确定之后,轴线的位置和长度便可确定。轴线首尾两个端点中,前面一个是主机功率输出端法兰中心,后面一个是螺旋桨中心。理想的轴线位置最好与船体的龙骨线(基线)平行,而在多轴线时,轴线还应保持与船纵中剖面相对称。但是这种理想的轴线有时很难实现,因为它的首尾位置必须服从于主机的位置和螺旋桨的位置。如主机位置比较高而船舶吃水比较浅时,为了保证螺旋桨能浸入水下一定距离,有时不得不使轴线向尾部倾斜一定角度,如图5-33(a)所示,图中α即为倾斜角。有些双桨或多桨船的轴系,为了使螺旋桨桨叶的边缘离开船的外板并留有一定的空隙,允许轴线在水平投影面上离开船舶纵中垂面偏斜一个角度,如图5-33(b)所示,图中β为偏斜角。当轴线出现倾斜和偏斜时,螺旋桨输出的推力将受到损失,这一方面是由于此时螺旋桨推力与船舶运动方向变得不一致。另一方面,轴线倾斜使轴系重量产生方向朝后的轴向分力,抵消了一部分桨的推力。为了使桨的推力不致损失太多以及保证主机的工作可靠,一般α角不超过5°,β角不超过3°。

2. 中间轴承的位置和间距对轴线的影响

(1)中间轴承位置对轴线的影响

中间轴承应布置在刚性好的隔舱壁上,否则船体变形将直接影响轴线。

(2)中间轴承间距对轴线的影响

中间轴承的数量决定了间距。

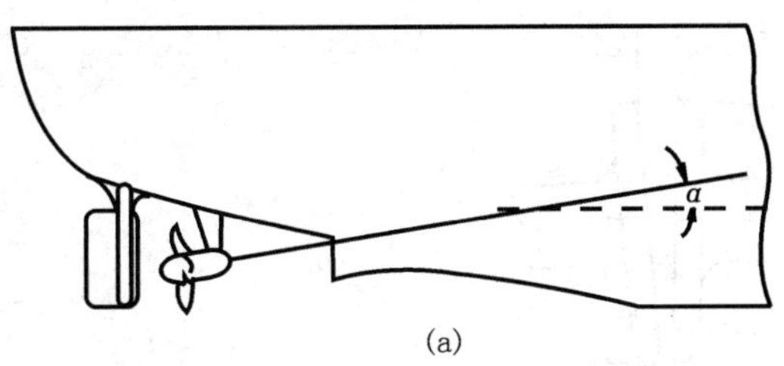

(a)

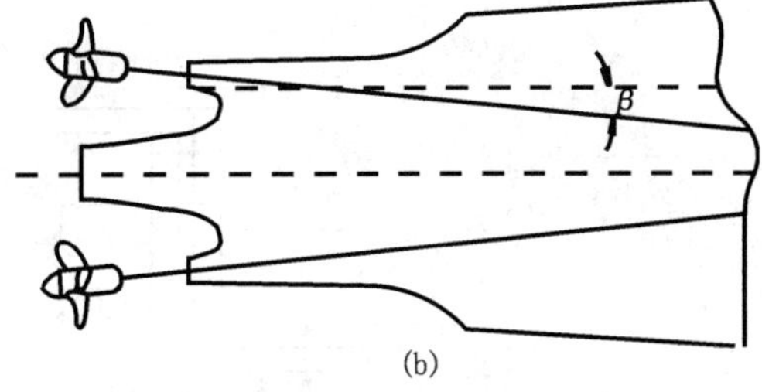

(b)

图 5-33　轴线布置图

数量多：

①间距小。

②轴线变形牵制大，使轴承附加负荷增加。

数量太少：

①间距太大，使得轴系安装校中困难。

②轴的挠度增加，轴承负荷不均匀。

③还会使横向振动增加。

因为轴系临界转速随轴承跨距增加而降低，进入主机工作转速的范围内。

最佳位置：在确定中间轴总长度后，根据"每根中间轴上只设一个支承点"的原则确定数量。

中间轴承位置设在每根中间轴距端面法兰 $0.18 \sim 0.2L$，其原因：轴的连接法兰处是质量中心，支承点避免设在轴的中部；否则轴的挠度过大，轴系校中困难，安装也不方便。

3. 传动轴系中心线状态的检查

(1) 轴系中心线状态的检查方法

方法：通过检查相临一对法兰的弯曲度和两端轴的同轴度确定轴系中心线。

①弯曲度

含义：表示相邻一对法兰的两根轴线的相对位置，用偏移和曲折表示，如图 5-34 所示。

a. 偏移 δ：表示相连接的两根轴之间发生了径向平移。

b. 曲折 φ：表示相连接的两根轴中心线相交成一个角度。

一般情况下 δ 和 φ 同时存在。

②同轴度

同轴度：表示首、尾（艉轴中心）两端轴的累计误差，即首、尾两端轴轴线的相对位置。

①测量同轴度的方法：平轴法、平轴计算法、拉线法、光学仪器法（照光法）等。

②营运船舶常用的方法—平轴法

a. 未拆螺栓前：在中间轴承对应的另一端对称位置加设临时支撑。

b. 拆除螺栓后：以首或尾为基准，逐个调节中间轴法兰上的 δ 和 φ 为零，最后一个 $\delta_{总}$ 和 $\varphi_{总}$ 即为两端轴的总偏差。

(2) 轴系中心线检查的时机

①夜间、阴天或上午。

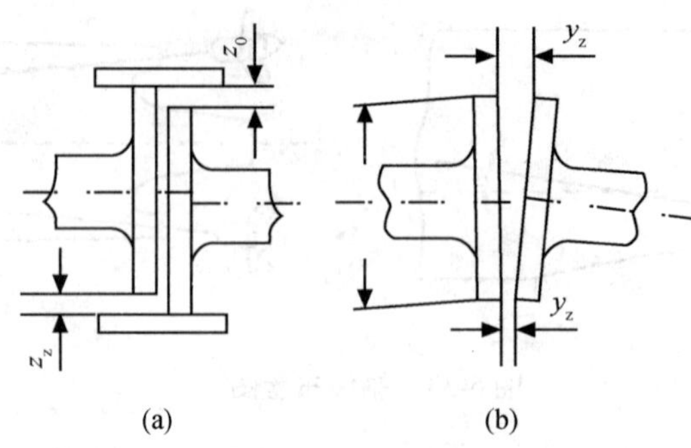

图 5-34　偏移和曲折的测量

②船上无集中负荷移动。

③船舶排水量应不小于船舶空载总排水量的 85%,各水舱要均匀。

(3)调整原则

①长轴系:柔性轴,两端轴误差要小,中间轴各法兰可稍大些,但要均匀。

②短轴系:刚性轴,两端轴误差必须小。

③如果测得两端轴误差在要求范围内,但中间轴各法兰超差,只要在运转中轴承温度及轴的振动正常,可不调整。如果要调整,可用调整中间轴承的位置来校整。

④同轴度:一般使曲轴轴线高于艉轴轴线,总曲折为下开口。

(二)艉轴管结构及各种艉轴封的日常管理

1. 艉轴

艉轴是穿过艉轴管伸出船尾的轴。在单轴系船上它是轴系中最末一段轴,首端与最后一个中间轴法兰相连,尾端安装螺旋桨,这种艉轴也称为螺旋桨轴。艉轴的结构如图 5-35 所示,由法兰 A、轴干 B 和 D、轴颈 C 和 E 以及安装螺旋桨的锥部 F 和螺柱 G 等部分组成。艉轴用优质碳钢锻造,艉轴法兰与中间轴法兰用紧配螺栓连接。轴颈 C 由艉轴管前面的一个中间轴承支撑,而轴颈 E 与艉轴管中的轴封和支持轴承相配合。在用海水润滑的铁梨木艉轴承中,为了防止艉轴被腐蚀和减少轴与轴承的摩擦损失,在艉轴管中的轴段 E 上装有铜轴套。因为铸造长的轴套有困难,红套也不方便,铜套一般由几段合成,在接缝处采用密封性好的搭叠形式,套合后经滚压辗平,以防止海水漏入配合间隙使轴遭到腐蚀。艉轴轴干裸露在海水中的部分,一般包有玻璃钢保护层。

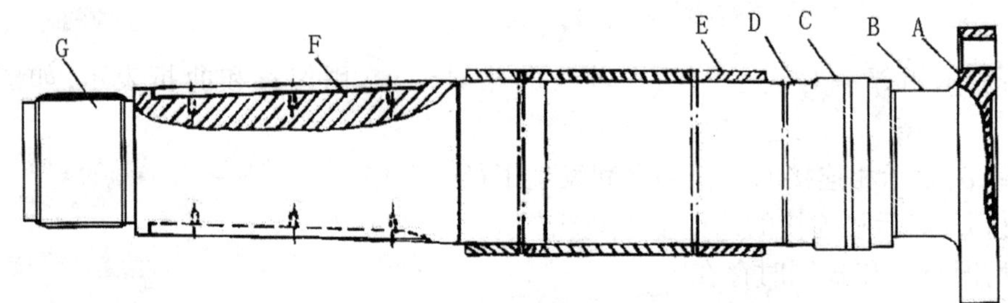

图 5-35　艉轴的结构

2. 艉轴管装置

艉轴管装置由艉轴管、艉轴承、密封装置、润滑和冷却系统组成。由于艉轴管装置工

作条件差、发生故障后果往往很严重、修理需要进船坞等特点，因此，对它应特别注意。

艉轴管将船舶的艉尖舱和艉轴分隔开，内部装设艉轴承以支承艉轴和螺旋桨，还装设艉轴密封装置，为艉轴运转提供了必要的条件。艉轴管的结构有整体式和连接式两种，单轴系船舶多用整体式，图 5-36 示出了整体式艉轴管的结构简图。它是由船内向船尾压入犀柱轴毂孔内，靠一定的装配过盈量固紧。还有的整体式艉轴管的尾部车有外螺纹，用大螺帽固紧。整体式艉轴管的材料多为铸钢、铸铁或球墨铸铁。连接式艉轴管是分成几段加工后由螺栓连为一个整体，多用于双轴系船舶。

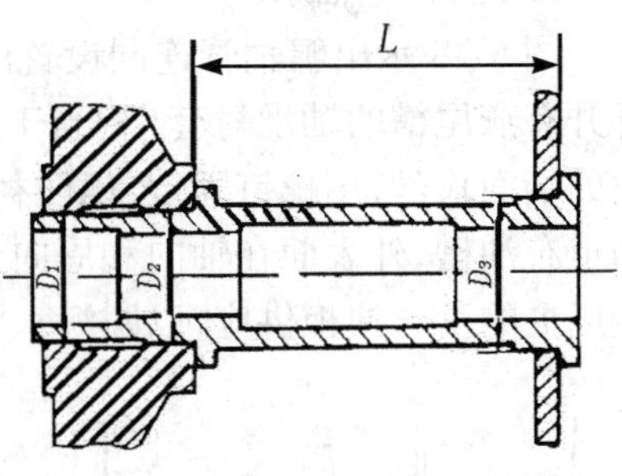

图 5-36　整体式艉轴管结构简图

艉轴承是艉轴管装置中最重要的部分，它分水润滑和油润滑两大类型。水润滑的艉轴承材料有铁梨木、桦木层压板、橡胶等。油润滑的艉轴承有白合金滑动轴承和滚动轴承。海船上应用最广泛的是铁梨木轴承和白合金轴承。

(1)铁梨木轴承

铁梨木是一种价格昂贵的木材，组织细密，质地坚硬，抗腐蚀性好，密度大于水(约为水的 1.2 倍)，它浸在水中能分泌出一种黏液可作为润滑剂。当铁梨木和青铜组成摩擦副时，经过黏液润滑，摩擦系数为 0.003 ~ 0.007，几乎不伤害青铜。但当水温超过 60 ℃时摩擦系数将显著增加，水中含有泥沙时磨损加快。铁梨木立纹比顺纹耐压、耐磨。一根树干截制顺纹板条比立纹板条利用率高，为了降低费用往往艉轴承下半部板条采用立纹，而上半部用顺纹，这样还可以使轴承的上、下两部分得到均匀的磨损。铁梨木在干燥时容易开裂和弯曲，且在水中工作时会被泡涨，故在加工与安装前，首先应将其置于水中浸泡，并应在轴承端部留有一定的轴向间隙(2 ~ 8 mm)，使铁梨木有膨胀余地。

铁梨木轴承的结构如图 5-37 所示。铁梨木板条尺寸可根据艉轴直径选取，一般尺寸为：厚度 20 ~ 35 mm；长度 150 ~ 300 mm；宽度 60 ~ 80 mm。板条采用桶形排列，要求排列紧密，为防止板条转动，在水平面上(有的还在顶部)镶有青铜止动条，它的厚度为铁梨木板条厚度的 60%，用埋头螺钉装在艉轴管衬套的内壁上。铁梨木板条间开有轴向流水槽，以供舷外水流入对艉轴承进行冷却。

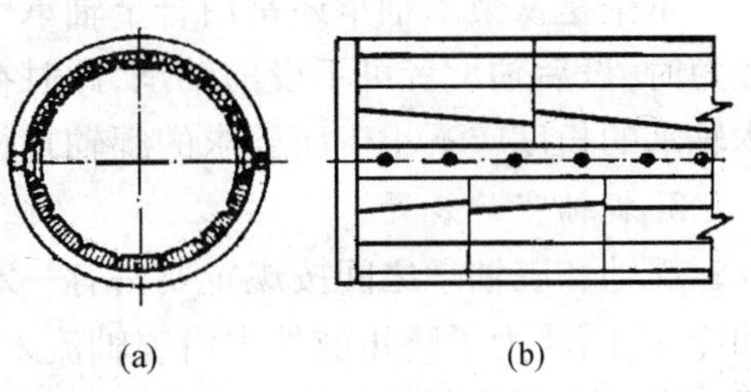

图 5-37　铁梨木轴承的结构图

铁梨木轴承的优点是：结构简单、工作可靠、管理方便、不污染海区。其缺点是价格昂贵。为防止铁梨木的干裂与变形，对铁梨木的养护特别重要。在加工时应每小时浇水两次，加工完后应同样进行湿润养护。在镶入衬套前应在水中浸泡 2 ~ 3 周，镶入后应在衬套内孔灌水保护或用湿木屑塞满内孔。船舶进坞时，若艉轴未抽出应每天在艉轴管内灌水 2 ~ 3 次，若已抽出艉轴，则应在艉轴孔内灌满水或塞满湿木屑。在修理过程中，不拆除的板条应涂上润滑脂、拆出的板条尚需继续使用的应浸泡在水中保存。

(2)白合金轴承

图 5-38 示出艉轴管连同设置的白合金轴承的结构简图。白合金浇铸在纵向与横向都开有燕尾槽的轴承衬套(相当于瓦背)上,轴承衬套的外面与艉轴管紧密配合,在接合面的端面攻丝,用螺钉固定,以防衬套随轴一块转动。轴承内表面沿纵向在水平位置开有两道布油槽,外表面在轴向和周向开有输油槽,内油槽钻孔相通。滑油由设置在满载吃水线以上的重力油柜供应,以防海水浸入轴承。

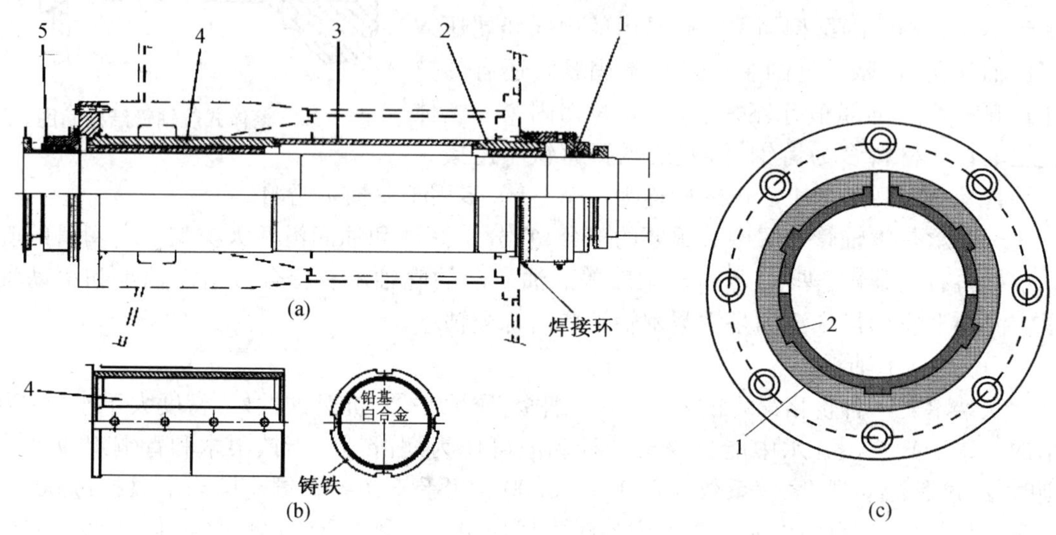

图 5-38　白合金轴承艉轴管结构简图

1—首密封;2—前轴承;3—艉轴管;4—后轴承;5—尾密封

白合金轴承的优点是:抗压强度高,耐磨性好,散热快,摩擦损失少。缺点是:结构复杂,管理工作多,若漏油要污染海区,制造与修理要求都比较严格。

不论是铁梨木轴承还是白合金轴承,按规范规定轴承数量一般为两个。但当艉轴管较短时,设后轴承者可不设前轴承,此时在艉轴的法兰端,一般要设一道中间轴承。铁梨木轴承的长度应不小于所要求的艉轴直径的四倍,白合金轴承不小于两倍。

3. 艉轴密封装置

艉轴和艉轴承之间按规定要留有一定的间隙,艉轴又处于水面以下,工作时需要润滑和冷却,因此为了防止舷外水沿艉轴流入船内及润滑油漏泄,在艉轴管中必须设置密封装置。密封装置按所处的位置不同,可分为首密封装置和尾密封装置两种。对于油润滑艉轴承,其首密封装置是用来阻止滑油漏人机舱内,而尾密封装置既阻油外漏,又阻水内漏。对于水润滑艉轴承,仅设首密封装置,用来控制艉轴承的冷却水量。对密封装置的主要要求是:工作可靠,耐磨性能好,消耗的摩擦功小,散热性好。另外,还要求密封元件有很好的跟踪性,使其能在艉轴下沉、跳动、轴向窜动及偏心转动时仍保持较好的密封性能。艉轴密封装置的类型很多,下面仅介绍常用的两种。

(1)填料函型密封装置

图 5-39 示出了填料函型密封装置的简图,它广泛应用于水润滑艉轴承作首密封装置。阻止舷外水大量流入机舱是靠牛油填料 5,填料由填料压盖 3 的预紧力使其与艉轴

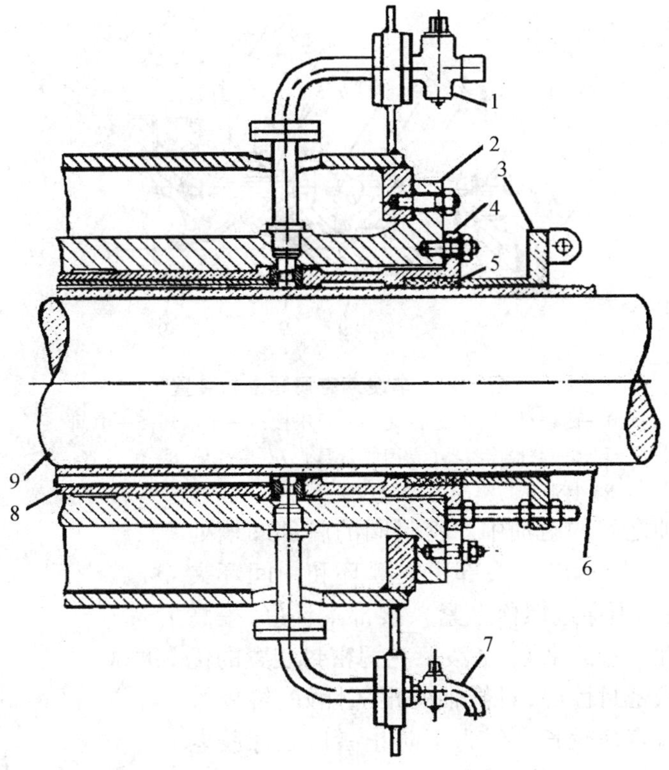

图 5-39　填料函型密封装置简图

1—冷却水进水管;2—艉轴管;3—填料压盖;4—填料函壳体;5—填料;6—艉轴衬套;7—放水管;8—轴承衬套;9—艉轴

衬套 6 紧密接触,以达到密封的目的。填料函壳体 4 在垂直方向上的位置是可以调节的,当艉轴承被磨损使艉轴下沉时,可酌情将填料函壳体向下调节,确保壳体与轴颈同心,使其仍然具有良好的密封效果。图 5-39 密封装置设有进水管 1,以便引入具有压力的舷外水,对艉轴及轴承进行润滑、冷却和冲走积存在里面的泥砂。

这种密封装置结构简单、维护方便、工作可靠,但摩擦损失大,容易损伤艉轴轴套。

(2)辛泼莱克司(Simplex)型密封装置(皮碗式密封装置)

白合金艉轴承需要用滑油润滑,用滑油润滑的艉轴承其首尾密封要求更为严格,特别是尾密封,密封不良不但浪费滑油,更重要的是容易使轴和轴承发生故障及污染海域。

用滑油润滑的白合金艉轴承密封装置,不论是首密封还是尾密封,多采用辛泼莱克司型。这种密封装置结构比较简单,密封效果好,使用寿命长,摩擦损失功少。图 5-40 示出了改进型辛泼莱克司尾密封装置。其密封元件是由三个唇部装有箍紧弹簧的橡胶密封圈所组成,一道向前翻,用以阻止艉轴管中滑油外漏,两道向后翻,用来阻止舷外水和泥砂进入艉轴管。这种装置可以在车间预装后,连同耐磨衬套一起送到船上安装。磨损检测器 6 用来探测艉轴承及密封件的磨损情况及工作性能。密封装置中各密封油腔(密封圈之间的空间)中应充以滑油,滑油可从螺塞处预先灌入再封死,也可采用单独的重力油柜供油,以润滑密封圈。图 5-41 示出了密封圈的截面图。密封圈的唇部产生的热通过耐磨衬

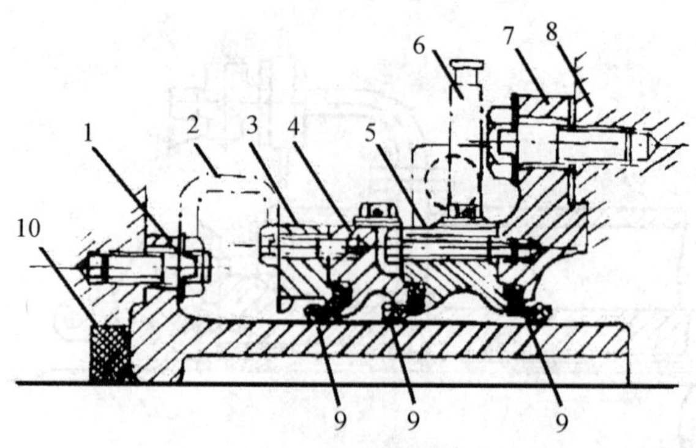

图 5-40　辛泼莱克司尾密封装置

1—耐磨衬套;2—定位夹;3—后压板;4—支承环;5—中间环;6—磨损检测器(专用的量具);7—后壳体;8—艉轴管;9—橡胶密封圈;10—密封橡皮

套传到衬套和艉轴之间的滑油中。密封圈的唇部凹槽处设有箍紧弹簧(图中未示出),头部由支撑环和中间环夹紧(老式密封圈头部须穿过螺栓上紧),腰部柔性好,提高了密封性和跟随性。总的来看,辛泼莱克司密封装置的优点是:摩擦损失少、密封性好、对艉轴的跟随性好、维修管理方便、安全可靠、寿命较长。但为了防止唇口处橡胶老化变质,须采用耐热性好的优质橡胶材料,致使整个装置价格较高。辛泼莱克司首密封装置基本结构和尾密封类似,它只有向后翻的两道密封圈,用来阻止滑油外漏,因此结构更为简单。

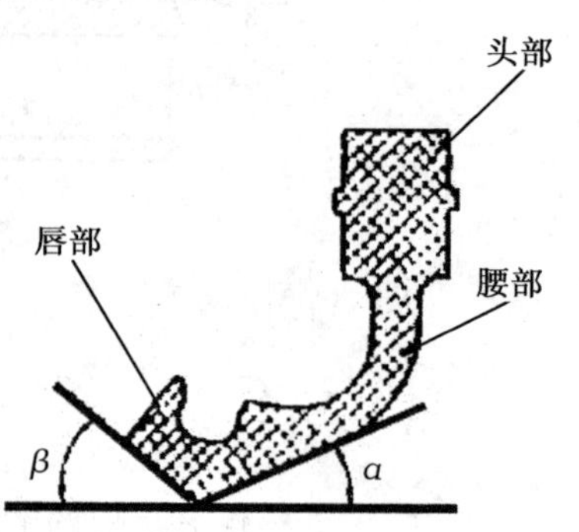

图 5-41　密封圈的截面

除上面介绍的密封装置外,尚有机械式端面密封装置、端面密封—唇口密封组合式密封装置、金属环式(油冷式)密封装置等,但其应用都没有辛泼莱克司型广泛。

(3)空气型艉轴密封装置

空气型艉轴密封装置,其工作原理是充分利用原有的密封形式将原来水封环与油封环之间的一个油腔改为气腔,注入船上常用的压缩空气,彻底分隔外部海水与艉轴管滑油,且有一路回收管回收可能漏泄的水和滑油至回收柜。通过设置气腔将水腔与油腔分隔,能有效的避免油水相互渗透。

通过使用空气完全分隔油腔和水腔,还解决了密封工作压力无法在吃水变化的条件下自动调整的问题,极大地改进了密封环的工作条件,延长了密封环的使用寿命。

空气型密封装置的形式主要有以下几种:基本型的空气密封装置、常压型空气密封装置、常流型空气密封装置。

①基本型的空气密封装置

优点:基本消除艉轴的油污染;缺点:输入的空气没有任何调节,作用在密封环上的压差也无法控制,不能有效减少密封环和防磨衬套的磨损。

②常压型空气密封装置

通过加装调压装置，将至气腔的气源气压控制在恒定值$p_{气}$，在气腔保持密封的条件下，气腔内的气压$p_{气腔}$与$p_{气}$相等并保持恒定。

对于水密封环，由于要保持气腔密封，气腔内空气的压力必须小于海水的压力。通常设定的气源压力$p_{气}$为比船舶压载状态艉轴处海水压力稍小。这样，水密封环水侧压力大于气侧压力，压紧密封环保持密封，又因为水侧压力稍大于气侧压力，水密封环压紧力不会太大，有利于减少密封环唇边和防磨衬套的磨损。

对于油密封环，艉轴管油压大于气腔压力，通过设置艉轴润滑油高置油箱获得应有的压力。这种密封能保持密封环稳定的工作，但不足的是：

当海面波浪很大时，仍可能发生海水压力低于设定的气腔空气压力，虽然能保持密封性能，但气腔空气因漏泄而降低，导致油腔压力比气腔大很多，使得油密封环磨损加剧。

船舶重载时，外界海水压力升高，由于气腔压力是恒定的，气腔压力相对较低，使得水密封环磨损加剧。

③常流型空气密封装置

在上述结构基础上设置了保持空气流量恒定的空气控制单元，监测并调节空气流量，保证在任何情况下气腔的空气恒流量地向海水溢出。艉轴管滑油高置油箱为压力油箱，设置容积式油泵，使艉轴润滑油循环流动，但不增加油压。

对于水密封环：气腔空气恒流量地流过水密封环向海水溢出，水密封环的工作基本为零，并由空气将水密封环和防磨衬套隔开，极好的保持了水密封环的寿命。

对于油密封环：气侧的压力基本上应等于“空气控制单元”出口压力，因为空气在管路流动的阻力损失很小，可以忽略；油侧的压力：泵没有起动以前，油压应等于油柜内气压加上高置油箱压头，此时，只有轻微的流动或不流动。泵起动后因其流速很低，管路的流阻忽略，气压力也等于油柜内气压 + 高置油箱压头。

所以，油密封环工作在最佳工作压差下，既保证了良好的密封性能，又保证油密封环和防磨衬套仅有轻微的磨损。

外界水压力变化时的影响：由于压载变化或海水量变化引起的外界压力变化时，气腔的压力也发生相应的变化，空气控制单元输出压力也发生相应变化。这样对于水密封环和油密封环两侧压力分别同步变化，其工作状态不变，一直能分别保持无磨损和仅有轻微的磨损。

常压型密封装置有气泡出来说明漏气；但常流型的始终有气泡冒出是正常的，在实船上因吃水较深，在船尾看不到有气泡冒出。按照说明书调节压力即可。正常空气损失很小，如果发现空气损耗很大，说明调节有故障。

4.艉轴管装置的润滑和冷却

当船舶航行时，艉轴承及密封装置是容易发热的部件，必须进行润滑和冷却。艉轴管装置的形式虽比较多，但就其润滑剂来说却只有水和油两种，不同的润滑剂有不同的润滑和冷却方法，下面分别加以介绍。

(1)水润滑艉轴管

在水润滑的艉轴管中(例如铁梨木、桦木层压板艉轴承)，由于艉轴管位于水面之下，艉轴承中留有轴承间隙和开有纵向槽道，且这种艉轴管又不设尾密封装置，因此艉轴和艉轴承之间总是充满舷外水的，而水是这些轴承材料很好的润滑剂和冷却剂。艉轴管一般是穿过艉尖舱，艉尖舱在船上常用作淡水舱或压载舱。运转中艉轴承的摩擦热，一部分由船尾金属直接传给舷外水，一部分传给了艉尖舱中的淡水或海水，另外的部分则由自由流经艉轴纵向槽道和间隙进入机舱的舷外水带走。在一般情况下，只要首密封装置的填料压盖压得不太紧，是能够可靠运转的。但由于在首部的艉轴承和首密封装置处容易淤积泥砂，使冷却效果变差甚至形成死水，因此水润滑艉轴管（特别是在大型船舶上），一般在首部轴承处或填料函附近，仍设置冷却水进出水管，以达到冲洗泥砂污物及加强首部冷却的目的。对于要求冷却水量大而连续的橡胶艉轴承，可由所装设的管系送入压力水进行润滑和冷却。

（2）油润滑艉轴管

在油润滑艉轴管上都要装设润滑系统。中、小型船上用的润滑系统比较简单，由一个重力油柜、一台手摇泵和进回油管组成。在大型船舶上相应要复杂一些，图 5-42 示出的润滑系统在大型船舶上应用较广。用手摇泵或电动泵将润滑油注入重力油柜，由观察镜监视油柜是否注满。重力油柜内设有低油位报警。正常情况下艉轴管内始终充满润滑油，消耗后由重力油柜自动补给。艉轴管中的滑油可经截止阀流至回油柜，截止阀也起调节回油快慢的作用。图示系统的首、尾密封装置都采用辛泼莱克司型。尾密封（图中未示出）采用封闭在密封空间的油自行润滑，摩擦热直接传给舷外水。在这个系统中，艉轴管穿过作为水舱用的艉尖舱，艉轴承的摩擦热除可通过艉轴、艉轴管传给舷外水，还可通过艉轴管传给艉尖舱中的水，不用再单独采取冷却措施。但首密封冷却条件差，因此图示系统专门设了密封油循环柜（低位循环油柜），并在首密封空间内设置循环器，其润滑原理如图 5-43 所示。循环器 2 装在支撑环 3 上，使其底部与艉轴 5 上的前防磨衬套外圆间留有一定的间隙。在衬套随轴转动时，油腔 4 中的滑油就会按图中箭头所示方向形成循环。低位循环油柜 1 上带翅片，以加强散热作用。

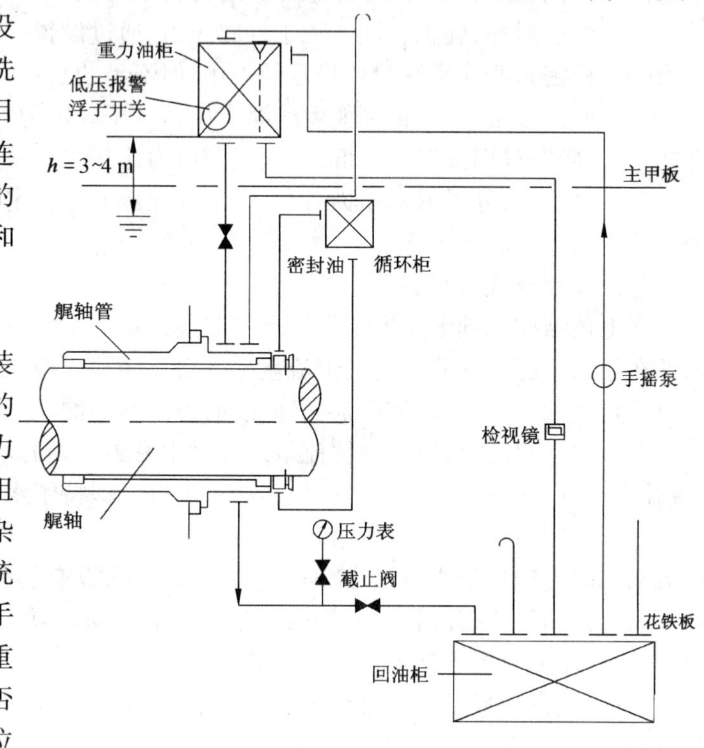

图 5-42 艉轴管油润滑系统

（三）螺旋桨与艉轴的配合形式及管理

1. 定距螺旋桨

定距螺旋桨与艉轴的连接形式有：有键、无键和法兰连接三种，图 5-44 中（a）为有键连接，（b）为无键连接。

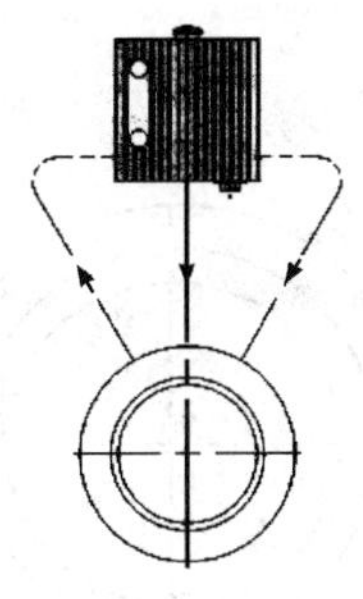

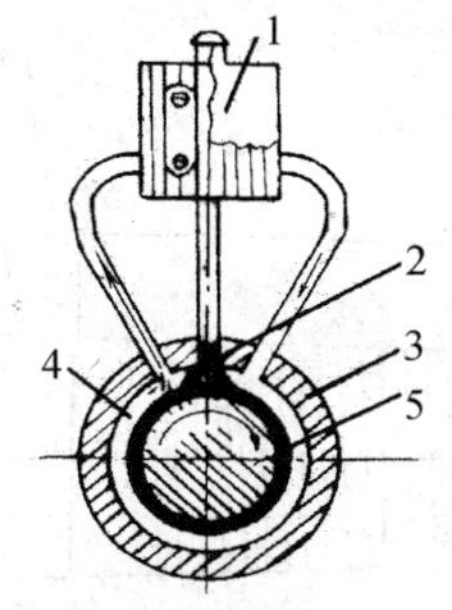

图 5-43　首密封装置润滑原理图

1—低位循环油柜；2—循环器；3—中间支撑环；4—密封装置润滑油腔；5—艉轴

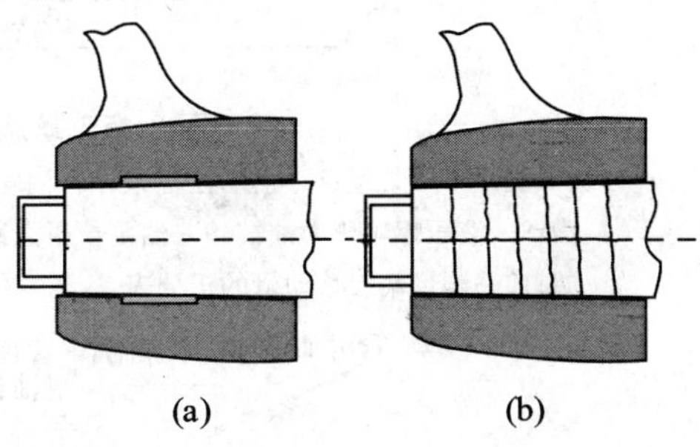

图 5-44　螺旋桨与轴的连接方式

螺旋桨安装必须符合规范。对于键连接螺旋桨，通常桨毂锥孔和艉轴锥体需经研磨并采用紧配合、键连接和螺母锁紧，靠摩擦面间的摩擦力传递扭矩和承受力。为此，要求毂锥孔和尾轴锥体配合要精确、均匀，部颁修船标准规定，接触的有效面积不得少于75%，且每 25×25 mm² 面积内接触点不少于 2～4 点。键的两侧面要紧贴在艉轴和桨毂的键槽内。

螺旋桨的安装方式有干式和湿式两种。有键连接的螺旋桨大多采用干式安装。装配时用大锤敲击专用扳手旋紧螺母，所以配合表面间的压力是否足够难以验证。工作中可能会发生桨毂与锥面的滑动或应力腐蚀，键产生变形或键槽裂纹，甚至导致桨叶脱落。

对于有键连接的螺旋桨，为了减少桨毂内表面的应力腐蚀和防止摩擦滑动，现在也采用过盈配合，这样也就用液压湿式安装。此时桨毂内表面就应有油槽以备胀毂之用。

螺旋桨与艉轴间采用锥面结合、键连接和螺母紧固，螺柱上螺母的旋紧方向与螺旋桨的正转方向相反，以便螺旋桨在正转时螺母能自动锁紧。至于倒车，因使用的时间短，功率也比正车小，所以采用了止动片防松。螺母外面还装有流线型的导流罩，且为水密，既可减少水力损失，又可防止螺纹锈蚀。

近年来，液压无键连接也越来越多地用在螺旋桨和艉轴的连接上；当轴与桨毂锥面配合处的油压使桨毂产生弹性变形并被胀开的同时，液压螺帽中的油压推动螺旋桨向前移动至规定位置，油压泄放后，旋紧螺帽即可，如图 5-45 所示。同样用液压也可拆卸螺旋桨。

2. 可调螺距螺旋桨(调距桨)

一般调距桨装置包括五个基本组成部分，如图 5-46 所示。

(1)调距桨。它包括可转动的桨叶、桨毂和桨毂内部装设的转动桨叶的转叶机构等。

(2)传动轴。一般由螺旋桨轴和配油轴组成，两者用套筒联轴器相连。这种传动轴和定距桨的传动轴不同，它是中空的，其中装调距杆，或者当伺服油缸位于桨毂内时中空

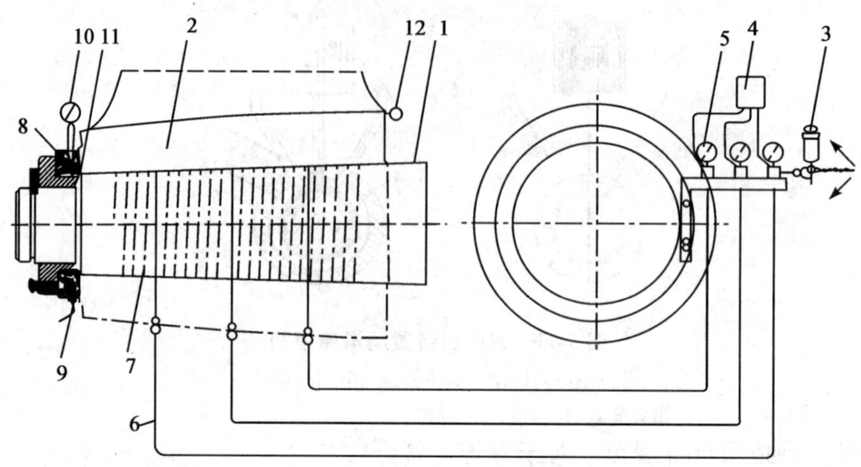

图5-45　螺旋桨和艉轴的液压连接

1—艉轴;2—桨毂;3—手动往复泵;4—油箱;5—压力表;6—至桨毂的高压油管;7—螺旋布油槽;8—液压螺帽压力油缸;9—油泵至压力油缸的高压油管;10—压力油缸的压力表;11—调节圈;12—测量桨毂移动量的千分表

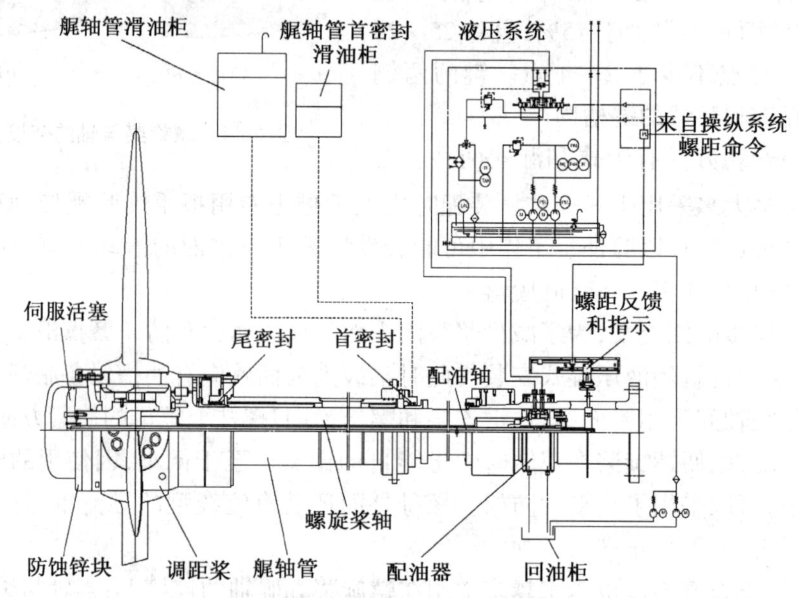

图5-46　调距桨装置基本组成

的传动轴作为进排油通道。

(3)调距机构。它包括产生转动桨叶动力的伺服油缸、伺服活塞,分配压力油给伺服油缸的配油器,桨叶定位和桨叶位置的反馈装置及其附属设备等。它的主要任务是调距、稳距以及对螺距进行反馈和指示。

(4)液压系统。主要由油泵、控制阀(换向阀)、油箱和管件等组成。它的作用是为伺服油缸提供符合要求的液压油。

(5)操纵系统。主要由操纵台、控制和指示系统组成。它的作用是按预先确定的控

制程序同时调节发动机的转速和调距桨的螺距，以获得所要求的工况。

调距桨转叶机构的作用是将往复运动转变为回转运动。老式转叶机构是一种曲柄连杆式。由于这种转叶机构的零件多，结构不紧凑，现在已改进成在十字头上开槽，槽中设滑块或在十字头上带销，曲柄上开槽。这两种形式都可将十字头的往复运动变为曲柄的回转运动。它们的结构简单紧凑，传递扭矩能力大，应用广泛。图 5-47 为曲柄销槽式转叶机构。

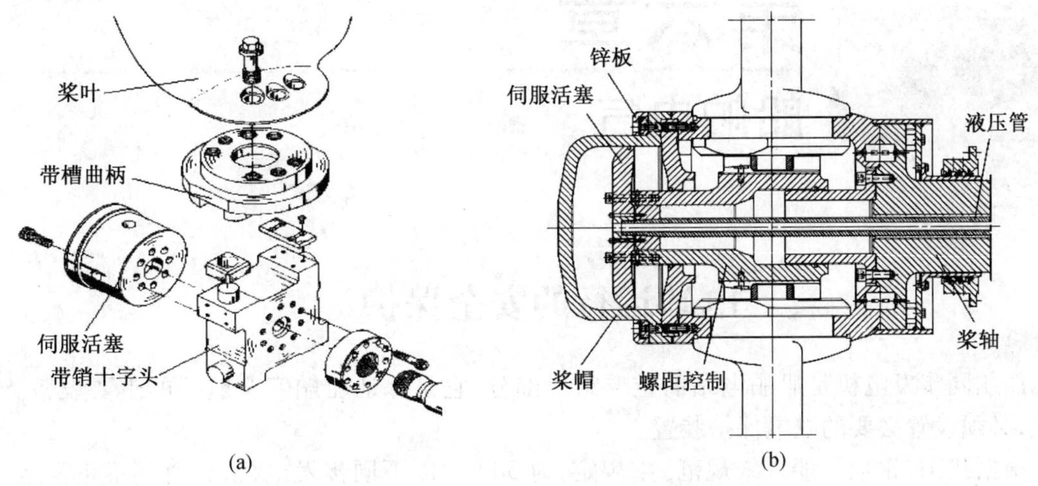

图 5-47　曲柄销槽式转叶机构示意图

在调距桨装置中一般还设有应急锁；紧桨叶装置，利用它可在应急情况下（例如液压系统失灵），把桨叶固定在一定的正螺距值，使调距桨变为定距桨。

对采用调距桨的推进装置可以采用双手柄控制，也可采用单手柄控制。所谓双手柄控制乃是用两只操纵手柄分别地操纵主机转速和螺旋桨螺距，这种控制方式不但操作不方便，而且也很难把工况调到最佳，甚至使运行工况比采用定距桨还要坏。单手柄控制是用一个手柄，按螺旋桨螺距与主机转速的规定关系来操纵螺旋桨和主机，这种控制方式也称为联合控制。

第六章 船舶电气

电站运行的安全保护

船舶同步发电机是船舶电站的重要组成部分,它是保证船舶安全航行的重要设备。因此,必须设置必要的继电保护装置。

根据我国《钢质海船入级规范》中规定,对500 V以下同步发电机,针对其不正常运行情况和可能出现的故障,主要设置如下继电保护:过载保护及优先脱扣、外部短路保护、欠压保护和逆功率保护。

一、船舶发电机外部短路、过载、欠压和逆功率保护的原理

1. 发电机的外部短路保护

船舶低压同步发电机的电压,大多在500 V以下,且有定期的绝缘检查和日常维护,发电机内部短路的概率相当小,故一般不考虑装设专门的发电机内部保护装置。

发电机的外部短路将产生巨大的短路电流,对电力系统设备有巨大的破坏作用,电网电压急剧下降,会使电动机停转,甚至发电机跳闸,引起全船失电。

发电机外部短路保护的原则是既要保护发电机,又要尽可能不中断供电,为兼顾保护的快速性和选择性,通常采用时间原则和电流原则的方法。

对于船舶发电机外部短路保护一般应设有短延时和短路瞬时动作保护。当短路电流达2~2.5倍的额定电流时,保护装置延时0.2~0.6 s动作,使发电机自动跳闸。当短路电流达5~10倍的额定电流时,保护装置应瞬时动作,使发电机自动跳闸。因此,船舶发电机的外部短路保护装置中,一般设有两套电流保护装置,根据短路电流的大小,实行短延时或瞬时动作保护。船舶发电机外部短路保护由万能式自动空气断路器中的过电流脱扣器承担。

2. 发电机的过载保护

同步发电机的过载,主要是指发电机的输出功率和电流超过了它的额定值。其起因是发电机的容量不能满足负载的需要或并联运行的发电机组负载分配不均匀造成的,发

电机的长期过载，会使发电机过热，引起其绝缘损坏或老化，并会影响原动机的使用寿命。发电机的过载保护，一方面要保护发电机不受损害，另一方面要能避开允许的短暂过载，尽量确保不中断供电。

从电力系统的运行要求来说，希望发电机的过载保护带有时限。例如，当船上大容量电动机起动或几台较大容量电动机同时起动时，其起动电流往往超过发电机的额定电流，但起动过程很短(一般不超过 10 s)，此时发电机的过载保护须避开这种暂态过程。

为了最大限度地保证供电的连续性，船用发电机广泛采用自动分级卸载保护装置。发电机一旦发生过载现象，自动保护装置将次要负载逐级卸去，同时发出报管信号，如到了允许的时限，仍不能消除过载现象，保护装置则应动作，发出发电机过载跳闸的指令。

对于发电机过载保护，我国《钢质海船入级规范》规定：

对无自动分级卸载装置的发电机，当过载达 125% ~135% 额定电流时，保护装置延时 15 ~30 s 动作，使发电机自动跳闸。

对有自动分级卸载装置的发电机，当过载达 150% 额定电流时，保护装置延时 10 ~20 s动作，使发电机自动跳闸。

船舶发电机的过载保护一般是由自动分级卸载装置和万能式自动空气断路器中的过电流脱扣器来实现的。

按下述整定过载长延时保护装置，有关船级社是认可的：

整定值为发电机额定电流的 110% ~115%，动作电流为整定值的 115% ~120% 时，延时 20 ~30 s 动作。

优先脱扣过电流继电器动作电流的整定是以发电机过载保护的长延时整定电流为基础的。而优先脱扣延时时间的整定，不仅要求该过电流继电器的动作电流整定值与发电机过载保护的长延时整定电流相互协调，而且延时时间的整定也应很好协测。在实际设计中，长延脱扣器的延时通常整定为 15 ~30 s，所以，优先脱扣的过电流继电器的延时，通常整定值应小于 15 s。

根据船舶电站发电机的容量和台数，考虑非重要负载的性能和大小，也可以采用分级脱扣卸载，以求最大限度地给负载供电。各级脱扣是利用延时的时间差来实现的。例如，长延时脱扣器的延时为 20 s 时，若分 3 级脱扣时，建议延时时间整定为：第一级脱扣延时 5 s；第二级脱扣延时 10 s；第三级脱扣延时 15 s。

优先切断的非重要负载，在规范中没有明确规定，通常是根据负载的性质，再根据功率的大小进行调整。如某集装箱船的优先脱扣切断负载分为 2 级，第一级切断的负载为：机修工具、厨房设备、造水机、绞缆机、起货机、空调设备、货舱风机、住舱风机、日用淡水泵，舱底水分离泵、舱底压载扫舱泵；第二级切断的负载为冷藏集装箱电源。优先切断多少负载，取决于并联运行发电机的台数和负载率。

3. 发电机的欠压保护

当发电机的励磁装置发生故障、原动机故障或发电机外部发生持续性过载故障时，都可能出现欠压。发电机在欠压情况下运行将引起电动机转矩下降，电流增加，发电机过载，绝缘损坏，这对发电机本身和电动机的运行是很不利的，因此需要设置欠压保护，以便出现欠压现象时发电机合不上闸或从电网上自动断开。

对于船舶发电机的欠压保护,我国《钢质海船入级规范》规定:对带有延时的发电机欠压保护,当发电机电压低于额定电压的 70% ~80% 时,延时 1 ~3 s 动作。对不带延时的发电机欠压保护,当发电机电压低于额定电压的 35% ~70% 时,瞬时动作。

船舶发电机的欠压保护是由万能式自动空气断路器中的失压脱扣器来实现的。

4. 发电机的逆功率保护

当多台发电机并联运行时,由于原动机或调速器工作失常,往往会出现逆功率状态,其中一台发电机从电网吸收功率变成电动机工作状态。发电机在逆功率状态下运行,会使另外并联运行的发电机过载,以致过载跳闸,因此必须设置有逆功率保护。

交流发电机的逆功率保护是由逆功率继电器来实现的。逆功率继电器的动作取决于发电机是发出还是吸收功率,当发电机向电网输入功率时,它不动作;当发电机从电网吸收功率时,逆功率继电器动作,其输出触点一般串于失压线圈电路,使失压脱扣器动作导致主开关跳闸。考虑到当采用手动或半自动法进行并车操作时,在投入并联运行的发电机组中会出现逆功率状态,而这种逆功率的状态发生的时间短。逆功率的数值也不大,因此逆功率保护应避开这种状态。

我国《钢质海船入级规范》规定:船舶上并联运行的同步发电机逆功率保护装置的起动值一般整定在 8% ~15% 额定功率(原动机为柴油机),延时 1 ~10 s 动作。

同步发电机的逆功率保护由逆功率继电器承担。它既反映有功功率的大小,又反映有功功率的方向。当同步发电机出现逆功率并达到或超过保护动作整定值时,逆功率继电器延时动作,使发电机主开关跳闸,将该发电机退出并联运行。

二、船舶发电机外部短路、过载、欠压和逆功率保护参数的调整

1. 发电机的外部短路、过载保护参数的调整

发电机过电流保护装置的动作值与发电机电流的配合有两种方式:一种以发电机额定电流为基准值;另外一种以 ACB 的框架电流为基准值。基准电流是确定保护动作值的依据,电流互感器的变比是试验时模拟电流的计算依据。若基准值是按发电机额定电流选取的,则基准电流是被保护发电机的额定电流。电流互感器的一次侧额定电流与发电机额定电流接近。二次侧额定电流是 5 A 或 3 A。

例如发电机的名牌表示为:额定电流是 720 A,基准电流为 720 A,电流互感器的变比 800/5 A。则参数设置如下:

长延时脱扣,保护的范围是 $1.1I_N \sim 1.5I_N$,按发电机的 I^2t 过电流特性保护,动作延时时间随电流增加按指数曲线下降,称为反时限动作特性。保护开始动作的电流称为始动值,用 I_1 表示,认为 $I_1 = 1.1I_N$。长延时整定电流 $I_1 = 1.1 I_N = 1.1 \times 720\ \text{A} = 792\ \text{A}$;整定延时 $T_1 = 30$ s。由于长延时具有反时限特性,延时时间随电流的增大而减少,要考核动作的时间特性需要确定一个电流考核值,考核这个值所对应的时间。装置的长延时电流考核值固定为 $1.2 I_1$,保护的范围 $1.5I_N \sim 2.5I_N$,延时不超过 0.6 s 动作脱扣。始动值用 I_2 表示,整定电流 $I_2 = 2.5 I_N = 2.5 \times 720\ \text{A} = 1\ 800\ \text{A}$;整定延时 $T_2 = 0.48$ s;动作特性是定时限,大于 I_2 应动作。

瞬动脱扣,可以在 $5 I_N \sim 10 I_N$ 的范围内整定起动电流值,瞬时 t_i 应该是 0,实际动作

总需要一定的时间,一般需要 20 ~ 40 ms。

2. 发电机欠压保护参数的调整

欠压保护动作试验电路如图 6-1 接线。先将调压器回零位,合闸刀开关后逐渐增加调压器输出电压至发电机额定值,观察失压线圈的吸合状态,然后合发电机主开关,再逐渐调节调压器使输出电压下降,调至欠压动作值,主开关应跳闸。

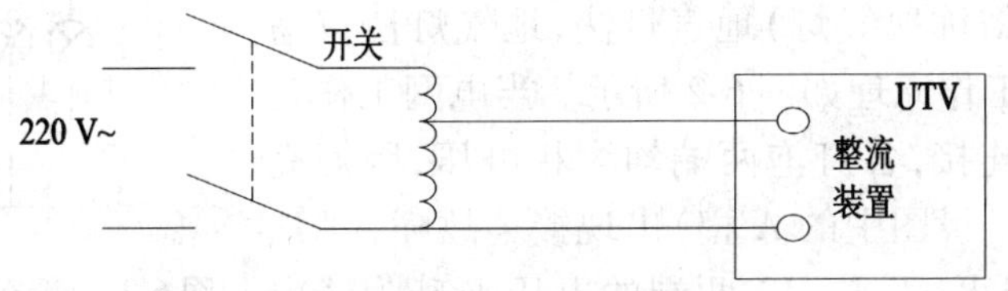

图 6-1 欠压保护参数调整试验电路

欠压动作值及动作延时时间的调整由 UVT 整流装置内的电位器调节。

3. 发电机逆功率保护参数的调整

逆功率保护装置的整定值一般整定在 8% ~15% 额定功率(原动机为柴油机),延时 3 ~10 s 动作。对逆功率保护整定值进行调整时,可在发电机单机运行的情况下,把逆功率继电器上的电压或电流连接对换,这样逆功率继电器把正功率作为逆功率测量,功率表指示的正功率数值就是逆功率数值。开始计时,观察逆功动作数值并进行调整。

感应型的逆功继电器如 GG-21 型,动触点始动的逆功率数值与动触点接触静触点的并不是同一个数值,两个触点接触时的点才是实际的逆功率数值。这是调整的要点,考核动作值要把动触点调节到尽量靠近静触点的位置。调整时必须分两步做,先整定动作值,然后再校验延时时间。一般直接调节功率到逆功数值,开始计时,跳闸,停止计时。

在 GG-21 型逆功率继电器上装有调整逆功率动作值的插座,以备改变电流线圈的匝数,整定逆功率的起动值。在运行中调整时,要先以备用插销插入调整的插座内而后再旋出原插销插入备用插座内,以防电流互感器副边线圈开路。在额定电压下,起动功率可整定在 6.4%、9.6% 和 12% 的发电机额定功率。

GG-21 型逆功率继电器上还装有一止挡块,其作用是,当发电机输出有功功率时,能挡住动触头使之不能向反向转动,改变止挡块的位置,就可以调整动触头的行程,以整定延时的时限,可整定在 2、3、5、7、9、12 s。由于转矩与逆功大小成正比,逆功越大,转矩越大,铝盘旋转越快,因此 GG-21 型逆功率继电器动作时限具有反时限特性。

电子型的逆功率继电器比较容易调整,达到逆功动作数值,有动作指示灯显示,开始计时,延时动作输出也有指示灯显示,输出跳闸,停止计时,秒表所指示的即是延时时间。

三、电网绝缘监视系统的工作原理及接地故障的排查

船舶交流三相电力系统,通常都采用中性点绝缘的三相三线制,船舶电网如果发生单相接地,虽然不影响三相电压的对称性也不影响动力用电设备的正常工作,但存在危险性隐患,增加了人体触电的危险性,如果另外一相再发生接地便造成线间短路的危险性。为了保障电网的正常运行,船舶电网的绝缘电阻不得低于1 MΩ。

用于电力、电热和照明的绝缘配电系统,不论是一次系统还是二次系统,均应设有连

续监测绝缘电阻,且能在绝缘电阻异常低时发出听觉或视觉报警信号的绝缘电阻监测报警器。通常用绝缘指示灯(俗称地气灯)监视船舶电网单相接地,用专用配电盘式兆欧表或绝缘监视仪监视船舶电网绝缘电阻。

1. 绝缘指示灯

绝缘指示灯(俗称地气灯)地气灯法,地气灯法仅适合三相绝缘系统,工作原理如图 6-2 所示。当电网工作正常时,三个灯星形连接,各灯泡两端均为相电压,因而亮度相同。若某一相(设图中的 A 相)出现接地故障,则 L_3 灯被接地线短接熄灭,而 L_2、L_3 两端的电压上升为线电压,灯泡亮度增强。若 A 相线路漏电,虽然 L_3 灯还能发光,但三灯间亮度有显著区别,从而可指示出线路绝缘情况。这就指示给值班人员:"电力系统中 A 线有接地情况",应立即采取措施检查排除。

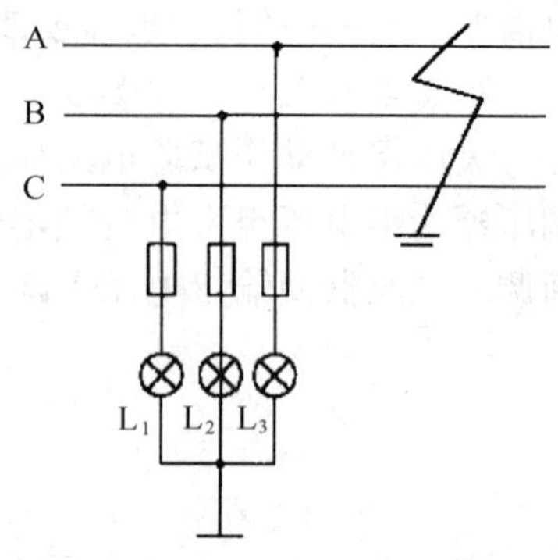

图 6-2　绝缘指示灯原理电路图

三相线路绝缘均下降,情况就不易辨别。所以,这种方法叫单相接地检测。

2. 电网绝缘监测

配电板兆欧表安装在主配电板上,它能在线随时监测船舶电网的绝缘电阻。兆欧表工作原理如图 6-3 所示。

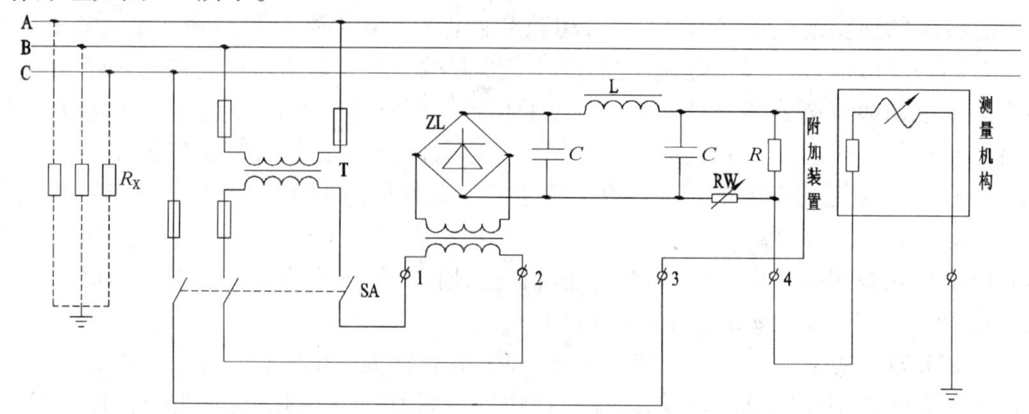

图 6-3　兆欧表原理

配电板式兆欧表由测量机构(表头)和附加装置(整流电源)组成,通过转换开关可分别测量 380 V(440 V)动力电网和 220 V(110 V)照明电网绝缘电阻。

若测动力电网的绝缘电阻,当电网绝缘下降时,漏电流将增大,漏电流经电源正极接线柱 3→电网→绝缘电阻 R_x→测量机构→接线柱 4(电源负极),漏电流愈大,测量机构指针偏转愈大,说明绝缘电阻越小。

当测量照明电网对地绝缘时,将转换开关从 0 位打到 220 V 位,从附加装置正端流出的直流电流经转换开关到 220 V 照明电网,再经照明电网对地的绝缘电阻流到测量表头,最后流回附加装置的负端。动力电网对地绝缘的测量同照明网络。电网对地绝缘电阻越低,表头指针偏转就越大,当一相接地时,表头指针偏转最大,指示绝缘电阻值为 0。

对于新建造的船舶,各船级社规定:用于电力、电热和照明的绝缘配电系统,不论是一

次还是二次配电网络,均应设有连续监测装置,用以监测相对于船体的绝缘电阻,且在绝缘电阻异常低时发出声、光信号。当对船体的绝缘电阻一旦下降至每伏电源电压100 Ω以下时必须触发报警装置。

3. 接地故障的排查

接地故障出现时,要分析判断故障点可能发生在何处,如考虑最近是否有新安装的电气设备,因接线碰壳而形成接地,或者本船运行中有哪些薄弱环节易于形成接地等。必要时,可以用分区域断电的方法检查,分级逐个去检查直到找出故障点。

船舶电网接地故障大多发生在照明网络。当值班人员通过配电板式兆欧表检查时发现绝缘电阻低(或装有连续监测对地绝缘电阻报警装置的声、光报警时),值班人员应及时找到接地点,排除接地故障消除隐患。

照明网络接地故障的查找步骤如下:

(1)首先打开配电板式兆欧表测量照明网络,兆欧表指示此时为0。

(2)在主配电板前,逐个拉掉照明配电开关,查看兆欧表指示是否恢复正常值。

(3)拉区域开关的次序应为:船员居住区—甲板照明区—机舱照明区—驾驶台通导设施。

(4)找到发生接地故障的配电开关后,切断该路供电,查看兆欧表指示是否恢复正常值。

(5)在分配电箱前,运用便携式兆欧表查找二次配电网络,逐个测量分支电路对地绝缘状况。

(6)找到接地的分支电路后,拉掉这一路分配电开关,合上其余开关,在主配电板前合上这一路配电开关恢复供电。

(7)在查找具体接地点时,应从中间接线盒(如两个房间中间的)断开,判断是哪一小区域(如房间)接地的。

(8)由于小区域(房间)中只有有限的几个供电点,一般不超过5个点,应逐一检查每个供电点。主要检查灯头、插头、开关部分引线,检查灯头、插头、开关内部状况,经过这些检查仍找不到接地点时,应检查接线盒至用电器间电缆直至找到接地故障点。

接地故障出现时,要分析判断故障点可能发生在何处,如考虑最近是否有新安装的电气设备,因接线碰壳而形成接地,或者本船运行中有哪些薄弱环节易于形成接地等。必要时,可以用分区域断电的方法检查,分级逐个去检查直到找出故障点。

四、船舶岸电接用的操作注意事项

船舶进厂及靠港检修时,或某些船舶靠港停泊时,可以用陆地的电源来供电,称为“岸电”。接岸电时,陆上电源通过电缆通常接到位于主甲板层的岸电箱,岸电箱一般都有岸电电源指示灯、断路器或开关加熔断器、岸电接线柱、相序指示灯(或负序继电器)、表明船电的额定电压与额定频率。换接岸电的操作是在主配电板上进行的,在主配电板上除岸电开关外,还设有岸电指示灯,指示岸电箱已合闸。

1. 接岸电注意事项

(1)接岸电时岸电与船电的电流种类应一致。

(2)接岸电时岸电的额定频率、额定电压应与船电一致。

(3)当岸电为三相四线制时,需将岸电的中性线接在岸电箱上接船体的接线柱上。只有船体与岸电中性线相联后,才可接通岸电。

(4)合上岸电箱上开关,只有当岸电相序与船电相序一致时才可到主配电板前进行转接岸电操作。

(5)船舶接岸电时严禁船舶发电机合闸供电,只有在岸电切除后发电机才可合闸供电,两者不可能同时合闸。

2. 换接岸电操作

(1)进厂坞修时,将岸上电力电缆接在岸电箱的岸电接线柱上,合上岸电开关,岸电电源指示灯亮(一般由船厂人员承担)。

(2)在船电供电情况下合上岸电箱上开关。由岸电箱上相序测定器指示岸电与船电间相序,当两个指示灯的亮暗关系与岸电箱上标志一致时,说明岸电相序与船电相序一致;否则即相序不一致。若为负序继电器,则当相序不一致时,岸电箱的开关合上,即跳闸。

(3)在主配电板前,当岸电指示器已表明岸电已通电时,分断发电机主开关,电网失电后立即合上岸电开关,此时船舶电网已换接成岸电供电。

3. 相序测定器工作原理

相序测定器原理线路如图 6-4 所示。相序测定器电路的三相负载是不对称的。当接电容 C 的一相设定为 R 相时,则灯较亮的一相为 S 相,灯较暗的一相为 T 相。

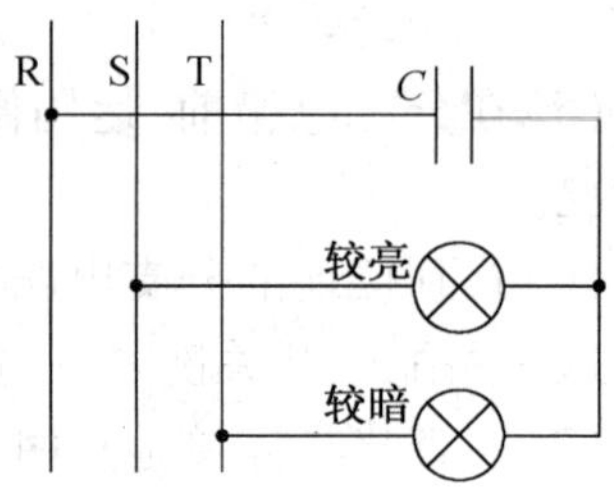

图 6-4 相序测定器原理线路图

除相序测定器外,负序(逆序)继电器也是一种检测电网相序的装置,当岸电相序正确、三相电压对称时,负序继电器的输出电压为 0,岸电箱开关可以合闸供电,当相序不一致或断一相线时,负序继电器有电压输出,岸电箱开关就合不上闸。负序继电器是用来防止接岸电时,相序接错或一相断线形成电动机单相运行的继电保护装置。

第七章
船舶电力推进系统

第一节　船舶中、高压电气系统

随着船舶电站容量的增大,低压系统已不能满足供配电要求。从20世纪60年代开始,一些大型船舶采用中、高压系统(中压指1~35 kV)。其中,有的只是某些特定的大功率负载采用的局部中、高压系统,有的则是大功率负载甚至其电力推进装置、动力和照明电网均采用中、高压系统。

目前中压系统较多应用在大型工程船舶、钻井平台以及工作性质较特殊的大型船舶上。促使船舶采用中、高压电力系统的主要原因:

(1)船舶消耗的电力日益增长,要求电力系统的容量增大。这引起系统的故障短路电流增大,而目前低压空气短路器的最大分断能力不能满足断流要求,即保护装置的断流容量限制了船舶电力系统容量的增大。采用中、高压系统可以减小短路电流的绝对值,增大电力系统的极限容量,缓解这一矛盾。

(2)发电机和负载电动机的单机容量增大。如仍然采用低压,则制造困难,而且不经济。美国造船和轮机工程协会认为450 V低压发电机的实际单机容量极限为2 500 kW,超过该值,推荐采用2 300 V(电网电压2 200 V)。

(3)配电系统容量越来越大。采用低压电缆时,其电缆截面很大、用铜量大,给电缆铺设布线施工带来困难且不经济。在输送功率大到一定数值时,电缆的最大标识截面已不能满足要求,必须提高电压等级。

一、中、高压电气系统的特点与组成

1.船舶中、高压配电系统特点及电压等级

船舶采用中、高压配电系统,随着系统电压的提高,能够承载更大容量的电力负荷;可以直接为大容量负载供电;减小了大容量发电机、电动机、电缆和变压器的尺寸和重量;输送电流和预期短路电流都将大大减小,使船舶的安全性有了很大的提高。

有关中、高压电力系统的定义,世界各地以及在不同领域的标准不是完全一致的。

IEEE 标准 100 规定,中压交流电力系统的定义是指额定电压大于 1 000 V,小于 10 000 V 的电力系统;在中压之上,还有高压和超高压。对于额定频率为 60 Hz 的电力系统,中压的额定值有 2.3 kV、4.16 kV、6.6 kV 等;而额定频率为 50 Hz 的电力系统,中压的额定值有3.3 kV、6.0 kV、10.0 kV 等。

一般而言,选择电动机是否采用中压电力标准的传统功率值分界点是 450 kW。

2. 船用中、高压电力系统的供配电网络结构

中、高压供配电系统的配电网络结构的基本设计思想可分两种:放射形网络和环形网络。传统低压供配电系统由于系统容量小,电网结构比较简单,用电负荷也相对较少,一般采用放射形的网络结构;现代船舶中高压供配电系统依据自身容量及对供电能力要求的不同,两种网络结构都有采用。

(1)放射形网络

典型的放射形供电网络如图 7-1 所示,由图可见其系统成发散形传输,操作较为简单,控制相对容易,能达到很高的自动化程度。由于断路器成串联结构,因此在负载端发生故障时,可进行选择性断开,在系统结构比较简单时保护方案相对容易制定,并且具有较好的选择性。此外,它还具有容易扩充的特点,通过简单的插槽连接即可增加新的配电

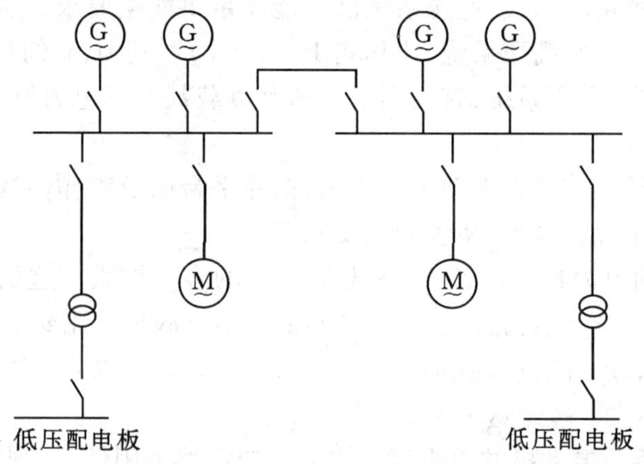

图 7-1 典型放射形供电网络单线图

板,可以扩充多个负载接入点。但是随着现代船舶电力系统容量的不断增大,使得船舶电力系统的结构日趋复杂,此时放射形网络越来越多地暴露出了自身的弱点:一是对复杂供电网络要制定高效的选择性保护方案比较困难;二是放射形供电网络的结构缺乏冗余,一旦某馈电支路发生故障,则其后所有负载将失去供电。

(2)环形网络

典型的环形供电网络如图 7-2 所示,由图可见其电力通过分配电板连接成环形输送,所有重要负载至少有两条供电路径,可很好地保证系统供电的可靠性。对系统保护来说,如果故障发生在负载端,则只需将输出端电路切断;如果分站发生故障,则将该分站从系统切除,其余分站将继续运行,环形打开。

从理论上讲此结构能以最经济的运行方式向系统内的所有负荷供电,在任何工况下都能很好地保证各负荷供电的连续性和可靠性。因为在任何情况下,只需改变在网发电

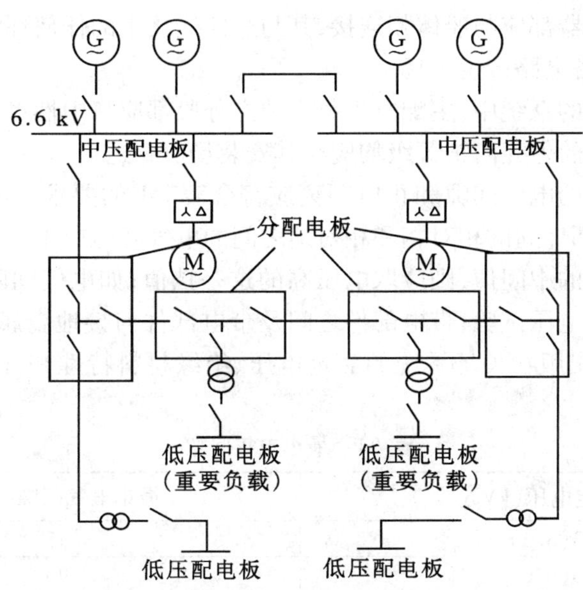

图 7-2　典型环形供电网络结构图

机组的数量就能保证系统所有负荷的供电，因此只要能制定适当的控制策略，总能以最少的发电机组满足系统运行的要求。此外，对系统内的任一负荷，环形网络至少能提供两条不同的供电路径，能保证供电的连续性和可靠性。因此环形供电网络相对放射形网络在供电的经济性、连续性及可靠性方面具有非常明显的优势。但由于环形供电网络的系统结构往往过于复杂，实际运行时电流的路径很难确定，给系统保护方案的制定带来了极大的困难。

3. 中、高压电气电力系统及设备要求

（1）系统额定电压应不超过 15 kV。但如有特殊需要，经 CCS 同意可以采用更高的电压。

（2）电压超过 1 kV 的高压电气设备和低压电气设备不应组合在同一外壳内，除非采取隔离或其他合适的措施，以确保人员能够无危险地接近低压电气设备。

（3）高压电气装置的配电应符合下列要求：

①应将主配电板至少分成 2 个独立的分段，通过至少 1 个断路器或其他合适的隔离设备分隔开，每 1 分段至少由 1 台发电机供电。如 2 个独立配电板由电缆进行连接，则在电缆的每一端应设有断路器。双套设备应分开连接至不同分段上。

②当采用中性点接地系统时，接地故障电流既不大于配电板上或配电板分段上最大 1 台发电机的满载电流，又不小于其接地故障保护电器最小动作电流的 3 倍。不论采用何种方式供电，都应保证至少有一电源中性点接地。中性点直接接地的电气设备或其他中性点接地系统中，应能承受单相接地故障电流，直至其接地故障保护电器脱扣所需的时间为止。

③每台发电机均应设有将其中性点接地连接切断的措施，以便于在切断中性点接地连接后进行维修和测量绝缘电阻。

④所有接地电阻器都应与船体相连接,其与船体连接中的任何环流都不会对无线电、雷达、通信和控制设备电路产生干扰。

⑤在中性点接地的系统中,主配电板每一独立分段都应将中性点与船体相连接。

⑥高压电气设备的外壳防护等级均应与其安装场所相适应。

⑦高压电气设备的电气间隙和爬电距离应符合表 7-1 的要求,且通常对未经型式试验的设备,其非绝缘部件间的相对相和相对地之间的电气间隙应不小于表中的规定值;如电压为所列额定电压的中间值,则应取电压高的这一挡值;如电气间隙低于表中所列值,则应进行相应的冲击电压试验;带电部件之间及带电部件与接地金属部件之间的爬电距离,应符合相关 IEC 出版物关于系统的额定电压、绝缘材料特性和开关及故障时产生瞬间过电压的规定。

表 7-1　最小电气间隙

额定电压(kV)	最小电气间隙(mm)
3(3.3)	55
6(6.6)	90
10 (11)	120
15	160

有开关设备的汇流排分段上的非标准部件,最小爬电距离应至少 25 mm/kV,在限流设备后 16 mm/kV。

(4)高压电力系统保护的特殊要求

①应设有保护装置,以对发电机至主配电板之间的连接电缆出现相间故障和发电机内部绕组出现故障进行保护。该保护电器应能使发电机断路器脱扣,并自动对发电机进行消磁。在中性点接地的配电系统中,相对地间故障也应按上述要求处理。

②系统中任何接地故障应有视觉和听觉报警。在低阻抗或直接接地的系统(有效接地的系统,其接地系数小于 0.8)中,应设有能自动切断故障电路的保护设备。在高阻抗接地系统(非有效接地的系统,其接地系数大于 0.8)中,如发生接地故障时输出电源未断开,则设备的绝缘应按相对相电压来设计。

③电力变压器应设有过载和短路保护。如变压器需并联运行,则其初级侧保护电器的脱扣应能自动分断连接于次级侧的开关。

④电压互感器在次级侧应设置过载和短路保护。

⑤不应用熔断器作过载保护。

⑥通过变压器从高压系统获得供电的低压系统应设有过电压保护,可采取的接地方式为:低压系统直接接地;适当的中性点电压限制器;变压器初级和次级绕组间的接地屏蔽。

(5)旋转电机的要求

应引出发电机定子绕组所有相的端头,以便安装差动保护。

在定子绕组应设有温度检测器,应能在温度一旦超过允许值时,触发安装在通常有人值班的处所内的视觉和听觉报警器发出报警信号。

如采用埋置式温度检测器,则应设有电路的过电压保护。

除通常对旋转电机要求的试验项目以外,对单个线圈还应按照接受的标准进行高频高压试验,以验证匝间绝缘对陡峭前沿的操作过电压的承受能力。

(6)安装要求

如设备没有外壳,而是安装在构成设备"外壳"的舱室中时,则应设有仅在电源断开和设备已经接地的情况下,该舱室的门方可打开的连锁措施。

在安装高压设备处所的入口,应设有一适当的标志牌,以指明高压危险。安装在上述处所以外的高压设备也应设有类似的标志牌。

(7)高压电缆的敷设应符合下列要求

高压电缆路经居住处所时,应敷设在封闭的电缆敷设系统内;高压电缆应与其他不同工作电压的电缆分隔开,特别是它们不应敷设在同一电缆束或同一电缆槽、同一管道中或者同一箱(盒)中。

高压电缆不应与额定电压 1 kV 及以下的电缆安装在同一电缆托架上。具有连续并有效接地的金属护套或铠装高压电缆应安放在托架上;否则,整根电缆均应安装在有效接地的金属封闭罩壳中。

高压电缆所有导体的端头应尽实际可能有效地覆盖上合适的绝缘材料,在接线盒中如导体无绝缘层,则相间和相对地之间均应用合适的绝缘材料制成的坚固隔板隔开。径向场类型的高电压电缆,如在绝缘中具有控制电场的导电层,应具有提供电应力控制的端头。端头应是与电缆的绝缘和保护层材料相兼容的形式,且应将电缆的所有金属保护层(例如金属带、金属丝等) 接地。高压电缆应具有合适的标志,以便识别。

对新的高压电缆装置,或在已有的装置上加装高压电缆,投入运行前,对每一完工的电缆和其附件应在绝缘电阻试验之后进行耐压试验,当进行交流电压耐压试验时,电压应不小于电缆的正常工作电压,并应保持至少 24 h。

4. 中、高压电气电力系统的结构

图 7-3 是某船的电力系统单线原理图。图中,电网由三个层次组成:一是 6.6 kV 的中压主系统,二是 450 V 的辅助低压系统,三是 450 V 的应急系统。

(1)6.6 kV 中压主电力系统

中压主电力系统的电源:3 台 5 200 kVA,720 r/min,60 Hz 的主发电机组,柴油机为 Warsila 9L32,可以单独或者并联向中压电网供电。其中 No. 1 主发电机在装载需要50 Hz 中压电源供应的货物时,可以切换为 2 030 kVA,600 r/min,50 Hz 的模式运转,单独为 50 Hz的货物负载电源供电,此时,图中用于中压汇流排连接的断路器 KS_1 应该处于分闸状态。

中压主电力系统的负载:船尾左右舷各一台吊舱式电力推进器 SSP 的 4.7 MW 永磁同步电动机及为其变频调速服务的变压器组、晶闸管装置;左右舷各一台侧推器的 800 kW电动机及为其变频调速服务的变压器组、晶闸管装置;可以为 450 V 的辅助低压系统供电的 2 台 900 kVA、将电压从 6.6 kV 转变为 450 V 的旋转变流器(在此没有采用变压器变压的原因,是因为带有大量变频调速负载的中压土电网的波形不好)。

它的供配电装置:在中压开关柜控制室共有 12 屏中压控制屏,分别用于 3 台主发电

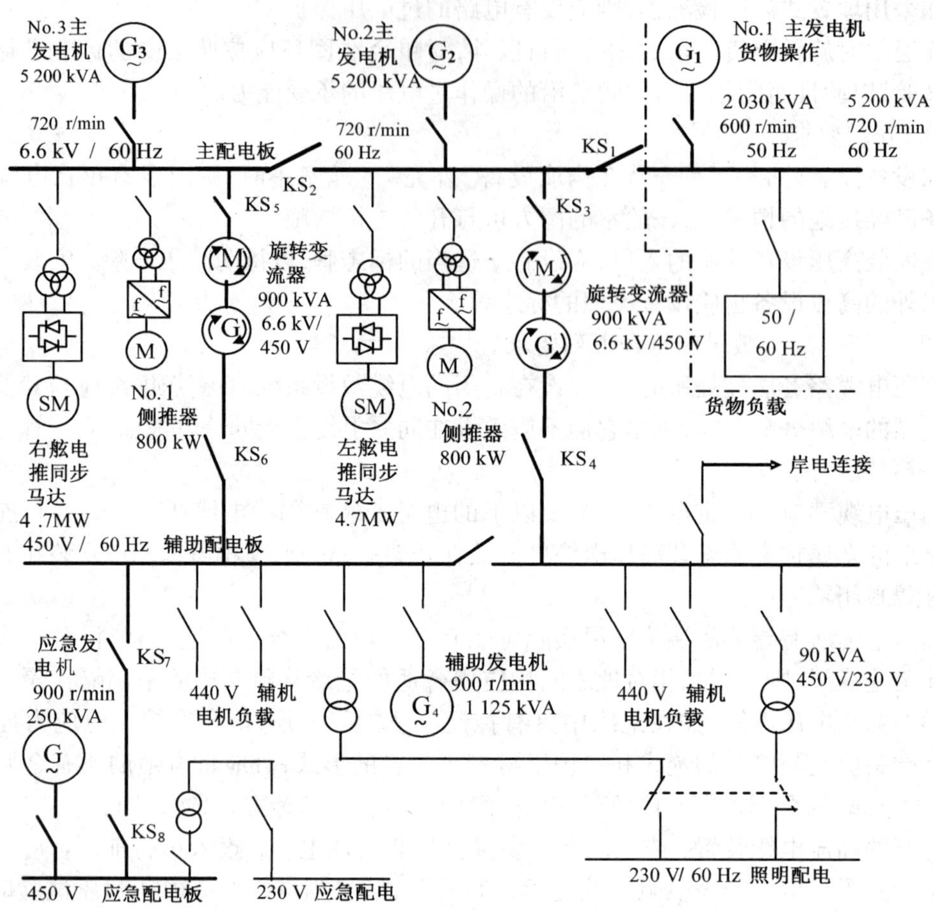

图 7-3 某船的电力系统单线原理图

机的控制(PMA 71 电力自动管理系统通过电流互感器、电压互感器、中压断路器等对发电机组进行控制),2 台电力推进装置 SSP 的供电,2 台侧推器的供电,2 台旋转变流器(机组)中压接线端的供电,2 个汇流排连接断路器的控制,以及 50 Hz/60 Hz 货物负载中压电源供电的控制。另外,两台 24 V DC UPS 控制柜也安装在中压开关柜控制室内。

(2)450 V/60 Hz 低压辅助电力系统

低压辅助电力系统的电源由三个来源提供:航行时,电源来自中压系统的旋转变流器(机组),此时图 7-3 中旋转变流机组两端的断路器 KS_3、KS_4、KS_5、KS_6 都处于合闸位置。当旋转变流机组发生故障或检修时,以及在码头没有载货物时,电源来自 1 台 1 125 kVA,900 r/min,60 Hz 的辅助发电机组,柴油机是瓦锡兰 6L20,此时图 7-3 中旋转变流机组两端的断路器 KS_3、KS_4、KS_5、KS_6 都处于分闸位置。另外,在港内还可以连接岸电。

低压辅助电力系统的负载包括:常规船舶运行时需要供电的各种设备,例如淡水循环泵、燃油输送泵、滑油输送泵、低温淡水泵、高温水循环泵、中央冷却海水泵、通风机、燃油锅炉、空压机、锚机、消防泵、甲板液压起货机、照明电力配电板、航海仪器供电、机舱监控系统的供电等。也包括电力推进装置的方位控制泵,电力推进装置变压器、变频器的冷却

泵,货物起重机,半潜船的压载水空压机,用于 3 台主发电机、辅助发电机、旋转变流机组、电力推进驱动装置的保温装置,动态定位(DP)系统的供电。

它的配电装置:在低压配电板控制室共有 17 屏低压控制屏,分别用于 1 台辅助发电机的控制,2 台旋转变流器低压端的连接,1 个汇流排连接断路器的控制,4 个电动机组合起动屏,6 个输出负载屏,以及为中压变频驱动器服务的低压负载的供电屏。

(3)450 V/60 Hz 应急电力系统

应急电力系统的电源有两个来源:通常电源来自 450 V 的辅助供配电系统,此时图 7-3中连接辅助电力系统和应急电力系统的断路器 KS_7、KS_8 都处于合闸位置。应急时,电源来自 1 台 250 kVA(300 kVA),900 r/min,60 Hz 应急发电机组。

应急电力系统的负载包括:常规船舶应急时需要供电的各种设备,例如电池充放电板、应急照明、航行灯、雷达、电罗经、机舱通风机、消防系统、应急消防泵、电话、总报警系统、机舱监控系统等的供电。也包括半潜船的压载水控制台,SSP 控制台、动态定位(DP)控制台的供电。

应急电力系统的配电装置:在应急发电机控制室共有 3 屏低压配电板分别用于应急发电机的控制,与 450V 辅助供配电系统的连接,电动机起动和输出负载的分配。

二、中、高压电气系统与设备的安全常识

在中、高压电力系统,操作人员即使没有直接接触带电部分,如果不慎距离带电部分过近,小于规定的安全操作距离,也可能受到严重的触电伤害。电工材料的绝缘是相对的,当电压足够高时,绝缘体也会击穿。因此,中压电气设备,例如变压器、电流互感器、电压互感器、断路器都安装在完全封闭的开关柜中。输电电缆采用的是绝缘性能极高的材料制成的。当需要带电操作接触带电部分时,要严格按照安全操作规程,使用合格的绝缘工具进行。维修清洁时,必须停电进行,同时,在电力系统的设计中也安装了必要的隔离开关和接地开关,以保证操作人员的安全。

不同于船舶常见的低压电力系统,由于断路器的断开点在外部是看不见的,中压电力系统为了保证在维修时操作人员的人身安全,系统在中压主发电机断路器与中压汇流排连接点之间、在中压汇流排连接断路器的两端、在旋转变流机组的断路器与中压汇流排连接点之间,都串联了隔离开关。隔离开关是具有可见断开点的开关,但是没有灭弧装置,因此不能带负荷分合闸。在使用时,和断路器的分合闸操作顺序有先后规定,有时也与断路器有机械或者电气的连锁。

另外,为了确保维修人员正在接触的线路无电,中压供配电线路上还安装了多处接地开关。接地开关(三相)的一端与母线相连,另一端与接地点可靠相连,与隔离开关相同,接地开关也没有灭弧装置,不可以带负载分合闸。在停电维修某一段线路和设备时,合上相应的接地开关,能保证被维修线路和设备可靠的接地,防止线路上电荷积累,或者在断路器意外合闸时,由于线路三相接地,短路电流会使断路器立即跳闸。

第二节 船舶电力推进系统

船舶电力推进系统作为船舶的新型推进动力,世界各国都在进行深入的研究。国外已经开发了多种类型的电力推进系统,并在多型船舶上应用。国内在此领域的研究则刚刚起步。作为船舶主动力系统的电力推进系统,由于其高效率、高可靠性、高自动化以及低维护,正成为新世纪大型船舶青睐的主推进系统,目前,发达国家新造船舶的30%已采用电力推进系统。

我国在综合电力推进系统的应用越来越多,2006年1月10日,天津新港船厂为烟大铁路火车轮渡项目建造的首艘火车渡船"中铁渤海1号"下水。"中铁渤海1号"是我国第一艘采用综合全电力推进系统的客滚船,也是世界上第一艘采用第三代电力推进系统的火车滚装渡船。

一、电力推进系统的组成

综合全电力推进系统,将船舶的电力系统和推进系统组成一个整体,电力推进船舶,主要指船舶的主推进系统是由电动机所带动的。它利用发电机(一般为柴油机发电机组、燃气轮机发电机组或涡轮机发电机组)把动力机械能转化为电能,再通过电动机把电能转换成机械能,实现了能量的非机械方式传递。

船舶综合全电力推进系统一般由电站、配电板、变压器、谐波抑制器、变频器、推进电机、监控系统、螺旋桨等组成。

1. 电站

电站由柴油发电机组和一套主配电板组成,柴油发电机组通常供电给一个6.6 kV的中压电网,为船上的电力推进系统和其他主要设备供电。对电力需求量大的船来说,系统中柴油机有被其他原动机取代的可能。在某些情况下可以换成更大功率、更紧凑的燃气轮机发电机组。在这种情况下,涡轮机的排气热量还可由余热发电装置回收。该装置由一套蒸汽发生器和汽轮发电机组成,这种结构已经应用于"千年"级豪华游轮上,它拥有一整套到目前为止在船舶上可见到的综合效率最高的系数。中压配电板确保电力的分配,通常的电压额定值3.3 kV。然而,大多数综合电力推进系统有一个6.6 kV的电网,其频率是50或者60 Hz。

(1)6 600 V高中压柴油机发电机组

发电机组包括柴油原动机和发电机两部分。发电机组将动力机械能转变成动能,再转化为电能,经配电和输电装置供推进电机使用。

某船发电柴油机采用四台九缸MARK型中速柴油机,额定转速750 r/min。发电机为三相无刷同步发电机,电压等级为中压6 600 V,50 Hz。额定功率为2 880 kW,额定电流296 A,功率因数为0.85。通过功率管理系统(PMS)自动控制柴油机的运行状态。

(2)高压配电板

发电机发出的6 600 V交流电输送到高压配电板,通过高压配电板进行输电、配电。高压配电板防护等级IP44,底部进线,上部排气。高压配电板具有HD4/P断路器,保护装

置,安全保护接地装置,就地操作单元等组成,实现对全船高压配电的控制及保护功能。正常情况下高压配电板是通过母联断路器联网运行的,投入发电机的数量根据船舶推进功率需要由电站管理单元(PMS)实现,自动或手动进行管理。故障情况下高压配电板是通过母联断路器解列运行,每一侧高压配电板控制两台发电机,由各自的电站管理单元实现自动或手动管理。船舶左舷(PORT)、右舷(STBD)各有一组高压配电板,每组由输电变压器屏(提供照明等常规用电)、舷侧推屏、两个发电机屏、测量屏、推进变压器屏和母连开关屏共七个屏组成。

2. 变频器

交流推进电机的控制或变速驱动依赖于变压变频技术。交流推进电动机的调速主要采用变频调速,这就要求向交流电机供电的电源能够同时改变电压和频率。目前常用的三种变频器有同步变频器(交—交变频器)、循环变频器(交—直—交变频器)和脉宽调制变频器。从谐波来说交—交变频器最多,脉宽调制变频器最小,但功率正好倒过来,所以大型船舶(通常 5 MW 以上)大都采用交—交变频器。

目前常用的三种变频器形式:同步变频器、循环变频器、脉宽调制变频器。

3. 推进电动机

船舶电力推进分为直流推进和交流推进两大类。

1970 年以前,主要采用直流电力推进系统,因为直流电机转速调整范围宽广和平滑,过载起动和制动转矩大,逆转运行特性好;而交流电动机尽管具有输出功率大、极限转速高、结构简单、成本低、体积小、运行可靠等优点,但限于当时的技术限制,调速困难,应用较少。

随现代控制理论和数字控制、直接转矩控制、矢量控制等电力电子技术的发展,交流调速系统的性能已经可以与直流调速系统相媲美。交流电力推进系统的应用已经成为船舶电力推进发展的主流,呈现出蓬勃发展的态势。水面船只中交流电力推进占主导地位,所选用的交流电动机、交流异步电机、交流同步电机、永磁同步电机等并存。只有潜艇,仍是直流推进占主导地位。

世界著名的电气集团,如 SIEMENS、ABB 以及 ALSTOM 等,都研制出船舶交流电力推进的成套装置,功率从几百千瓦到几十兆瓦,其中以吊舱式推进器最具代表性。例如 ABB 公司的 Azipod 推进系统,功率已达 40 MW,性能可靠,传动效率高,节省空间,已成功地应用在油船、破冰船、邮轮、化学品船、半潜船等多种船型,并在近期新造船舶市场获得良好评价。

4. 推进电动机与螺旋桨的连接方式

推进电动机与螺旋桨的连接方式有:

(1)低速电动机通过艉轴直接连接螺旋桨。

(2)中速电动机通过减速齿轮箱及艉轴连接螺旋桨。

(3)中速电动机通过 Z 形驱动带动螺旋桨。

(4)中速电动机通过 Z 形驱动带动对转螺旋桨。

(5)低速电动机在吊舱内直接带动螺旋桨。

5. 吊舱式电力推进装置

吊舱式推进器由吊舱和螺旋桨组成。流线型吊舱悬挂在船体尾部，由法兰盘和船体相接，吊舱内安装的电动机直接驱动螺旋桨。吊舱可做360°回转，能起到舵的作用，可显著改善船舶的操纵性能和紧急机动性能。

目前，世界上生产吊舱式电力推进装置主要有三大公司：ABB Azipod Oy 公司研制生产的 Azipod 推进装置、AlSTOM 公司和 RollS—Royce 公司联合生产的 Mermaid 推进装置以及 SIEMENS 公司和 Schottle 公司联合生产的 SSP 推进装置。其中 Azipod 推进装置最早装船，数量也最多。而 SSP 推进装置则是最近出现的很有竞争力的产品。SSP 推进装置，它的吊舱（POD）直接悬挂在船下，通过法兰盘与船体相接，吊舱内装有 SIEMENS 公司的新型永磁同步电机（PSM）。两个由 Schottle 公司生产的固定螺距 3 叶片螺距桨安装在吊舱的前后两端，每个螺距桨分别负责 50% 的总负载，吊舱的侧面有一对飞机尾翼状的导流鳍（兼作电机的散热片），这种双桨布置原理使其负荷降低，效率提高，相应降低了噪声和振动，同时也节约了能量。位于船舱内的发电机的电力以及相关的控制信号经由安装在吊舱轴上的滑环以及高频连接器传送到吊舱的电动机和方位舱。吊舱轴由两台液压马达驱动，能使吊舱 360°转动，从而可起到舵的作用。

6. 艏侧推

艏侧推采用如川崎船用机械有限公司型号为 KT-FB3（液压可调螺距浆）的舷侧推，叶片数为 4 叶，转速为 475 r/min。舷侧推电动机电压为中压 6 600 V，功率为 715 kW。

7. 推进控制系统

对于每一推进系统，都有一独立的推力控制系统。推进控制系统集中在推进控制单元柜中，包括应用控制器、通信模块和调制解调器、S 800 就地 I/O 模块以及所需的电源。

应用控制器是一个模块，即 ABB AC 800M 型可编程控制器（PLC），用于推进控制逻辑和调节控制，每一推进系统有其专用的控制器，应用控制器与推进驱动在同一个独立的柜中，包括就地 I/O 模块和 24 V 电源单元。

S 800 型 I/O 模块用于硬线连接的模拟和数字信号接口，专用的 I/O 模块在 S800 系列中用于不同型式 I/O 信号（模拟输入、输出，数字输入、输出和 PT 100）。标准的 I/O 模块和可选择的 I/O 模块用于满足应用的 I/O 需要，I/O 模块可以装在就地或远处，或者两者同时安装。采用就地安装时，标准的模块组件放在柜中，作为 CPU 组的延伸。

推进控制系统支持几种通信协议，所有通信对单一故障有冗余。作为一主要入口，系统采用内部通信的控制网，控制网是不公开的 IP 网域，专门为工业应用设计。控制网络用 MMS（制造信息规格）以太网的通信协议。

由可编程应用控制器运行的推进控制软件是基于标准的可升级软件。推进控制软件提供控制、保护和监视推进系统的功能。推进控制软件也包括功率限制功能，以防止供电网络过载，系统的不安全运行和其他系统故障。推进系统保护功能用于防止被检测系统的故障或者部件故障。保护分为功率限制、速度限制以及连锁和脱扣功能。

二、电力推进电动机种类及控制

1. 永磁同步电机

电力推进电机可采用直流电机，也可以采用交流电机，随着永磁技术的发展，电力推进船舶大多采用永磁同步电机作为推进电机。

永磁同步电机（Permanent Magnet Synchronous Motor，简称 PMSM）出现于 20 世纪 50 年代，随着电力电子技术和微型计算机的发展，20 世纪 70 年代，PMSM 开始应用于交流变频调速系统。20 世纪 90 年代，随着永磁材料性能的不断提高和完善，以及电力电子器件的进一步发展和改进，加上永磁电机研究和开发经验的逐步成熟，目前稀土永磁同步电机正向大功率（超高速、大转矩）、高性能化、微型化和智能化方向发展。

永磁同步电动机的定子由三相绕组以及铁心构成，电枢绕组常以 Y 型连接，在转子结构上，PMSM 用永磁体取代电励磁。永磁体贴在转子表面形成表面式转子磁路结构，永磁体嵌在转子的铁芯中形成内置式转子磁路结构，其中表面式转子磁路结构又分为凸装式和插入式。其结构如图 7-4 所示。

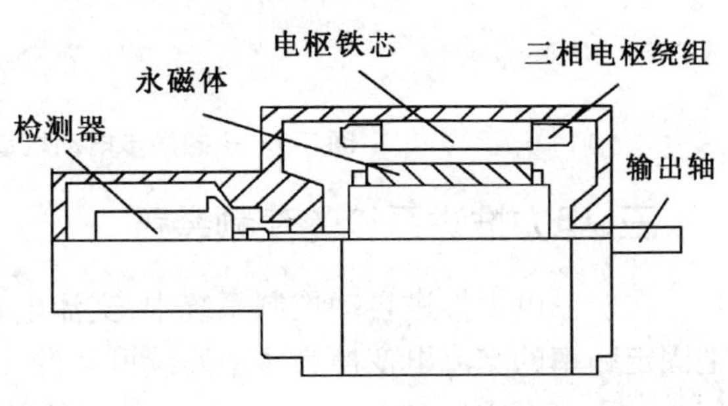

图 7-4 永磁同步电动机的结构

永磁同步电动机用于船舶电力推进具有如下优点：

（1）电机直径显著减少，重量轻，电机转子与螺旋桨一体化设计，与相同输出功率直流电机在体积、重量方面减少 40%。

（2）转子上有高效永久磁体，没有激磁损耗，整体效率可达 98% 以上。

（3）低噪音、低振动、低转速，螺旋桨转速可以从 200 r/min 下降到 120 r/min，提高转矩，降低噪音。

（4）转子不发热，无需转子外部空气冷却系统，此外，定子冷却利用吊舱外壳在水下散热，充分利用了电机能力。

2. 永磁同步电机（PMSM）的直接转矩控制

交流电机变频调速控制原理——直接转矩控制（DTC），是继矢量控制原理之后又一高性能控制策略。相对于矢量控制，直接转矩控制不需要繁琐的静止坐标和旋转坐标间的矢量变换，也无需为解耦而简化数学模型，采用空间矢量分析方法和定子磁链定向控制，直接在静止坐标系下实现对 PMSM 转矩和磁链的计算与控制；利用离散的两点式控制器输出信号，直接对逆变器的开关状态进行控制，从而获得快速的转矩输出。直接转矩控制由于只需检测出定子电阻，定子磁链就能被准确的观测，所以解决了矢量控制中控制性能受转子参数影响的问题。但存在逆变器开关频率不定，电流和转矩波动大等不足之处。永磁同步电机直接转矩控制原理框图如图 7-5 所示。

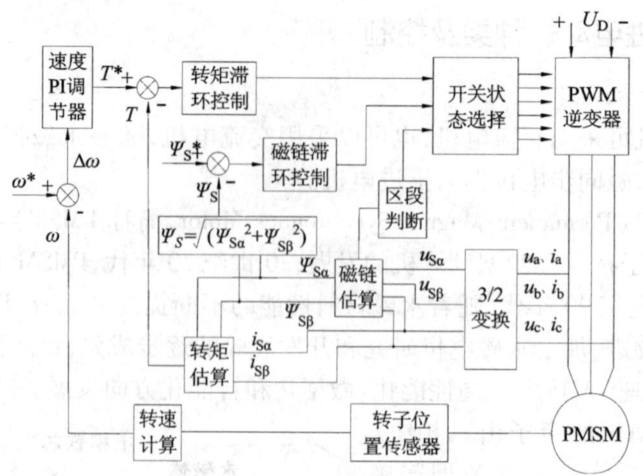

图7-5　永磁同步电动机直接转矩控制原理框图

三、电力推进系统的变频装置

在船舶电力推进自动控制系统中,交流电机的调速大多采用变频调速。变频调速是把固定频率的交流电变换为频率连续可调的交流电供给电机,以实现调速的目的。根据变换过程有无中间直流环节可分为交—交变频调速系统和交—直—交变频调速系统,IGBT是电力推进系统的核心组件,在交—直—交变频调速系统中,主要通过控制IGBT的导通和关断,提供推进电机需要的频率和电压的交流电源,从而达到对永磁同步电动机调速的目的。

变频调速的最大特点是:电动机从高速到低速,其转差率始终保持最小的数值,因此变频调速时,感应电动机的功率因数都很高。可见,变频调速是一种理想的调速方式。但它需要由特殊的变频装置供电,以实现电压和频率的协调控制。

1. 变频器的基本结构

以有没有直流环节划分,可将变频器分为交—交变频器及交—直—交变频器两类。由于交—交变频器受到输出上限的限制,以及连续可调频率范围窄、功率因数低等原因,应用不是很多。而交—直—交变频器是先把电网的工频交流电通过整流器变为直流电,再把直流电逆变成频率、电压可调的交流电,这个环节比较容易控制。因此现在变频器主要为交—直—交变频器这种间接变频器,其结构框图如图7-6所示,变频器控制电路如图7-7所示。

变频器主要由四部分组成:整流电路、直流中间电路、逆变电路和控制电路。

(1)整流电路

整流电路由三相全波整流桥组成,将三相交流电全波整流成直流电,给逆变电路和控制电路提供所需要的直流电源。

(2)直流中间电路

整流电路输出的整流电压是脉动的直流电压,必须进行滤波,滤除整流后的波纹电压;当负载变化时,使直流电压保持平稳;在整流器和逆变器之间起到去耦作用,消除相互

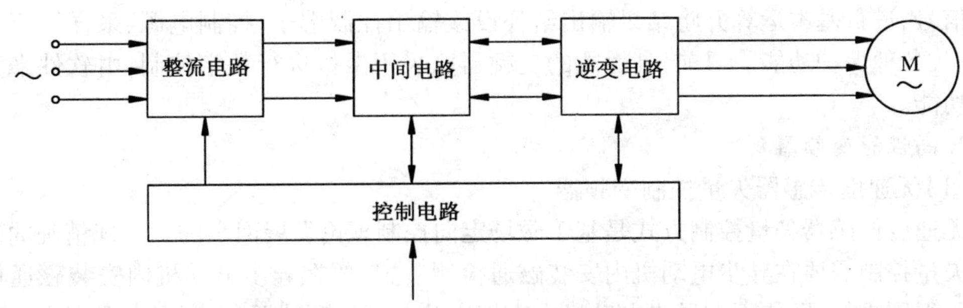

图 7-6 交—直—交变频器结构框图

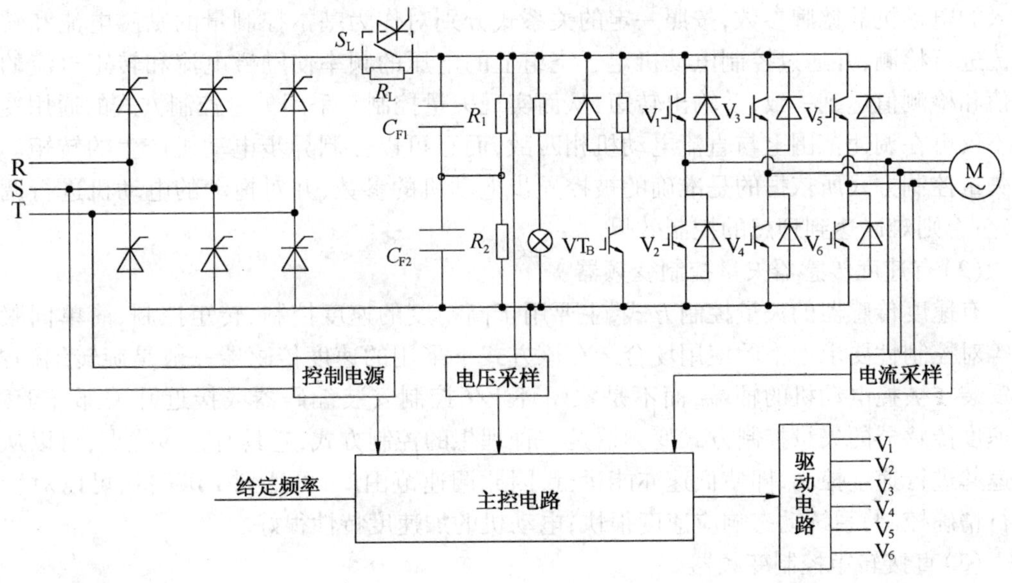

图 7-7 变频器控制电路

干扰,以保证逆变电路和控制电源能够得到质量较高的直流电源。此外由于电动机制动的需要,直流中间电路还包括制动电阻和其他辅助电路。

(3)逆变电路

逆变桥由逆变管组成,其功能是把整流所得到直流电,再变换成频率、幅度可换的交流电。目前变频器中,开关器件大多采用 IGBT 管,它有自己特有的驱动和保护电路。由于逆变器的负载是交流电动机,属于感性负载,无论电动机处于电动还是发电制动状态,变频器功率因数总不为 1。所以,在直流中间环节与电动机之间存在无功功率交换,这就需要直流环节的储能元件来缓冲。

(4)控制电路

变频器控制电路功能是将信号传递给整流电路、中间电路和逆变电路,同时也接受其反馈信号。控制电路的形成取决于不同变频器的设计,同时控制电路又是变频器的核心,其性能的好坏对变频器的性能起着重要的作用。控制电路通常由运算电路、信号检测电路、外部接口电路、门极驱动电路、监测及报警电路等组成。控制电路的主要作用是接收各种信号;进行基本运算并将结果输出给外设或输出控制端子;控制电源、采样及驱动电路;完成各种保护功能。目前,高性能的变频器已采用微机进行数字控制,由软件来完成各种功能。

2. 高性能变频器

(1)无速度传感器矢量控制变频器

无速度传感器矢量控制方式是基于磁场定向控制理论发展而来的。实现精确的磁场定向矢量控制需要在异步电动机内安装磁通检测装置,要在异步电动机内安装磁通检测装置是很困难的,即使不在异步电动机中直接安装磁通检测装置,也可以在通用变频器内部得到与磁通相应的量,并由此得到无速度传感器矢量控制方式。它的基本思想是根据输入的电动机的铭牌参数,按照一定的关系式分别对作为基本控制量的励磁电流和转矩电流进行检测,并通过控制电动机定子绕组上的电压的频率使励磁电流和转矩电流的指令值和检测值达到一致,并输出转矩,从而实现矢量控制。采用矢量控制方式的通用变频器不仅可在调速范围上与直流电动机相匹敌,而且可以控制异步电动机产生的转矩。由于矢量控制方式所依据的是准确的被控异步电动机的参数,并对拖动的电动机进行调谐整定;否则难以达到理想的控制效果。

(2)有速度传感器矢量控制变频器

有速度传感器的矢量控制方式,主要用于高精度的速度控制、转矩控制、简单伺服控制等对控制性要求严格的使用场合。在该方式下采用的速度传感器一般是旋转编码器,并安装在被控电动机的轴端,而不是象闭环 V/f 控制安装编码器或接近开关那样随意。有速度传感器的矢量控制方式变频器是一种理想的控制方式,它具有很多优点:可以从零转速起进行速度控制,即使低速亦能运行,因此调速范围广,可达到 1 000:1;可以对转矩实行精确控制;系统动态响应速度很快;电动机的加速度特性很好。

(3)直接转矩控制变频器

直接转矩控制(DTC)思想是德国学者 M. Depenbrok 在 1985 年提出的。这种思想是以转矩为中心来进行磁链、转矩的综合控制。

和矢量控制不同,直接转矩控制不采用解耦的方式,从而在算法上不存在旋转坐标变换,并根据与给定值比较所得差值,实现磁链和转矩的直接控制。直接转矩控制技术是利用空间矢量、定子磁场定向分析法,直接在定子坐标系下分析异步电动机的数学模型,计算与控制异步电动机的磁链和转矩,采用离散的两点式调节器,把转矩检测值与转矩给定值作比较,使转矩波动限制在一定的容差范围内,容差的大小由频率调节器来控制,并产生 PWM 脉宽调制信号,直接对逆变器的开关状态进行控制,以获得高动态性能的转矩输出。它的控制效果不取决于异步电动机的数学模型是否能够简化,而是取决于转矩的实际状况。

由于省略了矢量变换与计算和为解耦而简化异步电动机数学模型,没有通常的 PWM 脉宽调制信号发生器,所以结构简单、控制信号处理的明确,系统的转矩响应迅速且无超调,是一种具有高静、动态性能的交流调速控制方式。

四、电力推进自动电源管理系统主要功能

1. 保护功能

推进控制软件有系统保护的功能，检测和防止供电网络过载、系统的不安全运行和其他系统故障。推进系统保护功能用于防止被检测系统的故障或者部件故障。保护分为功率限制、速度限制以及连锁和脱扣功能。

2. 功率限制功能

为防止推进部件的过载和某些装置的故障，要求在推进系统中有功率限制。在推进控制软件中有快和慢的功率限制。功率限制及其起作用的可能的原因在下面解释。

功率限制的原理是降低速度和功率控制器的力矩参考值。被限制的力矩参考值从应用控制器发至电力驱动单元的驱动控制器。因为力矩的限制导致轴功率的限制，习惯上称为“功率限制”。

在某些情况下必须注意，推进功率的限制对于修正情况并不有效。例如，柴油机供油有问题时，导致转速下降，此时频率下降，推进控制的轴功率也下降。然而，这将不能校正这一情况，因为即使轴功率减至为零也不能加速柴油机。

3. 拖曳限制功能

拖曳限制是保护功能，这将限制电动力矩（即产生推进电动机正功率的力矩）。

4. 可用功率的功率限制功能

推进功率作为电网可用功率的函数而被限制。功率限制取决于连接发电机台数和推进装置。

计算要考虑船上日用负载。当发电机负载均匀分配时，这一功能防止发电机过载至100%以上。注意：即使在负载不平衡时，个别发电机的负载也不超过100%。这是由于分别限制，更详细的说明，见“电机过载的功率限制”。

5. 发电机功率过载控制功能

如任一连接的发电机的有用功率大于额定值，则推进控制以PI控制器开始限制轴功率。控制器降低轴功率，直至过载的发电机的功率降回到100%。

6. 供电网络低频的功率限制功能

由于发电机加载太快或柴油机调速器故障，可能发生网络低频。如网络频率降至额定频率48.75 Hz以下，则推进控制开始限制轴功率。推进控制降低轴功率，直至网络频率回升至48.75 Hz以上。如降低轴功率没有帮助，且频率继续下降至额定频率95%以下，驱动装置的调带幅即停止，作为防止停电的最后保护。这将发生在固定的频率点（50 Hz电网：47.5 Hz；60 Hz电网：57 Hz）。当频率回到额定值时，驱动装置自动重新起动。

7. 发电机脱扣的功率限制功能

如某一供电发电机停车，发电机断路脱扣器或汇流排连接断路器断开，推进控制立即使推进降功率，这一限制由发电机断路状态监视来起作用。为避免汇流排剩下的发电机过载，要立即减功率。在恢复延时后，推进功率逐渐接近所要求的参考值。如断开的发电机的功率为零，则推进功率不减。

8. 前进或后退旋转方向最大的功率限制功能

为了防止推进系统和桨受太大的机械应力的影响,要求限制功率。推进功率的限制取决于所选择的操作方向。

功率限制是根据如表 7-2 所示的设置,此时前进的功率限制设定在桨设计参数规定的桨的最大前进力矩。对于前进旋转方向,不用减少最大功率限制。后退的功率限制设定在桨设计参数规定的桨的最大后退力矩。后退旋转方向所得功率是最大功率的 70%。

当选择自动驾驶时,航行的操作模式被使用。另外,当掌舵驱动需要 12°/s 的旋转速度时,机动操作模式被使用。

表 7-2　根据操作方向的功率限制

	巡航方式	机动
前进功率 P_{full}(%)	P_n	P_n
后退功率 P_{full}(%)	70% P_n	70% P_n

9. 前进或后退最大力矩限制功能

轴系的最大力矩是 100% 前进,70% 后退。为防止桨受太大机械应力的影响,需要限制力矩。

10. 舵角的功率限制功能

推进功率的限制仅取决于操舵角,对巡航和机动方式有不同的设定限制值。如表 7-3 所示设置。在航行模式下如果实际转舵角与 180°角相差 35°以上,功率限制被激活。从 35°开始推进控制开始线性限制功率。如果舵角超过 40°,对大功率限制起动,所获功率为零。

表 7-3　根据操作模式的功率限制

	巡航方式	机动
前进功率 P_{full}(%)	P_n	P_n
后退功率 P_{full}(%)	70% P_n	70% P_n

11. 操舵系统故障的功率限制功能

如有一操舵驱动装置故障,推进速度限制起作用。如两台操舵驱动装置故障,操舵刹车,有全功率。如两台操舵驱动装置故障,且未刹车,推进控制系统断开转速驱动装置。

12. 系统设备高温的功率限制功能

在推进系统中若监视到推进电动机绕组高温、滑环高温、推进轴承高温、推力辅承高温、推进变压器高温,相关的保护功能在高温时降低推进功率。温度报警和功率降低限制按制造厂的建议设定。

13. 刹车限制功能

刹车限制是保护功能,限制再生力矩(即使推进电动机产生负功率的力矩)。

14. 系统制动能力的限制功能

按制动电阻的特性,在中间电路中限制最大制动功率。

15. 制动防止功能

为不使制动电阻过载,在适当的时候,要避免逆功率运行。在推进控制中把制动力矩限制至零,如转速的参考值和实际值有相同的方向,制动力矩限制至零防止产生制动力矩。如转速的参考值和实际值符号不同,制动力矩的限制被解除从零至电阻可吸收的容许最大值。

16. 连锁功能

连锁的目的是保证人和系统的安全。对两个不同的操作,断路器的合上和驱动装置的启动(半导体触发),推进控制有连锁功能。下面章节说明这两个连锁的功能。

17. 断路器合上的预防功能

驱动控制器按从应用控制器接收到的指令控制供电断路器合上。必要时两个控制器都能防止断路器合上。指导原理是应用控制器(即推进控制软件)提供相关过程状态的连锁,驱动装置提供有关驱动装置状态的连锁。断路器合上的防止用于保证系统安全运行。

18. 驱动装置起动的保护功能

驱动控制器按从应用控制器收到的指令起动驱动装置。在必要时,两个控制器都能防止驱动装置起动。指导原则是应用控制器(即推进控制软件)提供相关状态的连锁,驱动装置提供有关驱动装置状态的连锁。驱动装置启动的防止用于保证系统安全运行。

用于防止驱动装置的起动连锁是指:供电频率不正常;优先脱扣 2 已起作用;准备运行状态还未好。

19. 脱扣功能

脱扣的目的是保证人和系统的安全。脱扣分两种不同的类别,两种脱扣可以有延时。

优先脱扣 1 的作用是:停止驱动装置的调制;断开主断路器;将驱动装置的 DC 电路放电。

当驱动装置通信故障、关键的控制系统故障时,引起优先脱扣 1 动作;当停止驱动装置的调制(沿海停止)、电网频率低、推进电动机绕组温度高、轴系轴承温度过高、推力轴承温度过高、操舵驱动装置不运行,刹车未连时,引起优先脱扣 2 动作。优先脱扣 2 在故障排除后,不需要对 DC 电路充电,能快速重新起动。

20. 安全越控功能

安全越控的功能是使某些保护功能不起作用来防止系统脱扣,从而为操作人员提供时间让船脱离危险,但要影响推进设置。安全越控也旁通某些连锁。当这一功能起作用时,可能损坏重要部件。

控制处所有其“安全越控”按钮——功能的控制和显示。所有的“安全越控”的控制是并联的,随时可用。

“安全越控”功能旁通下列保护功能:断路器合上的防止;脱扣和功率限制。

当“安全越控”功能起作用时,推进系统处在不正常的运行方式。保护设备和人员的这些功能不能如设计的那样工作。系统运行在规定的运行范围之外,可能缩短零部件的寿命或永久损坏。无保护系统的功能,部件的故障使人员暴露于直接危险中。

五、电力推进系统推进器型式与结构

图 7-8 是 CRP 吊舱系统的各组成部件,其回转系统是由回转马达、回转滚筒、驱动齿轮和轴承等装置组成,回转马达一般有 4 台,用于控制吊舱的回转速度和方向。冷却系统是闭合循环系统,它由热交换器与风冷电动机组成,利用电动机产生的循环风冷却设备,通过热交换器将热量传导海水中,使设备保持最佳的温度。连接装置把回转系统和吊舱推进器连结起来,把回转马达的动力传给吊舱,驱动吊舱转动。控制信息和电能通过安装在回转机构顶部的集电环传递到吊舱内的主推进电机。

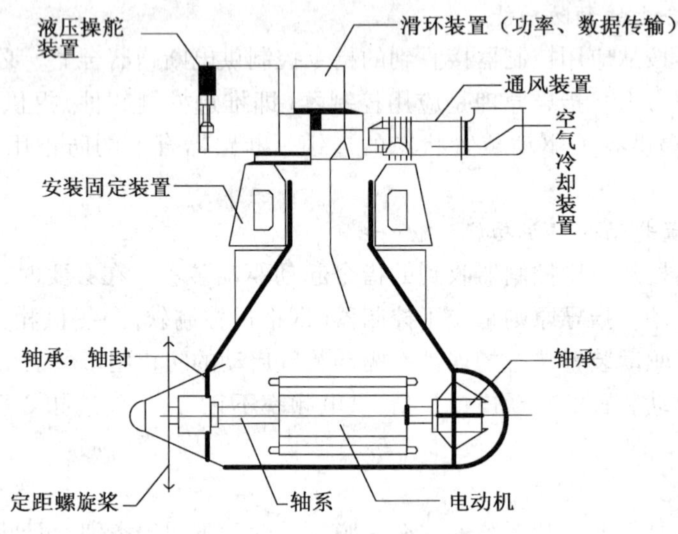

图 7-8　吊舱各部分结构图

目前,吊舱电力推进回转系统以液压传动系统为主,其一般由两台互为备用的双向变量油泵、径向柱塞式液压马达、传动齿轮等组成。回转系统的拖动装置分为电动—机械方式与电动—液压方式两种。液压传动具有低速性能好,调速范围大,相同体积重量条件下输出功率扭矩更大等优点,不需要减速机构等优点,在实际应用中占主导地位。但液压传动也有投资大、不易维护、容易泄漏等缺点。

在吊舱式 CRP 推进回转控制系统中,由于需要与其他电气设备通信等连接,因此出于对系统进行数字化控制等需要及实验室的现有的设备情况,决定使用电气传动。电气传动具有投资小而且可靠,易于 PLC 控制,维护方便。

第八章 船舶火灾与机舱监测报警系统

第一节　监测报警系统的功能

机舱监测报警系统是船舶自动化的重要组成部分,它能使轮机员及时掌握了解机舱中的主、辅机等各种设备和各系统的运行状况,对船舶的安全航行起着重要的作用。

一、报警系统分类

船上单元组合式报警系统根据其监视方式不同,可分为以下两类:

1. 连续监视式报警系统

连续监视式报警系统主要指单元组合式集中监视系统。这种系统对机舱内全部监视点的状态及参数实现在线连续地进行检测。系统中的核心单元是报警控制单元,它是由许多的报警控制电路组合而成的,这就是说,每一个监视点的参数经传感器分别进入相应的报警控制电路,以实现参数的检测与判断,从而控制故障报警。由于各监视点的报警控制电路是相对独立的,因此各监视点之间的相互影响很小,当某一通道发生故障时,不会影响其他通道的工作。监视点数的增减,可以不受限制。在设计中,常把报警控制电路按输入的信息类型和监视要求设计成几种形式,并把几个同类型的报警控制电路制作在一块印刷电路板上。

2. 巡回监视式报警系统

巡回监视式报警系统有常规型巡回监测系统和微机控制型监视系统两种。常规型巡回监测系统在新造的船舶上已不再配置,取而代之的是微机型监视系统。巡回监视式报警系统是以一定的时间间隔,依次巡回监测各监测点的参数。由于监视点参数是逐一采集到系统的核心单元,实现分时间段处理,因此,无论监视点有多少,仅需要一个中央处理单元。微机型监视系统采样速度快,检测精度高,具有体积小、功能强和显示技术先进等优点。

二、报警系统的功能

1. 故障报警功能

机舱内各种设备的运行是否正常,都是与一些相关参数是否处于所允许的上、下限范围来判定的,大多数设备一旦发生故障,其相关参数越限后将无法自行恢复正常,只有在轮机人员把设备修复后,才能使参数恢复正常。把这一类设备故障,称为通常故障或长时故障。有些重要设备是成双配置的并具有自动切换作用,使参数重新恢复正常。把参数越限后,在短时间内使参数自行恢复正常的设备故障,称为短时故障。

(1)通常故障报警

在被监视的设备运行正常时,与其相关的参数处于正常的范围内,监视与报警系统不发出声、光报警,相应的报警指示处于熄灭状态。当运行设备发生故障时,系统立即发出声、光报警,以通知轮机值班人员,同时相应的报警指示灯快速闪光,以指示故障的部位及内容。值班的轮机员获悉后应马上作出应答操作,于是声响消失,报警指示灯转换为常亮(或平光)状态,以记忆故障,直到轮机人员排除故障,使参数恢复正常时,报警指示灯才熄灭。

(2)短时故障报警

当运行设备发生故障时,系统立即发出声、光报警,在值班轮机员未作出应答操作前,由于运行设备已自动切换到备用设备,使参数自行恢复了正常;此时,声、光报警将继续保持,而报警指示灯从快闪转为慢闪状态(对无快、慢闪之分的系统,报警指示灯则保持闪光状态)以记忆报警状态。值班轮机员获悉后,首先应在集中控制室进行消音操作,停止声响报警,然后根据闪光指示灯确认故障设备(点)后再进行消闪操作,于是报警指示灯从慢闪转为熄灭状态。短时故障报警发生后,轮机人员应尽快修复切换下来的故障设备,使其处于完好状态作为备用。

2. 参数显示与报警指示功能

参数显示用来显示模拟量报警中被监视参数的即时值和报警极限值。报警指示用来指示故障部位、内容及状态。参数显示常用的有指针式显示仪表、数码式显示仪表和CRT显示器。目前,有的船上还采用液晶或等离子体显示板。报警指示灯常用红色灯泡或发光二极管,在微机型监视与报警系统中,同时还采用CRT显示器来指示。

3. 打印记录功能

参数记录有定时制表记录和召唤记录两种。定时制表记录是打印机以设定的间隔时间,自动将机舱内需要记录的全部数据打印制表,轮机人员只要将打印纸整理成册,即可作为轮机日志。召唤记录也称随时记录,轮机人员可以根据需要,随时打印即时工况参数,可进行全点或选点打印监测点参数。

警报记录由监视系统自行进行,当被监视的设备发生故障时,自动起动打印机来打印故障名称、内容和时间,而在故障排除时,自动打印故障排除时间。

4. 延时报警功能

在报警装置中,一般均设有延时报警环节,以免发生误报警。根据所监视设备参数的不同,其延时时间有长延时和短延时之分。比如在监视液位时,由于船舶摇摆使容器内的

液面来回倾斜，会出现虚假越限现象。类似这些情况可采用延时 2 ~ 30 s 的长延时报警，在延时时间之内越限不报警，超过延时时间再报警。另外，在运行期间报警开关会因受到外界干扰，其开关状态将发生瞬间变化，比如，主机变速通过临界转速区时，船舶会剧烈振动；某些压力系统的压力波动，都会使报警开关发生抖动。为了避免误报警，可采用延时 0.5 s 的短延时。

5. 报警回差功能

当采样值在报警点附近波动时，为了防止仪表不断进入和退出报警状态，这样输出触点会经常跳动，产生频繁报警，导致外部连锁装置产生故障。对于上限和上上限报警，若报警限设为 80，报警回差设为 5，当采样值大于等于 80 时触点动作，仪表报警；当输入减小，采样值小于 80，仪表不会马上退出报警状态，而是直到仪表采样值小于等于 75 后，仪表才退出报警状态。

同样，对于下限和下下限报警，若将报警限设为 45，报警回差设为 5，当采样值小于等于 45 时，触点动作；当输入增大，采样值大于 45 后，仪表不会马上退出报警状态，而是直到仪表采样值大于等于 50 后，仪表才退出报警状态。

6. 闭锁报警功能

船舶在停港期间，主机处于停车状态。为此，主机的冷却水系统、燃油系统、滑油系统等均处于停止工作状态，与这些系统相关的参数都会出现异常。因此，有必要闭锁有关监视点的报警。闭锁报警就是根据动力设备的不同工作状态，封锁一些不必要报警的监视点，禁止其报警。

7. 延伸报警

延伸报警功能是专为无人值班机舱设置的，在机舱无人值班的情况下，必须将机舱故障报警信号分组后传送到驾驶台、公共场所、轮机长和值班轮机员住所的延伸报警箱。延伸报警通常是按故障的严重程度来分组，可把全部监视点的报警信息分为四组：主机故障自动停车报警；主机故障自动减速故障；重要故障报警；一般故障报警。有时为了简化延伸报警，在值班轮机员居室的延伸报警箱上仅设置重要故障报警和一般故障报警两个报警指示灯。

8. 失职报警

在机舱无人值班情况下，当监测报警系统发出故障报警时立即起动 3 min 计时器，若值班轮机员未能在 3 min 内及时到达集中控制室完成应答操作，即使已在延伸报警箱作出应答，仍将被认为是一种失职行为，报警系统就使所有延伸报警箱发出声光报警信号。报警系统发出失职报警后，只能在集中控制室进行消音，复位 3 min 计时器失职报警才能撤销。

9. 值班报警

如图 8-1 所示，值班报警主要用来作为轮机员交接班时的信号联络。如果大管轮与三管轮需要交接班，值班大管轮只要在集中控制室控制台上把值班选择开关转到“三管轮”位置即可。这样，系统就会撤销大管轮的值班信号，而向驾驶台、公共场所和三管轮居室的延伸报警箱发出三管轮值班报警声响信号，值班指示灯闪光。三管轮获悉后立即进行应答操作，这时报警声消失，值班指示灯从闪光转为常亮，表示三管轮已进入值班状

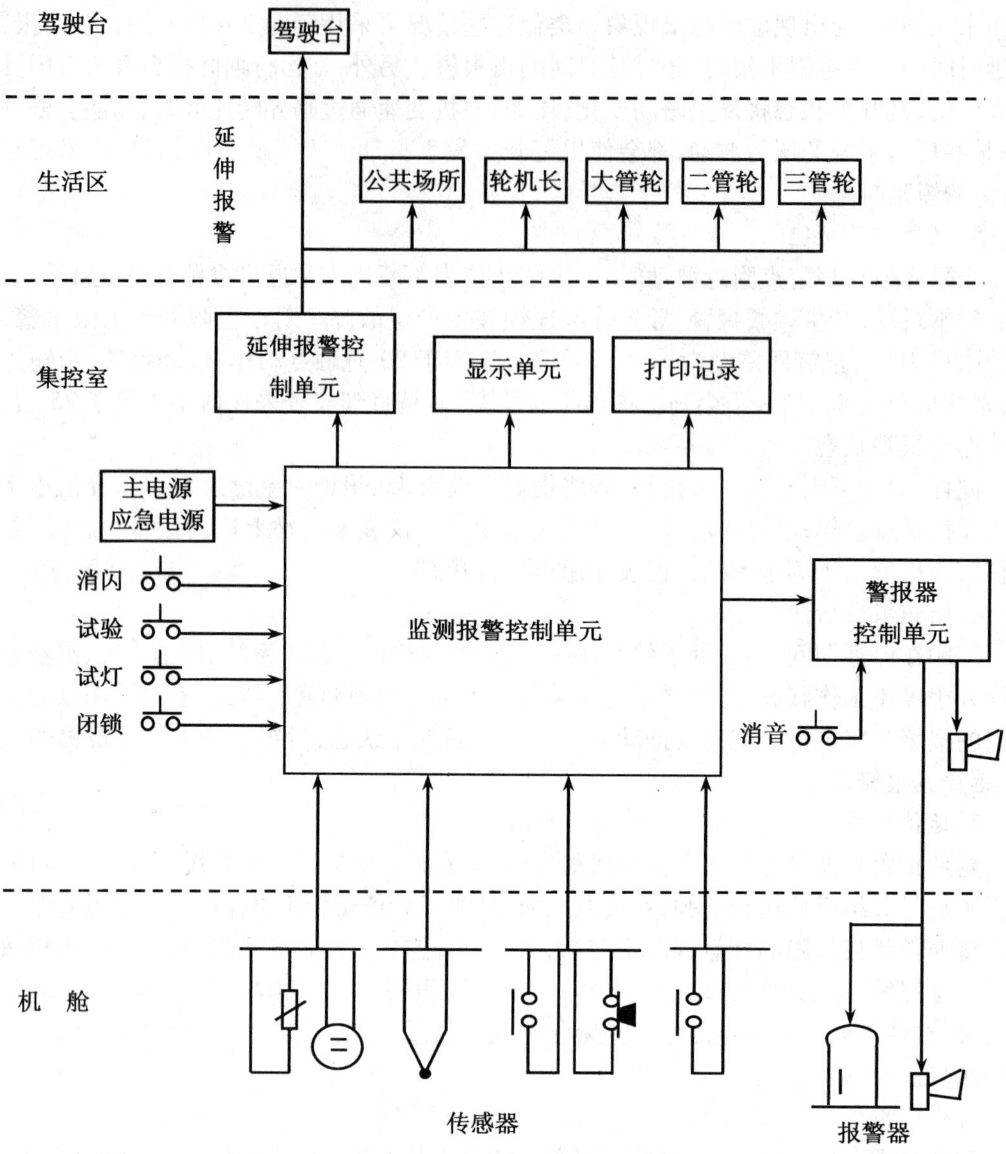

图 8-1　机舱监测报警系统示意图

态,此后,监视系统会把故障报警信号传送到三管轮居室的延伸报警箱,而不再送到大管轮处。

10. 功能试验

在控制室操作台装有试灯按钮,按动试灯按钮,所有指示灯都要亮,不亮的指示灯要换新。按动功能试验按钮,所有监视点全部进入报警状态,哪个监视点未报警则表示该监视通道有故障,可用来确定故障部位。

11. 自检功能

监视系统是用于监视参数的运行值及越限报警,但监视系统本身有故障,就会丧失这种正常监视功能。为了确保监视系统本身工作的可靠性,对一些重要环节,如传感器、闪

光源、电源电压、电源保险丝等进行自动检测。只要其中之一发生故障，监视系统将自动发出该系统故障报警。

12. 备用电源的自动投入

要使监视系统在全船失电情况下都能正常工作，就必须配备相应的备用电源。在主电源失压或欠压时，系统自动启用备用电源，实现不间断供电。

第二节　火灾探测器及探测方法

一、火灾探测器

火灾探测器，顾名思义就是探测是否有火灾正在发生的设备。根据火灾前兆的物理现象及其产生物（例如，热、烟、火焰等）的特性，可分为：感温探测器、感烟探测器及火焰探测器三类。火灾探测器的一般工作原理是由传感元件检测火灾产生物或火灾发生时的特性值，变送电路将探测元件传来的原始信号转换为电流、电压信号或是脉冲、开关量，送入火灾自动报警控制器中，控制器对接收到的信号加以计算分析，并判定是否有火灾正在发生，有火灾存在则发出报警信号。有些系统为减轻火灾自动报警控制器的负担，在火灾探测器内安装了 CPU，承担了控制器大部分的数据计算和分析任务。现在，船上常用的有热效应式和感烟式两类。

1. 热效应式火灾探测器

热效应式也称感温式火警探测器，主要用于住室、走廊、控制室等舱室较小的场所的火警探测。感温式探测器有定温式和温升式两种，如图 8-2 所示。

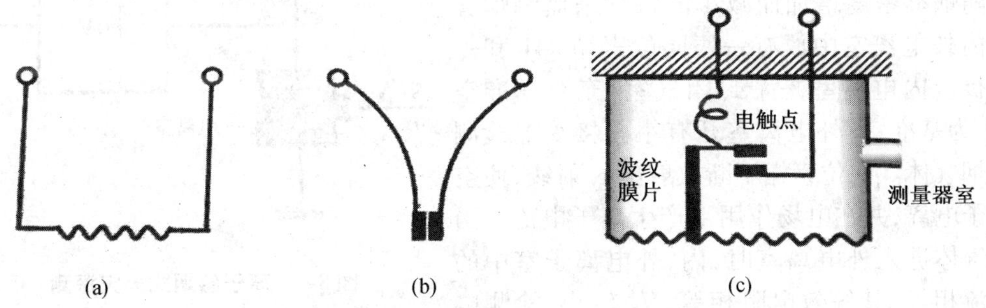

图 8-2　热效应火灾探测器示意图

（1）定温式火警探测器

定温式火警探测器采用低熔点的金属丝或膨胀系数不同的双金属片制成。火灾前温度会升高，当温度达到设定值时，低熔点的金属丝被熔断或者膨胀系数不同的双金属片受热弯曲使触点断开，来进行检测。送出火警信号，如设定值到达 58℃ 就发出报警信号，分别如图 8-2（a），（b）所示。

（2）温升式火警探测器

它根据温度升高的变化率来检测火情，当监视点温度升高的变化率超过 5.5 ℃/min 时，探测器动作，发出火警信号。温升式火警探测器由测量器室、波纹膜片及电触点组成，如图 8-2(c)所示。当发生火灾时,监视点温度快速升高,使测量器室内膨胀的气体来不及从小孔泄放,其压力升高,波纹膜片下弯(如 10 min 内,温度上升了 6 ℃),使动触点与静触点闭合发出火警信号。

2. 感烟式火警探测器

感烟式火警探测器常用的有感烟管式和离子感烟式两种。感烟式的这两种探测器主要用于大舱容(如货舱)的火灾探测。

(1)感烟式火灾探测器

它由集烟管 1、抽风机 2、光源 3、测量光电池 4、基准光电池 5 和检测电路 6 组成,如图 8-3 所示。它是利用烟雾的遮光性质来测定集烟管内的烟雾密度。检测时,由抽风机抽取大舱内的气体经集烟管吸入,光源经透镜变成平行光分别照射在光电池 4 和 5 上。当气体中的烟雾密度增加时,烟雾的遮光作用加强,使测量光电池所接收到的光照度减弱,测量光电池产生的电流减小,而基准光电池 5 的电流保持不变,把这两个电流信号送至检测电路进行比较,当两者的电流差值达到设定的警戒值时,发出火警信号。

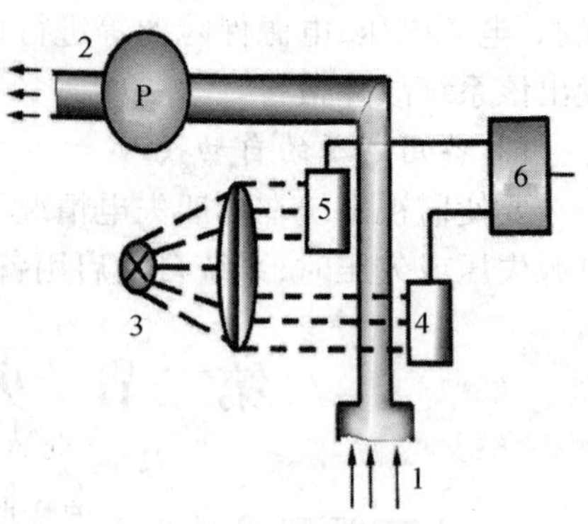

图 8-3 感烟管式火灾探测器原理

1—集烟管;2—抽风机;3—光源 ;4—测量光电池;5—基准光电池;6—检测电路

(2)离子感烟式火警探测器

它由内外电离室及检测电路组成,如图 8-4 所示。该探测器是根据烟雾颗粒能吸附离子的原理,利用同位素镅 241 放射 α 射线所产生的离子流随烟雾密度增加而减小的特性来监测烟雾的。内外电离室中放有一块同位素镅 241 和一个电极。内电离室是个封闭气室,充有标准空气,作为基准室;外电离室开有小孔接受被检测的含烟气体。同位素镅不断放射出 α 射线,使空气分子电离,并在电场作用下产生离子电流。当无烟气体进入外电离室时,内、外电离子室中的离子流相等,其等效电阻相等,U_A 较小,检测电路中的电子开关不动作。当有火灾前兆时,含烟雾气体进入外电离室,吸附一部分离子,使离子电流较小,外电离室的等效电阻增大,而内电离室的等效电阻保持不变,所以 U_A 增大。当烟雾密度达到设定的警戒值时,U_A 达到设定值,使检测电路中的电子开关闭合,发出火警信号。

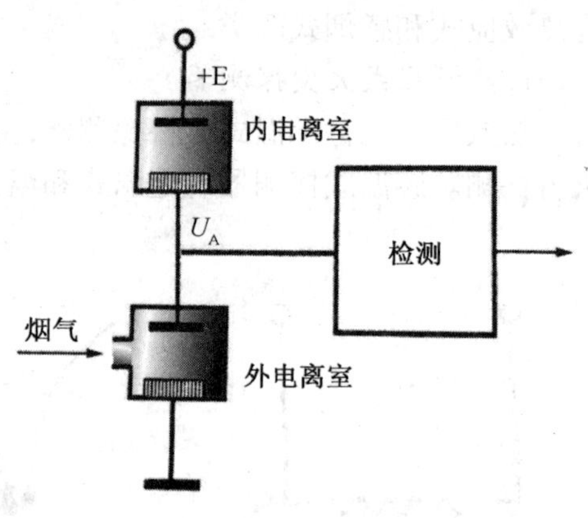

图 8-4 离子感烟式火灾探测

二、探测方法

火灾探测是以物质燃烧过程中产生的各种火灾现象为依据,普通可燃物质燃烧的表现形式是:首先产生燃烧气体和烟雾,在氧气供应充足的条件下才能达到完全燃烧,产生火焰并发出一些可见光与不可见光,同时释放大量的热,使得环境温度升高。普通可燃物

质由初期阴燃阶段开始，到火焰燃烧、火势渐大，最终酿成火灾的起火过程，其特点如下：

(1)初期和阴燃阶段占时较长

普通可燃物在火灾初期和阴燃阶段尽管产生了烟雾可燃气体混合物，并且大量的烟雾可燃气体混合物可能已经充满某一空间，但是环境温度不高，火势尚未达到蔓延发展的程度。如果在此阶段能将重要的火灾信息(烟雾浓度)有效地探测出来，就可以将火灾损失控制在最低限度。

(2)火焰燃烧阶段火势蔓延迅速

普通可燃物经过足够的火灾初期和阴燃阶段后，足够的蓄积热量会使环境温度升高，并在物质的着火点温升加速，发展成火焰燃烧，形成火焰扩散，火势开始蔓延，环境温度不断升高，燃烧不断扩大，形成火灾。普通可燃物在此阶段产生的烟雾相对减少，但火灾发展所产生的足够热量会引起环境温度的较大变化，如果能将火灾引起的明显的温度变化这一火灾特征参数有效探测出来，则能较及时地控制火灾。

(3)物质全燃阶段产生强烈火焰辐射

处于全燃阶段的普通可燃物质燃烧时会产生各种波长的光，使火焰热辐射含有大量的红外线和紫外线，因此，对火灾形成的红外和紫外光辐射进行有效探测也是实现火灾探测的基本方法之一。但是，对于有较长阴燃阶段的普通可燃物火灾而言，由于普通可燃物在燃烧过程产生大量烟雾，降低了光的可见度，因此会影响火焰光探测的效果；油品、液化烃等物质起火，由于起火速度快并且迅速达到全燃阶段，形成很少有烟雾遮蔽的明火火灾，因而火焰光探测及时有效。

因此，火灾探测是以物质燃烧过程中的特点为依据监测火源，以实现早期发现火灾。分析普通可燃物的火灾特点，以物质燃烧过程中发生的能量转换和物质转换为基础，可形成不同的火灾探测方法，如图 8-5 所示。

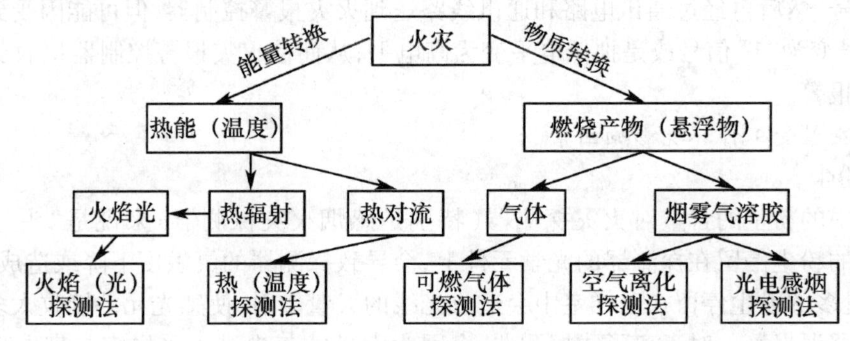

图 8-5　火灾探测方法示意图

第三节　火灾探测器的故障分析

1. 概述

火灾探测器可以形象的比喻为现代建筑消防系统中的哨兵，在火灾自动报警系统正常运行状态下，“哨兵”的执勤状态不能有一丝倦怠，稍微的疏忽和大意都会给整个系统带来无法想象的恶果,最终导致自动报警系统所保卫的装置毁灭在一个“生病”的“哨兵”身上。众所周知,一个终日紧张工作的人,能够为它定期进行体检,及早发现病患和实施治疗后,以更高的工作质量重新投入工作,这种做法无疑会得到良好的效果。火灾探测器是构成火灾自动报警系统的核心部件,是现代消防报警与自动灭火系统不可缺少的组成部分,它的工作状况好坏将直接影响整个防灾系统的正常运行。一旦反应迟钝则起不到及早发现预防的效果,一旦过于灵敏轻易误报,同样会造成“狼来了”的结果,让你不胜其烦。

2. 探测器故障分析

根据火灾探测器的组成结构及其工作原理可以看出,能够引起火灾探测器故障应从如下三部分去分析:

(1)传感元件

传感元件是火灾探测器的“眼睛”,但它的“视力”有限。例如,当与烟雾某方面特性相似的物质(如:粉尘、水雾)被它“看见”后,就会认为是烟雾,从而产生误报警。另外一方面,由于传感元件一般是暴露在外界,比较容易受外界的粉尘、潮气影响而导致灵敏度降低。

(2)探测电路

探测电路是包括传感元件在内的一组电路,主要的功能是把传感元件传送过来的“信息”转换为所需要的电压或电流信号。当受到外界电磁干扰时,它就会产生误报警或者是不报警,甚至会损坏设备。

(3)通讯电路和通讯线路

通讯电路和通讯线路负责把探测到的“信息”传送到火灾报警控制器,但在这个过程中很可能会因受到干扰而产生误报警。例如,探测电路传送过来的信息经过 A/D 转换变为数字信号,然后再经过通讯电路和通讯线路送到火灾报警控制器,但可能因受到干扰而把“0”信号变为“1”信号或是把低电平变为高电平,从而使火灾报警控制器接收到假信息并产生误报警。

3. 探测器受工作环境影响因素

(1)粉尘

空气中的粉尘的含量对火灾探测器(特别是感烟火灾探测器)来说是“头号杀手”。因为过多的粉尘停留在探测器的光学元件上,会导致探测器的灵敏度下降或造成失效;另一方面,过多的粉尘停留在采样室中会造成光线的大量散射,使感光元件接收太多的光线导致探测器误报警。对于离子式探测器,会因为大量的灰尘进入采样室与带电离子结合而导致探测器误报警。当具有腐蚀性的粉尘停留在探测器的电路板上,就会腐蚀电路板,遇上潮湿的天气情况会变得更严重。

(2)潮气

潮气,船舶航行于大海上,既有风雨又有风浪,受风雨浪花的影响。湿度通常大于95%,这会对探测器的电路板及探测元件造成很大的影响。首先,会造成电路板受潮短路而损坏,或是使绝缘性降低而产生系统接地;其次,当潮气进入探测器的探测室时,会对探测元件造成干扰。特别是对感烟探测器,当潮气进入探测室后,大量散射探测器光源发出

的光线，从而导致探测器误报警。

(3)电磁场

日光灯的镇流器、高压电机、通讯发射台等设备都会发出电磁干扰，当探测器安装在这些设备附近时，或多或少都会受电磁场干扰。当火灾探测器的电路或通讯线路受干扰时，就可能产生误报警。

(4)高速气流

当火灾探测器安装在有高速气流的位置时，如通风空调的送风口附近、风室、风道等，高速气流会将烟雾吹离探测器使探测器报警缓慢，另一方面高速气流进入感烟探测器的采样室后，会形成气流旋，使停留在采样室的粉尘扬起造成误报警。

(5)吸烟：这是大量事实所证明的，尤其是当房间顶棚较低（如：机舱集控室和船员舱室等）而探测器的灵敏度较高时更容易发生。有时一个人吸烟就可干扰探测器的工作，三个人同时吸烟足以使探测器发出报警。由于吸烟过程多为阴燃，生成的烟颗粒较大，故更容易使光电型探测器误报警。

(6)电气焊：在使用电气焊作业时产生的大量烟雾，很容易使火灾探测器发出火警信号。在机舱工作间以及修船厂修船时应特别引起船舶管理人员的注意。

(7)炊事：做饭时常产生大量的烟气。尤其是炒、蒸、熏时产生的烟气量更大。这种烟中往往掺杂着油蒸汽，对探测器的有害影响很严重。

4. 火灾探测器的管理应注意事项

(1)清除已经积累的灰尘或污物将重新获得最佳的探测效果，如果灰尘和污物部分包围一个离子探测器烟室，烟微粒就可能达不到电离室，这只探测器就变得更灵敏，极易产生误报。再比如各种光电探测器，灰尘和油污的积累将减少光的强度，因而各种光散射探测器将变得不太灵敏；而各种光衰减型探测器将变得更灵敏。对于火焰探测器的灵敏度也会因透镜上灰尘和污物的积累而受影响，所有这些都说明定期清洗是必要的。定期地对火灾探测器进行清洗维修，就能延长其使用寿命。对出故障的火灾探测器不究原因就进行更换，毫无经济性可言。用粗劣的手段进行修复只能造成出现故障的火灾探测器一时正常恢复的假象，其隐患更为严重。

(2)对于其他三项因素的干扰应从以下方面注意：

①正确选定火灾探测器的类型

在选定火灾探测器的类型时应参考国家火灾自动报警系统设计规范。

例如，在相对湿度长期大于95% RH，气流速度大于5 m/s，大量粉尘、水雾滞留，可能产生腐蚀性气体的场所不宜设置离子式火灾探测器；在可能产生黑烟，大量积聚粉尘，平常情况下有烟滞留，存在高频电磁干扰的场所不宜设置光电式火灾探测器；在相对湿度长期大于95% RH，有大量粉尘、平常情况下有烟和蒸汽滞留，厨房、锅炉间、发电机间、茶炉间等场所不宜设置感温火灾探测器等。而且有关产品安装说明书也有类似的说明。根据实际地点的情况正确选择火灾探测器是十分重要的。

②确认安装位置

在国家火灾自动报警系统设计规范（GBJ 116-88）中，有很多关于正确设置火灾探测器的规定。例如：探测器至墙壁梁边的水平距离不应小于0.5 m；探测器周围0.5 m内不应有遮挡物;探测器至空调送风口边的水平距离不应小于 1.5 m,至多孔送风顶棚孔口的水平距离不应小于 0.5 m,等等。规定不但确保探测器能有效、迅速地探测到火灾的发生,而且也是避免干扰的有效途径。进行放烟测试将有助于确定探测器的正确安装位置,需要特别注意烟雾的流向及途经的路径。当探测器必须安装在送风口附近时,就必须保持一定的距离。正确的安装位置可以使探测器迅速、准确地探测到火灾。

③探测器拧到天花板的底座上之后在报警控制器上即显示该区域报警,可能是底座上的两条接线反接了(无极性要求的探测器除外),要用万用表检查极性后换接过来。

④当火灾报警器显示某区域报警,但该区域并无火情,则可能是探测器本身的故障,如场效应管输入阻抗降低;镅-241 片剂量较低,可控硅击穿等,应将该探测器更换。

⑤定期进行熏烟检查,若对烟雾无反应,始终不报警,可能是场效应管损坏,也可能是可控硅或稳压二极管损坏。熏烟检查可用塑料管吹入香烟烟雾,用专用试验器检查更好。

第四节 干货舱自动探火及报警系统

一、报警系统的基本组成

船舶火灾探测报警系统主要由探测器(含手动报警按钮)、中央控制单元(报警控制器)、区域报警屏、联动控制器、通信广播系统五大部分组成,如图 8-6 所示。

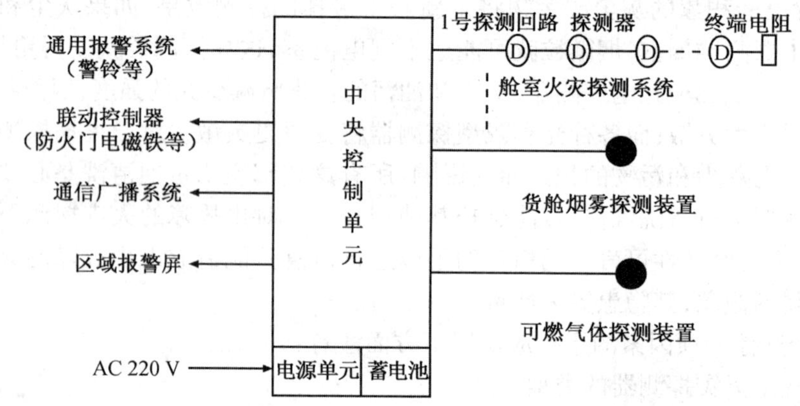

图 8-6 船舶火灾自动报警系统示意图

1. 探测器

根据安装区域和检测介质的不同,在船舶中主要分为三种:用于舱室的火灾自动报警系统、用于干货舱的火灾自动报警系统以及可燃气体探测系统。

它们分别检测各环境现场,检测环境的有关物理量(烟、温、光),将其转换成与该物理量对应的电信号,并传递给中央控制单元。手动报警按钮一般安装在人员经常出入的走廊、通道、楼梯口等明显的地方。探测器主要有感烟、感温和火焰探测三种。

2. 中央控制单元

一般安装在驾驶台或消防控制站内。目前在船上应用的报警控制器主要有继电接触

器、PLC 以及微机三种。它的作用是接受火灾探测器从监护现场发送来的火灾信号，经过处理后给出声、光或火警报警信号，并显示出火警的部位，以便船员及早采取灭火措施。在报警控制器中，主要实现以下功能：

(1) 火警发生时，给出声、光信号，并指示出火警发生的部位；声响信号可手动切除，但不得影响下一次火灾报警。

(2) 对报警指示设备的输入输出线路进行监控，包括外部断路故障(含探测器和警铃以及线路)、系统内部故障(含主辅电源故障、指示灯故障、接地故障、保险丝故障)以及主控制箱的门是否打开等，均能自动发出故障声、光信号，并指示出故障部位。火警声光信号与故障声光信号有明显的区别，消声功能与火警相同。

(3) 火警与故障信号有记忆功能，只有在火警和故障已排除，并经人工复位后方能恢复正常。

(4) 具备手动模拟测试条件，以便检测设备是否正常。

(5) 每一分路可以切断，以便对某一分路进行检查维护，并且应有切断的光指示。

(6) 主、副电源可以自动切换，保持不间断供电。

(7) 具备担负某些辅助功能。

(8) 满足船用环境条件实验要求。

3. 区域报警屏

一般安装在机舱控制室内以及船员生活区走廊内。它可以接受报警控制器的信号，显示外围断路等故障信号；在火警发生时，可以指示报警部位并给出声光警报。在辅助报警屏上可以复位各种报警信号。

4. 联动控制器

安装在消防控制站内，连接报警控制器送来的火灾信号，通过模块向有关消防设备(包括防火门、风机、油泵、水喷淋系统、CO_2 释放装置等)发出控制指令，同时查询设备的执行情况。

5. 通信广播系统

其主体部分安装在消防控制站内，喇叭及电话分机等器件安装在现场，可自动或手动发出语音报警信号。船舶货舱也与居住舱室一样，很早就应用了自动探火及报警系统、鉴于货舱这个系统与居住舱室有较大的区别和独特的使用情况，故这里单独介绍货舱的自动探火及报警系统。

货舱自动探火及报警系统形式较少，因为装货后的航行途中，货舱一般是无人到达的，货舱已构成了一个独立的密闭舱室，从这个特点出发，货舱比较多的采用了抽烟式自动探火及报警系统。当然货舱自动探火及报警系统也有采用感温型探测器的，因为感温型探测器对于货舱或居住舱室并无大的区别，所以这里主要介绍抽烟式自动探火及报警系统。

二、抽烟式自动探火及报警系统的组成

大舱烟雾报警系统如图 8-7 所示。系统主要有以下几部分组成：

1. 抽风机及抽风管道

用以将各货舱发生火灾时所产生的烟气抽至放置在驾驶台的烟探测器。

货舱采用二氧化碳、卤化物灭火系统时,一般就把二氧化碳、卤化物系统的灭火管路作为抽风管道。若货舱采用水、泡沫等其他灭火系统时,则抽风管道需另行装设。抽风机应有两套,以便每套交替使用或备用一套。

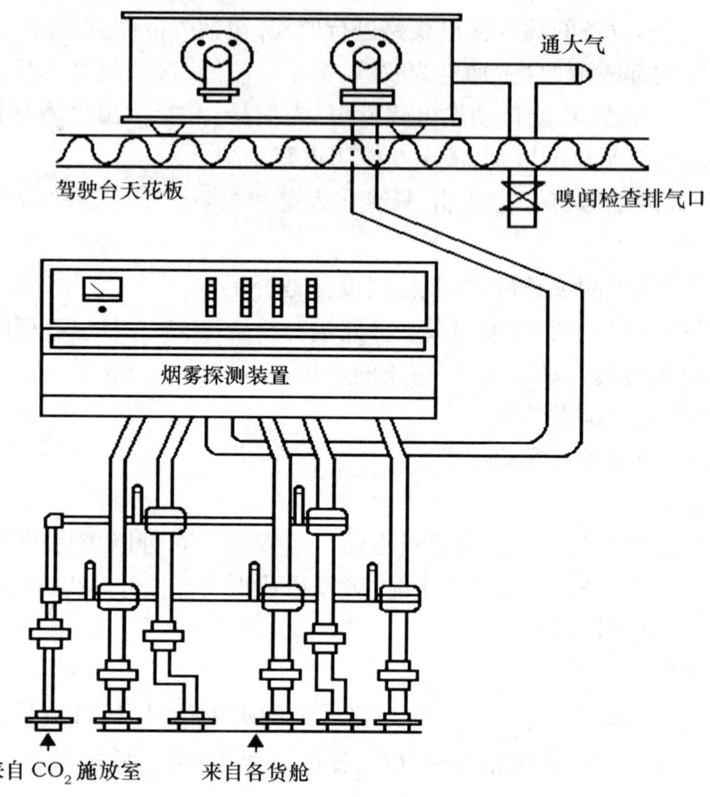

图 8-7 大舱烟雾报警系统示意图

2. 烟探测器

从抽风管道中抽吸的烟气被烟探测器感受,从而发出火灾警报。

3. 火灾的显示和警报设备

将烟探测器接受的火灾警报进行声、光显示,发出火灾警报。

4. 火灾舱位显示装置

一般采用两种,一种是在烟探测器内各舱烟道内置有旋转色标,正常工作时,该色标高速旋转,它也可用来判断各舱烟道是否堵塞。另一种是采用伺服电机,正常时逐个显示取样舱位,火警时停在报警舱位。

三、系统工作原理

货舱抽烟式自动探火及报警系统中的烟探测器的感烟元件一般都采用光电管组成。安置在烟探测器内的光电管,当烟颗粒进入时,光照射颗粒,光被扩散并反射于光敏栅上,导致光敏电路作出反应,如图 8-8 所示。由图中可知货舱抽烟式自动探火及报警系统中

的烟探测器的工作原理与用于船员舱室的烟探测器的工作原理是基本相似的。

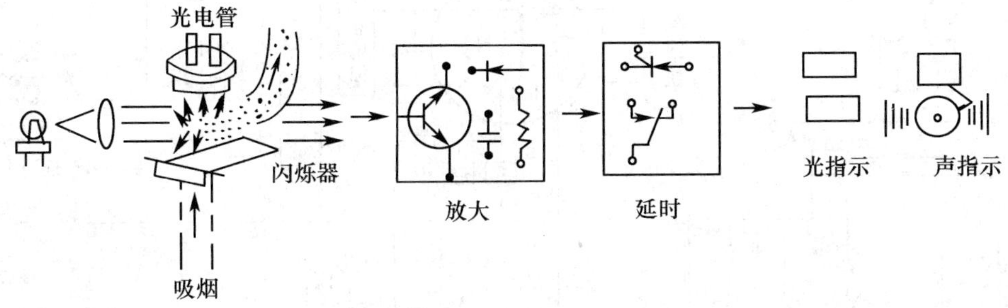

图 8-8　烟探测器原理框图

四、系统使用

货舱抽烟式自动探火及报警系统，在国内外的现代船舶中应用是极为广泛的。该系统经常在装货完毕并盖舱后投入运转，短航程时，系统在航行中不关闭；长航程时，系统往往是间断工作的，即装货完毕并盖舱后投入运转，一至数天后停止，然后可在需要时再运转。对于有的货种如矿砂、谷物等，该系统可一直停止使用。这样间断工作的目的，在于减少光电管的工作时间，延长系统的使用寿命。在使用过程中应注意及时清洁透镜、光电元件表面，以避免影响使用效果。

五、KIDDE 型干货舱烟雾探测系统

图 8-9 是 KIDDE 型干货舱烟雾探测系统电气控制线路图。该系统控制柜共分为四层，第一层主要有舱位选通电机、舱位指示器、各种操作开关、指示灯、火警继电器、电源变压器等；第二层是观察窗，内有照明灯，安装有检测各舱是否堵塞的小旋转风叶；第三层安装有控制电路、光电检测装置、模拟试验烟雾吹入口以及风压检测开关等；第四层装有各选通电磁阀以及各舱气体吸入管。

在系统起动前，必需先将开关 S_1、S_3、S_4 闭合，排气风机转换开关 S_6 选中任一风机，火警警铃开关 S_2 置与“ON”位置（1－2、3－4 闭合），系统内部故障蜂鸣器切断开关 S_5 置与“ON”位置（1－2 闭合）；否则系统通电后会出现故障警报。在系统使用过程中，要定期清洁光电测量单元。由于系统具有较强的自检功能，一旦发生故障报警，管理人员只需根据线路原理查找相应故障点排查即可。现将系统自检功能分析如下：

（1）主电源失电时，继电器 K 失电，使其触点 1－3、4－6 闭合，使电源故障指示灯 L_3 亮，故障蜂鸣器 BZ 发出声音信号。

（2）下列故障出现时，使系统内部故障指示灯 L_4 亮，系统内部故障蜂鸣器 BZ 发出声音信号：控制柜下部灯熄灭时，继电器 G 失电复位，使自身触点 1－3、4－6 闭合；风压未建立或压力开关故障，DS 的 1－3 触点闭合；光电单元的光源故障，使继电器 E 失电复位，其自身触点 1－3、4－6 闭合；当外部警铃断路或故障时，继电器 D 失电，使自身触点 1－3、4－6 闭合。

系统工作过程如下：正常监视状态时，由于无烟雾通过光电单元，光电池输出电压很

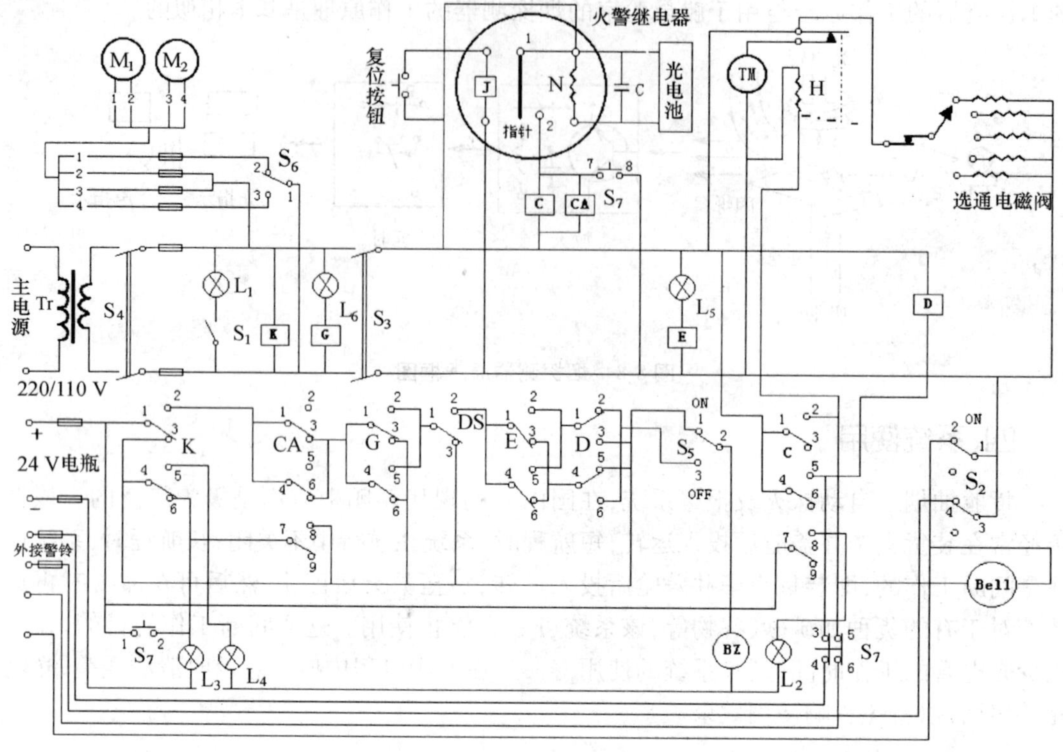

图 8-9 KIDDE 型干货舱烟雾探测系统电气控制线路图

Bell—火警警铃;BZ—故障蜂鸣器;C—电解电容;DS—风压开关;J—火警复位电磁线圈;L_1—观察窗灯;L_2—火警指示灯;L_3—电源故障灯;L_4—系统内部故障指示灯;L_5—光源;L_6—控制柜内下部灯;N—火警电磁线圈;S_1—观察窗灯开关;S_2—警铃开关;S_3—声音报警切断开关;S_4—电源开关;S_5—系统内部故障蜂鸣器切断开关;S_6—排气风机转换开关;S_7—灯、警铃、蜂鸣器试验开关;TM—舱位选通电机

小;当货舱火警发生时,有烟雾通过光电单元,由于烟雾颗粒的折射作用,使光电池输出电压增大,此电压使 N 线圈磁路产生足够大的电磁吸力,吸动指针使触点 1 - 2 闭合,使继电器 C 与 CA 获电动作。继电器 C 动作后,其触点 1 - 2 闭合,一方面使警铃 Bell 动作,另一方面使电磁线圈 H 有电动作,其触点使舱位选择电机 TM 失电,舱位选通指示停在火警发生的货舱;其触点 4 - 5 闭合使外部警铃接通;其触点 7 - 8 闭合使火警指示灯 L_2 亮。继电器 CA 是火警辅助继电器,火警发生时断开故障报警信号电路,保证火警的优先级。火警消除后,按复位按钮使线圈 J 有电,产生电磁吸力使火警继电器的指针复位。

第五节 易燃气体探测系统

一、检测易燃气体的方法

(1)化学试剂法。将气体通过装有化学试剂的玻璃管,与管内试剂发生化学反应引起颜色变化,褪色的长度就是气体浓度的测量尺度。测量较为精确,但显示管不能重复使用。适用于定点测量,不能进行连续监测。

(2)红外线、分光光度计、色层分离法。这些方法可进行连续精确的测量,但价格较高,只适用于专业化工业分析。

(3)催化灯丝法。气体在催化性金属丝上反应燃烧导致温度升高,金属丝电阻随可燃气浓度变化,但是催化性金属丝会受到惰性舱的惰性气体影响,不能提供可靠的读数。

(4)气敏半导体法。目前在易燃气体探测实际应用中,采用较多的是金属氧化物元件又称气敏半导体,它是在铂金丝上涂以金属氧化物,在高温中焙烧而成。气敏半导体品种很多,主要有氧化锡(SnO_2)、氧化锌(ZnO_2)、氧化钴(CoO_2)、氧化铁(Fe_2O_3)和氧化镍(NiO_2)等,其中氧化锡(SnO_2)使用较广。用这些氧化物制成的气敏半导体,按其性质可分为N型和P型两大类。N型气敏半导体元件在遇到敏感气体时,其电阻值下降;而P型气敏半导体元件在遇到敏感气体时,其电阻值上升。

二、气体探测报警装置系统

在油船的实际应用中,大多数需要探测防护的场所如货泵舱、管道等都是危险区域,要求探测装置为防爆安全设计,因此设备除配有用于一般场合的探头外,还有专门设计的防爆安全探头、本质安全型泵抽吸式探测装置。

(1)防爆安全探头外壳防护等级IP65为尼龙材料,气敏元件置于不锈钢腔体内,由烧结金属粒子加以保护隔离即阻焰作用,构成防爆结构。即使烧结金属、金属网内气敏半导体及电器火花引起易燃气体爆炸,也不能使外面环境中易燃气体产生爆炸危险。

(2)本质安全型泵抽吸式探测装置。将泵箱置于安全区域,通过管道将危险区域内监测点的气体抽至泵箱内,然后经气敏半导体测量,再将此危险气体送回原处或在安全处排入大气。泵箱防护等级为IP54,抽吸采用电为220 VAC、20 mA,由于设计小巧高效,该泵配装8 mm或6 mm铜管时,最长抽吸距离为70 m。泵箱内设有管道堵塞监测线路,发生堵塞时会明确指示提醒、及时排除故障。在管道由安全区穿壁到危险区处安装阻焰器,不锈钢壳体内嵌装烧结金属,可有效防止火焰爆炸蔓延。

(3)除这种对单个监测点进行连续测量的泵抽吸式装置外,还有一种对多点(数十点)进行循环监测的报警装置。该装置可在设定的时间周期内完成对每一测点抽吸气体并测量。为保证每个测点在平均分配的测量时间内不因管道长短而产生测量质量问题,每个测点在测量抽吸前一步都进行预抽吸以得到最新的测点样气。此外每个在等待测量的测点管道都受到反压装置的保护,以防止吸入水或被杂物阻塞。中央测量装置中配有标准浓度样气,可随时校验设备。

实船在确定每个固定气体监测点时,除应满足规定的保护面积和间距外,还应考虑拟载运货品的蒸气密度、舱内各种构件的布置、空气进出口位置所形成的死角位置。根据具体情况确定测点布置的高低、间隔,尽可能将易聚集气体的死角部位置于有效监测范围中,做到更可靠、安全。

参考文献

[1] 詹玉龙. 轮机长业务. 北京：人民交通出版社，2002
[2] 张兴芝. 轮机长业务. 大连：大连海事大学出版社，2008
[3] 林叶锦. 轮机自动化. 大连：大连海事大学出版社，2009
[4] 赵晓玲，孙旭清. 轮机员船电业务. 大连：大连海事大学出版社，2008
[5] 李世臣，徐善林. 轮机自动化. 大连：大连海事大学出版社；北京：人民交通出版社，2008
[6] 魏海军. 轮机维护与修理. 大连：大连海事大学出版社；北京：人民交通出版社，2008
[7] 中国海事服务中心. 船舶动力装置. 大连：大连海事大学出版社；北京：人民交通出版社，2012